本书编委会

主 编：

张 勇（全国人大常委会法制工作委员会副主任）

张春生（民政部党组成员、副部长）

执行主编：

石 宏（全国人大常委会法制工作委员会社会法室主任）

肖登峰（民政部政策法规司司长）

参加编写人员：

施春风　曹 阳　朱 涛　徐潇枫　杨 帆

徐泽文　郭家琦

刘振国　贾晓九　范 瑜　孟志强　陈小勇

臧宝瑞　李 波　王希春　李红梅　吴 斌

李旭丹　沈东亮　孙卫东　马红军　李 莉

段荣芳　张 然　杨智艺　高 婷

【权威解读】

中华人民共和国
慈善法
释义

主 编

张 勇　张春生

中国法制出版社

CHINA LEGAL PUBLISHING HOUSE

前　言

　　2023 年 12 月 29 日，十四届全国人大常委会第七次会议通过了《全国人民代表大会常务委员会关于修改〈中华人民共和国慈善法〉的决定》。同日，国家主席习近平签署第十六号主席令予以公布，该修改决定自 2024 年 9 月 5 日起施行。修改《中华人民共和国慈善法》，是贯彻落实习近平总书记关于发展慈善事业重要论述和党中央有关决策部署的重要举措，是贯彻落实《中华人民共和国宪法》规定和原则的有力举措，也是发展中国特色慈善事业，建立健全适合我国国情的慈善法律制度的必然要求。此次修改《中华人民共和国慈善法》，坚持问题导向，结合慈善领域实践发展情况，重点优化慈善事业发展环境，规范引导慈善活动，健全监管制度机制，为新时代慈善事业高质量发展提供坚实法治保障。

　　为配合修改后的《中华人民共和国慈善法》的学习和宣传工作，帮助广大读者准确理解立法原意和法律规定，推动法律顺利实施，全国人大常委会法制工作委员会、民政部组织参与立法工作的有关同志编写了《中华人民共和国慈善法释义》，供大家学习参考。本书力求简明扼要、通俗易懂，准确反映这部法律的立法原意。由于时间和水平有限，不妥和疏漏之处在所难免，敬请广大读者批评指正。

编　者

2024 年 6 月

慈善法修改情况介绍

2023 年 12 月 29 日，十四届全国人大常委会第七次会议通过了《全国人民代表大会常务委员会关于修改〈中华人民共和国慈善法〉的决定》，同日，国家主席习近平签署第十六号主席令予以公布，自 2024 年 9 月 5 日起施行。这次慈善法修改，贯彻落实习近平总书记关于发展慈善事业重要论述精神和党中央重要决策部署，结合慈善领域实践发展情况，为新时代慈善事业发展提供坚实法治保障。

一、慈善法修改的重要意义

慈善事业是中国特色社会主义事业的重要组成部分，对促进社会公平正义、推动实现共同富裕，具有重要意义。慈善法是慈善领域的基础性法律，为适应慈善领域发展新情况，做好新时代慈善工作，深入推进慈善事业高质量发展，对慈善法进行修改是必要的。

（一）修改慈善法，是贯彻落实习近平总书记关于发展慈善事业重要论述和党中央有关决策部署的重要举措。党的十八大以来，习近平总书记多次就发展慈善事业作出重要论述。党的二十大报告强调，要引导、支持有意愿有能力的企业、社会组织和个人积极参与公益慈善事业。习近平总书记的一系列重要论述和党中央重要决策部署，为做好新时代慈善工作、发展慈善事业指明了方向、提供了遵循。修改慈善法，就是要将习近平总书记关于发展慈善事业的重要论述和党中央决策部署精神实质融会贯通在修法工作中，体现在法律精髓里，发挥法律的规范、引导和保障作用，推动新时代慈善事业高质量发展。

（二）修改慈善法，是依宪治国，贯彻落实宪法规定和原则的有力举措。宪法是治国安邦的总章程，具有最高的法律地位、法律权威、法律效力。我国宪法中有关国家任务和目的、社会主义制度、公民权利、社会主义精神文明建设、国家安全等方面的内容和规定，是制定和修改慈善法的国家根本法依据。通过慈善法修改，更好地推动宪法实施，确保相关制度体现党的主张、符合宪法精神、反映人民意愿。同时，严格按照宪法规定的全国人大常委会职权，即"在全国人民代表大会闭会期间，对全国人民代表大会制定的法律进行部分补充和修改，但是不得同该法律的基本原则相抵触"，对慈善法部分内容进行适当的、必要的修改。

（三）修改慈善法，是发展中国特色社会主义慈善事业，建立健全适合我国国情的慈善法律制度的必然要求。中国慈善事业植根于中华优秀传统文化，立足中国特色社会主义基本国情，走出了中国特色的发展之路。修改慈善法，就是要继承发扬优秀传统慈善文化的精神内涵，总结吸收中国特色慈善事业实践经验和教训，将业已存在的中国特色的慈善理念、慈善行为、慈善制度、慈善模式、慈善经验上升为国家慈善事业顶层制度设计，着眼解决新时代改革开放和社会主义现代化建设中慈善事业发展的实际问题，探寻符合中国实际和时代要求的慈善事业发展道路和制度设计，促进中国特色社会主义慈善事业法治化发展。

（四）修改慈善法，是更好适应我国慈善事业发展，营造良好慈善社会氛围的客观需要。慈善事业是一项全民的事业，必须充分激发全民的爱心、调动全社会的热情，使全社会共同关心、支持和参与慈善事业。为进一步优化慈善事业发展环境，适应我国慈善事业发展需要，发挥慈善促进社会公平正义、推动实现共同富裕的功能，有必要对慈善法进行修改，健全完善国家支持鼓励开展慈善活动、扶持促进慈善事业发展的制度措施，进一步激发蕴藏在社会中的慈善正能量，促进全社会关心慈善、支持慈善、参与慈善，共同营造良好的慈善氛围，吸引更多有意愿有能力的企业、社会组织和个人积极投身参与慈善事业。

二、慈善法修改过程和调整修法形式的主要考虑

慈善法修订草案于 2022 年 12 月提请十三届全国人大常委会第三十八次会议审议。会后通过在中国人大网向社会公开、书面征求有关单位意见、调研座谈等方式，广泛征求社会各方面意见。普遍认为，针对我国近年来慈善领域的新情况新问题，对相关法律制度作进一步修改完善，回应社会关切，是必要的。同时，也对慈善法修法形式提出了一些意见建议。一是慈善法实施七年来，党和国家在慈善领域的方针政策没有重大调整，没有出台新的专门文件，也没有机构改革重大举措，全面修法的必要性不足。二是慈善法于 2016 年由全国人民代表大会通过，属于慈善领域的基本法律，施行时间不太长。对于大会通过的法律，常委会可以进行修改，但须遵循宪法的有关规定。从多年来的实践来看，常委会对大会通过的法律作出修改，多数情况下以采取修正方式为宜。此前，对于大会通过的法律，施行时间不太长，常委会即进行全面修订，还没有先例。三是实践中出现的一些具体问题需要具体分析。有些是法律宣传不到位、配套规定不健全、执法不统一不规范等原因导致的，可通过进一步加强法律实施来解决；有些是国情不同、环境条件不同，不宜简单同国外慈善情况类比。

经过对这些意见建议的深入研究，将慈善法修法形式由修订改为修正，在保留修订草案主要内容的基础上提出了修正草案。修正草案在保持现行慈善法基本制度总体稳定的前提下，针对遇到的新情况新问题，总结实践经验，对较为成熟或者有基本共识的内容作出必要修改；对尚有争议、尚未形成基本共识或者较为生疏、实践经验不充分的问题，以及一些可改可不改的文字表述问题，暂不作修改。

2023 年 10 月，十四届全国人大常委会第六次会议对慈善法修正草案进行审议，会后再次向社会公开，征求社会公众意见，各方面普遍赞成将修法形式改为修正。2023 年 12 月，十四届全国人大常委会第七次会议对慈善法修改决定草案进行了审议，并于 29 日全票表决通过。

三、慈善法修改的亮点特色

（一）一以贯之与与时俱进相统一。党的十八大以来，党中央对慈善事业的重视是一以贯之的，促进慈善事业发展的方针政策和决策部署保持持续稳定。与此同时，近年来慈善事业的实践发展积累了新的经验教训，尤其是新冠肺炎疫情防控实践对完善突发事件应对中的慈善法律制度提出了新的要求。为适应时代进步和实践发展，全国人大常委会及时启动慈善法修改程序，回应社会关切。此次慈善法修改，既保持促进慈善事业发展的原则不动摇，又根据实践发展情况对相关法律制度作出修改完善，体现了慈善立法修法坚决贯彻落实党中央决策部署，不断与时俱进、完善发展，为新时代慈善事业发展提供坚实法治保障。

（二）促进发展与加强规范相结合。慈善事业是汇聚社会爱心的事业，是具有广泛群众性的事业，慈善事业发展要在阳光下进行，在广大人民群众的监督下进行。目前，我国慈善事业的规范化、专业化发展尚处于探索阶段，一些慈善组织运作不规范、不透明，损害慈善行业公信力的情况时有发生。此次慈善法修改，统筹促进发展与规范有序，既完善了促进措施相关规定，优化慈善组织运行，激发参与慈善活动的热情，也明确了对慈善活动的监管要求，严格法律责任，划出底线，亮出红线，确保慈善事业在发展中规范、在规范中发展，在法治化、规范化的道路上行稳致远。

（三）填补弱项与鼓励探索相协调。此次修改是对现行慈善法的部分修正，在全面梳理法律实施中的经验和问题的基础上，坚持填补弱项与鼓励探索相协调，既注重"补白"，也适当"留白"。对反映强烈且具有基本共识的问题，补短板、强弱项，如对个人求助问题，对求助人、信息发布人和平台分别作出规定，明确基本制度，规范乱象；对缺乏实践经验、还需要继续探索的问题，如尚未实际开展的遗嘱慈善信托，未作明确规定。未作规定，不是回避，而是为实践探索留有余地，也为今后制定修改有关法律法规预留空间。

四、慈善法修改的主要内容

慈善法修改深入贯彻习近平总书记关于发展慈善事业重要论述精神和党中央决策部署，优化慈善事业发展环境，规范引导慈善活动，健全监管制度机制，推动慈善高质量发展。主要修改内容可以概括为以下五个方面：

（一）完善促进措施，进一步推进慈善事业发展。慈善事业是中国特色社会主义事业的重要组成部分，对促进社会公平正义、推动实现共同富裕，具有重要意义。此次慈善法修改，贯彻落实党的二十大报告相关要求，多措并举促进慈善事业发展。一是进一步强化政府及其部门促进慈善事业发展的责任。要求各级政府将慈善事业纳入国民经济和社会发展规划，制定促进慈善事业发展的政策和措施，有关部门将慈善捐赠、志愿服务记录等信息纳入相关主体信用记录，健全信用激励制度。二是完善有关优惠政策的规定。明确国家对慈善事业实施税收优惠政策，具体办法由国务院财政、税务部门会同民政部门依照税收法律、行政法规的规定制定；自然人、法人和非法人组织设立慈善信托开展慈善活动的，依法享受税收优惠；国家对参与重大突发事件应对、重大国家战略的慈善活动，实行特殊的优惠政策。三是优化慈善组织认定程序，已经设立的基金会、社会团体、社会服务机构等非营利性组织，可以向办理其登记的民政部门申请认定为慈善组织。四是降低申请公开募捐资格年限要求，依法登记满一年的慈善组织，可以向办理其登记的民政部门申请公开募捐资格。五是鼓励社会力量积极参与慈善事业。发展社区慈善事业，鼓励设立社区慈善组织，加强社区志愿者队伍建设；鼓励通过公益创投、孵化培育、人员培训、项目指导等方式，为慈善组织提供资金支持和能力建设服务；鼓励在慈善领域应用现代信息技术。六是鼓励开展慈善国际交流与合作。

（二）规范慈善活动，进一步提高慈善行业公信力。慈善组织和慈善信托的规范运行，是促进慈善事业持续发展的内在要求。此次慈善法修改，从积极引导慈善组织、慈善信托健康发展的角度，进一步完善了规范慈善活动运行的有关规定。一是要求慈善组织每年向办理其登记的民政部门报送的年度工作报告和财务会计报告中包括"募捐成本"、"与境外组织或者个人开展合作"情况。二是完善合作公开募捐制度，具有公开募捐资格的慈善组织应当对合作方进行评估，依法签订书面协议，在募捐方案中载明合作方的相关信息，并对合作方的相关行为进行指导和监督，对合作募得的款物进行管理和会计核算，将全部收支纳入其账户；合作方不得以任何形式自行开展公开募捐。三是明确慈善捐赠、慈善信托受益人的确定原则，捐赠人不得指定或者变相指定捐赠人的利害关系人作为受益人，慈善信托的委托人不得指定或者变相指定其利害关系人作为受益人，慈善信托的受托人不得指定或者变相指定受托人及其工作人员的利害关系人作为受益人。四是授权国务院有关部门制定慈善组织的募捐成本以及慈善信托的年度支出和管理费用等标准，特殊情况下慈善组织年度支出难以符合规定的，应当报告并公开说明情况；授权国务院民政部门会同财政、税务和金融监督管理等部门制定慈善信托的年度支出和管理费用标准。五是要求公开募捐活动结束后三个月内全面、详细公开募捐情况，慈善项目结束后三个月内全面、详细公开项目实施情况和募得款物使用情况。

（三）强化领导监督，提升慈善治理现代化水平。发展中国特色慈善事业，需要充分发挥党总揽全局、协调各方的领导核心作用，不断健全慈善监管制度机制，鼓励支持、协调促进、依法管理、推动慈善事业规范高效发展。此次慈善法修改，对强化党的领导和完善监督管理作出了相应规定。一是明确慈善工作坚持中国共产党的领导。二是规定县级以上人民政府统筹、协调、督促和指导有关部门在各自职责范围内做好慈善事业的规范管理工作；有关部门要加强对慈善活动的监督、管理和服务；慈善组织有业务主管单位的，业务主管单位应当对其进行指导、监督。三是要求慈善组织接受境外慈善捐赠、与境外组织或者个人合作开展慈善活动的，根据国家有关规定履行批准、备案程序。四是规定由国务院民政部门指定互联网公开募捐服务平台，提供公开募捐信息展示、捐赠支付、捐赠财产使用情况查询等服务；平台无正当理由不得拒绝为具有公开募捐资格的慈善组织提供服务，不得向其收费，不得在公开募捐信息页面插入商业广告和商业活动链接。五是建立慈善组织及其负责人、慈善信托受托人信用记录制度；对涉嫌违法的慈善组织、慈善信托受托人的有关人员进行责任约谈，要求其说明情况、提出改进措施；其他慈善活动参与者涉嫌违法的，县级以上人民政府民政部门可以会同有关部门调查和处理。六是加大对违法行为惩罚力度，强化慈善组织、慈善信托的委托人及受托人等慈善活动参与者以及慈善活动监管部门、互联网公开募捐服务平台等主体的法律责任。

（四）增设应急慈善专章，系统规范突发事件应对中的慈善活动。总结近年重大突发事件应对中慈善活动开展的经验问题，特别是在新冠肺炎疫情防控中发挥的重要作用和暴露出的问题，吸收地方立法中的好做法，与正在审议的突发事件应对管理法草案协调衔接，系统作出相应制度安排。一是规定发生重大突发事件需要迅速开展救助时，履行统一领导职责或者组织处置突发事件的人民政府应当依法建立协调机制，明确专门机构、人员，提供需求信息，及时有序引导慈善组织、志愿者等社会力量开展募捐和救助活动。二是鼓励慈善组织、慈善行业组织建立应急机制，加强信息共享、协商合作，提高慈善组织运行和慈善资源使用的效率；鼓励慈善组织、志愿者等在政府协调引导下依法开展或者参与慈善活动。三是应对重大突发事件开展公开募捐的，应当及时分配或者使用募得款物，在应急处置与救援阶段至少每五日公开一次募得款物的接收情况，及时公开分配、使用情况。四是无法在应急公开募捐活动开始前办理募捐方案备案的，允许在募捐活动开始后十日内补办备案手续。五是要求县级以上人民政府及其有关部门为捐赠款物分配送达提供便利条件；乡级人民政府、街道办事处和村民委员会、居民委员会为捐赠款物分配送达、信息统计等提供力所能及的帮助。

（五）规范个人求助，推动解决慈善领域新情况新问题。随着网络信息技术的发展，个人网络求助现象不断增多，超出了社区、单位等特定范围。相关网络服务平台呈现规模化发展，在帮助大病患者筹集医疗费用等方面发挥了积极作用，但也存在一些乱象，引发公众质疑和负面舆情，对整个行业的公信力甚至慈善事业发展产生消极影响，各方面普遍认为亟须在法律中对相关活动作进一步规范。此次慈善法修改，统筹考虑各方面意见，在附则中专门增加一条，一方面对个人因疾病等原因导致家庭经济困难向社会求助的行为作出规定，要求求助人和信息发布人应当对信息的真实性负责，不得通过虚构、隐瞒事实等方式骗取救助；另一方面明确从事个人求助网络服务的平台应当经国务院民政部门指定，对通过其发布的求助信息真实性进行查验，并及时、全面向社会公开相关信息。同时，考虑到有关个人求助网络服务平台的具体规定，涉及求助及服务的各个环节，难以在附则中作出全面细致的规定，授权国务院民政部门会同网信、工业和信息化等部门制定具体管理办法，对求助信息发布和查验、平台服务、监督管理等作出规定，促进个人求助网络服务平台健康规范发展。

五、慈善法修改后的贯彻实施

"徒法不足以自行"，慈善法修改决定通过后，下一步的重点工作是认真开展宣传普及，推动法律有效实施。

一是加大法律宣传普及力度。慈善法是慈善领域基础性、综合性法律，对慈善活动进行了全面规范。此次慈善法修正涉及多个条款、多项制度，有关部门要带头学习修改后的慈善法，组织开展解读阐释，通过深入开展普法宣传，使广大人民群众自觉尊法、学法、守法、用法，在全社会形成学好、用好慈善法的浓厚氛围，推动人人积极参与慈善事业。

二是加强法律贯彻实施。"天下之事，不难于立法，而难于法之必行"，要通过严格执法、公正司法、全民守法，推进慈善法的正确实施，把"纸上的法律"变为"行动中的法律"。各级人民政府及其有关部门、慈善组织等慈善活动参与者要提高思想认识，全面准确把握法律的主要内容，切实落实慈善法的相关规定，确保慈善法能够落地见效。

三是及时制定配套性规定。慈善法修改决定的全面有效实施，需要配套法规规章等加以细化、具体化。比如，修改决定降低慈善组织申请公开募捐资格的年限要求，对慈善组织募捐成本、信息公开等提出新的要求，有关部门需要根据修改内容对相关法规规章进行修改，确保与慈善法规定一致；修改决定授权国务院财政、税务部门会同民政部门依照税收法律、行政法规的规定制定税收优惠的具体办法，授权国务院民政部门会同网信、工业和信息化等部门制定个人求助网络服务平台的具体管理办法等，有关部门需要依据授权，加快制定配套性规定。有关方面要早做准备，加强调研、论证、评估等工作，推动法律体系更加衔接协调、系统完备。

目　录

第五章　慈善信托

第六章　慈善财产

第七章　慈善服务

第十一章 监督管理

第十二章 法律责任

中华人民共和国慈善法

第一章 总 则

　　本章是关于总则的规定。总则具有纲领性、原则性、概括性的特点，规定了《中华人民共和国慈善法》的立法目的、慈善活动的定义和范围、党领导慈善工作、慈善活动遵循的基本原则、慈善工作的管理体制等重要内容，对其他各章具有指导性作用。准确把握总则的基本精神和原则，对于正确理解和适用《中华人民共和国慈善法》各章规定具有重要意义。

　　第一条 为了发展慈善事业，弘扬慈善文化，规范慈善活动，保护慈善组织、捐赠人、志愿者、受益人等慈善活动参与者的合法权益，促进社会进步，共享发展成果，制定本法。

◆ **条文主旨**

　　本条是关于立法目的的规定。

◆ **修改提示**

　　本条是原法第一条，未作修改。

◆ **条文释义**

　　立法目的是制定法律所希望达到的目标，是整部法律的核心和灵魂。按照本条规定，本法的立法目的包括以下几个方面：

　　一、发展慈善事业

　　慈善事业是建立在社会捐献基础之上并以援助弱势群体和促进社会公

益为己任的社会事业，是中国特色社会主义事业的重要组成部分，是实施第三次分配、促进共同富裕的重要途径，是社会文明进步的重要标志。近年来，我国慈善事业取得长足发展和重要成就，特别是 2016 年《中华人民共和国慈善法》施行以来，法规制度进一步完善，慈善活动主体日趋多元，全社会慈善意识普遍增强，志愿服务快速发展，慈善事业在脱贫攻坚、疫情防控、乡村振兴以及科教文卫、生态保护、应急救灾等方面都发挥了日益显著的作用，充分彰显了新时代慈善事业的价值和使命。

与此同时，我国慈善事业在范围领域、活动内容和方式、参与主体等方面都呈现出新特点，慈善活动领域更加广泛，内容更加丰富，参与公益慈善活动的方式更加多样化，特别是互联网募捐的蓬勃发展，慈善领域出现了一些新情况新问题，如慈善事业发展速度同经济社会发展水平不匹配，监管制度机制还不完善，支持促进措施较为原则、落实不到位；慈善在应对突发事件中存在不规范不充分的情况，互联网慈善等一些新的慈善形式缺乏有效规范。这些都对加强慈善法治建设提出了更高要求。

全国人大常委会贯彻落实党中央关于发展慈善事业的重大决策部署，立足慈善事业发展实际，坚持问题导向，加快推进《中华人民共和国慈善法》修改进程。2023 年 12 月 29 日，十四届全国人大常委会第七次会议表决通过《全国人民代表大会常务委员会关于修改〈中华人民共和国慈善法〉的决定》。本法此次修改，着眼解决新时代改革开放和社会主义现代化建设中慈善事业发展的实际问题，着重完善促进措施，规范慈善活动，强化领导监督，增设应急慈善，规范个人求助行为，对更好适应我国慈善事业发展，发挥慈善事业促进社会公平正义、推动共同富裕的功能，进一步激发慈善正能量，促进全社会关心、支持、参与慈善事业，营造良好慈善社会氛围具有重要意义，必将为更好发挥慈善事业在全面建设社会主义现代化国家新征程中的重要作用，推动中国特色慈善事业高质量发展提供更强有力的法治保障。

二、弘扬慈善文化

制定《中华人民共和国慈善法》，是弘扬中华民族传统美德、培育和践行社会主义核心价值观的内在要求。中国是一个有着悠久而辉煌的慈善传统的国家。慈心善行是中华民族的优秀美德和文化传统。自古以来，中华民族乐善好施、扶贫济困、守望相助等慈善行为有其深厚的文化基础和道德力量。发展慈善事业，广泛动员社会力量支持慈善、参与慈善，积极支持社会成员关爱他人、保护弱者，是对中华民族优秀美德的传承，是对社会主义核心价值观的弘扬。《中华人民共和国慈善法》的施行，对全社会提倡、支持和鼓励助人为乐、团结友爱、无私奉献的友善精神，对社会成员在慈行善举中不断累积道德力量，为实现中华民族伟大复兴的中国梦提供持久精神力量具有重要意义。

三、规范慈善活动

对慈善活动进行规范，是为了净化慈善环境，更好地促进慈善事业发展。本法此次修改，立足我国慈善事业发展实际，坚持在发展中规范，在规范中发展，在保持现有慈善制度基本稳定的基础上，进一步完善了慈善事业的促进措施，与此同时，着眼解决新时代慈善事业发展面临的问题。例如，针对慈善组织治理能力和治理水平不高、慈善信托运行有关制度不明确的问题，充实慈善组织年度报告内容，完善合作公开募捐制度，明确开展慈善活动遵循的原则；明确慈善信托受益人的确定原则，授权国务院有关部门制定慈善组织的募捐成本以及慈善信托的年度支出和管理费用等标准；针对监管制度机制不完善、新情况新问题缺乏有效规范等问题，加大对违法行为惩罚力度，强化慈善组织、慈善信托受托人等慈善活动参与者的法律责任；针对应急慈善制度不完善，总结近年来重大突发事件应对中慈善活动开展的经验问题，增设应急慈善专章，系统规范突发事件应对中的慈善活动；针对近年来个人求助活动平台规模化发展的新情况，回应社会各界加强网络个人求助治理的呼声，规范个人求助，维护公众的爱心善心。

四、保护慈善组织、捐赠人、志愿者、受益人等慈善活动参与者的合法权益

慈善组织、捐赠人、志愿者等都是慈善活动的参与者，他们的合法权益应受到法律的保护。本法从多个方面对慈善活动参与者的合法权益予以保护。例如，开展募捐活动，应当尊重和维护募捐对象的合法权益，保障募捐对象的知情权；开展募捐活动，不得摊派或者变相摊派；慈善组织接受捐赠，捐赠人要求签订书面捐赠协议的，慈善组织应当与捐赠人签订书面捐赠协议；捐赠人有权查询、复制其捐赠财产管理使用的有关资料；慈善组织确需变更捐赠协议约定的用途的，应当征得捐赠人同意；慈善组织开展慈善服务，应当尊重受益人、志愿者的人格尊严，不得侵害受益人、志愿者的隐私；捐赠人、慈善信托的委托人不同意公开的姓名、名称、住所等信息，不得公开；等等。

五、促进社会进步，共享发展成果

推动社会文明进步是我国各项事业发展的目标，也是慈善事业发展的应有之义。衡量社会进步的标准是多方面的，包括生产力发展水平和人民物质生活的改善状况、社会文化发展水平和人民思想道德素质、社会关系及生态环境的改善，以及各个行业领域的发展状况等。慈善事业是一项综合性的社会事业，需要充分激发全民的爱心、调动全社会的热情，使全社会共同关心、支持和参与慈善事业。发展慈善事业既是政府义不容辞的责任，也是社会的责任，需要形成政府和社会的合力，共同推动慈善事业高质量发展，促进社会进步。

消除贫困、改善民生、逐步实现共同富裕，是社会主义的本质要求，是中国式现代化的重要特征，是我们党的重要使命。改革开放以来，我国创造了举世罕见的经济快速发展与社会长期稳定两大奇迹，历史性地解决了绝对贫困问题，全面建成了小康社会，开启了全面建设社会主义现代化国家新征程。全面建成小康社会到全面建成社会主义现代化国家是中国现代化发展过程的接续推进，两者紧密相连、不可分割。中国式现代化的过程中，必须着力解决不平衡不充分的发展问题，在补短板、强弱项、固底板、扬优势上下功夫，扎实推进共同富裕，让全体人民共享发展成果。慈善事业是实施第三次分配、促进共同富裕的重要途径。本法此次修改，进一步规范引导慈善活动，健全监管制度机制，优化慈善事业发展环境，以激发蕴藏在社会中的慈善正能量，促进全社会关心慈善、支持慈善、参与慈善，营造良好的慈善氛围，同时吸引更多社会力量积极投身慈善事业，广泛汇聚社会资源，为促进经济社会高质量发展作出贡献，最终促进社会进步，共享发展成果。

第二条 自然人、法人和非法人组织开展慈善活动以及与慈善有关的活动，适用本法。其他法律有特别规定的，依照其规定。

◆ **条文主旨**

本条是关于调整范围以及法律适用的规定。

◆ **修改提示**

本条是对原法第二条的修改，将"其他组织"修改为"非法人组织"。

◆ **条文释义**

一、本法的调整范围

法律的调整范围，也称为法律的效力范围。包括法律的时间效力，即法律从什么时候开始发生效力和什么时候失效；法律的空间效力，即法律适用的地域范围，以及法律对人的效力，即法律对什么人（指具有法律关系主体资格的自然人、法人和非法人组织）适用。关于本法的时间效力，附则第一百二十五条作了规定，即自 2016 年 9 月 1 日起施行。关于本法的空间效力问题，按照法律空间效力范围的普遍原则，是适用于制定它的机关所管辖的全部领域，《中华人民共和国慈善法》作为全国人民代表大会制定的法律，其效力自然及于中华人民共和国的全部领域。按照我国香港、澳门两个特别行政区基本法的规定，只有列入这两个基本法附件三的全国性法律，才能在这两个特别行政区适用。《中华人民共和国慈善法》没有列入两个基本法的附件三中，因此，本法不适用于香港特别行政区和澳门特别行政区。香港和澳门的慈善立法，应由这两个特别行政区的立法机关自行制定。

依照本条规定，本法调整的主体范围，是自然人、法人和非法人组织。自然人就是通常意义上的人，既包括中国公民，也包括我国领域内的外国人和无国籍人。法人是具有民事权利能力和民事行为能力，依法独立享有民事权利和承担民事义务的组织，包括在中国境内依法成立的营利性法人、非营利性法人和特别法人。非法人组织是不具有法人资格，但是能够依法以自己的名义从事民事活动的组织，包括个人独资企业、合伙企业、不具有法人资格的专业服务机构等。民法典将民事主体的类型分为自然人、法人和非法人组织，本法此次修改，与民法典的规定进行衔接，将本条及其他条文中的"其他组织"修改为"非法人组织"。可以看出，本法在主体适用方面是开放性的，没有加以限制。

本法的调整事项，是慈善活动以及与慈善有关的活动。本法所称的慈善活动，本法第三条给出了定义，即自然人、法人和非法人组织以捐赠财产或者提供服务等方式，自愿开展的公益活动。与慈善有关的活动，包括慈善组织的投资活动、信息公开、有关人民政府对慈善活动采取的促进措施以及有关部门依照本法实施的监督管理工作等。

二、法律适用

慈善活动及与慈善有关的活动适用本法，同时按照本条规定，其他法律有特别规定的，依照其规定。本法是慈善制度建设的一部基础性、综合性法律。从我国现有法律看，涉及慈善活动的相关法律还有《中华人民共和国民法典》、《中华人民共和国信托法》、《中华人民共和国公益事业捐赠法》和《中华人民共和国红十字会法》等。这些法律都对慈善活动的某一方面或者某些特殊主体作了规定。就本法与《中华人民共和国公益事业捐赠法》和《中华人民共和国红十字会法》的关系来看，本法与这两部法律均在各自的调整范围内继续适用，有些事项如红十字会开展募捐等，《中华人民共和国红十字会法》未作规定或者仅作了原则规定的，可以适用本法有关具体规定。此外，就本法与《中华人民共和国民法典》、《中华人民共和国信托法》的关系来看，这两部法律分别对赠与合同、公益信托等作了一些规定，本法对相关内容有特别规定的，适用本法。

◆ **相关规定**

《中华人民共和国红十字会法》第 2 条；《中华人民共和国民法典》第 658 条、第 660 条；《关于红十字会开展公开募捐有关问题的通知》

第三条　本法所称慈善活动，是指自然人、法人和非法人组织以捐赠财产或者提供服务等方式，自愿开展的下列公益活动：

（一）扶贫、济困；

（二）扶老、救孤、恤病、助残、优抚；

（三）救助自然灾害、事故灾难和公共卫生事件等突发事件造成的损害；

（四）促进教育、科学、文化、卫生、体育等事业的发展；

（五）防治污染和其他公害，保护和改善生态环境；

（六）符合本法规定的其他公益活动。

◆ **条文主旨**

本条是关于慈善活动的定义和范围的规定。

◆ **修改提示**

本条是对原法第三条的修改，将"其他组织"修改为"非法人组织"。

◆ **条文释义**

一、慈善活动的定义

按照本条规定，慈善活动是指自然人、法人和非法人组织以捐赠财产或者提供服务等方式，自愿开展的公益活动。包括以下几层含义：一是慈善活动的主体没有限制，包括所有的自然人、法人和非法人组织。二是慈善活动的方式，包括捐赠财产或者提供服务等方式，即通常所说的"有钱出钱，有力出力"。捐赠财产，按照本法规定，是指自然人、法人和非法人组织基于慈善目的，自愿、无偿赠与财产的活动。捐赠人既可以通过慈善组织捐赠，也可以直接向受益人捐赠。捐赠财产包括货币、实物、有价证券、股权、知识产权等有形和无形财产。提供服务，按照本法规定，是指慈善组织和其他组织以及个人基于慈善目的向他人或者社会提供的志愿无偿服务和其他非营利服务。慈善组织开展慈善服务，既可以自己提供或者招募志愿者提供，也可以委托有服务专长的其他组织提供。这里讲的志愿无偿服务，是指不以获取报酬为目的，自愿服务于他人和社会的公益行为。三是慈善活动的性质是自愿性和公益性。即应当符合社会公共利益，为不特定多数人的利益。这里讲的公益活动，与《中华人民共和国公益事业捐赠法》规定的公益活动内涵基本是一致的。之所以将慈善活动定义为公益活动，目的是使之与《中华人民共和国公益事业捐赠法》相衔接，避免出现理解上的分歧。

二、慈善活动的范围

慈善有狭义和广义之分。狭义的慈善，即"小慈善"，也就是传统的慈善，主要指扶贫济困救灾，这也是我国慈善事业的基础和重点；广义的慈善，即"大慈善"，也就是现代慈善，除了扶贫济困救灾之外，还包括促进教育、科学、文化、卫生、体育事业的发展，保护环境等有利于社会公共利益的活动。随着经济社会的发展，特别是人民的慈善意识和社会保障水平的提高，对慈善的理解发生了很大的变化，我国的慈善活动也日益呈现出多样化的趋势，从"小慈善"逐步向"大慈善"领域发展。从我国的实际情况出发，结合国际上慈善活动发展的趋势，《中华人民共和国慈善法》对慈善活动的界定采用了"大慈善"的概念。在慈善活动的内容上既突出扶贫济困救灾这一重点，又涵盖其他公益事业领域，为慈善事业进一步发展在立法上提供了广阔的空间。

本法对哪些活动属于慈善活动，采取了列举的方式，列举的内容与《中华人民共和国公益事业捐赠法》和《中华人民共和国信托法》规定的范围基本是一致的。本条列举了六项，具体包括以下内容：

（一）扶贫、济困。即扶持贫穷的人、接济困难的人，扶助贫困户或贫困地区发展生产，改变穷困面貌，用金钱或物资帮助生活困难的人。扶贫济困是慈善的应有之义，是传统慈善和现代慈善都包括的内容。《国务院关于促进慈善事业健康发展的指导意见》将"突出扶贫济困"作为基本原则之一。国家对开展扶贫济困的慈善活动，实行特殊的优惠政策。鼓励、支持和引导慈善组织和其他社会力量从帮助困难群众解决最直接、最现实、最紧迫的问题入手，在扶贫济困、为困难群众救急解难等领域广泛开展慈善帮扶，与政府的社会救助形成合力，有效发挥重要补充作用。扶贫济困是慈善事业的重要领域，在政府保障困难群众基本生活的同时，鼓励和支持社会力量以扶贫济困为重点开展慈善活动，有利于更好地满足困难群众多样化、多层次的需要，帮助他们摆脱困境、改善生活，形成慈善事业与社会救助的有效衔接和功能互补，共同编密织牢社会生活安全网。

（二）扶老、救孤、恤病、助残、优抚。即扶助老人、救助孤儿、体恤救济病人、帮助残疾人、优待抚恤对象。老年人、孤儿、病人、残疾人属于社会的弱势群体，在获取经济来源、维持生存、融入社会生活等方面面临困难，在国家给予该类群体特殊照顾的同时，也需要全社会给予关心和帮助。"优抚"，是对优抚对象的抚恤优待，根据我国《军人抚恤优待条例》规定，中国人民解放军现役军人、服现役或者退出现役的残疾军人以及复员军人、退伍军人、烈士遗属、因公牺牲军人遗属、病故军人遗属、现役军人家属统称为优抚对象。这类人群为国家和人民作出了牺牲和贡献，在享受国家有关待遇的同时，也应当得到全社会的帮助。

（三）救助自然灾害、事故灾难和公共卫生事件等突发事件造成的损害。自然灾害、事故灾难和公共卫生事件等突发事件会在短期内使较多人的生存生活受到较大损害，需要政府和全社会对此进行救助和支持。实践中，慈善力量作为政府救助力量的有益补充，发挥了重要作用。本法在将救助突发事件造成的损害作为慈善活动内容的同时，还设专章对应急慈善活动作出了规定。

（四）促进教育、科学、文化、卫生、体育等事业的发展。随着经济社会发展，人民群众在满足了生存需求的基础上，对教育、科学、文化、卫生、体育等的需求也日益增长。与此相适应，慈善活动也不应只局限于对生活困顿的帮助，而是更加关注人民群众在教育、科学、文化、卫生、体育等方面的需求，为困难群众、弱势群体等提供更高质量的教育条件、更加丰富的文化生活、更加卫生的生活环境等，促进教育、科学、文化、卫生、体育等事业更加均衡、更高质量地发展。

（五）防治污染和其他公害，保护和改善生态环境。生态环境是人类生存和发展的根基，在一段历史时期内，我国经济快速发展的同时，出现了大量环境污染和破坏等问题，严重影响了人民群众的生活生存环境和生命健康，从长远看，也将对经济社会的持续健康发展造成不利影响。防治污染和其他公害，保护和改善生态环境是一个需要付出长期艰苦努力的过程，不只是政府的职责，还需要每个人共同参与，发挥社会的力量，因此，本条将为保护和改善生态环境所开展的公益活动也纳入慈善活动范围。

（六）符合本法规定的其他公益活动。慈善活动的范围很广，而且随着经济社会发展，可能会有更多其他的公益活动成为慈善活动，为避免列举不全，本项采用了兜底的表述方式。当然，慈善活动的范围不是无限的，并不是任何公益活动都是慈善活动。本法对于其他公益活动也作了限定，即必须是符合本法规定的慈善活动。

◆ **相关规定**

《军人抚恤优待条例》第 2 条

第四条　慈善工作坚持中国共产党的领导。

开展慈善活动，应当遵循合法、自愿、诚信、非营利的原则，不得违背社会公德，不得危害国家安全、损害社会公共利益和他人合法权益。

◆ **条文主旨**

本条是关于党领导慈善工作和慈善活动基本原则的规定。

◆ **修改提示**

本条是对原法第四条的修改，增加"慈善工作坚持中国共产党的领导"作为第一款。

◆ **条文释义**

一、慈善工作应坚持党的领导

坚持党对慈善工作的领导是慈善工作应遵循的政治原则。中国特色社会主义最本质的特征是中国共产党领导，中国特色社会主义制度的最大优势是中国共产党领导，党是最高政治领导力量。坚持和加强党的领导，是慈善工作的"根"和"魂"，也是全面落实新时代党的建设总要求，开创新时代慈善事业发展新局面的政治保证和组织保证。本法此次修改明确"慈善工作坚持中国共产党的领导"，是贯彻落实宪法关于"中国共产党领导是中国特色社会主义最本质的特征"规定的基本要求，是贯彻落实《中共中央关于加强党的政治建设的意见》的具体实践，也是推进党的领导入法入规的必要举措。

慈善工作坚持中国共产党的领导，是坚持党对慈善事业发展的全面领导。在内容上，包括党对慈善工作的政治领导、思想领导、组织领导。政治领导是政治方向、政治原则、重大决策的领导，集中体现在路线、方针、政策方面；思想领导是理论观点、思想方法和精神状态的领导；组织领导是通过党的各级组织、党的干部和党员，组织、领导群众，为实现党的任务和主张而奋斗。在范围上，党的领导应当贯穿慈善事业发展的全过程、各方面，贯穿慈善事业发展各个环节。

坚持党对慈善事业的全面领导，要以坚持党对慈善工作的政治领导为中心，增强"四个意识"、坚定"四个自信"、做到"两个维护"，把思想和行动统一到党和国家对发展慈善事业、发挥慈善作用的重大决策部署上，保证慈善事业发展的政治方向；要以坚持党对慈善工作的思想领导为基础，坚持以习近平新时代中国特色社会主义思想为指导，深入学习领会发展中国特色慈善事业的重要论述，坚持不懈加强党的创新理论武装，将党的理论成果转化为推动慈善事业的实际效果；要以加强党对慈善工作的组织领导为抓手，坚持党建引领，加强慈善组织的党组织建设，实现党的组织和党的工作有效覆盖，发挥慈善组织党组织战斗堡垒作用。坚持党对慈善工作全过程领导，要将党的全面领导贯彻到慈善工作决策、执行、监督的各环节全过程，对慈善事业发展中遇到的关乎大局、影响广泛的重要事情、重要情况，要及时向上级党组织请示、报告。

二、开展慈善活动应当遵循的基本原则

（一）合法的原则

《中华人民共和国慈善法》是慈善制度建设的基础性、综合性法律。制定《中华人民共和国慈善法》的重要目的就是规范慈善活动，把慈善活动纳入法治化的轨道。开展慈善活动应当依照慈善法的规定进行。除了《中华人民共和国慈善法》之外，《中华人民共和国民法典》、《中华人民共和国公益事业捐赠法》、《中华人民共和国信托法》以及相关税法的部分条款也涉及开展慈善活动相关要求。此外，国务院出台的行政法规和地方及有关部门出台的法规规章也对开展慈善活动作出了规定，开展慈善活动应当遵守这些规定。

（二）自愿的原则

自愿原则是民事活动的基本原则。开展慈善活动涉及慈善组织、捐赠人、志愿者、受益人等多方参与人，各方当事人应当在自愿的基础上确定相互之间的权利和义务。慈善活动的重要内容是慈善捐赠，相对于其他有偿的民事活动而言，捐赠行为是无偿的，更应当体现捐赠人的真实意愿。实践中，有的单位在发生自然灾害时，为了完成捐款任务，直接从职工的工资中扣除相关的捐款，该做法违背了慈善活动应当自愿的原则。为了充分保障慈善活动的自愿性，本法第三十二条规定，开展募捐活动，不得摊派或者变相摊派。当然，自愿原则也不是绝对的，当事人在慈善活动中应当遵守法律的规定，尊重社会公德，不得损害国家安全、损害社会公共利益和他人的合法权益。

（三）诚信的原则

诚信的原则是要求各类主体在开展慈善活动时要诚实、讲信用，不得欺诈或者有其他违背诚实信用的行为。近年来，慈善领域出现的一些负面事件，使慈善行业的公信力受到了社会各方面的质疑。因此，本法将诚信作为开展慈善活动的一项重要原则，要求捐赠人履行捐赠承诺，要求慈善组织尊重和维护募捐对象的合法权益，保障募捐对象的知情权，不得通过虚构事实等方式欺骗、诱导募捐对象实施捐赠等。同时有关慈善活动参与者要履行法律规定的信息公开义务，以增加慈善行业的公信力，把慈善事业做成人人信任的"透明口袋"，使诚信原则贯穿于慈善活动的每个环节。

（四）非营利的原则

非营利原则也是开展慈善活动的一项重要原则。根据本法的规定，慈善组织是指依法成立，符合本法规定，以面向社会开展慈善活动为宗旨的非营利性组织。慈善服务是指慈善组织和其他组织以及个人基于慈善目的，向社会或者他人提供的志愿服务和其他非营利服务。从以上规定中可以看出，"非营利"是慈善活动的重要特征。非营利是指自然人、法人和非法人组织开展慈善活动不能以营利为目的。但是，非营利并不意味着慈善组织不能参与任何的营利性活动，而是要求慈善组织通过经营取得的收入和利润必须用于慈善事业，不得在其发起人、成员中分配，以保证慈善组织的慈善宗旨不会改变。"非营利"是慈善组织的最本质特征，也是慈善活动与其他民事活动的关键区别所在。

（五）不得违背社会公德，不得危害国家安全、损害社会公共利益和他人合法权益的原则

社会公德是全体社会成员所普遍认可、遵循的道德准则。在特定的时间和空间范围内，社会成员有其普遍的道德观念，开展包括慈善活动在内的各项活动应当符合该普遍的道德观念。国家安全、社会公共利益和他人合法权益依法受到保护，有关法律也规定了危害国家安全、损害社会公共利益和他人合法权益的法律责任。《中华人民共和国民法典》第八条规定，民事主体从事民事活动，不得违反法律，不得违背公序良俗。本条也明确开展慈善活动不得违背社会公德，不得危害国家安全、损害社会公共利益和他人合法权益，慈善活动参与者在按照其主观意愿自愿开展慈善活动的同时，也应当遵守该禁止性规定。

第五条 国家鼓励和支持自然人、法人和非法人组织践行社会主义核心价值观，弘扬中华民族传统美德，依法开展慈善活动。

◆ **条文主旨**

本条是关于国家鼓励社会开展慈善活动的规定。

◆ **修改提示**

本条是对原法第五条的修改，将"其他组织"修改为"非法人组织"。

◆ **条文释义**

一、慈善活动符合社会主义核心价值观和中华民族传统美德

2006 年 10 月，党的十六届六中全会第一次明确提出了"建设社会主义核心价值体系"的重大命题和战略任务，明确提出了社会主义核心价值体系的内容，并指出社会主义核心价值观是社会主义核心价值体系的内核。2007 年 10 月，党的十七大进一步指出了"社会主义核心价值体系是社会主义意识形态的本质体现"。2011 年 10 月，党的十七届六中全会强调，社会主义核心价值体系是"兴国之魂"，建设社会主义核心价值体系是推动文化大发展大繁荣的根本任务。提炼和概括出简明扼要、便于传播践行的社会主义核心价值观，对于建设社会主义核心价值体系具有重要意义。2012 年

11 月，党的十八大报告明确提出"三个倡导"，即"倡导富强、民主、文明、和谐，倡导自由、平等、公正、法治，倡导爱国、敬业、诚信、友善，积极培育和践行社会主义核心价值观"，这是对社会主义核心价值观的最新概括。2013 年 12 月，中共中央办公厅印发《关于培育和践行社会主义核心价值观的意见》明确提出，以"三个倡导"为基本内容的社会主义核心价值观，与中国特色社会主义发展要求相契合，与中华优秀传统文化和人类文明优秀成果相承接，是我们党凝聚全党全社会价值共识作出的重要论断。2016 年，中共中央办公厅、国务院办公厅印发《关于进一步把社会主义核心价值观融入法治建设的指导意见》，要求把社会主义核心价值观融入科学立法。2023 年修正的《中华人民共和国立法法》增加了"立法应当倡导和弘扬社会主义核心价值观"的内容。

社会主义核心价值观的基本内容是：富强、民主、文明、和谐，自由、平等、公正、法治，爱国、敬业、诚信、友善。24 字核心价值观分为国家、社会和公民个人三个层面。中华民族乐善好施、扶贫济困、守望相助的慈行善举有着深厚的文化基础。在中国特色社会主义建设中，发展慈善事业，广泛动员社会力量支持慈善、参与慈善，积极支持社会成员关爱他人、保护弱者，既是对中华民族优秀美德的传承，又是对社会主义核心价值观的弘扬。

二、国家鼓励依法开展慈善活动

根据本条规定，国家鼓励和支持自然人、法人和非法人组织依法开展慈善活动。这一规定包含以下几层含义：

第一，鼓励和支持的主体是国家，主要是各级国家权力机关、国家行政机关、国家司法机关等国家机关。这些国家机关通过制定法律法规和政策措施，依法履行监管、服务和审判职能等，对社会开展慈善活动给予鼓励和支持。为鼓励和支持开展慈善活动，本法设专章对促进慈善事业发展的措施作出了规定。这些措施涵盖慈善事业发展的方方面面，如在宏观政策方面规定，国家将慈善事业纳入国民经济和社会发展规划，对开展扶贫济困、参与重大突发事件应对、参与重大国家战略的慈善活动实行特殊的优惠政策；在慈善活动用地方面规定，慈善组织开展扶贫、济困、扶老、救孤、恤病、助残、优抚等慈善活动需要慈善服务设施用地的，可以依法申请使用国有划拨土地或者农村集体建设用地；在慈善税收优惠方面规定，企业慈善捐赠支出超过法律规定的准予在计算企业所得税应纳税所得额时当年扣除的部分，允许结转以后三年内在计算应纳税所得额时扣除；在捐赠方面规定，向慈善组织捐赠实物、有价证券、股权和知识产权的，依法免征权利转让的相关行政事业性费用；在金融支持方面规定，鼓励金融机构为慈善组织、慈善信托提供融资和结算等金融服务；在购买服务方面规定，各级人民政府及其有关部门可依法通过购买服务等方式，支持符合条件的慈善组织向社会提供服务；在慈善专业人才培养方面规定，国家鼓励高等学校培养慈善专业人才；在慈善表彰方面规定，国家建立慈善表彰制度，对在慈善事业发展中作出突出贡献的自然人、法人和非法人组织予以表彰，等等。这些措施对于促进慈善事业健康良好发展，鼓励和支持自然人、法人和非法人组织依法开展慈善活动具有十分重要的作用和意义。

第二，鼓励和支持的对象是自然人、法人和非法人组织，即本法第三条规定的开展慈善活动的主体。

第三，鼓励和支持的内容是开展慈善活动，即开展本法第三条规定范围内的公益活动。

第四，开展慈善活动应当依法进行。我国是法治国家，任何人都必须在法律框架内行事。本法是慈善制度建设的基础性、综合性法律，是慈善领域的基本法律，确立了整个慈善事业的基本制度，包括慈善组织、慈善募捐、慈善捐赠、慈善信托、慈善服务等内容。这里的"依法"，主要是依据本法。除本法外，在我国的法律体系中涉及慈善相关内容的还有《中华人民共和国公益事业捐赠法》、《中华人民共和国民法典》、《中华人民共和国信托法》、《中华人民共和国企业所得税法》、《中华人民共和国红十字会法》、《中华人民共和国个人所得税法》、《中华人民共和国个人所得税法实施条例》等法律法规。自然人、法人和非法人组织在开展慈善活动时，除依据《中华人民共和国慈善法》外，还应当遵守相关法律、法规、规章等的规定。

第六条 县级以上人民政府应当统筹、协调、督促和指导有关部门在各自职责范围内做好慈善事业的扶持发展和规范管理工作。

国务院民政部门主管全国慈善工作，县级以上地方各级人民政府民政部门主管本行政区域内的慈善工作；县级以上人民政府有关部门依照本法和其他有关法律法规，在各自的职责范围内做好相关工作，加强对慈善活动的监督、管理和服务；慈善组织有业务主管单位的，业务主管单位应当对其进行指导、监督。

◆ **条文主旨**

本条是关于慈善工作管理体制的规定。

◆ **修改提示**

本条是对原法第六条的修改。一是增加"县级以上人民政府应当统筹、协调、督促和指导有关部门在各自职责范围内做好慈善事业的扶持发展和规范管理工作"，作为第一款。二是增加县级以上人民政府有关部门"加强对慈善活动的监督、管理和服务"的规定，同时增加"慈善组织有业务主管单位的，业务主管单位应当对其进行指导、监督"。

◆ **条文释义**

一、县级以上人民政府的职责

党的十八大以来，以习近平同志为核心的党中央高度重视慈善事业发展，党的二十大报告提出，"以中国式现代化全面推进中华民族伟大复兴"，"构建初次分配、再分配、第三次分配协调配套的制度体系"，"引导、支持有意愿有能力的企业、社会组织和个人积极参与公益慈善事业"，为慈善事业发展指明了前进方向、提供了根本遵循。本法此次修改贯彻落实党中央关于发展慈善事业的决策部署，吸收国务院《关于促进慈善事业健康发展的指导意见》关于"建立健全慈善工作组织协调机制"的精神，总结地方经验做法，明确县级以上人民政府的职责，目的是发挥政府牵头抓总的作用，解决部门间职责不清、监管机制不完善的问题，更好形成促进发展和规范管理的合力。县级以上人民政府应按照本法规定，发挥统筹、协调、督促和指导作用，实现扶持慈善事业发展，规范慈善活动的目的。

发展慈善事业，需要政府统筹推进。慈善事业面广线长，涵盖社会生活的各个行业和领域，参与主体广泛，是一项综合性事业。发展慈善事业，不仅是民政部门的职责，也是多个部门的共同责任，如在扶持发展方面，本法规定了信息提供、活动指导、税费优惠、建设用地、金融政策、购买服务、人才培养、文化宣传等十多类促进措施，需要多个相关部门联合推进；比如，在规范管理方面，慈善事业参与主体众多，民政部门对慈善组织之外的个人、企业、教育机构、宗教团体、政府间国际组织等主体参与公益慈善活动的监管，需要多个部门在各自职责范围内做好工作。这些都需要政府牵头统筹，督促相关部门积极予以配合和支持。此外，政府还应统筹慈善事业与其他经济社会事业发展之间的关系，本法第八十三条规定，县级以上人民政府应当将慈善事业纳入国民经济和社会发展规划，也正是政府统筹推进作用的体现。

发展慈善事业，需要政府积极协调。因慈善事业参与主体的多元化，不同主体在参与慈善活动中出现违法违规行为时，仅靠民政部门自行调查处理的力度远远不够，还需要公安、市场监管、网信、教育等多个部门共同参与。特别是处理重大疑难复杂情况，或者是重大突发事件应对时，需要政府牵头协调，必要时要建立协调机制。本法第七十条规定，发生重大突发事件需要迅速开展救助时，履行统一领导职责或者组织处置突发事件的人民政府应当依法建立协调机制，明确专门机构、人员，提供需求信息，及时有序引导慈善组织、志愿者等社会力量开展募捐和救助活动。通过政府统筹各方力量，更好发挥各部门在重大突发事件应对方面的作用。

发展慈善事业，需要政府督促落实。《中华人民共和国慈善法》以及《中华人民共和国境外非政府组织境内活动管理法》、《中华人民共和国红十字会法》、《中华人民共和国企业所得税法》、《中华人民共和国民法典》等法律对慈善事业作出了相应的规范，各地也出台了许多配套落实政策，形成了比较完备的慈善事业发展制度和政策措施体系。但如果促进慈善事业发展的政策措施，在执行过程中落实不全面、执行不及时或者有偏差，再完备的制度、再全面的措施，也仅是空中楼阁，无法发挥应有作用。为减少和避免这种情况的发生，政府要发挥督促作用，定期对各部门贯彻落实慈善法规制度、执行政策措施的情况进行督促，及时发现问题、解决问题，保障政策措施有效落地。

发展慈善事业，需要政府加强指导。慈善事业不是一蹴而就的，而是逐步发展起来的。不同阶段，慈善事业的特点不同，面临的实际情况和问题不同，党中央对慈善事业的决策部署也在不断发展。因此，政府对慈善事业的扶持发展和规范管理的举措、要求，以及阶段性目标，也需要不断调整。在不同的发展阶段，政府应按照党中央关于慈善事业发展的重大决策部署和重要论述，结合实际，对慈善事业发展进行具体指导，明确一段时间内慈善工作的基本思想、主要任务、目标步骤和工作措施等。

二、慈善事业的主管部门

长期以来，我国民政部门负责包括慈善组织在内的社会组织登记管理。随着慈善事业的发展和慈善力量的壮大，2014 年《国务院关于促进慈善事业健康发展的指导意见》明确民政部门主管慈善工作、促进慈善事业发展的角色定位，并规定了民政部门的监管职责。2016 年《中华人民共和国慈善法》颁布，明确国务院民政部门主管全国慈善工作，县级以上地方各级人民政府民政部门主管本行政区域内的慈善工作，主管慈善事业成为民政部门的法定职责。为积极履行职责，促进慈善事业发展，民政部于 2018 年成立了慈善事业促进和社会工作司，负责慈善事业促进和慈善组织管理工作。2023 年党和国家机构改革后，民政部成立慈善事业促进司，负责拟定促进慈善事业发展政策和慈善信托、慈善组织及其活动管理办法，指导社会捐助工作。县级以上地方民政部门设立了专门的机构或者配备了专门的人员负责慈善工作，对本行政区域内的慈善组织进行登记管理和执法监督。各级民政部门应当依法履行职责，做好慈善组织的登记和认定工作，加强对慈善组织及其活动的监督检查和对慈善行业组织的指导，对涉嫌违法的慈善组织依法给予处罚。

三、县级以上人民政府有关部门的职责

慈善工作涉及民政以外的多个政府部门，主要包括行业管理部门和职能部门。行业管理部门的职责是将社会组织纳入行业管理，加强业务指导和行业监管，引导社会组织健康发展，配合登记管理机关做好本领域社会组织的登记审查，协助登记管理机关和相关部门做好对本领域社会组织非法活动和非法社会组织的查处；职能部门职责是对社会组织涉及本领域的事项事务履行监管职责，依法查处违法违规行为并及时向民政部门通报。本法此次修改将中央文件中关于行业部门、职能部门的职责，与原法关于有关部门职责的规定相结合，总结提炼概括，明确了对县级以上人民政府有关部门的原则性要求。同时，本法在具体的条文中也规定了政府有关部门的职责，如依法对慈善组织的财务会计、享受税收优惠和使用公益事业捐赠统一票据、财务会计报告的审计等情况进行监督管理；向慈善组织、慈善信托受托人等提供慈善需求信息，为慈善活动提供指导和帮助；通过购买服务等方式，支持符合条件的慈善组织向社会提供服务，并依照有关政府采购的法律法规向社会公开相关情况；广播、电视、报刊以及网络服务提供者、电信运营商未履行相关验证义务的，由其主管部门责令限期改正，予以警告，逾期不改正的，予以通报批评；慈善组织弄虚作假骗取税收优惠的，由税务机关依法查处等。

四、业务主管单位职责

按照本法规定，慈善组织可以采取基金会、社会团体、社会服务机构等组织形式，这些都属于社会组织范畴。目前，我国社会组织采取登记管理机关和业务主管单位双重负责的管理体制。社会组织相关管理条例中有业务主管单位职责的规定，如《社会团体登记管理条例》规定，业务主管单位负责社会团体成立登记、变更登记、注销登记前的审查；监督、指导社会团体遵守宪法、法律、法规和国家政策，依据其章程开展活动；负责社会团体年度检查的初审；协助登记管理机关和其他有关部门查处社会团体的违法行为；会同有关机关指导社会团体的清算事宜等。《基金会管理条例》规定，业务主管单位指导、监督基金会依据法律和章程开展公益活动，负责基金会年度检查的初审，配合登记管理机关、其他执法部门查处基金会的违法行为；《民办非企业单位登记管理暂行条例》规定，业务主管单位负责民办非企业单位成立、变更、注销登记前的审查；监督、指导民办非企业单位遵守宪法、法律、法规和国家政策，按照章程开展活动；负责民办非企业单位年度检查的初审；协助登记管理机关和其他有关部门查处民办非企业单位的违法行为；会同有关机关指导民办非企业单位的清算事宜。2016 年，中共中央办公厅、国务院办公厅印发《关于改革社会组织管理制度促进社会组织健康有序发展的意见》指出，业务主管单位对所主管社会组织的思想政治工作、党的建设、财务和人事管理、研讨活动、对外交往、接收境外捐赠资助、按章程开展活动等事项负有管理责任。本法此次修改坚持问题导向，针对慈善组织管理中暴露出的部门职责不清、监管机制不完善的问题，明确了业务主管单位对慈善组织的指导、监督职责，压实业务主管单位责任。

◆ **相关规定**

《社会团体登记管理条例》第 25 条；《基金会管理条例》第 35 条；《民办非企业单位登记管理暂行条例》第 20 条；《关于改革社会组织管理制度促进社会组织健康有序发展的意见》

第七条　每年 9 月 5 日为"中华慈善日"。

◆ **条文主旨**

本条是关于"中华慈善日"的规定。

◆ **修改提示**

本条是原法第七条，未作修改。

◆ **条文释义**

多年来，各地通过在"慈善日"、"老年节"等重要节点举办公益慈善活动，在全社会提倡、支持和鼓励助人为乐、团结友爱、无私奉献的精神，营造全民参与慈善的良好氛围，取得了积极的效果。本法作为慈善制度建设基础性、综合性法律，规定"中华慈善日"，具有十分重要的现实意义。

一、"国际慈善日"的由来

设立慈善日不只是我国部分地方的做法，在国际上也有先例。2012 年 12 月 17 日，联合国大会作出决议，为纪念在 1997 年 9 月 5 日逝世的特里萨修女，将每年 9 月 5 日定为国际慈善日。特里萨修女 1910 年生于前南斯拉夫斯科普里，1950 年在印度加尔各答成立了仁爱传教修女会，因致力于帮助穷人而闻名，她的工作得到全世界的认可并广受好评，在 1979 年被授予诺贝尔和平奖。设立国际慈善日，旨在客观认识并动员全世界人民、非政府组织和利益相关者通过志愿者和慈善活动帮助他人。联合国决议，邀请所有会员国、联合国系统各组织、其他国际和区域组织以及包括非政府组织和个人在内的民间社会以适当方式纪念国际慈善日，鼓励慈善行为，包括举办教育和公共宣传活动。在我国法律中规定"中华慈善日"，与联合国决议相衔接，也有利于促进这一领域的国际交流与合作。

二、"中华慈善日"开展活动的方式

在组织开展"中华慈善日"的活动过程中，可参照"老年节"等经验，采取政府倡导、社会运作、公众参与的方式。比如，结合政府举办的慈善表彰活动，积极开展公益广告、设立慈善地标、开展校园慈善实践教育活动等，推动慈善文化进机关、进学校、进社区、进乡村，多点开花，普及宣传慈善文化。企业、慈善组织等社会各界通过举办义演、义拍、义卖、义诊等各种形式的慈善活动，不断扩大慈善事业的社会影响力。报纸、广播、电视、互联网等媒体通过设计公益专栏、慈善频道等方式，广泛传播慈善文化。

2016年《中华人民共和国慈善法》施行以来，民政部连续八年开展"中华慈善日"主题宣传，支持建设南通中华慈善博物馆，积极宣传普及《中华人民共和国慈善法》，大力弘扬慈善文化，引导推动社会各界关心慈善、支持慈善、参与慈善。各地也广泛采取人民群众喜闻乐见的方式加大慈善宣传力度，"人人可为、人人愿为、人人乐为"的良好公益慈善氛围正在形成。

第二章　慈善组织

本章是关于慈善组织的规定。慈善组织是现代慈善事业的重要主体，也是本法规范的主要对象。大力发展各类慈善组织，规范慈善组织行为、确保慈善活动公开透明，是促进慈善事业健康发展的有效保证。为更好地促进和规范慈善组织发展，本章对慈善组织的概念、组织形式、登记和认定等作了规定。

第八条　本法所称慈善组织，是指依法成立、符合本法规定，以面向社会开展慈善活动为宗旨的非营利性组织。

慈善组织可以采取基金会、社会团体、社会服务机构等组织形式。

◆ **条文主旨**

本条是关于慈善组织的概念及其组织形式的规定。

◆ **修改提示**

本条是原法第八条，未作修改。

◆ **条文释义**

改革开放以来，我国社会组织有了较快发展，成为我国社会主义现代化建设的重要力量。这些社会组织中有很多是以开展慈善公益活动为目的，2016年《中华人民共和国慈善法》颁布实施后，一大批社会组织认定为慈善组织。此后，慈善组织蓬勃发展、数量不断增加，规模不断壮大，成为慈善事业发展的重要力量。根据"慈善中国"网站查询，截至2024年2月29日，共有公示的慈善组织14460家。慈善组织积极开展慈善活动，创立了一系列具有影响力的慈善项目，在扶贫济困、特殊群体帮扶、乡村振兴、应急救援、科教文卫、生态保护等方面发挥了积极作用，为全面建设社会主义现代化国家作出重要贡献。

一、慈善组织的概念

《中华人民共和国慈善法》所称的慈善组织，是指主要在民政部门依法登记，符合《中华人民共和国慈善法》规定，以面向社会开展慈善活动为宗旨的非营利性组织，包括绝大多数基金会，部分以面向社会开展慈善活动为宗旨的社会团体和民办非企业单位。依法成立的基金会、社会团体和民办非企业单位一般或者多数都具有法人主体资格。民办非企业单位实际就是本法所称的"社会服务机构"。

二、慈善组织的特征

从形式上看，慈善组织具有依法成立、符合本法规定条件等特征；从实质上看，可以从下几个方面理解慈善组织的特征：

（一）公益性。慈善组织的公益性，是指以面向社会开展公益活动为宗旨，以奉献社会、服务大众为使命，不以特定私人利益作为组织目的，相关财产不得被私人所分配和利用，也不得兼顾私利。关于"面向社会开展慈善活动"，主要是指慈善组织开展慈善活动的受益对象，应当是不特定的多数人。公益性是慈善组织的重要特征，但不是慈善组织的独有特征，除慈善组织外，其他的法人组织和非法人组织，开展公益活动，也可能具有公益性。

（二）非营利性。慈善组织的非营利性，是指不以营利为目的，没有股东，不分配利润。"非营利"并不代表慈善组织不能从事一定的投资行为，而是要求其投资所获得的收益只能继续用于慈善事业，不得进行分配，即"禁止利润分配原则"。从国际经验看，西方发达国家普遍允许慈善组织从事一定的投资行为。为此，本法第五十五条对慈善组织为实现财产保值增值进行投资作出了专门的规定。

（三）财产独立性和公共性。慈善组织的财产主要来自捐赠及其孳息，捐赠人的财产一旦捐给慈善组织，就不再属于捐赠人所有。慈善组织所有的财产都属于慈善财产，其财产的使用受到慈善宗旨和捐赠合同的限定，必须用于慈善目的，不得在慈善组织发起人、捐赠人和慈善组织成员中分配。

（四）自治性。慈善组织为切实履行自身宗旨，应当建立一套与其开展活动的特点相适应的内部治理机制，包括决策、执行及监督机制。

三、慈善组织的组织形式

本条第二款规定，慈善组织可以采取基金会、社会团体和社会服务机构等组织形式。根据"慈善中国"网站查询，截至2024年2月29日，共有公示的慈善组织14460家，其中基金会8233家，社会团体4285家，社会服务机构1942家。这些基金会、社会团体、社会服务机构可以申请登记、认定为慈善组织，符合条件的就是本法所称的慈善组织，不符合条件的就不属于慈善组织。

（一）基金会。基金会是利用自然人、法人或者其他组织捐赠的财产，以从事公益事业为目的的非营利性法人。按照现行的《基金会管理条例》，基金会分为公募基金会和非公募基金会。近年来，基金会发展不断提速，在动员社会资源、开展慈善活动等方面发挥了重要作用。目前，绝大多数基金会都属于慈善组织，如中国青少年发展基金会、中国残疾人福利基金会、中华环境保护基金会、爱佑慈善基金会、安利公益基金会、北京大学教育基金会等。但是，也有一部分基金会未认定为慈善组织。例如，根据2023年11月《民政部登记的未认定为慈善组织的基金会2022年度检查拟定结论公示》，有23家在民政部登记的基金会未认定为慈善组织。

需要说明的是，按照现行的《基金会管理条例》，公募基金会和非公募基金会在登记设立时就明确了开展活动的具体形式，非公募基金会不能转变为公募基金会，对两类基金会在原始基金、治理结构、财产管理使用上提出了不同的要求。《中华人民共和国慈善法》对基金会管理方式作出了适当调整，即把公开募捐作为一种资格管理，慈善组织具备一定的条件，就可以向其登记的民政部门申请公开募捐资格。也就是说，现有的非公募基金会，符合《中华人民共和国慈善法》规定的条件，也可以申请公开募捐资格，开展公开募捐活动。

（二）社会团体。社会团体是由公民自愿组成，为实现会员共同意愿开展活动的非营利性社会组织。主要类型有协会、学会、研究会、促进会、联合会、校友会等。社会团体要成为慈善组织，需以慈善即社会公共利益为宗旨，而不是服务于会员群体。慈善会、志愿者协会、社会工作者协会等社会团体就是典型的慈善组织。例如，中华慈善总会、中华环保联合会、中国扶贫开发协会、中国社会工作联合会等。一些行业协会、商会、校友会等社会团体，是以服务会员群体为宗旨，因此不属于本法所称的慈善组织。

需要说明的是，宗教团体是一类特殊的社会团体。在《中华人民共和国慈善法》制定过程中，有的意见提出，要对宗教团体和宗教场所开展慈善活动作出相应的规定。考虑到有关行政法规等对此作了规范，如《宗教事务条例》和国家宗教事务局、中共中央统战部等六部门印发的《关于鼓励和规范宗教界从事公益慈善活动的意见》，对宗教团体和宗教活动场所接受捐赠，以及为公益慈善事业捐款捐物、设立公益慈善项目和公益慈善组织作了规定。《宗教事务条例》第五十七条第一款规定，宗教团体、宗教院校、宗教活动场所可以按照国家有关规定接受境内外组织和个人的捐赠，用于与其宗旨相符的活动。违反国家有关规定接受境内外捐赠的，须承担相应的法律责任。《关于鼓励和规范宗教界从事公益慈善活动的意见》提出，宗教界从事公益慈善活动时，应当自觉遵守宪法、法律法规规章，在法律和政策许可的范围内开展活动，不得在公益慈善活动中传播宗教。因此，宗教团体和宗教活动场所开展慈善活动的，按照上述规定办理即可。值得注意的是，宗教团体和宗教活动场所通过设立基金会等慈善组织开展慈善活动，同时应当遵守《中华人民共和国慈善法》的相关规定。

（三）社会服务机构。社会服务机构，是指企业事业单位和其他社会力量以及公民个人利用非国有资产举办的，从事非营利性社会服务活动的社会组织。目前，社会服务机构的主要类型有非营利的民办教育机构、民办医疗机构、社工服务机构等。社会服务机构要成为慈善组织，需要以面向社会开展慈善活动为宗旨，并符合慈善组织相应的条件，履行相应的登记或者认定程序。

需要说明的是，2016 年制定《中华人民共和国慈善法》时没有明确慈善组织是否一定是法人、非法人组织能否成为慈善组织等问题。在本法此次修改过程中，有意见提出，实践中绝大多数慈善组织为法人组织，为规范慈善组织管理，建议将慈善组织的类型由"非营利性组织"修改为"非营利法人"，即明确要求所有的慈善组织都应当是法人。但也有意见提出，应当进一步鼓励慈善组织发展，不应当限制非法人组织成为慈善组织。根据《基金会管理条例》和《社会团体登记管理条例》的规定，基金会和社会团体均为法人。但是，根据《中华人民共和国民法典》以及《民办非企业单位登记管理暂行条例》的规定，社会服务机构（民办非企业单位）除了登记为法人以外，也可以登记为合伙或个体；不具有法人资格的专业服务机构，也能够依法以自己的名义从事民事活动。实践中，有的社会服务机构具有法人主体资格，有的不具有法人主体资格。因此，考虑到有关规定和实践情况，为更好地促进各类慈善组织发展，不宜从立法层面将非法人组织排除在慈善组织之外，因此此次修改并未要求慈善组织必须为法人组织。

◆ **相关规定**

《中华人民共和国民法典》第 87 条、第 102 条；《基金会管理条例》第 2 条、第 3 条；《社会团体登记管理条例》第 2 条；《民办非企业单位登记管理暂行条例》第 2 条；《宗教事务条例》第 6 条、第 35 条；《关于鼓励和规范宗教界从事公益慈善活动的意见》

第九条　慈善组织应当符合下列条件：

（一）以开展慈善活动为宗旨；

（二）不以营利为目的；

（三）有自己的名称和住所；

（四）有组织章程；

（五）有必要的财产；

（六）有符合条件的组织机构和负责人；

（七）法律、行政法规规定的其他条件。

◆ **条文主旨**

本条是关于慈善组织应当符合的条件的规定。

◆ **修改提示**

本条是原法第九条，未作修改。

◆ **条文释义**

慈善组织开展慈善活动，应当具备一定的条件。明确的宗旨、目的和组织章程，可供识别的名称，以及人员、组织机构、住所、财产等，是慈善组织开展慈善活动必不可少的基本条件。有关基金会、社会团体、社会服务机构的行政法规对各自类型组织的设立条件作了规定，本法在这些规定的基础上，为这些不同类型的组织认定为慈善组织设定了统一的基本条件，提出具体要求，主要是为了保证慈善组织的规范性，保证慈善组织有能力开展慈善活动，促进慈善事业的健康发展。

具体而言，慈善组织的条件包括宗旨、目的、名称和住所、组织章程、财产、组织机构和负责人等多个方面，是慈善组织正常开展活动的必备因素。

一、以开展慈善活动为宗旨

规范慈善活动、促进慈善事业健康发展是本法的主要立法目的。开展慈善活动是慈善组织安身立命的基础，更是慈善组织最基本的功能和价值所在。因此，本法规定，成为慈善组织最首要的前提条件是以开展慈善活动为宗旨。如果不以开展慈善活动为宗旨，就不能称为慈善组织，也无法在民政部门获得相应的登记和认定。本法第三十三条还规定，禁止任何组织或者个人假借慈善名义或者假冒慈善组织开展募捐活动，骗取财产。实施上述违法行为的，由公安机关依法查处。

二、不以营利为目的

"不以营利为目的"，既是慈善组织非营利性特征的具体表现，也是对慈善组织的基本要求。对于慈善组织而言，不以营利为目的包含了三个层面的含义。第一个层面，慈善组织设立的目的不是为了营利。也就是说，慈善组织的宗旨、章程应当符合慈善的基本要求，出发点不是为了开展经营活动，获取利润。例如，基金会章程必须明确基金会的公益性质，不得规定使特定自然人、法人或者其他组织受益的内容。第二个层面，"不以营利为目的"并不排斥投资经营活动。慈善组织设立后，在具体的运行中，为实现慈善财产的保值、增值，可以开展低风险的投资经营活动。第三个层面，对于投资活动取得收益的处理。根据慈善组织非营利性特征，投资取得的收益属于慈善财产的一部分，也应当全部用于慈善目的，不得进行与慈善活动无关的分配。

三、有自己的名称和住所

慈善组织的名称，是体现其宗旨和业务范围的重要标志。具有自己的名称，是一个慈善组织与其他组织最为直观的区别，既有利于慈善组织开展活动，也有利于其树立慈善品牌，不断扩大影响力。慈善组织的名称应当符合相关法律、法规的规定。例如，社会团体的名称应当与其业务范围、成员分布、活动地域相一致，准确反映其特征。全国性的社会团体的名称冠以"中国"、"全国"、"中华"等字样的，应当按照国家有关规定经过批准。地方性的社会团体的名称不得冠以"中国"、"全国"、"中华"等字样。

作为社会组织实体，慈善组织需要具备与其开展慈善活动相适应的住所，这是慈善组织的基本物质基础。有关行政法规也对慈善组织的住所提出了要求，基金会、社会团体要"有固定的住所"，社会服务机构要"有必要的场所"。需要注意的是，本法把住所作为慈善组织登记设立的条件之一，对住所的形式和权属等并未作出具体要求。根据本法规定，慈善组织应当遵循管理费用最必要原则，厉行节约，减少不必要的开支。因此，慈善组织通过租用办公场所等形式开展慈善活动的，也符合本法的规定。还有一些慈善组织的办公场所是由单位或者企业、个人无偿提供的，只要能保证开展慈善活动的需要，这些住所的形式都符合法律的要求。

四、有组织章程

组织章程是慈善组织为了调整其内部关系，规范慈善组织从业人员行为而制定的、具有明显行为规则性质的文件，既是设立慈善组织的必备文件，也是慈善组织内部管理和活动的根本准则。组织章程有利于保证慈善组织的活动准则和发展方向，为慈善组织的民主决策与自律提供重要依据，对慈善组织的健康发展具有非常重要的意义。本法第十一条对慈善组织的章程应当载明的事项提出了具体要求。

五、有必要的财产

慈善组织开展慈善活动的主要方式是向受益人提供资助和服务，这些活动需要慈善组织具备必要的财产。同时，为保证慈善组织正常运转，也需要相应的资金支持。法律对必要的财产是多少，没有具体规定，慈善组织采取不同的组织形式，相应的财产要求也有所不同。例如，现行有关行政法规对全国性公募基金会、地方性公募基金会和非公募基金会的原始基金提出了不同的要求；要求社会团体有合法的资产和经费来源，对全国性的社会团体、地方性的社会团体和跨行政区域的社会团体的活动资金提出了不同的要求。对社会服务机构的要求是，有与其业务活动相适应的合法财产。

六、有符合条件的组织机构和负责人

符合条件的组织机构和负责人是慈善组织规范运行的重要条件。不同形式的慈善组织，需要有与其开展慈善活动相适应的组织机构和负责人。有关行政法规对此提出了明确的要求。例如，基金会应当设理事会，作为基金会的决策机构。理事会设理事长、副理事长和秘书长，从理事中选举产生，理事长是基金会的法定代表人。基金会应当设监事，依照章程规定的程序检查基金会财务和会计资料，监督理事会遵守法律和章程的规定。本法第十六条还对不得担任慈善组织的负责人的情形进行了列举。

七、法律、行政法规规定的其他条件

本条明确列举的上述条件，是对慈善组织的共性要求。由于慈善组织可以采取不同的组织形式，相关的行政法规对这些组织还有一些具体的要求，慈善组织要相应地符合这些要求，才能保证慈善活动顺利开展。例如，基金会、社会团体要能够独立承担民事责任，还要有与其开展活动相适应的专职工作人员。有的社会服务机构在申请登记前，要经业务主管单位审查同意。本法规定慈善组织应当符合法律、行政法规规定的其他条件，既符合对慈善组织管理的现实需要，又在一定程度上为今后慈善组织的发展和规范留下了制度空间。

◆ **相关规定**

《基金会管理条例》第 8 条；《社会团体登记管理条例》第 10 条；《民办非企业单位登记管理暂行条例》第 8 条

第十条　设立慈善组织，应当向县级以上人民政府民政部门申请登记，民政部门应当自受理申请之日起三十日内作出决定。符合本法规定条件的，准予登记并向社会公告；不符合本法规定条件的，不予登记并书面说明理由。

已经设立的基金会、社会团体、社会服务机构等非营利性组织，可以向办理其登记的民政部门申请认定为慈善组织，民政部门应当自受理申请之日起二十日内作出决定。符合慈善组织条件的，予以认定并向社会公告；不符合慈善组织条件的，不予认定并书面说明理由。

有特殊情况需要延长登记或者认定期限的，报经国务院民政部门批准，可以适当延长，但延长的期限不得超过六十日。

◆ **条文主旨**

本条是关于慈善组织登记认定程序的规定。

◆ **修改提示**

本条是对原法第十条的修改，将原法第二款中的"本法公布前已经设立的基金会、社会团体、社会服务机构等非营利性组织"修改为"已经设立的基金会、社会团体、社会服务机构等非营利性组织"，即删去"本法公布前"。

◆ **条文释义**

本条对设立慈善组织的登记部门、期限和具体程序的规定，具体分为新设慈善组织和已设立的非营利性组织申请认定为慈善组织两种情况。

一、慈善组织的设立登记

登记是成立慈善组织的法定程序。新设慈善组织，应当向县级以上人民政府民政部门申请登记，民政部门应当自受理申请之日起三十日内作出决定。符合本法规定条件的，准予登记并向社会公告；不符合的，不予登记并书面说明理由。

（一）登记管理部门

县级以上人民政府民政部门是慈善组织的登记管理部门。根据现行的相关行政法规，基金会、社会团体、社会服务机构根据其规模大小、活动范围不同，在不同层级的民政部门登记。

关于基金会的登记管理部门。《基金会管理条例》规定，国务院民政部门和省、自治区、直辖市人民政府民政部门是基金会的登记管理机关。近年来，有个别地方在贯彻落实行政审批权限改革精神中，将基金会的登记审批权限由省级民政部门下延至县级以上民政部门。

关于社会团体的登记管理部门。按照现行的做法，全国性的社会团体，由国务院的登记管理机关负责登记管理；地方性的社会团体，由所在地人民政府的登记管理机关负责登记管理；跨行政区域的社会团体，由所跨行政区域的共同上一级人民政府的登记管理机关负责登记管理。

关于社会服务机构的登记管理部门。按照现行做法，国务院民政部门和县级以上地方各级人民政府民政部门是本级人民政府的民办非企业单位登记管理机关。

（二）申请程序

根据《中华人民共和国行政许可法》第二十九条的规定，公民、法人或者其他组织从事特定活动，依法需要取得行政许可的，应当向行政机关提出申请。设立慈善组织，应当向民政部门提交相应的申请文件，包括申请书、章程草案、财产证明、住所证明、组织机构情况、负责人身份证明和简历等材料。具体到基金会、社会团体和社会服务机构等组织形式，还有相应的具体要求，如基金会需要提供原始资金证明等材料。申请人应当对申请材料实质内容的真实性负责。

（三）审查期限

按照《中华人民共和国行政许可法》第四十二条的规定，除可以当场作出决定的情况外，通常的行政许可审查期限为20日。20日内不能作出决定的，经本行政机关负责人批准，可以延长10日。考虑到部分行政审批事项的特殊性，行政许可法同时规定"法律、法规另有规定的，依照其规定"。根据现行行政法规的规定，对社会团体的登记审查期限为30日，对基金会和社会服务机构的登记审查期限为60日。考虑到慈善组织可以采取这三种组织形式，与一般的行政许可相比有特殊性，本法规定慈善组织的审查登记期限统一为30日。也就是说，无论采取何种形式申请设立慈善组织，民政部门一般应当在 30 日内审查完毕并作出决定。

（四）决定内容

对于设立慈善组织的登记申请，民政部门审查完毕后，依法作出两种决定。一是符合本法规定条件的，准予登记并向社会公告。准予登记，由民政部门登记慈善组织的名称、住所、宗旨、组织章程等信息，并发给登记证书。同时，由民政部门向社会公告。二是不符合本法规定条件的，不予登记并书面说明理由。按照《中华人民共和国行政许可法》第三十八条的规定，行政机关依法作出不予行政许可的书面决定的，应当说明理由，并告知申请人享有依法申请行政复议或者提起行政诉讼的权利。这些规定的目的主要是保证申请人的救济权利。

二、慈善组织的认定

在 2016 年《中华人民共和国慈善法》公布前，根据社会组织的"三个条例"，已经成立了相当数量的基金会、社会团体和社会服务机构。这些非营利组织也可以依法申请为慈善组织。考虑到他们在设立时已经过相应的登记程序，因此本法规定了相对登记而言比较简化的认定程序。这些非营利组织的组织形式不变，只需到原来登记的民政部门提出申请，由民政部门予以认定。在审查期限上，也比新设登记的时间短，要求民政部门应当自受理申请之日起 20 日内作出决定。民政部门审查完毕，也是作出两种决定：一是符合慈善组织条件的，予以认定并向社会公告；二是不符合慈善组织条件的，不予认定并书面说明理由。

为了规范慈善组织认定工作，民政部制定了《慈善组织认定办法》，自 2016 年 9 月 1 日起施行。根据该办法第四条规定，基金会、社会团体、社会服务机构申请认定为慈善组织，应当符合下列条件：（一）申请时具备相应的社会组织法人登记条件；（二）以开展慈善活动为宗旨，业务范围符合《慈善法》第三条的规定；申请时的上一年度慈善活动的年度支出和管理费用符合国务院民政部门关于慈善组织的规定；（三）不以营利为目的，收益和营运结余全部用于章程规定的慈善目的；财产及其孳息没有在发起人、捐赠人或者本组织成员中分配；章程中有关于剩余财产转给目的相同或者相近的其他慈善组织的规定；（四）有健全的财务制度和合理的薪酬制度；（五）法律、行政法规规定的其他条件。第五条规定，有下列情形之一的，不予认定为慈善组织：（一）有法律法规和国家政策规定的不得担任慈善组织负责人的情形的；（二）申请前二年内受过行政处罚的；（三）申请时被民政部门列入异常名录的；（四）有其他违反法律法规和国家政策行为的。第六条规定，申请认定为慈善组织，社会团体应当经会员（代表）大会表决通过，基金会、社会服务机构应当经理事会表决通过；有业务主管单位的，还应当经业务主管单位同意。

在《中华人民共和国慈善法》实施后，大量已设立的基金会、社会团体、社会服务机构认定为慈善组织，一些新成立的基金会、社会团体、社会服务机构也在成立的同时登记为慈善组织。但是，根据 2016 年《中华人民共和国慈善法》的规定，2016 年 3 月 15 日后新登记成立的基金会、社会服务机构、社会团体，如果没有同时登记为慈善组织，则后续不能再认定为慈善组织。为解决这一问题，更好地促进慈善组织发展，此次《中华人民共和国慈善法》修改删去了"本法公布前"的规定，自 2024 年 9 月 5 日《全国人民代表大会常务委员会关于修改〈中华人民共和国慈善法〉的决定》施行之日起，各类社会基金会、社会团体、社会服务机构可以在登记成立时直接登记为慈善组织，也可以在登记成立后向民政部门申请认定为慈善组织。

三、延长登记或者认定期限

通常情况下，慈善组织登记审查期限为 30 日，认定审查期限为 20 日，但实践中对部分情况比较特殊的慈善组织，在登记和认定过程中履行的内部程序较多，有的可能还需要由政府作出批复，在 30 日或者 20 日内无法完成相关的报批程序。考虑到这些特殊情况，本法规定，有特殊情况需要延长登记或者认定期限的，报经国务院民政部门批准，可以适当延长，但延长的期限不得超过 60 日。

◆ 相关规定

《中华人民共和国行政许可法》第 29 条、第 38 条、第 42 条；《基金会管理条例》第 11 条；《社会团体登记管理条例》第 12 条；《民办非企业单位登记管理暂行条例》第 11 条

第十一条　慈善组织的章程，应当符合法律法规的规定，并载明下列事项：

（一）名称和住所；

（二）组织形式；

（三）宗旨和活动范围；

（四）财产来源及构成；

（五）决策、执行机构的组成及职责；

（六）内部监督机制；

（七）财产管理使用制度；

（八）项目管理制度；

（九）终止情形及终止后的清算办法；

（十）其他重要事项。

◆ **条文主旨**

本条是慈善组织章程应当载明的事项的规定。

◆ **修改提示**

本条是原法第十一条，未作修改。

◆ **条文释义**

慈善组织的章程，是指由慈善组织制定、经过登记管理部门审查批准，关于慈善组织性质、宗旨、任务、内部治理结构、人员构成、职责范围、权利义务、活动规则、纪律措施、终止程序等内容的文件，是慈善组织根本性的规章制度。有人把章程称作慈善组织的"宪法"，为慈善组织的民主决策和自律管理提供了重要的依据，对慈善组织的健康发展具有非常重要的意义。

本条对慈善组织章程应当载明的事项进行列举，主要是引导慈善组织在制定章程过程中，明确需要载明的事项，做到有法可依、规范制定。

一、慈善组织章程的基本特征

作为慈善组织根本性的规章制度，章程具有以下特征：

（一）合法性

慈善组织章程的合法性包括两个方面。一是内容上的合法性。也就是慈善组织章程的内容应当符合法律法规的规定。二是形式上的合法性。章程是慈善组织设立的必备条件之一，需要在申请登记时向登记管理机关提交。

（二）稳定性

章程是慈善组织的基本纲领和行动准则，在一段时间内应保持稳定，保证慈善组织规范、有序开展活动。如果需要修改章程，则需要履行相应的程序。

（三）约束性

慈善组织章程提出的要求，一般不由国家强制力保证执行，而是依靠慈善组织的人员共同实施，对慈善组织及其人员有较强的规范作用和约束力。

二、慈善组织章程应当载明的事项

本法对慈善组织章程应当载明的事项作出规定，主要是为了保证章程的规范性。应当载明的事项是章程的"必备条款"，也是登记管理机关根据慈善组织应当具备的条件要求，需要重点审查的内容。章程应当载明的事项中，名称、宗旨、住所、组织形式、内部监督机制、决策执行机构的组成及职责等事项具有一般性，法律也提出了明确的要求。活动范围、财产来源及构成、财产管理使用制度、项目管理制度、终止情形及终止后的清算办法以及其他重要事项，由慈善组织根据实际情况予以确定，但也必须在章程中载明。

实践中，为保证慈善组织章程的合法性和规范性，登记管理机关通常会制发章程范本，供慈善组织登记申请人在起草章程时参考。

◆ **相关规定**

《基金会管理条例》第 10 条；《社会团体登记管理条例》第 14 条；《民办非企业单位登记管理暂行条例》第 10 条

第十二条　慈善组织应当根据法律法规以及章程的规定，建立健全内部治理结构，明确决策、执行、监督等方面的职责权限，开展慈善活动。

慈善组织应当执行国家统一的会计制度，依法进行会计核算，建立健全会计监督制度，并接受政府有关部门的监督管理。

◆ **条文主旨**

本条是关于慈善组织治理结构和会计规范的规定。

◆ **修改提示**

本条是原法第十二条，未作修改。

◆ **条文释义**

慈善组织的公益性、非营利性、自治性和财产兼具独立性与公共性等特点，决定了慈善组织的内部治理结构不同于公司等营利性组织。慈善组织，一方面通过开展募捐、接受捐赠，动员和开发慈善资源；另一方面又需要将慈善资源合理有效地用于受益人，追求慈善目的。慈善组织在这一过程中承担着慈善资源代理和转换的功能。基于慈善活动本身的自愿性、无偿性等特点，决定捐赠人、受益人对慈善组织进行监督的动力不足。因此，有必要在法律上对慈善组织的内部治理结构提出明确要求，确定慈善组织内部权力分配和制衡关系，通过慈善组织的自律运行，实现慈善组织的健康运转。同时，考虑到慈善财产的管理和使用是慈善组织开展活动的关键环节，本条对慈善组织的会计监督管理也作出了明确规定。

一、关于慈善组织的内部治理

社会组织"三个条例"从不同角度对基金会、社会团体和社会服务机构的内部治理提出了要求，本法也要求慈善组织在章程中载明"决策、执行机构的组成"、"内部监督机制"等内容。其他行政法规、地方性法规根据需要，也可以对慈善组织的内部治理作出规定。慈善组织应当根据这些规定，建立健全内部治理结构，明确内部机构的职责权限，开展慈善活动。通常情况下，慈善组织的内部治理结构主要包括决策、执行和监督三个方面：

（一）决策机构

决策机构是慈善组织的中枢，通过定期召开会议等形式，行使决策权；如制定、修改章程，选举、罢免慈善组织负责人，决定慈善组织的重大业务计划，如资金募集、管理和使用计划，年度收支预算和决算审定，制定内部管理制度，决定设立办事机构、分支机构和代表机构，决定慈善组织的分立、合并或终止等重大事项。慈善组织的章程中，应当对该慈善组织决策机构的组成和职权作出明确的规定。例如，基金会的决策机构是理事会，社会团体的决策机构是会员大会或者会员代表大会。决策机构依法行使章程规定的职权。

（二）执行机构

执行机构负责主持开展日常工作，是慈善组织内部具体组织开展慈善活动的机构。例如，基金会的执行机构通常是秘书处，在理事长和秘书长的领导下开展工作。执行机构的职权除保证慈善组织的日常运转外，还负责组织实施年度工作计划，协调慈善组织内部各机构开展工作，代表本慈善组织对外签署文件、合同和接受捐赠、开展募捐，具体负责慈善财产的管理和使用，组织招募志愿者开展慈善活动等。

（三）监督机构

监督机构依照章程规定的程序，负责检查慈善组织的财务和会计资料，监督决策机构、执行机构遵守法律法规和章程的情况，有权向决策机构提出质询和建议，并向登记管理机关、业务主管单位以及税务、会计主管部门反映情况等。

二、关于对慈善组织的会计监督管理

慈善组织开展慈善活动涉及慈善财产的管理和使用，慈善财产兼具独立性和公共性的特点，决定对慈善财产管理和使用情况进行会计监督时，不宜采用企业等营利组织的会计制度。与企业会计制度相比，慈善组织执行的会计制度在会计要素、计量基础、净资产的核算和列报、收入确认、费用分类，以及会计报表构成等方面均有较大区别。2004 年 8 月 18 日，财政部出台了《民间非营利组织会计制度》，慈善组织应当执行财政部规定的统一的会计制度。

对慈善组织的会计规范包括以下三个方面：

（一）依法进行会计核算

《民间非营利组织会计制度》对慈善组织的会计核算提出了明确的要求。慈善组织的会计核算应当以权责发生制为基础，遵循谨慎性原则，以实际发生的交易或者事项为依据，如实反映慈善组织的财务状况、业务活动情况和现金流量等信息。会计核算所提供的信息应当能够满足会计信息使用者（如捐赠人、会员、监管者）等的需要。会计核算应当按照规定的会计处理方法进行，会计信息应当口径一致、相互可比。会计核算应当及时进行，不得提前或延后。会计核算和编制的财务会计报告应当清晰明了，便于理解和使用。在会计核算中，所发生的费用应当与其相关的收入相配比，同一会计期间内的各项收入和与其相关的费用，应当在该会计期间内确认，等等。

（二）建立健全会计监督制度

慈善组织要结合宗旨和开展慈善活动的特点，制定相应的内部会计控制制度，以加强内部会计监督，提高会计信息质量和管理水平。健全的会计监督制度包括内部牵制、财产清查和内部审计三个方面。内部牵制是慈善组织内部的各机构、各环节相互牵制、相互监督；财产清查是定期对慈善财产、物资进行核对，通过核对是否账实相符，检查内部制约的执行情况；内部审计是对慈善组织内部牵制制度落实情况、开展慈善活动情况进行的审计，保证慈善财产的规范、有效使用。

（三）接受政府有关部门的监督管理

除接受民政部门的监督管理外，财政、审计、监察等政府有关部门根据慈善财产的性质，在各自职责范围内也有权对慈善组织执行会计制度的情况进行监督管理。比如，县级以上人民政府监察机关、审计机关依法对通过慈善组织的自然灾害救助款物、捐赠款物的管理使用情况进行监督检查。全国性的慈善组织使用国有资产的情况，还要接受中央财政等有关部门的监督管理。

◆ **相关规定**

《基金会管理条例》第 20—24 条、第 32 条；《社会团体登记管理条例》第 27 条；《民办非企业单位登记管理暂行条例》第 22 条

第十三条 慈善组织应当每年向办理其登记的民政部门报送年度工作报告和财务会计报告。报告应当包括年度开展募捐和接受捐赠、慈善财产的管理使用、慈善项目实施、募捐成本、慈善组织工作人员工资福利以及与境外组织或者个人开展合作等情况。

◆ **条文主旨**

本条是关于对慈善组织实行年度报告制度的规定。

◆ **修改提示**

本条是对原法第十三条的修改，在报告的内容中增加了"募捐成本"、"与境外组织或者个人开展合作等情况"。

◆ **条文释义**

慈善组织经民政部门登记或者认定后，即取得合法地位，有权以慈善组织的身份在社会上开展活动，依法享受相应的优惠和扶持政策。慈善组织在开展活动的过程中，要加强自律，注意规范自我行为，不断完善和发展。年度报告是对慈善组织实施监督管理的重要环节，是促进慈善组织健康发展的重要手段，有利于民政部门及时了解和掌握慈善组织运行和开展活动的情况，更好地为慈善组织提供服务、指导和帮助；有利于充分发挥社会监督的作用，强化慈善组织及其负责人的信用约束，建立慈善组织的信用体系。

一、年度工作报告和财务会计报告

慈善组织在进行年度报告时，应当向其登记的民政部门报送年度工作报告和财务会计报告。

年度工作报告是全面反映慈善组织年度运营和开展慈善活动等情况的报告。根据现行《基金会管理条例》的规定，基金会的年度工作报告应当包括：开展募捐、接受捐赠、提供资助等活动的情况，以及人员和机构的变动情况等。根据现行《社会团体登记管理条例》和《民办非企业单位登记管理暂行条例》的规定，社会团体和民办非企业单位的工作报告内容包括：遵守法律法规和国家政策的情况、依法履行登记手续的情况、按照章程开展活动的情况、人员和机构变动的情况以及财务管理的情况。

财务会计报告是单位依法向国家有关部门提供或者向社会公开披露的反映该单位财务状况和经营成果的书面文件。慈善组织执行的是《民间非营利组织会计制度》，财务会计报告由会计报表、会计报表附注和财务情况说明书组成，分为年度财务会计报告和中期财务会计报告，年度财务会计报告是以整个会计年度为基础编制的财务会计报告。民间非营利组织会计制度在会计要素、计量基础、净资产的核算和列报、收入确认、费用分类，以及会计报表构成等方面均与企业会计制度有较大区别。一是会计要素。没有设置企业会计中的所有者权益和利润会计要素，而是采用了净资产；也没有设置预算会计中的支出会计要素，而是采用了费用。二是会计计量基础。捐赠、政府补助等是无偿取得，无法按实际成本原则确认和计量，因此引入了公允价值等计量基础。三是净资产的核算和列报。非营利组织净资产主要来自捐赠，而捐赠经常有时间或用途的限定，为了适应这个特点，制度将净资产分为限定性净资产和非限定性净资产两类进行核算和列报。四是收入的确认。非营利组织的收入既有捐赠、会费等非交换交易收入，又有提供服务收入、投资收益等交换交易收入，制度对此进行了区分。五是费用的分类。适应评价非营利组织经营绩效的要求，制度对费用的会计核算严格区分业务活动成本和期间费用。六是财务会计报告的内容及其组成。非营利组织的财务会计报告至少应当包括资产负债表、业务活动表、现金流量表三张基本报表以及会计报表附注等内容，与企业有所差别。

根据《中华人民共和国会计法》第九条的规定，各单位必须根据实际发生的经济业务事项进行会计核算，填制会计凭证，登记会计账簿，编制财务会计报告。为保证财务会计报告的真实、完整，《中华人民共和国会计法》第二十一条规定："财务会计报告应当由单位负责人和主管会计工作的负责人、会计机构负责人（会计主管人员）签名并盖章；设置总会计师的单位，还须由总会计师签名并盖章。单位负责人应当保证财务会计报告真实、完整。"

二、报送年度报告的具体要求

（一）接受报告的部门

接受报告的主体是慈善组织登记的民政部门，即慈善组织在哪个民政部门登记，就向哪个民政部门报告。

（二）报告的时间

慈善组织必须每年向民政部门报送年度工作报告和财务会计报告，而不能两年或者两年以上进行合并报告。根据现行《基金会管理条例》的规定，基金会应当于每年3月31日前向登记管理机关报送上一年度工作报告。根据现行《社会团体登记管理条例》和《民办非企业单位登记管理暂行条例》的规定，社会团体和民办非企业单位应当于每年5月31日前向登记管理机关报送上一年度的工作报告。

（三）报告的内容

根据本条规定，报告的内容包括年度开展募捐和接受捐赠、慈善财产的管理使用、慈善项目实施、募捐成本、慈善组织工作人员工资福利以及与境外组织或者个人开展合作等情况。开展募捐和接受捐赠情况，包括开展募捐的时间、地域、形式以及捐赠的种类、数量等情况。慈善财产的管理使用情况，包括对募集的财产登记造册，对捐赠的不易储存、运输或者难以直接用于慈善目的的实物进行拍卖或者变卖，为实现财产保值、增值进行投资，按照募捐方案或者捐赠协议使用捐赠财产等情况。慈善项目实施情况，包括慈善项目实施流程、受益人、项目支出、对项目实施进行跟踪监督等情况。慈善组织工作人员的工资福利情况，是指慈善组织为其工作人员提供工资、奖金、津贴、补贴等待遇的情况。募捐成本情况，主要是指慈善组织为了获得捐赠资产而发生的费用情况，包括举办募款活动费，准备、印刷和发放募款宣传资料费以及其他与募款或者争取捐赠资产有关的费用等情况。与境外组织或者个人开展合作情况，主要是指慈善组织与境外组织或者个人合作开展慈善活动的情况。

报告"募捐成本"情况是本次修改中新增加的内容。原法第二十四条规定，开展公开募捐，应当制定募捐方案，并对募捐方案的具体内容作了规定，其中明确指出包括募捐成本等内容。从备案情况看，各慈善组织的募捐成本情况差别很大。根据慈善中国网站查询，有的慈善组织备案的募捐成本为"以实际发生为准"，有的为"线上募捐，不产生募捐成本"，有的为"不高于总支出的10%"，有的为"印刷宣传资料、张贴宣传图片费用"，等等。从实践情况来看，有的慈善组织将募捐成本纳入管理费用，有的单独列支，还有的纳入开展慈善活动支出。慈善组织开展募捐活动的过程必然会产生一些费用，如物资采购、宣传推广、活动组织等；但如果募捐成本过高、甚至失控，相应减少了真正用于慈善项目的资金，与高效、充分利用慈善资产的要求不符，也有违慈善的初心。因此，在本法修改稿过程中，各方面普遍认为，一方面应当承认合理募捐成本的存在，另一方面也应当明确在募捐成本支出方面的要求，加强对募捐成本的管理。根据《民间非营利组织会计制度》的规定，慈善组织的费用，即慈善组织为开展业务活动所发生的、导致本期净资产减少的经济利益或者服务潜力的流出，按照其功能分为业务活动成本、管理费用、筹资费用和其他费用等。考虑到不同慈善组织的实际情况，同时考虑到与《民间非营利组织会计制度》《关于慈善组织开展慈善活动年度支出和管理费用的规定》等现行规定的衔接，本法此次修改，加强了对募集成本（筹资费用）的管理，一是在第十三条中，要求在慈善组织向民政部门进行的年度报告中，报告募捐成本情况；二是在第六十一条中增加规定，慈善组织应当积极开展慈善活动，遵循募捐成本等最必要原则，厉行节约，减少不必要的开支，充分、高效运用慈善财产，同时授权国务院民政部门会同财政、税务等部门制定慈善组织开展慈善活动的募捐成本的标准。

报告"与境外组织或者个人开展合作"情况，也是本次修改中新增加的内容。本法第一百零二条第二款规定，慈善组织接受境外慈善捐赠、与境外组织或者个人合作开展慈善活动的，根据国家有关规定履行批准、备案程序。慈善组织在根据有关规定向政府有关部门、业务主管单位等进行报批、备案后，还应当按照本条规定，在年度报告中向民政部门进行报告。

本条列举的报告的内容是从慈善组织的一般情况出发的，是所有慈善组织在进行年度报告时都应当报告的内容。实践中，不同类型、不同领域的慈善组织可能有不同的特点，因此本次修改在报告应当包括的内容中还增加了"等"字，慈善组织可以结合自身情况以及民政部门的具体要求依法进行报告。

◆ **相关规定**

《中华人民共和国会计法》第 9 条、第 21 条；《基金会管理条例》第 36 条；《民办非企业单位登记管理暂行条例》第 23 条；《社会团体登记管理条例》第 28 条；《民间非营利组织会计制度》第七章

第十四条　慈善组织的发起人、主要捐赠人以及管理人员，不得利用其关联关系损害慈善组织、受益人的利益和社会公共利益。

慈善组织的发起人、主要捐赠人以及管理人员与慈善组织发生交易行为的，不得参与慈善组织有关该交易行为的决策，有关交易情况应当向社会公开。

◆ **条文主旨**

本条是关于慈善组织关联交易的规定。

◆ **修改提示**

本条是原法第十四条，未作修改。

◆ **条文释义**

通常情况下，一方控制、共同控制另一方或对另一方施加重大影响，以及两方或两方以上同受一方控制、共同控制或重大影响的，该主体构成关联方。关联方之间进行的交易，如转移资源、劳务或义务等，称为关联交易，又称为关联方交易。慈善组织属于非营利组织，有人认为不存在关联交易。事实上，慈善组织虽然不以营利为目的，但是为实现财产的保值、增值可以进行投资活动和商业活动，在这一过程中存在很多交易行为，就有可能产生关联交易。不正当的关联交易会使慈善组织丧失公信力，损害慈善组织、受益人的利益和社会公共利益，破坏慈善环境，影响慈善事业的健康发展。本条在借鉴其他国家和地区法律规定和我国实践经验的基础上，对慈善组织的关联交易问题作出了规定，以避免不正当的关联交易损害慈善组织、受益人的利益和社会公共利益。慈善组织的发起人、主要捐赠人以及管理人员违反本条规定造成慈善财产损失的，应当根据本法第一百一十条的规定承担相应的法律责任，即由民政部门责令限期改正，予以警告，并没收违法所得；逾期不改正的，责令限期停止活动并进行整改。

根据本条第一款规定，慈善组织的发起人、主要捐赠人、管理人员这三类人员不得利用其关联关系损害慈善组织、受益人的利益和社会公共利益。关联关系，是指可能导致利益转移的各种关系，包括慈善组织的发起人、主要捐赠人、管理人员与其直接或者间接控制的企业、基金会、民办非企业单位（社会服务机构）之间的关系等。当慈善组织的发起人、主要捐赠人、管理人员与慈善组织的交易对象存在关联关系时，相关交易就可能受慈善组织的发起人、主要捐赠人、管理人员的影响、控制或支配，从而出现损害慈善组织、受益人的利益和社会公共利益的情况。本款对慈善组织的发起人、主要捐赠人以及管理人员利用其关联关系损害慈善组织、受益人的利益和社会公共利益作出了禁止性规定。

本条第二款主要是通过程序来避免对慈善组织不利的关联交易发生。一是慈善组织的发起人、主要捐赠人以及管理人员与慈善组织发生交易行为的，应当回避对该交易的决策，这是慈善组织的发起人、主要捐赠人以及管理人员的一项法定义务。规定这项义务，主要是考虑到慈善组织的发起人、主要捐赠人以及管理人员有可能在该项交易上与慈善组织存在利益冲突，禁止其参与相关交易的决策，有利于防止慈善组织的发起人、主要捐赠人以及管理人员利用其在慈善组织中所处的地位，牺牲慈善组织的利益谋求自己的利益或者为他人牟取利益，如慈善组织以高于市场价的价格购买上述人员的产品或服务等。二是慈善组织的发起人、主要捐赠人以及管理人员与慈善组织进行交易的情况应当向社会公开。向社会公开有关交易情况，有利于加强对此类交易行为的社会监督，进而促使慈善组织的发起人、主要捐赠人以及管理人员严格遵守法律规定，为慈善组织获得捐赠和开展活动创造良好的环境和条件。

需要说明的是，本条并不是禁止慈善组织所有的关联交易。事实上，在关联交易中，交易双方相互了解、彼此信任，可避免信息不对称，出现问题协调解决，能提高交易效率，降低交易成本，不排除有的关联交易是对慈善组织有利的，如慈善组织以低于市场价的价格从其发起人控股的公司承租房屋、购买设备等。因此，本条禁止的是慈善组织的发起人、主要捐赠人、管理人员利用其关联关系损害慈善组织、受益人的利益和社会公共利益的关联交易，以及慈善组织的发起人、主要捐赠人、管理人员参与慈善组织有关交易行为的决策和不向社会公开有关交易情况的行为。符合以下几项规定的关联交易是允许的：一是不得使慈善组织、受益人的利益和社会公共利益受损；二是慈善组织的发起人、主要捐赠人、管理人员不得参与相关交易的决策；三是关联交易必须做好信息公开。

◆ **相关规定**

《中华人民共和国公司法》第 22 条、第 139 条、第 265 条;《基金会管理条例》第 23 条;《企业会计准则第 36 号——关联方披露》

第十五条 慈善组织不得从事、资助危害国家安全和社会公共利益的活动,不得接受附加违反法律法规和违背社会公德条件的捐赠,不得对受益人附加违反法律法规和违背社会公德的条件。

◆ **条文主旨**

本条是关于慈善组织不得从事的行为的规定。

◆ **修改提示**

本条是原法第十五条,未作修改。

◆ **条文释义**

开展慈善活动,应当遵循合法的原则,不得违背社会公德,也不得危害国家安全、损害社会公共利益和他人合法权益,这是本法总则第四条中的明确要求。《中华人民共和国国家安全法》也明确规定,中华人民共和国公民、一切国家机关和武装力量、各政党和各人民团体、企业事业组织和其他社会组织,都有维护国家安全的责任和义务;任何个人和组织不得有危害国家安全的行为,不得向危害国家安全的个人或者组织提供任何资助或者协助;任何个人和组织违反国家安全法和有关法律,不履行维护国家安全义务或者从事危害国家安全活动的,依法追究法律责任。

一、慈善组织不得从事、资助危害国家安全和社会公共利益的活动

(一)不得从事、资助危害国家安全的活动

根据《中华人民共和国国家安全法》的规定,国家安全是指国家政权、主权、统一和领土完整、人民福祉、经济社会可持续发展和国家其他重大利益相对处于没有危险和不受内外威胁的状态,以及保障持续安全状态的能力。慈善组织作为慈善活动的重要参与者,自身不得从事危害国家安全的活动,同时也不得资助他人实施危害国家安全的活动。

（二）不得从事、资助危害社会公共利益的活动

社会公共利益是指全体社会成员的共同利益。法律保障社会公共利益，也就是保护全体人民的公共利益，保护每一个公民的自身利益。《中华人民共和国民法典》第八条、第一百三十二条规定，民事主体从事民事活动，不得违反法律，不得违背公序良俗；不得滥用民事权利损害国家利益、社会公共利益或者他人合法权益。慈善组织作为慈善活动的重要参与者，自身不得从事危害社会公共利益的活动，同时也不得资助他人实施危害社会公共利益的活动。

二、慈善组织不得接受附加违反法律法规和违背社会公德条件的捐赠

慈善捐赠应当基于慈善目的，是自愿、无偿赠与财产的活动，不能附加违反法律法规的条件。本法对慈善捐赠作了专章规定，根据规定，捐赠人与慈善组织可以约定捐赠财产的用途和受益人；但约定捐赠财产的用途和受益人时，不得指定与捐赠人有利害关系的人作为受益人。任何组织和个人不得利用慈善捐赠违反法律规定宣传烟草制品，不得利用慈善捐赠以任何方式宣传法律禁止宣传的产品和事项。《中华人民共和国公益事业捐赠法》也规定，捐赠应当遵守法律、法规，不得违背社会公德，不得损害公共利益和其他公民的合法权益。如果捐赠人提出类似上述违反法律法规的约定条件的，慈善组织不得接受这样的捐赠。

社会公德是指全体公民在社会交往和公共生活中应该遵循的行为准则，其主要内容是文明礼貌、助人为乐、爱护公物、保护环境、遵纪守法等。捐赠人捐赠时提出违背社会公德条件的，慈善组织也应当予以拒绝，不得接受这样的捐赠。

三、慈善组织不得对受益人附加违反法律法规和违背社会公德的条件

受益人是慈善活动的重要一方，本法明确规定了对受益人的要求，受益人未按照协议使用慈善财产或者有其他严重违反协议情形的，慈善组织有权要求其改正；拒不改正的，慈善组织有权解除协议并要求受益人返还财产。同时也规定，慈善组织确定慈善受益人，应当坚持公开、公平、公正的原则。开展慈善服务，应当尊重受益人的人格尊严，不得侵害受益人的隐私。本条进一步明确规定，慈善组织不得对受益人附加违反法律法规和违背社会公德的条件。这也是总则关于开展慈善活动应当遵循合法原则、不得违背社会公德，针对慈善组织的具体要求。

◆ **相关规定**

《中华人民共和国国家安全法》第 13 条、第 77 条；《中华人民共和国民法典》第 8 条；《中华人民共和国公益事业捐赠法》第 6 条

第十六条　有下列情形之一的，不得担任慈善组织的负责人：

（一）无民事行为能力或者限制民事行为能力的；

（二）因故意犯罪被判处刑罚，自刑罚执行完毕之日起未逾五年的；

（三）在被吊销登记证书或者被取缔的组织担任负责人，自该组织被吊销登记证书或者被取缔之日起未逾五年的；

（四）法律、行政法规规定的其他情形。

◆ **条文主旨**

本条是关于不得担任慈善组织负责人的情形的规定。

◆ **修改提示**

本条是原法第十六条，未作修改。

◆ **条文释义**

慈善组织的负责人代表慈善组织行使职权，对慈善组织的内部治理起着至关重要的作用，其任职条件应在法律规定基础上体现慈善组织的意思自治，由组织章程作出具体条件性要求。本条仅规定了慈善组织的负责人的限制性条件，即不得存在的相关情形，属于慈善组织负责人人选的"负面清单"。

一、慈善组织的负责人范畴

慈善组织主要采取基金会、社会团体以及社会服务机构等社会组织形式。对于基金会、社会团体和社会服务机构负责人的范围，现行法律、行政法规并未作出明确规定，实际中通常认为包括社会团体的理事长或者会长、副理事长或者副会长、秘书长，基金会的理事长、副理事长、秘书长，社会服务机构的理事长、副理事长、执行机构负责人等。今后，相关规定对社会组织负责人范围予以明确的，应当按照最新的范围把握。

二、关于对慈善组织的负责人的限制性要求

（一）无民事行为能力或者限制民事行为能力的

民事权利能力，是指民事主体参与民事法律关系，享有民事权利、承担民事义务的法律资格。《中华人民共和国民法典》第十三条规定，自然人从出生时起到死亡时止，具有民事权利能力。自然人均享有民事权利能力，但不是都能享有民事行为能力。民事行为能力是指民事主体独立参与民事活动，以自己的行为取得民事权利或者承担民事义务的法律资格，包括承担其所作的民事行为后果的能力。限制民事行为能力，主要包括八周岁以上的未成年人、不能完全辨认自己行为的成年人。无民事行为能力人包括不满八周岁的未成年人和不能辨认自己行为的成年人。只有具有民事行为能力的人，才可以独立实施一定的民事法律行为，产生预期的民事法律后果，因而，自然人是否具有民事行为能力，直接关系到其进行的民事活动是否具有法律意义。

（二）因故意犯罪被判处刑罚，自刑罚执行完毕之日起未逾五年的

对于慈善组织负责人是否可以由被判处过刑罚的人担任，《基金会管理条例》和《社会团体登记管理条例》等都有不同规定。《基金会管理条例》第二十三条规定，因犯罪被判处管制、拘役或者有期徒刑，刑期执行完毕之日起未逾5年的，因犯罪被判处剥夺政治权利正在执行期间或者曾经被判处剥夺政治权利的，不得担任基金会的理事长、副理事长或者秘书长。《社会团体登记管理条例》第十三条规定，发起人、拟任负责人正在或者曾经受到剥夺政治权利的刑事处罚，登记管理机关不予登记。《民办非企业单位登记管理暂行条例》第十一条规定，拟任负责人曾经受到剥夺政治权利的刑事处罚的，登记机关不予登记。为了最大范围动员和鼓励全社会力量做慈善，参与慈善，本法缩小了限制范围，将犯罪限定于故意犯罪；同时设置了"未逾五年"的时间限制。

（三）在被吊销登记证书或者被取缔的组织担任负责人，自该组织被吊销登记证书或者被取缔之日起未逾五年的

《基金会管理条例》规定，曾在因违法被撤销登记的基金会担任理事长、副理事长或者秘书长，且对该基金会的违法行为负有个人责任，自该基金会被撤销之日起未逾5年的，不得担任基金会的理事长、副理事长或

者秘书长。因此，关键在于前组织的解散是否由违法行为导致，并产生组织被吊销登记证书或者被取缔的后果。为了更好保障慈善组织依法运行，本条作了更加严格的规范，即对组织负责人是否负有个人责任，不再作区分。

（四）法律、行政法规规定的其他情形

有关慈善组织负责人不得任职的条件，本法不可能一一列举，因此规定了兜底条款，即"法律、行政法规规定的其他情形"。因此，慈善组织的负责人除不得存在本条规定的禁止情形，还应同时满足其他法律、行政法规的限制性条件。例如，《基金会管理条例》第二十三条规定，基金会理事长、副理事长和秘书长不得由现职国家工作人员兼任。基金会的法定代表人，不得同时担任其他组织的法定代表人。公募基金会和原始基金来自中国内地的非公募基金会的法定代表人，应当由内地居民担任。《社会团体登记管理条例》第十二条第三款规定，社会团体的法定代表人，不得同时担任其他社会团体的法定代表人。

◆ **相关规定**

《基金会管理条例》第 23 条；《社会团体登记管理条例》第 12 条、第 13 条；《民办非企业单位登记管理暂行条例》第 11 条

第十七条　慈善组织有下列情形之一的，应当终止：

（一）出现章程规定的终止情形的；

（二）因分立、合并需要终止的；

（三）连续二年未从事慈善活动的；

（四）依法被撤销登记或者吊销登记证书的；

（五）法律、行政法规规定应当终止的其他情形。

◆ **条文主旨**

本条是关于慈善组织终止情形的规定。

◆ **修改提示**

本条是原法第十七条，未作修改。

◆ **条文释义**

慈善组织的终止是指慈善组织因发生章程规定或者法律规定的解散事由而停止活动，最终可能失去法律人格的法律行为。根据本条规定，慈善组织有下列情形之一的，应当终止：

一、出现章程规定的终止情形

本法第十一条规定，慈善组织的章程，应当载明终止情形及终止后的清算办法。终止情形是慈善组织章程中必须记载的事项，在制定章程时，可以预先约定慈善组织终止的各种事由。例如，某慈善基金会是为了地震灾后重建而设立的，章程可以约定固定的存续期限，或者约定援建项目完成后基金会终止。待到期限届满或者援建项目完成后，基金会即可依据章程终止。

二、因分立、合并需要终止

慈善组织的合并，是指两个或者两个以上的慈善组织依照有关法律规定，共同组成一个慈善组织的法律行为。慈善组织的合并可以分为吸收合并和新设合并两种形式。吸收合并，是指通过将一个或一个以上的慈善组织并入另一个慈善组织的法律行为。当慈善组织吸收合并时，并入的慈善组织终止，其法人资格消失，接受合并的慈善组织继续存在，并办理相关变更手续及将变更信息公开。新设合并是指两个或者两个以上的慈善组织以消灭各自的法人资格为前提而合并为一个新的慈善组织的法律行为，当新设合并时，原有慈善组织的法人资格均告消灭。慈善组织分立需要终止的，则主要是指新设分立，是指一个慈善组织拆分为两个或者两个以上新的慈善组织，原有慈善组织消灭法人资格的法律行为。而派生分立由于原有慈善组织仍然存在，因此不涉及终止事宜。

三、连续二年未从事慈善活动

对于一定时间内没有从事慈善活动的慈善组织，法律规定取消其法律人格。本法规定，由国务院民政部门会同财政、税务等部门制定慈善组织开展慈善活动的年度支出标准，目的就是督促慈善组织及时将募集到的慈善财产用于慈善活动，避免慈善组织长期停摆，慈善财产长期闲置，没有从事或用于慈善活动。"慈善活动"宜作广义理解，开展慈善募捐、款项资助、慈善服务等均属于慈善活动，对于活动频率、资金规模、人员数量等则不作硬性要求。

四、依法被撤销登记或者吊销登记证书

慈善组织实施了违反法律、行政法规规定的行为，被依法吊销登记证书或者撤销登记的，应当终止。本法"法律责任"一章中，有多个条款规定的违法行为可能导致慈善组织的登记证书被吊销。例如，本法第一百一十六条规定，慈善组织弄虚作假骗取税收优惠的，由税务机关依法查处；情节严重的，由民政部门吊销登记证书并予以公告。严格来说，被撤销登记与吊销登记证书有所不同。"吊销登记证书"属于行政处罚，《中华人民共和国行政处罚法》第九条规定，行政处罚的种类包括警告、通报批评；罚款、没收违法所得、没收非法财物；暂扣许可证件、降低资质等级、吊销许可证件；限制开展生产经营活动、责令停产停业、责令关闭、限制从业；行政拘留；法律、行政法规规定的其他行政处罚。"吊销登记证书"属于第三类"吊销许可证件"范畴，是一种严厉的行政处罚。根据《中华人民共和国行政许可法》第六十九条的规定，有下列情形之一的，作出行政许可决定的行政机关或者其上级行政机关，根据利害关系人的请求或者依据职权，可以撤销行政许可：行政机关工作人员滥用职权、玩忽职守作出准予行政许可决定的；超越法定职权作出准予行政许可决定的；违反法定程序作出准予行政许可决定的；对不具备申请资格或者不符合法定条件的申请人准予行政许可的；依法可以撤销行政许可的其他情形。被许可人以欺骗、贿赂等不正当手段取得行政许可的，应当予以撤销。可见，对慈善组织的撤销登记属于行政许可法规定的行政机关撤销行政许可的行为。

此外，撤销登记或者吊销登记证书的法律依据并不局限于本法，根据其他法律、行政法规规定被撤销登记或者吊销登记证书的，慈善组织也应当终止。

五、法律、行政法规规定应当终止的其他情形

因为本条第一项至第四项仅列举了慈善组织终止的常见情形，因此第五项规定了兜底性条款。慈善组织除应当遵守本法规定外，还应当遵守其他法律、行政法规的规定。

◆ **相关规定**

《中华人民共和国行政处罚法》第 9 条;《中华人民共和国行政许可法》第 69 条

第十八条 慈善组织终止,应当进行清算。

慈善组织的决策机构应当在本法第十七条规定的终止情形出现之日起三十日内成立清算组进行清算,并向社会公告。不成立清算组或者清算组不履行职责的,办理其登记的民政部门可以申请人民法院指定有关人员组成清算组进行清算。

慈善组织清算后的剩余财产,应当按照慈善组织章程的规定转给宗旨相同或者相近的慈善组织;章程未规定的,由办理其登记的民政部门主持转给宗旨相同或者相近的慈善组织,并向社会公告。

慈善组织清算结束后,应当向办理其登记的民政部门办理注销登记,并由民政部门向社会公告。

◆ **条文主旨**

本条是关于慈善组织清算以及清算后剩余财产处理原则的规定。

◆ **修改提示**

在原法第十八条第二款、第三款中的“民政部门”前增加“办理其登记的”;在原法第十八条第四款中的“其登记的民政部门”前增加“办理”。

◆ **条文释义**

清算是慈善组织的法人资格消灭前的一个必经程序,目的是终结现存的法律关系、处理剩余财产等。因此,慈善组织终止都应当进行清算;不经清算,不得注销登记。慈善组织的清算由慈善组织的决策机构成立的清算组按照法定程序进行。根据本条规定,慈善组织因本法第十七条规定而终止的,应当自终止情形出现之日起三十日内成立清算组进行清算,并向社会公告。

一、慈善组织依法成立清算组

慈善组织的清算组是指在慈善组织清算期间负责清算事务执行的法定机构。由于慈善组织终止后其业务执行机构丧失了执行权力，必须由清算组接管慈善组织的后继事务。一般情况下，清算组由慈善组织的决策机构成立。慈善组织的决策机构，对不同社会组织形式来说有不同要求，慈善组织中的社会团体，其会员大会是决策机构，基金会及其他社会组织形式的理事会是其决策机构。在特殊情况下，当慈善组织不成立清算组或者清算组不履行职责的，民政部门可以申请人民法院指定有关人员组成清算组进行清算。《中华人民共和国公司法》第二百三十三条规定，公司逾期不成立清算组进行清算的，利害关系人可以申请人民法院指定有关人员组成清算组进行清算。因为慈善组织作为非营利组织，涉及社会公共利益，与公司的营利性质有所不同，因此在清算申请人的范围上，法律进行了区别规定，赋予民政部门申请人民法院指定组成清算组的权利。对于清算组具体人员的选任条件和任职资格，本法未作限定，法人和自然人均可出任清算人。

本法并未对清算组的职权作出明确规定，但是，从一般实践和相关法律法规的规定来看，清算组在清算期间的职权有：一是全面清理慈善组织财产，列出财产清单；二是处理与清算有关的慈善组织未了结的慈善项目或慈善服务等业务；三是清缴慈善组织所欠税款以及清算过程中所产生的税款；四是代表慈善组织参与民事诉讼活动等。

二、慈善组织清算后剩余财产的处理

慈善组织清算后的剩余财产不得向其发起人、捐赠人以及慈善组织成员进行分配。慈善组织作为非营利组织，其财产属性与公司的财产属性不同，其名义上虽然属于慈善组织，但具有社会公共属性。本法第五十三条规定，慈善组织的财产应当根据章程和捐赠协议的规定全部用于慈善目的，不得在发起人、捐赠人以及慈善组织成员中分配。因此，清算后的剩余财产也不得在内部成员和相关人员间分配利润。

根据本条第三款规定，慈善组织清算后的剩余财产，应当转给宗旨相同或者相近的慈善组织。法律尊重慈善组织的意愿，允许通过组织章程事先指定剩余财产的接收对象，但指定的接收对象应当属于宗旨相同或者相

近的慈善组织。如果章程未规定，则由民政部门主持转给宗旨相同或者相近的慈善组织，并向社会公告，确保慈善组织剩余财产处置公开透明。

慈善财产处理的近似原则，在国际上被广泛应用。近似原则是指当慈善目的不能实现时，可以将原来慈善目的变更为最接近原慈善目的的其他慈善目的，使慈善活动得以继续运行。它最早起源于罗马法，在英国慈善法和美国、日本等国家慈善相关法律中均有规定。我国《基金会管理条例》中也有类似规定。我国《基金会管理条例》第三十三条规定，基金会注销后的剩余财产应当按照章程的规定用于公益目的；无法按照章程处理的，由登记管理机关组织捐赠给与基金会性质、宗旨相同的社会公益组织，并向社会公告。该项规定明确了基金会终止后剩余财产的处分，应当在登记管理机关的监督下按照原来基金会章程的规定用于公益目的，如果章程未作具体规定或者无法按照章程规定操作，导致剩余财产无法按照章程处理的，同样应遵循不改变基金会财产用于公益事业目的的原则，由登记管理机关负责组织捐赠给宗旨相同的社会公益组织，并将有关情况向社会公告。鉴于《基金会管理条例》的规定不能适用其他组织形式的慈善组织，因此本法对此原则进行了系统的规定，不仅规定了慈善组织清算后的剩余财产的处理，还在慈善财产一章中规定了慈善项目终止后捐赠财产有剩余的处理原则。

三、注销登记

慈善组织清算结束后，应当办理注销登记。办理注销登记后其法人资格取消，由民政部门履行信息公开的义务，向社会公告慈善组织的注销情况。本法第七十六条规定，县级以上人民政府民政部门和其他有关部门应当及时向社会公开包括慈善组织登记事项、慈善信托备案事项、具有公开募捐资格的慈善组织名单等慈善信息。其中，慈善组织登记事项就包括慈善组织的注销登记情况。

◆ 相关规定

《基金会管理条例》第 33 条

第十九条　慈善组织依法成立行业组织。

慈善行业组织应当反映行业诉求，推动行业交流，提高慈善行业公信力，促进慈善事业发展。

◆ **条文主旨**

本条是关于慈善行业组织的规定。

◆ **修改提示**

本条是原法第十九条，未作修改。

◆ **条文释义**

慈善行业组织是慈善行业自律的载体，对于规范慈善组织的行为，促进慈善事业的健康发展，具有非常重要的意义。

一、慈善组织可以依法成立行业组织

行业组织是公民、法人和其他组织在自愿基础上基于共同的利益要求所组成的一种民间性、非营利性的社会团体。慈善行业组织则是由慈善组织作为会员自愿组成、协调慈善组织与政府、捐赠方等关系、旨在促进慈善事业规范发展的自律性行业组织。我国高度重视发展慈善行业组织。2014 年《国务院关于促进慈善事业健康发展的指导意见》规定，强化慈善行业自律，要推动建立慈善领域联合型、行业性组织，建立健全行业标准和行为准则，增强行业自我约束、自我管理、自我监督能力。

近年来，慈善行业组织伴随慈善事业发展而发展，成为联合慈善力量、沟通社会各方、促进行业自律、推动行业发展的重要力量。以中国慈善联合会为例，该组织于 2013 年成立登记，是经国务院批准、民政部登记注册，由致力于我国慈善事业的社会组织、企事业单位等有关机构和个人自愿结成的全国性、联合性、非营利性、枢纽型社会组织，截至 2023 年 10 月 10 日，共有会员 633 个，致力于弘扬慈善文化、参与政策制定、维护会员权益、推动跨界合作、开展专业培训以及促进国际交流等。慈善领域的行业组织，一般由民政部门担任业务主管单位和登记管理机关，或者在民政部门直接登记，在民政部门的指导和监督管理下，依照其章程开展工作。

二、慈善行业组织的职能

本条规定,慈善行业组织的主要职能,是反映行业诉求,推动行业交流,提高慈善行业公信力,促进慈善事业发展。具体来说,慈善行业组织可以发挥以下方面的职能:

(一)积极反映慈善行业诉求,加强同主管部门联系

慈善行业组织通常由慈善组织作为会员单位发起设立,应当代表广大慈善组织的利益,担负起慈善行业与行业主管单位之间联系纽带的作用。具体来说,一方面,慈善行业组织应当及时向政府反映各类慈善主体的意见和建议,协助政府制定和完善慈善法律法规政策。例如,在本法修改期间,有关慈善行业组织曾多次组织召开座谈会,收集慈善组织对草案的修改意见,并通过意见征集渠道及时反馈给立法机关,为完善本法做出了贡献。另一方面,慈善行业组织应当带头宣传贯彻慈善法律法规政策,协助广大慈善组织准确理解条文规定,确保慈善事业合法合规。

(二)推动行业交流,引领行业规范发展

慈善行业组织不仅是沟通主管部门的桥梁,还是慈善组织沟通交流的重要场合。慈善行业组织可以通过定期组织行业论坛、创办行业期刊杂志等形式,汇聚慈善领域相关信息,分享优秀经验成果,推动慈善资源与需求的有效对接等。同时,慈善行业组织还可以牵头推动慈善事业规范化发展,如起草自律性行业公约,研讨慈善行业职业伦理等,推动慈善行业整体发展水平的提升。

(三)落实行业监督机制,提高慈善行业公信力

公信力是慈善事业的生命力,慈善行业组织可以在行业监督方面有所作为。一方面,慈善行业组织可以提供举报渠道,接收来自社会公众的匿名投诉,及时将有关问题线索反馈给主管民政部门。另一方面,慈善行业组织可以选树典型,通过组织行业年会等方式,评选出优秀的慈善组织和慈善项目。例如,广州市慈善服务中心每年发布慈善组织透明度榜单,为坚守阳光慈善,持续打造慈善事业廉洁品牌发挥了积极作用。

(四)其他促进慈善事业发展的职能

除前述这些主要职能外,慈善行业组织还可以发挥主观能动性,充分利用会员资源,开展形式多样的促进慈善事业发展的活动。例如,编写区

域慈善组织发展年鉴，组织慈善组织联合宣传慈善文化，指导慈善组织加强国际交流与合作等。

第二十条 慈善组织的组织形式、登记管理的具体办法由国务院制定。

◆ **条文主旨**

本条是关于授权国务院就慈善组织的组织形式和登记管理制定具体办法的规定。

◆ **修改提示**

本条是原法第二十条，未作修改。

◆ **条文释义**

《中华人民共和国慈善法》第二章主要规范慈善组织的内部治理。在2016年《中华人民共和国慈善法》出台之前，相比公司的相关法律法规，我国慈善组织治理结构的制度建设较为落后，相关的法律法规较为欠缺，《社会团体登记管理条例》（2016年修订）、《民办非企业单位登记管理暂行条例》（1998年）和《基金会管理条例》（2004年）是非营利社会组织开展活动的最主要依据。《社会团体登记管理条例》和《民办非企业单位登记管理暂行条例》仅对社团和民办非企业单位的登记管理进行规范，在组织形式、内部治理等方面存在欠缺。

随着经济社会的发展变化，上述三个条例中的一些内容已经不适应现实需求，特别是《中华人民共和国慈善法》出台之后，在慈善组织的登记管理、活动成本控制、主要负责人的限制等很多方面都有新的规定。新的制度设计需要制定具体办法予以细化，对原有制度的不同规定则需要对应修改原有的规定。但是，由于各方面原因，在《中华人民共和国慈善法》实施后，慈善组织的组织形式、登记管理的具体办法一直未能出台。下一步，国务院将根据法律的这一授权，按照本法的相关规定，对现行社会组织的"三个条例"进行修改或者制定新的规定。

第三章　慈善募捐

本章是关于慈善募捐的规定。慈善募捐是慈善活动的重要环节，是慈善组织募集慈善财产的主要方式，也是其开展慈善活动的前提和基础。为了促使慈善募捐活动依法合规进行，本章对慈善募捐的类型、慈善组织募捐资格、公开募捐方式及程序、互联网公开募捐等作出了规范。

第二十一条　本法所称慈善募捐，是指慈善组织基于慈善宗旨募集财产的活动。

慈善募捐，包括面向社会公众的公开募捐和面向特定对象的定向募捐。

◆ **条文主旨**

本条是关于慈善募捐的定义及其分类的规定。

◆ **修改提示**

本条未作修改。

◆ **条文释义**

一、慈善募捐的定义

本条第一款对慈善募捐的概念作了界定。从条文规定中可以看出，慈善募捐具有以下三个方面的特征：

（一）慈善募捐是慈善组织的专属活动

根据本法第二条的规定，自然人、法人和非法人组织均可开展慈善活动，但慈善募捐作为慈善活动的一个核心环节，由于其涉及公共资金的募集和管理，只能由慈善组织来实施。本法对慈善募捐的主体资格，无论是定向募捐还是公开募捐，均作了明确界定，即慈善组织自成立之日起可以开展定向募捐，慈善组织开展公开募捐需要依照本法规定取得公开募捐资格。按照这些规定，慈善募捐是慈善组织的专属活动，也是慈善组织享有的一项特有权利。慈善组织以外的其他组织或者个人不得开展慈善募捐，无论是定向募捐还是公开募捐。

需要说明的是，慈善募捐是慈善组织的一项专属活动，并不排斥慈善组织以外的其他组织和个人接受慈善捐赠。根据本法第三十五条的规定，捐赠人可以通过慈善组织捐赠，也可以直接向受益人捐赠。慈善募捐是慈善组织主动、积极向捐赠人募集财产的活动，慈善组织以外的其他组织和个人被动接受捐赠人的捐赠，不属于慈善募捐行为。

（二）慈善募捐应当服务于慈善宗旨的实现

本法对慈善宗旨未作界定，但是根据本法第三条对慈善活动的定义，慈善宗旨与开展慈善活动的涵义基本上是一致的，本质上都是一种公益活动。慈善宗旨是指某一特定的慈善组织为开展慈善活动而设定的目标。慈善组织开展慈善募捐，其目的是通过募捐活动筹集慈善财产，用于开展慈善活动。也就是说，就整个慈善活动而言，慈善募捐本身不是目的，而仅仅是一个中间环节。慈善组织开展募捐活动，不是为了慈善组织本身的利益，而是为了开展公益活动。

（三）慈善募捐是一种募集财产的活动

从词义上分析，"募捐"又可称为"筹集款物"，是指将分散的社会资金和财物动员并集中起来的过程。慈善募捐是指基于慈善宗旨的募捐行为，其行为本身是指通过设置募捐箱或者通过广播、电视、报刊、互联网等媒体发布募捐信息等方式，劝导社会公众或者特定对象向慈善组织捐赠款物，是一种积极、主动的行为，这也是其区别于被动接受捐赠的一项特征。

二、慈善募捐的分类

慈善募捐可以按照不同的标准分类。例如，按照开展募捐活动的主体划分，有基金会的慈善募捐和社会团体的慈善募捐，以及社会服务机构的慈善募捐；按照募捐所采用的方式来划分，可以分为公共场所募捐、通过广播电视报刊募捐，以及互联网募捐等。本条第二款按照募捐对象的不同，将慈善募捐分为面向社会公众的公开募捐和面向特定对象的定向募捐。之所以作这样的划分，主要是考虑到募捐对象范围不同，·慈善募捐行为的社会影响不同，对募捐对象的权利可能带来的影响或者造成的侵害也会有很大的不同。因此，在立法规范的程度、规范的方式方法上，有必要作一定的区分。定向募捐由于只面向特定对象，相较公开募捐而言，无论是在对象数量上还是在广度、社会影响上，都要小得多，募捐对象与慈善组织之间一般存在特定的关系，募捐对象对慈善组织往往比较了解，对其活动也便于监督，因此对其在立法上的规制也要相对缓和一些。而反观公开募捐，由于其面向社会公众，筹集的社会资金往往量大面广，单个的募捐对象对慈善组织的活动一般难以实施有效监督，这就需要在立法上施加更加严格的规范。

（一）公开募捐

公开募捐是面向社会公众募集慈善财产的一种募捐活动。公开募捐的核心特征在于募捐对象的不确定性，即慈善组织在开展公开募捐时，其所针对的对象是不特定的社会公众，而非特定的某些人或者某一类人。从募捐方式上来看，公开募捐可以采用本法第二十三条规定的方式，这些方式包括在公共场所设置募捐箱，举办面向社会公众的义演、义赛、义卖、义展、义拍、慈善晚会等，以及通过广播、电视、报刊、互联网等媒体发布募捐信息。这些募捐方式由于其本身的公开性，决定了其受众必然是不特定的社会公众。

（二）定向募捐

定向募捐是面向特定对象募集慈善财产的一种募捐活动。定向募捐的核心特征在于募捐对象的特定性。理解募捐对象的"特定性"，关键在于募捐对象与慈善组织之间是否具有"特定的关系"，如本法第二十九条所列举的慈善组织的发起人、理事会成员和会员等，就是与慈善组织具有特定关系的人。

第二十二条　慈善组织开展公开募捐，应当取得公开募捐资格。依法登记满一年的慈善组织，可以向办理其登记的民政部门申请公开募捐资格。民政部门应当自受理申请之日起二十日内作出决定。慈善组织符合内部治理结构健全、运作规范的条件的，

发给公开募捐资格证书；不符合条件的，不发给公开募捐资格证书并书面说明理由。

其他法律、行政法规规定可以公开募捐的非营利性组织，由县级以上人民政府民政部门直接发给公开募捐资格证书。

◆ **条文主旨**

本条是关于公开募捐资格的规定。

◆ **修改提示**

本条是对原法第二十二条的修改。将"依法登记满二年的慈善组织，可以向其登记的民政部门申请公开募捐资格"修改为"依法登记满一年的慈善组织，可以向办理其登记的民政部门申请公开募捐资格"；将"法律、行政法规规定自登记之日起可以公开募捐的基金会和社会团体，由民政部门直接发给公开募捐资格证书"修改为"其他法律、行政法规规定可以公开募捐的非营利性组织，由县级以上人民政府民政部门直接发给公开募捐资格证书"。

◆ **条文释义**

开展募捐活动是否需要取得一定的资格，或者说对公开募捐行为是否需要设置一定的准入门槛，一些国家和地区在立法上有不同的做法。有的国家和地区对公开募捐设置一定的事先许可程序，如英国建立了统一的公共场所募捐执照制度，对在公共场所开展募捐实施许可管理，许可内容包括募捐的时间和地点。发放执照的目的主要在于调剂不同慈善组织开展募捐活动的场地和时间，从而防止因募捐活动过于集中而损害社会公共秩序，保障募捐活动有序进行。在我国，由于实践中一些慈善组织运行不规范的现象还比较突出，且主管部门的监管手段有限，因此，立法上对慈善组织的公开募捐行为设置了许可制度，慈善组织只有依法取得公开募捐资格方可开展公开募捐。

一、慈善组织开展公开募捐应当申请取得公开募捐资格

本条第一款对慈善组织申请公开募捐资格的条件和程序作了规定。根据这一规定，慈善组织取得公开募捐资格应当符合下列条件：

（一）依法登记满一年

根据本法第二十九条的规定，慈善组织自登记之日起可以开展定向募捐。如前所述，与慈善组织开展定向募捐相比，公开募捐涉及面广、对社会公众的影响更大，需要更加严格的规范。因此，本条明确慈善组织依法登记满一年后方可申请公开募捐资格。本次修法将慈善组织申请公开募捐资格的年限要求由两年调整为一年，适当降低了获得公开募捐资格的门槛。需要注意的是，"依法登记满一年"是慈善组织获得公开募集资格的必要而非充分条件。慈善组织登记成立后可以接受社会捐赠，开展定向募捐，组织实施慈善项目，民政部门根据慈善组织的申请以及其一年来内部治理、慈善活动开展、项目运作管理等情况，决定是否发给其公开募捐资格证书。

（二）慈善组织内部治理结构健全

慈善组织作为依法登记的社会组织，应当具备法律法规规定的内部治理结构要求。本法对慈善组织的内部治理结构作了明确要求。例如，根据本法第十一条规定，慈善组织的章程应当载明慈善组织决策、执行机构的组成及职责；第十二条规定，慈善组织应当根据法律法规以及章程的规定，建立健全内部治理结构，明确决策、执行、监督等方面的职责权限。慈善组织应当执行国家统一的会计制度，依法进行会计核算，建立健全会计监督制度，并接受政府有关部门的监督管理。因此，慈善组织内部治理结构健全，主要是指慈善组织分别设置了符合本法规定的内部机构，各机构之间职责分工明确，决策、执行、监督等方面的职责都有相应的机构来承担。

（三）慈善组织运作规范

运作规范是保障慈善组织健康发展的基本要求。所谓"运作规范"主要是指慈善组织在运作过程中，严格遵守本法规定的各项义务，没有出现违反有关法律法规的行为，即符合本条规定的运作规范的要求。

二、申请公开募捐资格的程序

本条第一款对慈善组织申请公开募捐资格的程序作了明确规定。首先需要说明的是，申请公开募捐资格是慈善组织的一项权利而非义务，慈善组织有权行使，也可以不行使。如果慈善组织认为自身财力充足，依靠创始财产或者通过定向募捐募得的财产完全可以实现其慈善目的，也可以不申请公开募捐资格。同时，已经成立的社会组织需要开展公开募捐的，需要依照本法规定首先认定为慈善组织，再依照本条规定向民政部门申请公开募捐资格。

申请公开募捐资格由慈善组织主动向办理其登记的民政部门提出，民政部门应当自受理申请之日起二十日内作出决定。民政部门应当根据本条规定的条件进行审查，符合条件的，发给公开募捐资格证书；不符合条件的，不发给公开募捐资格证书并书面说明理由。这里需要说明的是，发给公开募捐资格证书是一项行政许可，本法未作规定的，同时应当适用《中华人民共和国行政许可法》的规定。例如，民政部门经审查后不发给公开募捐资格证书的，当事人可以依据《中华人民共和国行政许可法》的规定，依法申请行政复议或者提起行政诉讼。

三、关于非营利性组织取得公开募捐资格的特殊规定

除本法规定的取得公开募捐资格的慈善组织可以公开募捐外，其他法律、行政法规中也对一些特定的非营利性组织公开募捐作出了规定。因此，本法此次修改，明确"其他法律、行政法规规定可以公开募捐的非营利性组织，由县级以上人民政府民政部门直接发给公开募捐资格证书"。例如，按照《中华人民共和国红十字会法》规定，红十字会可以依法进行募捐活动。红十字会开展公开募捐，应当向同级民政部门申领公开募捐资格证书，民政部门直接向红十字会发放公开募捐资格证书。即红十字会这类非营利性组织就可以按照本条第二款的规定，由县级以上人民政府民政部门直接发给公开募捐资格证书。再如，根据《基金会管理条例》登记设立的公募基金会，可以依照有关规定向办理其登记的民政部门申领公开募捐资格证书。

◆ **相关规定**

《中华人民共和国红十字会法》第19条；《基金会管理条例》

第二十三条 开展公开募捐，可以采取下列方式：

（一）在公共场所设置募捐箱；

（二）举办面向社会公众的义演、义赛、义卖、义展、义拍、慈善晚会等；

（三）通过广播、电视、报刊、互联网等媒体发布募捐信息；

（四）其他公开募捐方式。

慈善组织采取前款第一项、第二项规定的方式开展公开募捐的，应当在办理其登记的民政部门管辖区域内进行，确有必要在办理其登记的民政部门管辖区域外进行的，应当报其开展募捐活动所在地的县级以上人民政府民政部门备案。捐赠人的捐赠行为不受地域限制。

◆ **条文主旨**

本条是关于公开募捐方式和地域管理的规定。

◆ **修改提示**

本条是对原法第二十三条的修改，将"其登记的民政部门"修改为"办理其登记的民政部门"。

◆ **条文释义**

公开募捐是慈善组织取得慈善财产的重要途径。公开募捐可以采取的具体方式多种多样，在立法中明确开展公开募捐的方式，进一步明确了公开募捐和定向募捐的界限，为慈善组织依法开展慈善募捐活动提供明确的指引。

一、开展公开募捐的方式

一是在公共场所设置募捐箱。在公共场所设置募捐箱是一种传统的募捐方式。它是指慈善组织在商场、机场、车站等公共场所设置募捐箱，社会公众直接将现金投入募捐箱中，由慈善组织收集、汇总善款后用于慈善目的。对捐赠人来说，这是一种相对便捷的方式，提供了一个便于社会公众捐款的渠道，让人们能表达爱心，有利于扩大慈善事业的影响力，提高社会公众的慈善意识。在公共场所设置募捐箱可以固定位置，也应当允许其流动，关键是要明确"谁设置、谁管理、谁负责"，并且不得妨碍公共秩序、企业生产经营及城乡居民生活。

二是举办面向社会公众的义演、义赛、义卖、义展、义拍、慈善晚会等。义演、义赛、义卖、义展、义拍，是指将演出、比赛、销售、展览、拍卖等获得的收入贡献给慈善事业。慈善晚会是指通过举办晚会的方式筹集善款用于慈善事业。这些方式在实践中一般由某些具有社会影响力的公众人物，如著名人士、影视明星、体育明星、网络名人等人发起或参与，其目的在于通过动员活动参与者的慈善意识，实现慈善目的。需要说明的是，本项规定中的方式，尤其是义卖、义拍、慈善晚会等，既有可能为公开募捐所采取，也有可能为定向募捐所采取。二者的区别，关键在于参加活动的对象是否为特定的，如果对象是特定的，定向募捐也可以采取这些方式，但不得通过举办面向社会公众的义演、义赛、义卖、义展、义拍和慈善晚会来开展定向募捐。

三是通过广播、电视、报刊、互联网等媒体发布募捐信息。通过广播、电视、报刊、互联网等媒体发布募捐信息，是目前实践中较为常用的公开募捐方式。通过互联网媒体发布募捐信息（互联网募捐）是当前发展最为迅速的一种公开募捐方式，也是需要重点加以引导和规范的一种公开募捐方式。互联网募捐具有方便、快捷、针对性强、公开透明程度高等一系列优点，同时也存在信息传播速度快、社会影响力大的特点，由此带来对传统监管方式的挑战，需要加以必要的规范。

四是其他公开募捐方式。这是一项兜底性条款，除本条第一款第一项至第三项列举的募捐方式外，慈善组织还可以采取其他方式开展公开募捐。例如，慈善组织登门劝募，如果面向社会公众即不特定的对象开展，也属于公开募捐；慈善组织还可以在街头、车站、码头、机场等公共场所向社会公众派发传单，劝导社会公众将款物转账至指定的账户或者送达特定的地点，同样也是一种公开募捐方式。

二、现场募捐的地域限制

本条第二款对慈善组织开展现场募捐作了一定的地域限制，即慈善组织通过在公共场所设置募捐箱以及举办面向社会公众的义演、义赛等，原则上应当在慈善组织登记的民政部门管辖区域内进行。之所以作这样的规定，主要是考虑到开展现场募捐会对公共秩序、公众生活等产生一定的影响，需要登记管理机关及其他部门实施相应的监管。目前，社会组织登记管理实施的是分级管理的体制，"谁登记、谁负责"，因此，对现场募捐作一定的地域限制，要求在其登记地的民政部门管辖区域内进行，既是为了与现行的社会组织登记管理体制衔接，也是出于维护公共秩序、保持募捐适度性的考虑，避免募捐行为过度涌入和集中在某一地区。本次修法在"其登记的民政部门"前增加了"办理"二字，是为了使表述更加严谨。

此外，本条规定对地域限制又作了一定的变通规定，即慈善组织确有必要在办理其登记的民政部门管辖区域外进行的，应当报其开展募捐活动所在地的县级以上人民政府民政部门备案。作这样的规定，一方面有利于公开募捐活动的规范管理，另一方面又保持一定的灵活性，有利于经济欠发达地区设立的慈善组织跨地域开展募捐活动，支持当地慈善事业的发展。实践中需要注意的是，针对慈善组织跨地区开展公开募捐活动，慈善组织登记地的民政部门和募捐活动实施地的民政部门需要加强信息沟通和合作，更好地实现有效监管。

第二十四条　开展公开募捐，应当制定募捐方案。募捐方案包括募捐目的、起止时间和地域、活动负责人姓名和办公地址、接受捐赠方式、银行账户、受益人、募得款物用途、募捐成本、剩余财产的处理等。

募捐方案应当在开展募捐活动前报慈善组织登记的民政部门备案。

◆ **条文主旨**

本条是关于公开募捐方案的规定。

◆ **修改提示**

本条是原法第二十四条，未作修改。

◆ **条文释义**

公开募捐是慈善组织开展慈善活动的资金来源的重要方式，需要充分的筹备和细致的安排。实践中，慈善组织在开展公开募捐活动前，一般都需要做周密的计划和安排，制定详实的募捐方案。公开募捐涉及对社会公众资金的筹集、管理和使用，规定慈善组织开展公开募捐必须事先制定募捐方案并报民政部门备案，是为了对开展公开募捐的慈善组织进行更加有效的监督和管理，便于社会和舆论监督，确保善款能够善用。

一、关于募捐方案的内容

（一）募捐目的。募捐目的是指募捐活动所要达到的目标。例如，某一项募捐活动的目的是救助西部某一地区的失学儿童，或者救助白内障病患的老人。募捐目的应当明确、具体。募捐目的越是明确、具体，越是有利于增强捐赠人捐赠行为的针对性，激发捐赠人的捐赠意愿。

（二）募捐活动的起止时间和地域。即募捐活动开始和终止的时间以及地域范围，慈善组织应当根据募捐目的等情况合理确定募捐活动的起止时间。本法第七十九条对慈善组织应当根据公开募捐周期的长短定期向社会公开其募捐情况和慈善项目实施情况作了明确规定，募捐活动的起止时间与信息公开的要求密切相关。募捐活动的地域范围是指募捐活动在哪些地域开展，根据本法第二十三条的规定，慈善组织采取在公共场所设置募捐箱，以及举办义演、义赛、慈善晚会等方式开展公开募捐的，应当在办理其登记的民政部门管辖区域内进行，确有必要在办理其登记的民政部门管辖区域外进行的，应当报其开展募捐活动所在地的县级以上人民政府民政部门备案。捐赠人的捐赠行为不受地域限制。

（三）募捐活动负责人姓名和办公地址。在募捐方案中明确募捐活动负责人姓名和办公地址，既有利于募捐活动规范进行，也有利于监管部门在需要时联系相关人员、了解相应的募捐信息。募捐活动负责人应当是开展公开募捐的慈善组织的工作人员，办公地址应当是慈善组织的住所。

（四）接受捐赠方式、银行账户。接受捐赠的方式一般根据捐赠款物的类别加以确定，捐赠人捐赠实物的，一般需要明确接收实物的地点或者场所；捐赠人捐赠款项的，需要明确接受款项的银行账户。银行账户应当是开展公开募捐的慈善组织的银行账户。随着互联网募捐的快速发展，慈善组织接受捐赠的方式越来越趋于多样化，需要根据实际需要确定，捐赠方式的确定应当有利于捐赠人更方便地实施捐赠行为。

（五）募捐活动的受益人。慈善组织开展募捐活动，其最终目的是要将募得的款物转赠给受益人，从而实现慈善目的。募捐方案中确定的受益人应当是符合某些特定资助条件的受益人。本法第四十条规定，捐赠人与慈善组织约定捐赠财产的用途和受益人时，不得指定或者变相指定捐赠人的利害关系人作为受益人。本法第五十九条规定，慈善组织确定慈善受益人，应当坚持公开、公平、公正的原则，不得指定或者变相指定慈善组织管理人员的利害关系人作为受益人。

（六）募得款物用途。主要是指慈善组织通过募捐活动所募得的款物具体用于哪些方面的慈善活动，或者用于资助哪些受益人。例如，募得款物的用途可以是用于助医或者助学，或者救助困境儿童。

（七）募捐成本。募捐成本又称筹资费用，根据《民间非营利组织会计制度》的规定，筹资费用是指民间非营利组织为筹集业务活动所需资金而发生的费用，包括民间非营利组织为了获得捐赠资产而发生的费用，以及应当计入当期费用的借款费用、汇兑损失（减汇兑收益）等。民间非营利组织为了获得捐赠资产而发生的费用包括举办募款活动费，准备、印刷和发放募款宣传资料费以及其他与募款或者争取捐赠资产有关的费用。慈善组织应当根据本法以及国务院有关部门制定的关于募捐成本标准的规定合理确定募捐成本。

（八）慈善项目实施后剩余财产的处理。根据本法第五十八条的规定，慈善项目终止后捐赠财产有剩余的，按照募捐方案或者捐赠协议处理；募捐方案未规定或者捐赠协议未约定的，慈善组织应当将剩余财产用于目的相同或者相近的其他慈善项目，并向社会公开。

二、关于募捐方案的备案

慈善组织开展公开募捐活动前应当将本次募捐方案报民政部门备案。在慈善募捐中，若慈善组织因虚假信息得到捐赠者财物时，这不仅对捐赠人不公平，而且会损害整个社会的捐赠热情。慈善组织开展公开募捐前将募捐方案报办理其登记的民政部门备案，既有利于有关部门监督管理，也有利于防止虚假募捐的发生。同时，慈善组织在开展公募慈善活动之前将本次募捐方案向社会公开是履行信息披露义务的一种方式。社会公众可以通过募捐方案了解到本次募捐活动的发起人的相关信息，本次募捐活动的目的、募款所用方向等重要信息。慈善组织将经备案的募捐方案向社会公开，一方面对慈善组织而言，可提高慈善组织的公信力，使得募捐活动有序合法进行；另一方面对社会大众而言，有助于增进捐赠者对慈善组织的信任度，保障社会公众的知情权，扩大募捐资金来源范围。

募捐方案备案的负责部门是办理慈善组织登记的民政部门。这样规定考虑的是，慈善组织登记的民政部门对慈善组织的情况最为了解，监管也更加方便。按照本法第十三条规定："慈善组织应当每年向办理其登记的民政部门报送年度工作报告和财务会计报告。报告应当包括年度开展募捐和接受捐赠、慈善财产的管理使用、慈善项目实施、募捐成本、慈善组织工作人员工资福利以及与境外组织或者个人开展合作等情况。"慈善组织登记的民政部门可以将备案的募捐方案，与年度工作报告中年度开展募捐和接受捐赠情况相互参考，共同作为监管慈善组织开展募捐活动的依据。

需要注意的是，制定募捐方案和将募捐方案报民政部门备案是对慈善组织开展公开募捐的要求，对慈善组织在发起人、理事会成员和会员等特定对象的范围内进行的定向募捐则没有必须制定募捐方案的要求。

◆ **相关规定**

《民间非营利组织会计制度》第 62 条

第二十五条 开展公开募捐，应当在募捐活动现场或者募捐活动载体的显著位置，公布募捐组织名称、公开募捐资格证书、募捐方案、联系方式、募捐信息查询方法等。

◆ **条文主旨**

本条是关于开展公开募捐过程中信息公开的规定。

◆ **修改提示**

本条是原法第二十五条，未作修改。

◆ **条文释义**

慈善组织开展公开募捐与公众密切相关，慈善组织提高公信力的关键在于对社会公众进行持续的信息公开，不仅应在募捐前履行信息披露义务，而且应在公开募捐活动过程中持续履行信息披露义务，即在募捐活动现场或者载体的显著位置悬挂或摆放民政部门颁发的慈善组织和慈善募捐标识，公布慈善组织名称、公开募捐资格证书、募捐方案以及备案证明、联系方式、募捐信息查询方法等。慈善组织在开展公开募捐活动过程中公布相关的信息，既是慈善组织说服募捐对象实施捐赠的需要，同时又有利于社会公众和新闻媒体等对慈善组织的公开募捐行为依法实施监督。

一、关于公开募捐中信息公开的地点要求

本条要求慈善组织在开展公开募捐过程中，必须在募捐活动现场或者募捐活动载体的显著位置公开公示相关信息。"募捐活动现场"与"募捐活动载体"主要是根据公开募捐的不同方式确定的。本法第二十三条规定了公开募捐的方式。"募捐活动现场"指的是"在公共场所设置募捐箱"和"举办面向社会公众的义演、义赛、义卖、义展、义拍、慈善晚会等"的情形。"募捐活动载体"指的是"通过广播、电视、报刊、互联网等媒体发布募捐信息"的情形。"显著位置"指的是募捐活动现场或者募捐活动载体明显、引人注目的位置。例如，募捐箱上、募捐网站的首页、义拍会会场门口等易被捐赠人发现的地方。

二、关于公开募捐中信息公开的内容要求

本条要求慈善组织在开展公开募捐过程中，公开相关信息内容包括募捐组织名称、公开募捐资格证书、募捐方案、联系方式、募捐信息查询方法等。（1）募捐组织名称。即开展公开募捐的慈善组织名称。（2）公开募捐资格证书。根据本法第二十二条第一款的规定，慈善组织开展公开募捐，应当取得公开募捐资格。公开募捐资格证书即开展公开募捐的慈善组织取得的证书。公布的公开募捐资格证书可以是原件，也可以是扫描件或者复印件。本条规定开展公开募捐活动的慈善组织应当公布公开募捐资格证书的目的是让社会公众尤其是捐赠者知晓该慈善组织是具有公开募捐资格，能够开展公开募捐活动的。（3）募捐方案。即本法第二十四条规定的募捐方案，其内容包括募捐目的、起止时间和地域、活动负责人姓名和办公地址、接受捐赠方式、银行账户、受益人、募得款物用途、募捐成本、剩余财产的处理等。与不具有公开募捐资格的组织或者个人合作开展公开募捐的，在募捐方案中应当载明合作方的相关信息。（4）联系方式。即慈善组织的联系方式，公布其联系方式的目的，在于便于捐赠人有需要或者有疑问时及时与慈善组织取得联系。（5）募捐信息查询方法。即捐赠人或者其他社会公众可以通过何种方法查询募捐信息。这里的募捐信息包括募捐活动的进展情况以及募得款物的情况等。

完善及充分的信息披露有利于社会公众了解本次募捐的发起人、募捐的慈善目的、募捐资金的使用方式等，方便社会捐赠人献爱心。只有充分了解募捐的各种信息，时刻维护捐赠人知情权，才有利于募捐的成功完成，扩大募捐资金来源，促进慈善事业发展。此外，本法在信息公开一章对慈善组织公开募捐信息作了进一步规定，慈善组织应该严格遵守。

第二十六条 不具有公开募捐资格的组织或者个人基于慈善目的，可以与具有公开募捐资格的慈善组织合作，由该慈善组织开展公开募捐，合作方不得以任何形式自行开展公开募捐。具有公开募捐资格的慈善组织应当对合作方进行评估，依法签订书面协议，在募捐方案中载明合作方的相关信息，并对合作方的相关行为进行指导和监督。

具有公开募捐资格的慈善组织负责对合作募得的款物进行管理和会计核算，将全部收支纳入其账户。

◆ **条文主旨**

本条是关于合作募捐的规定。

◆ **修改提示**

本条是对原法第二十六条的修改，明确"合作方不得以任何形式自行开展公开募捐"，要求"具有公开募捐资格的慈善组织应当对合作方进行评估，依法签订书面协议，在募捐方案中载明合作方的相关信息，并对合作方的相关行为进行指导和监督。具有公开募捐资格的慈善组织负责对合作募得的款物进行管理和会计核算，将全部收支纳入其账户"。

◆ **条文释义**

不具有公开募捐资格的组织或者个人基于慈善目的，与具有公开募捐资格的慈善组织合作，由该慈善组织开展公开募捐的方式，一方面，能为不具有公开募捐资格的慈善组织开展活动提供资金募捐方面的便利。慈善组织在暂不具备公开募捐资格时，与具有公开募捐资格的慈善组织合作开展公开募捐，既能积累经验，也能获得开展慈善活动资金来源。另一方面，能利用一些企业或者个人的社会影响力和号召力，为慈善组织募得更多的捐款。近年来，不具有公开募捐资格的组织或者个人与具有公开募捐资格的慈善组织合作开展公开募捐的现象越来越多。这种合作模式在一定程度上激发了慈善活力，扩大了慈善参与，但也出现了合作方利用公开募捐开展商业活动、名为公开募捐实则为特定个人筹款、利用合作募捐进行诈骗等现象，影响了慈善事业公信力。因此，此次修改强化了具有公开募捐资格的慈善组织在合作募捐中应当承担的主体责任。

一、不具有公开募捐资格的组织和个人不得向社会公开募捐

慈善募捐是慈善组织基于慈善宗旨募集财产的活动。其中，面向社会公众的公开募捐涉及公众多、影响面广、财产数额大，这就要求募捐主体具备相匹配的能力和公信力。根据本法第二十二条的规定，能够开展公开募捐的应当是取得公开募捐资格的慈善组织和其他法律法规规定可以公开募捐的非营利性组织，不具有公开募捐资格的组织和个人不得以任何形式开展公开募捐。

二、合作公开募捐的要求

（一）合作公开募捐的目的。按照本条规定，不具有公开募捐资格的组织或者个人基于慈善目的，可以与具有公开募捐资格的慈善组织合作。不具有公开募捐资格的组织或者个人与具有公开募捐资格的慈善组织合作开展公开募捐的前提是，必须基于慈善目的。这与本法第三条的规定是一致的，开展慈善活动的目的是"利他"而不是"利己"。慈善活动应当符合社会公共利益，是为不特定人的利益。因此，合作募捐也必须是为了社会公共利益，不能是为自己或者家人等特定人的利益。

（二）合作开展公开募捐的募捐主体。公开募捐是慈善财产来源的主要方式，是开展慈善活动的重要内容。本法对公开募捐规定得比较详细，对公开募捐的约束也相对较多，而且明确规定了只有获得公开募捐资格的慈善组织才可以开展公开募捐。因此，不具有公开募捐资格的组织或者个人与具有公开募捐资格的慈善组织合作，只能由具有公开募捐资格的慈善组织开展公开募捐活动，合作方所参与开展的公开募捐活动也都应当以具有公开募捐资格的慈善组织的名义进行。同时，与不具有公开募捐资格的组织或者个人合作开展公开募捐的慈善组织，在公开募捐的方案备案、信息公开等方面同样应当遵守本法有关规定。

（三）具有公开募捐资格的慈善组织的评估和监督义务。近年来，在合作募捐实践中出现了一些问题，如有的慈善组织把公开募捐资格"让渡"给合作方，由合作方自行开展公开募捐，具有公开募捐资格的慈善组织只提取管理费，对公开募捐活动听之任之，失管失察，影响了公开募捐秩序。另外，合作方如果能"借"到公开募捐资格，并能够以自己的名义和方式去公开募捐，实际上等于规避了法律规定的公募资格行政许可。因此，此次修改，一方面，明确合作方不得以任何形式自行开展公开募捐；另一方面，要求具有公开募捐资格的慈善组织对合作方进行评估、依法签订书面协议，在募捐方案中载明合作方的相关信息，并对合作方的相关行为进行指导和监督。具有公开募捐资格的慈善组织应当切实履行相应义务，确保以其名义开展的合作公开募捐符合相关规定，并承担相应的法律责任。

三、关于合作募捐募得款物管理

合作开展公开募捐的主体是具有公开募捐资格的慈善组织，因此该慈善组织有权管理募得款物，并对管理募得款物承担相应的责任和义务。具有公开募捐资格的慈善组织必须严格禁止合作方私自收取所募集款物，所有公开募集的资金、物资等都必须统一纳入具有公开募捐资格的慈善组织账户并进行会计核算，防止合作方逃避政府部门监管。本法在"慈善财产"一章中对慈善组织管理募得款物的要求作了明确规定，慈善组织管理合作募捐募得款物，也必须遵循管理费用、募捐成本等最必要原则，充分、高效运用合作募捐募得款物等相关规定。

◆ **相关规定**

《中华人民共和国民法典》第一编第三章第三节、第三编第十一章；《中华人民共和国公益事业捐赠法》第二章

第二十七条　慈善组织通过互联网开展公开募捐的，应当在国务院民政部门指定的互联网公开募捐服务平台进行，并可以同时在其网站进行。

国务院民政部门指定的互联网公开募捐服务平台，提供公开

募捐信息展示、捐赠支付、捐赠财产使用情况查询等服务；无正
当理由不得拒绝为具有公开募捐资格的慈善组织提供服务，不得
向其收费，不得在公开募捐信息页面插入商业广告和商业活动链接。

◆ **条文主旨**

本条是关于通过互联网开展公开募捐的规定。

◆ **修改提示**

本条是对原法第二十三条第三款的修改，增加对国务院民政部门指定
的互联网公开募捐服务平台的要求。

◆ **条文释义**

一、慈善组织通过互联网开展公开募捐的途径

本条第一款明确了慈善组织通过互联网开展公开募捐的路径。随着互
联网技术的迅速发展，互联网汇集慈善资源、聚合慈善力量、传播慈善文
化、推动慈善创新的作用日益凸显，已经成为公开募捐的重要方式。本法规
定慈善组织通过互联网开展公开募捐的，应当在国务院民政部门指定的互联
网公开募捐服务平台上进行，是为了规范网络募捐平台，为慈善募捐和社会
捐赠提供合法渠道，更好地维护网络募捐秩序，让社会公众能够放心便捷地
捐赠，同时也方便公众查询和社会监督，有利于社会公众深度参与慈善事业。

考虑目前多数慈善组织建有网站，本款规定慈善组织通过互联网开展
公开募捐的，应当在国务院民政部门指定的互联网公开募捐服务平台进行，
并可以同时在其网站进行。这为慈善组织提供了更多选择，扩大了慈善募
捐的可及性。如果慈善组织没有自建网站，通过指定平台同样能够开展公
开募捐活动，确保了公开募捐的公平性。

二、指定互联网公开募捐平台的义务

本条第二款对国务院民政部门指定的互联网公开募捐服务平台提出了
要求。一方面，平台要提供公开募捐信息展示、捐赠支付、捐赠财产使用
情况查询等服务，这些要求赋予了指定平台新的功能，即在提供公开募捐
信息展示的基础上，有效链接社会公众和慈善组织的意愿和需求，保障捐
赠资金顺利支付，跟踪钱款使用动向，推动信息公开。另一方面，对平台

提出了禁止性要求，即无正当理由不得拒绝为具有公开募捐资格的慈善组织提供服务，不得向其收费，不得在公开募捐信息页面插入商业广告和商业活动链接。这三项要求是对指定平台的底线要求，也是防范化解风险的题中之义。指定平台必须维护公开募捐的平等性，向每一个具有公开募捐资格的慈善组织免费提供同样标准的服务，服务的标准和流程要公开透明。指定平台必须维护公开募捐的合法性，如果慈善组织存在伪造公开募捐资格、没有在登记的民政部门进行公开募捐方案备案等不符合公开募捐要求的情形的，指定平台应当拒绝提供服务。根据本款规定，无正当理由不得拒绝提供相关服务，但是如有正当理由可以拒绝。这里的"正当理由"就可以是前述情形。指定平台必须维护公开募捐的公益性，防止任何组织和个人借公开募捐开展营利性活动、进行商业推广谋取私利，侵害捐赠人、受益人权益。

第二十八条 广播、电视、报刊以及网络服务提供者、电信运营商，应当对利用其平台开展公开募捐的慈善组织的登记证书、公开募捐资格证书进行验证。

◆ **条文主旨**

本条是关于广播、电视、报刊以及网络服务提供者、电信运营商验证义务的规定。

◆ **修改提示**

本条是原法第二十七条，未作修改。

◆ **条文释义**

公开募捐涉及广大社会公众利益，如果错误或者不当发布公开募捐信息，将损害社会公众利益，影响正常社会秩序，并对慈善事业发展造成不良影响，因此本条规定广播、电视、报刊以及网络服务提供者、电信运营商应当尽到验证义务，担负起必要的责任。

一、验证义务主体

本条规定的验证义务主体包括"广播、电视、报刊以及网络服务提供者、电信运营商"。其中，广播、电视、报刊是传统的新闻媒体渠道，通过这些媒体可以发布募捐信息。在发布信息前，广播电台、电视台、报刊等进行验证，是为了保证所播放、刊发内容的真实性，维护社会公众的利益。对此，一些法规规章也作出了规定。例如，《广播电视管理条例》规定，广播电台、电视台对其播放的广播电视节目内容，应当依照有关规定进行播前审查，重播重审。

近年来，随着我国网络技术和手机终端的普及，以及在线支付工具的日益成熟，互联网已经成为我国慈善组织推广慈善项目和公众参与慈善的重要途径，慈善组织通过互联网开展公开募捐成为新趋势。由于互联网具有的信息量大、传播范围广、不受地域限制、传播极为快速等特点，一些非慈善组织或不具有公开募捐资格的慈善组织也利用互联网发布募捐信息，客观上存在虚实难辨的问题，而逐一甄别的难度极大，政府难以做到全面监管。对此，有必要赋予网络服务提供者、电信运营商验证的义务，进行把关，防止不符合法律规定条件的募捐骗捐。这体现了"社会共治"的思路，发挥平台自我监管的作用。类似的做法，《中华人民共和国食品安全法》第六十二条也有规定，该条规定网络食品交易第三方平台提供者应当对入网食品经营者进行实名登记，明确其食品安全管理责任；依法应当取得许可证的，还应当审查其许可证。

所谓"网络服务提供者"，从广义上讲，指通过信息网络向社会公众提供信息或者为获取网络信息等目的提供服务的机构，包括仅提供连线、连入等物理基础设施服务的网络服务提供者和提供大量各类作品、新闻信息内容的网络服务提供者。所谓"电信运营商"，是指提供包括互联网接入服务在内的通信服务公司。

二、验证对象

广播、电视、报刊以及网络服务提供者、电信运营商验证的对象是利用其平台开展公开募捐的慈善组织的登记证书、公开募捐资格证书。有以下几点需要注意：（1）只有公开募捐才能通过广播、电视、报刊、互联网等媒体发布募捐信息，面向特定对象的定向募捐不得通过这些方式发布募捐信息。这是因为，定向募捐的对象是特定的，而广播、电视、报刊、互联网等媒体的受众是不特定的，不符合定向募捐的内涵。（2）验证的对象是利用其平台开展公开募捐的慈善组织的登记证书、公开募捐证书。关于登记证书，民政部门准予登记或认定为慈善组织后，将颁发慈善组织登记证书。关于公开募捐资格证书，根据本法第二十二条的规定，依法登记满一年的慈善组织，可以向办理其登记的民政部门申请公开募捐资格。民政部门应当自受理申请之日起二十日内作出决定。慈善组织符合内部治理结构健全、运作规范的条件的，发给公开募捐资格证书；不符合条件的，不发给公开募捐资格证书并书面说明理由。此外，其他法律、行政法规规定可以公开募捐的非营利性组织，由县级以上人民政府民政部门直接发给公开募捐资格证书。

广播、电视、报刊以及网络服务提供者、电信运营商可以要求慈善组织提供登记证书、公开募捐资格证书的原件、留存复印件备查、与民政部门在信息平台上发布的慈善组织登记事项进行比对等方式进行验证。此外，根据《公开募捐平台服务管理办法》的规定，广播、电视、报刊以及网络服务提供者、电信运营商应当记录和保存慈善组织的登记证书复印件、公开募捐资格证书复印件。网络服务提供者还应当记录、保存慈善组织在其平台上发布的有关信息。其中，登记证书、公开募捐资格证书相关信息的保存期限为自该慈善组织通过其平台最后一次开展公开募捐之日起不少于两年；募捐记录等其他信息的保存期限为自公开募捐完成之日起不少于两年。

◆ **相关规定**

《广播电视管理条例》第 33 条；《中华人民共和国食品安全法》第 62 条；《公开募捐平台服务管理办法》第 6 条

第二十九条 慈善组织自登记之日起可以开展定向募捐。

慈善组织开展定向募捐，应当在发起人、理事会成员和会员等特定对象的范围内进行，并向募捐对象说明募捐目的、募得款物用途等事项。

◆ **条文主旨**

本条是关于慈善组织开展定向募捐的规定。

◆ **修改提示**

本条是原法第二十八条，未作修改。

◆ **条文释义**

一、慈善组织自登记之日起可以开展定向募捐

慈善募捐是慈善组织的一项专属权利，也可以说是慈善组织享有的一项最重要的权利。慈善募捐包括面向社会公众的公开募捐和面向特定对象的定向募捐。本法对慈善组织取得公开募捐资格设置了一定的条件，如依法登记满一年，内部治理结构健全，运作规范等。与公开募捐不同，定向募捐是慈善组织依照本法规定"与生俱来"享有的一项权利，即慈善组织一经登记成立，便可以开展定向募捐。

二、定向募捐的募捐对象

与公开募捐相区别，定向募捐的募捐对象是特定的。本条第二款列举了定向募捐的对象范围，这些对象包括慈善组织的发起人、理事会成员和会员。慈善组织的"发起人"也称慈善组织的创办人，是指依照有关法律规定订立发起人协议，提出设立慈善组织申请，并对慈善组织的设立承担责任的人。"理事会成员"是指慈善组织理事会的组成成员，既包括个人成员，也包括单位成员。"会员"是指慈善组织的组成成员，如某一个经认定为慈善组织的协会的会员。从上述募捐对象的特征或者身份可以看出，这些特定对象与慈善组织之间都具有组织或者身份上的特定关系，慈善组织向这些特定对象开展募捐，属于定向募捐。

需要说明的是，本条第二款对定向募捐的范围作了列举，但是定向募捐的范围不限于上述列举的对象范围，还可能包括其他对象，如与慈善组织有特定利害关系的单位或者个人、慈善组织的个人发起人所在的单位、与慈善组织经常发生交易关系的单位等。公开募捐由于面向社会公众，一般来说数量众多；定向募捐由于面向特定对象，一般来说数量有限。但不能简单地以募捐对象的数量多少来划分。

三、定向募捐的具体要求

定向募捐面向特定对象，与公开募捐相较而言社会影响要小得多。但是作为一种慈善募捐活动，其涉及将募捐对象的财产转移为社会公共资产，直接关系捐赠人的财产权益和社会公共利益，同样需要加以规范。本条第二款对慈善组织开展定向募捐作了一些基本要求：

一是慈善组织开展定向募捐应当向募捐对象说明募捐目的。所谓"募捐目的"是指慈善组织开展该定向募捐活动所要达到的目标，如为了促进教育事业发展，或者救助弱势群体等。募捐目的既要符合本法第三条规定的慈善活动的范围，也要符合本组织章程规定的宗旨和业务范围。

二是慈善组织开展定向募捐应当向募捐对象说明募得款物用途。所谓"募得款物用途"是指慈善组织通过定向募捐获得的款物将具体用于哪些方面的活动。例如，为了救助某一地区的失学儿童，为他们提供基本的生活费用，促使其重返校园；或者为某一地区患有白内障的老年人提供治疗费用。"募得款物用途"与"募捐目的"二者既有联系又有区别。一般来说募捐目的相对较为宏观、宽泛，募得款物用途更为具体，指向性更加明确。

除了向募捐对象说明募捐目的和募得款物用途之外，慈善组织在开展定向募捐的过程中，还应当尽可能多地向募捐对象说明有关情况，如可以向募捐对象详细说明募得款物的管理情况，以及慈善组织如何采取有效措施确保募得款物使用公平公正、公开透明，捐赠人可以通过哪些途径对慈善组织的慈善项目实施情况进行监督。这既是确保慈善组织规范运作的需要，也是慈善组织吸引和鼓励更多的募捐对象向其捐赠的有效方法。

第三十条　开展定向募捐，不得采取或者变相采取本法第二十三条规定的方式。

◆ **条文主旨**

本条是关于开展定向募捐的方式的规定。

◆ **修改提示**

本条是原法第二十九条，未作修改。

◆ **条文释义**

本法对慈善组织开展定向募捐的方式作了禁止性规定。实践中，由于定向募捐针对特定的对象，开展定向募捐可以采用的方式多种多样，如慈善组织可以采取登门拜访的方式，针对特定对象进行劝募；也可以向特定的对象发送电子邮件，介绍拟开展的慈善项目的有关情况，说服特定对象实施捐赠。本法第二十三条对慈善组织开展公开募捐可以采取的方式作了规定。其中列举的方式，包括在公共场所设置募捐箱，面向社会公众举办义演、义赛、义卖、义展、义拍、慈善晚会，以及通过广播、电视、报刊、互联网等媒体发布募捐信息等。从这些方式来看，由于其面向的是不特定的社会公众，一旦采用了这些方式，即构成了公开募捐行为。因此，慈善组织开展定向募捐不得采取这些方式。

需要说明的是，尽管本条规定对开展定向募捐与开展公开募捐的方式作了区分，但是，公开募捐与定向募捐二者并不能简单地以募捐方式来划分。本法第二十三条规定的募捐方式，其所针对的募捐对象必然是不特定的，采取这些方式开展的募捐必然是公开募捐，因此这些方式不得为定向募捐所用。在实践中，有些募捐方式如义展、义拍、慈善晚会等，如果是面向特定对象的，同样可以为定向募捐所采取，只有面向社会公众举办的义展、义拍、慈善晚会等，才属于公开募捐的方式。

第三十一条 开展募捐活动，应当尊重和维护募捐对象的合法权益，保障募捐对象的知情权，不得通过虚构事实等方式欺骗、诱导募捐对象实施捐赠。

◆ **条文主旨**

本条是关于募捐对象权利的规定。

◆ **修改提示**

本条是原法第三十一条，未作修改。

◆ **条文释义**

一、尊重和维护募捐对象的合法权益，保障募捐对象的知情权

无论是开展面向社会公众的公开募捐，还是开展面向特定对象的定向募捐，慈善组织都需要面对募捐对象。由于捐赠是自愿的，是否进行捐赠由募捐对象自主决定。如果接受了劝募，捐出款物，募捐对象就成为捐赠人。当然，募捐对象也可能出于种种原因，不捐出自己的款物。无论募捐对象是否决定捐赠，都需要尊重和维护募捐对象的合法权益，保障募捐对象的知情权。这里的"合法权益"，包括但不限于捐赠人对其个人财产的所有权、对募捐相关信息的知情权、个人隐私权、捐赠款物用途去向的知情权和尊重捐赠人的意愿等。一些国外立法对于劝募中尊重和维护募捐对象的合法权益也有规定。新加坡《慈善法》规定，禁止慈善募捐误导性宣传，所有向捐赠人或者普通社会公众提供的信息均应是准确的，不得带有任何误导性。保障募捐对象的知情权，就是要让募捐对象了解、知道募捐活动的有关情况，如募捐活动的受益人、募得款物的用途等，便于其基于自身情况自主决定是否捐赠以及捐赠款物类型、数额等。

二、不得通过虚构事实等方式欺骗、诱导募捐对象实施捐赠

实践中，有的慈善组织片面追求募捐款物的数量，甚至不惜采取虚构事实等方式欺骗、诱导募捐对象捐赠。如果募捐对象基于虚构的事实而决定捐赠，该捐赠则并非出于其真实意愿，募捐对象的善心被违法利用。即使募捐对象识别出被虚构的事实，没有进行捐赠，也会对该行为产生反感，长此以往，慈善组织的公信力将逐渐消解，特别是在当前慈善组织整体公信力还有待提高的背景下，重塑公信力将变得非常困难。因此，本条特别规定，不得通过虚构事实等方式欺骗、诱导募捐对象实施捐赠。如果慈善组织采取了虚构事实等方式欺骗、诱导募捐对象，即使募捐对象决定捐赠，但因其捐赠的决定是基于对事实的错误认知，慈善组织应当返还捐赠人所捐赠的款物，不得通过虚构事实等违法行为获取捐赠款物。

第三十二条　开展募捐活动，不得摊派或者变相摊派，不得妨碍公共秩序、企业生产经营和居民生活。

◆ **条文主旨**

本条是关于摊派或者变相摊派，妨碍公共秩序、企业生产经营和居民生活的禁止性规定。

◆ **修改提示**

本条是原法第三十二条，未作修改。

◆ **条文释义**

一、关于不得摊派或者变相摊派

慈善是基于"爱心使然",自愿、无偿对受益人进行帮助的行为。慈善事业是具有广泛群众性的道德实践,是社会事业,发展动力来自公众的自愿奉献和自觉参与,应当通过传承和弘扬中华优秀传统文化、弘扬和践行社会主义核心价值观、积极营造向上向善的社会氛围、广泛倡导慈善道德实践来引导、支持有意愿有能力的企业、社会组织和个人积极捐赠,参与慈善事业。慈善组织开展募捐活动,可以通过广泛宣传宗旨理念扩大影响、精心设计慈善项目精准解决问题,加强信息公开提高社会公信力,面向捐赠人提供贴心服务等方式进行。如果借助或者动用行政命令等方式开展摊派或者变相摊派,既违背了公开募捐的本意,违反了自愿原则,又侵害了社会公众权益,抑制了捐赠热情。让募捐真正发挥作用,就要回归到募捐的本质上来,只有"规范募"才能"促进捐"。除本条外,《中华人民共和国公益事业捐赠法》也规定,捐赠应当是自愿和无偿的,禁止强行摊派或者变相摊派,不得以捐赠为名从事营利活动。

募捐不得摊派或者变相摊派在其他国家的法律中也有体现。例如,日本《公益认定法》对下列行为予以禁止:一是对已作出不愿捐款意思表示的人,继续劝诱其捐款;二是以粗野、蛮横的言行劝诱他人捐款;三是可能使人误认捐赠财产用途的行为;四是可能对其他捐赠者的利益造成非法侵害的行为。俄罗斯联邦《慈善活动和慈善组织法》第四条规定,公民、法人有权根据自愿和自由选择帮助对象,不受阻挠地实行慈善活动。任何人都无权限制公民、法人自由选择慈善活动帮助对象或实施方式。

二、关于不得妨碍公共秩序、企业生产经营和居民生活

募捐本身不是目的,募捐是为了筹集善款去开展慈善活动、实施慈善项目、救助受益人,来更好地维护社会秩序,促进社会和谐,提升社会公共利益。因此,开展募捐应当不得妨碍公共秩序、企业生产经营和居民生活,不能因为开展募捐而损害其他人的正常生活和社会公共利益,否则就是本末倒置。对此,国外一些立法也有规定。例如,加拿大萨斯喀彻温省《慈善资金募集企业法》第十九条规定,慈善组织及其代表不得在上午八点到下午九点以外的时间进行电话募集或上门募集。这是因为上门募集意味着募捐工作人员需要拜访家庭或者营业场所，在公民休息时间或者法人非营业时间拜访，会影响公民或者法人的休息或营业。其第二十二条又规定，如果某人明示不要对其进行募集活动，慈善组织及其代表应立即停止对其进行募捐行为，并且可以将其记载在慈善组织的不对其募集人员名单上。

◆ **相关规定**

《中华人民共和国公益事业捐赠法》第 4 条

第三十三条　禁止任何组织或者个人假借慈善名义或者假冒慈善组织开展募捐活动，骗取财产。

◆ **条文主旨**

本条是关于假借慈善名义或者假冒慈善组织开展募捐活动骗取财产的禁止性规定。

◆ **修改提示**

本条是原法第三十三条，未作修改。

◆ **条文释义**

一、禁止任何组织或者个人假借慈善名义开展募捐活动，骗取财产

慈善募捐是指慈善组织基于慈善宗旨募集财产的活动。基于慈善宗旨是开展慈善募捐的前提。根据本法规定，慈善活动是自然人、法人和非法人组织以捐赠财产或者提供服务等方式，自愿开展的公益活动，目的是扶贫、济困；扶老、救孤、恤病、助残、优抚；救助自然灾害、事故灾难和公共卫生事件等突发事件造成的损害；促进教育、科学、文化、卫生、体育等事业的发展，以及防治污染和其他公害，保护和改善生态环境等。如果假借慈善名义进行募捐活动，实际是骗取财产，并不是开展扶贫、济困、扶老、救孤、恤病、助残、优抚等慈善活动，这属于严重损害捐赠人利益，严重破坏募捐秩序，严重损害慈善事业公信力的行为，是法律所禁止的。

二、禁止任何组织或者个人假冒慈善组织开展募捐活动，骗取财产

本法对慈善组织开展慈善募捐作了专门规定，明确规定慈善组织募集财产应当基于慈善宗旨；慈善组织可以开展定向募捐；取得公开募捐资格的慈善组织可以开展公开募捐。不具有公开募捐资格的组织或者个人基于慈善目的，可以与具有公开募捐资格的慈善组织合作，由具有公开募捐资格的慈善组织开展公开募捐。由于法律赋予了慈善组织开展慈善募捐的一些权利，因而慈善组织也应当符合法律规定的条件，并不是任何非营利性组织都可以成为慈善组织。同时，慈善组织依据本法也要承担作为慈善组织特有的义务。实践中，由于一些慈善组织具有较好的社会公信力和募集财产能力，社会上有一些个人或者组织就假冒慈善组织开展所谓"募捐活动"，涉及诈骗，极大损害慈善形象和社会公信力，法律有必要对这类现象作出明确的禁止规定。

为打击假借慈善名义或者假冒慈善组织开展募捐活动，骗取财产的行为，本法规定了相关法律责任，此外，《中华人民共和国治安管理处罚法》和《中华人民共和国刑法》也规定了诈骗公私财物的相关责任。《中华人民共和国治安管理处罚法》第四十九条规定，诈骗公私财物的，处五日以上十日以下拘留，可以并处五百元以下罚款；情节较重的，处十日以上十五日以下拘留，可以并处一千元以下罚款。第五十一条规定，以其他虚假身份招摇撞骗的，处五日以上十日以下拘留，可以并处五百元以下罚款；情节较轻的，处五日以下拘留或者五百元以下罚款。《中华人民共和国刑法》第二百六十六条规定，诈骗公私财物，数额较大的，处三年以下有期徒刑、拘役或者管制，并处或者单处罚金；数额巨大或者有其他严重情节的，处三年以上十年以下有期徒刑，并处罚金；数额特别巨大或者有其他特别严重情节的，处十年以上有期徒刑或者无期徒刑，并处罚金或者没收财产。

◆ **相关规定**

《中华人民共和国治安管理处罚法》第 49 条、第 51 条；《中华人民共和国刑法》第 266 条

第四章 慈善捐赠

　　本章是关于慈善捐赠的规定。慈善捐赠是慈善活动的重要组成部分，也是开展后续慈善活动的基础，没有慈善捐赠则慈善事业无法维续。本章对慈善捐赠的定义、捐赠的方式、捐赠财产的要求等作了规定。

　　第三十四条　本法所称慈善捐赠，是指自然人、法人和非法人组织基于慈善目的，自愿、无偿赠与财产的活动。

◆ **条文主旨**

　　本条是关于慈善捐赠定义的规定。

◆ **修改提示**

　　本次修改将原法第三十四条中的"其他组织"修改为"非法人组织"，与《中华人民共和国民法典》有关规定保持一致。

◆ **条文释义**

一、慈善捐赠主体包括自然人、法人或者非法人组织

　　目前，我国境内的慈善捐赠主体主要是公民、法人和非法人组织，境外慈善捐赠主体主要有国际组织、境外非政府组织、海外华侨华人以及港澳台同胞，当然也不乏一些外国公民。本法立法宗旨之一就是要发展慈善事业，弘扬慈善文化，通过鼓励和支持最广泛的人有钱出钱，有力出力，参与慈善事业，从而践行社会主义核心价值观，弘扬中华民族传统美德。为更好地鼓励更广泛的人参与慈善捐赠，保护捐赠人的积极性和合法权利，有必要明确慈善捐赠主体的范围。因此，本条规定慈善捐赠的主体，为自然人、法人和非法人组织。这里的自然人、法人和非法人组织都是民法上的概念。

（一）自然人。自然人是相对于法人而言的，基于自然出生而依法享有民事权利，承担民事义务的个人，不仅包括我国境内的公民个人，也包括港澳台同胞，华侨华人及外国公民。但需注意的是，判断某一自然人的捐赠行为的法律后果时，必须考虑捐赠人是否具有法定的民事行为能力。根据《中华人民共和国民法典》的规定，十八周岁以上的自然人为成年人，具有完全民事行为能力，可以独立实施民事法律行为。因而其实施的捐赠需由个人承担法律后果。除关于满十六周岁的未成年人的特殊规定，八周岁以上的未成年人以及不能完全辨认自己行为的成年人是限制民事行为能力人，可以独立实施纯获利益的民事法律行为或者与其年龄、智力、精神健康状况相适应的民事法律行为。因而由其实施的捐赠行为只有在与其的年龄、智力、精神健康状况相适应的情况下，才由其本人承担法律后果。八周岁以下的未成年人以及不能辨认自己行为的成年人，只能由其法定代理人代理实施民事法律行为。实践中，一些学校动员未成年学生实施捐赠的情况并不少见，这样的捐赠在充分尊重未成年人意愿的情况下，还必须符合民法有关自然人民事行为能力的规定。如未成年人将自己名下的房产用以慈善捐赠的，则该行为会因与该未成年人的民事行为能力不匹配而无效。

（二）法人。法人是指依法成立，有自己的名称、组织机构、住所、财产或者经费，具有民事权利能力和民事行为能力，依法独立享有民事权利和承担民事义务的组织。《中华人民共和国民法典》规定，我国的法人包括营利法人、非营利法人和特别法人三类。营利法人包括有限责任公司、股份有限公司和其他企业法人等；非营利法人包括事业单位、社会团体、基金会、社会服务机构等；特别法人包括机关法人、农村集体经济组织法人、城镇农村的合作经济组织法人、基层群众性自治组织法人等。

（三）非法人组织。非法人组织是不具有法人资格，但是能够依法以自己的名义从事民事活动的组织。《中华人民共和国民法典》规定，我国的非法人组织包括个人独资企业、合伙企业、不具有法人资格的专业服务机构等。

二、慈善捐赠是赠与的一种形式

赠与是赠与人将自己的财产无偿给予受赠人、受赠人愿意接受的一种行为，受赠人可以是任何自然人、法人或者非法人组织。慈善捐赠是赠与的一种形式，与普通赠与相比，慈善捐赠有以下特点：一是慈善捐赠是有条件的赠与，即基于慈善目的而实施的赠与。基于慈善目的的要求，慈善赠与的受赠人只能是慈善组织或者受益人，比一般赠与的受赠人的范围窄很多。二是慈善捐赠不得任意撤销。根据《中华人民共和国民法典》的规定，赠与人在赠与财产的权利转移之前可以撤销赠与。也就是说，赠与合同成立后，赠予财产的权利转移之前，赠与人可以根据自己的意思不再为赠与行为。但慈善捐赠是基于慈善目的的捐赠，基于其公益性和社会性，赠与人不得任意撤销赠与。

三、慈善捐赠是基于慈善目的实施的赠与行为

一般而言，为了人道主义救助，为了帮助那些在经济或者生活上陷入困境、凭自己的能力难以脱困、急需社会提供帮助的个人，或者为了促进社会发展和进步的社会公共和福利事业都属于慈善目的。本法对慈善目的未作出界定，但根据本法第三条的规定所开展的下列公益活动都属于符合慈善目的的活动：（1）扶贫、济困；（2）扶老、救孤、恤病、助残、优抚；（3）救助自然灾害、事故灾难和公共卫生事件等突发事件造成的损害；（4）促进教育、科学、文化、卫生、体育等事业的发展；（5）防治污染和其他公害，保护和改善生态环境；（6）符合本法规定的其他公益活动。基于开展上述活动的需要所实施的赠与属于基于慈善目的的慈善捐赠。

四、慈善捐赠是自愿、无偿的

自愿和无偿是慈善捐赠本身所具有的属性。不具有自愿性和无偿性的，也就不能称其为慈善捐赠。

（一）慈善捐赠应当是自愿的。慈善捐赠应当是捐赠人自主、自愿的行为，捐赠人有权根据自身情况决定是否进行慈善捐赠、捐赠什么、捐赠多少、捐赠方式、捐赠期限、向哪个慈善组织或者受益人进行慈善捐赠等。自然人、法人和非法人组织有权决定是否进行慈善捐赠，任何组织或者个人，都不能强行摊派或者变相摊派，都不能强行或变相要求其进行慈善捐赠，否则就是违法行为。在我国，事业单位或者社会组织一般都有对口的行政机关作为主管部门。主管部门对于这些单位和组织可以进行业务指导和监督，但不能干涉其内部事务，也不能越俎代庖。以行政命令向个人或

者单位、组织下达摊派任务，强行要求向某一慈善组织捐赠财物的做法，是法律所禁止的。另外，慈善捐赠是捐赠人和受赠人双方的自愿行为，既不能强行摊派，也不能强迫受赠，捐赠程序应当体现慈善捐赠人和受赠人双方的意愿。例如，虽然捐赠协议有利于明确约定捐赠人和受赠人的权利义务，但是否签订捐赠协议应当取决于捐赠人与受赠人双方共同的意愿，受赠人不得强迫或者变相强迫捐赠人签订捐赠协议。实践中，慈善组织应当尊重捐赠人的意愿，为捐赠人提供充分空间予以灵活变通，以达到既实现慈善宗旨，又有效地保护捐赠人合法权益与捐赠意愿的双赢效果。

（二）慈善捐赠应当是无偿的。从民事行为上来看，慈善捐赠也是一种赠与行为。因此，慈善捐赠必然是无偿的，也就是说，捐赠人将自己的财产给付受赠人，受赠人取得捐赠财产，无须向捐赠人支付相应的代价。实际中，有的企业对一些社会团体或活动进行赞助，如世界许多知名企业都对奥运会予以赞助，这种赞助实际上是一种商业推广行为。奥运会举办者在利用其巨大影响筹集了大量资金的同时，企业也借此为自己的产品或企业形象做广告，扩大自身的影响力。因此，这种赞助并不是无偿的，不属于慈善捐赠的范围。另外，实践中，有些企业单位在进行慈善捐赠的过程中，可能存在收受受赠人的回扣的现象。这也违背了慈善捐赠的无偿性，是法律所不允许的。

◆ **相关规定**

《中华人民共和国民法典》总则编第二章、第三章、第四章，第657条、第658条

第三十五条　捐赠人可以通过慈善组织捐赠，也可以直接向受益人捐赠。

◆ **条文主旨**

本条是关于慈善捐赠途径的规定。

◆ **修改提示**

本条是原法第三十五条，未作修改。

◆ **条文释义**

慈善捐赠必须充分尊重捐赠人的意愿，符合捐赠自愿原则。因此，在捐赠途径上，捐赠人可以通过慈善组织实施捐赠，也可直接向受益人实施捐赠。同时，本法通过对慈善组织加以规范，提倡捐赠人更多地通过慈善组织进行捐赠。因为慈善组织有健全的内部治理结构，规范的管理，严格的财务管理制度，可以有效地对慈善财产进行管理和使用，更好地发挥慈善财产的效用。如果直接捐赠给受益人可能会带来一些问题，如慈善财产如何有效使用、剩余的慈善财产如何处理等。向慈善组织捐赠则可以更好地解决这些问题。

慈善捐赠的受赠人可以是慈善组织或者受益人：一是慈善组织。根据本法第八条和第十条的规定，本法所称慈善组织，是指依法成立、符合本法规定，以面向社会开展慈善活动为宗旨的非营利性组织。慈善组织可以采取基金会、社会团体、社会服务机构等组织形式。设立慈善组织，应当依法向县级以上人民政府民政部门申请登记；已经设立的基金会、社会团体、社会服务机构等非营利性组织，可以向办理其登记的民政部门申请认定为慈善组织。二是受益人。受益人主要是指在经济上或者生活上陷入困境、凭自己的能力难以脱困或者遇到自然灾害、事故灾难、公共卫生事件等突发事件造成损害、急需获得社会帮助的人，以及依法成立的公益性社会团体和公益性非营利的事业单位。

捐赠人有权选择受赠人。每个慈善组织都有自己的慈善宗旨，不同慈善组织有着不同的慈善宗旨。例如，中华慈善总会的宗旨是发扬人道主义精神，弘扬中华民族扶贫济困的传统美德，帮助社会上不幸的个人和群体，开展多种形式的社会救助工作。中华环保基金会的宗旨是推进中国环境保护的管理、科学研究、宣传教育、人才培训、学术交流、环保产业发展以及涉外活动等各项环保事业的发展。不同的捐赠人实施慈善捐赠的目的也有所不同，如有的要资助青少年教育，有的要保护环境，有的要救济贫困，有的要鼓励见义勇为。同时，不同的慈善组织在捐赠财产管理和使用上也会有所不同。捐赠人可以根据自身的情况和慈善组织的情况，选择他认为最能实现其慈善目的的慈善组织或者受益人进行捐赠。规定捐赠人可以选择受赠人，有利于实现捐赠人的意愿，有利于受赠人加强对受赠财产的使用和管理，提高捐赠财产的使用效率，有利于促使慈善组织之间形成良性竞争，促进慈善事业健康有序发展。因此本条规定，捐赠人可以通过慈善组织捐赠，也可以直接向受益人捐赠。但需注意的是，捐赠人将财产直接捐赠给有利害关系的受益人的，不属于本法规定的慈善捐赠。

本法施行后，未向民政部门申请慈善组织认定的原公益性非营利组织，以及公益性非营利的教育、科学、文化、卫生、体育、福利等事业单位，仍可依据《中华人民共和国公益事业捐赠法》的有关规定接受捐赠人的捐赠，作为慈善捐赠的受益人，将受赠财产用于社会公共和社会福利事业，这也是符合本法第三条规定的立法精神的。在这种情况下，上述公益性非营利组织和事业单位也是慈善捐赠的受益人。如捐赠人可以选择直接向某一公立学校捐建一座教学设施，该学校则为慈善捐赠的受益人。

另外，在慈善捐赠中，政府一般不可以作为受赠人，更不可以成为直接受益人。但根据《中华人民共和国公益事业捐赠法》第十一条的规定，在发生自然灾害时或者境外捐赠人要求县级以上人民政府及其部门作为受赠人时，县级以上人民政府及其部门可以接受捐赠，并依法对捐赠财产进行管理。县级以上人民政府及其部门可以将受赠财产转交公益性社会团体或者公益非营利的事业单位；也可以按照捐赠人的意愿分发或者兴办公益事业，但是不得以本机关为受益对象。因此，政府在两种情况下可以接受捐赠：第一种情况是，政府在救助灾害时可以接受捐赠。救灾是一个比较特殊的问题，时效性很强。我国的灾害发生比较频繁，人民政府承担的救灾和灾后重建的任务很重。发生自然灾害时，民众的捐赠热情高涨，捐赠量会激增，仅靠现有的慈善组织的力量接受捐赠并将捐赠财产转运并用于灾区灾民是不现实的。与民间社会组织相比，政府有强人的组织、指挥和协调能力。一旦发生重大自然灾害，由政府来接受捐赠，并将捐赠财产迅速送达灾区和灾民手中，便于及时救灾抢险和启动灾后重建，尽快实现捐赠目的。第二种情况是，应境外捐赠人的要求，政府可以接受捐赠。一些港澳台胞、海外华侨、华人、外国政府组织以及其他境外的捐赠人，出于对人民政府的信任，希望将财产直接捐赠给政府，并通过政府尽快实现捐赠目的。因此，在境外捐赠人提出要求的情况下，政府可以接受捐赠。需要注意的是，政府及其部门承担的仅仅是代为接收并分发捐赠财物和兴办公益事业的职责，而不得以本机关或其成员为受益对象。政府受赠而其机关和人员并不受益，体现了政府服务社会的职能，也是加强党风廉政建设的需要。随着我国慈善事业的进一步发展，政府作为受赠人的情况应当越来越少。

需要注意的是，无论是公益性社会团体和公益性非营利的事业单位作为慈善捐赠的受益人，还是政府及其部门作为慈善捐赠的受赠人，都必须保证捐款用于符合慈善宗旨的公益事业。

◆ **相关规定**

《中华人民共和国公益事业捐赠法》第 3 条、第 10 条、第 11 条

第三十六条 捐赠人捐赠的财产应当是其有权处分的合法财产。捐赠财产包括货币、实物、房屋、有价证券、股权、知识产权等有形和无形财产。

捐赠人捐赠的实物应当具有使用价值，符合安全、卫生、环保等标准。

捐赠人捐赠本企业产品的，应当依法承担产品质量责任和义务。

◆ **条文主旨**

本条是关于捐赠财产的规定。

◆ **修改提示**

本条是原法第三十六条，未作修改。

◆ **条文释义**

对于大多数社会公众而言，囿于时间精力所限，可能无法亲力亲为地参与某一项具体的慈善活动，将自己所拥有的财产捐赠给慈善事业是他们易于选择的参与慈善事业的重要形式。捐赠财产构成慈善财产的主体，最终用于慈善活动。为了汇集各种力量参与慈善活动，推动慈善事业发展，本法本着开放的精神，对各种捐赠形态都予以认可，同时对捐赠财产的合

法性、安全、卫生、环保和产品质量作出规范要求。

一、捐赠的财产应当是其有权处分的合法财产

（一）捐赠财产必须是合法财产。自然人、法人和非法人组织用于慈善捐赠的财产必须是自己的合法财产。《中华人民共和国民法典》规定，禁止任何组织或者个人侵占、哄抢、私分、截留、破坏国家所有的、集体所有的以及私人的合法财产。捐赠人在实施慈善捐赠时，应当遵守宪法、法律等的规定，捐赠财产必须具有合法性，即财产的来源、取得和占有必须符合宪法和法律的有关规定。盗窃、抢劫或者以其他非法手段获得的财产，不属于合法财产，不能作为捐赠财产。

（二）捐赠人对其捐赠的财产必须依法享有处分权。所谓处分权，是指所有人对财产享有依法进行处置的权利。处分权是一项重要的财产权能，它与所有权关系密切。《中华人民共和国民法典》第二百四十条规定："所有权人对自己的不动产或者动产，依法享有占有、使用、收益和处分的权利。"处分权是其中之一。对财产拥有所有权的人，就当然拥有处分权。对财产行使处分权有两种方式，即对财产的消费和转让。对财产的消费属于事实上的处分，而对财产的转让属于法律上的处分。慈善捐赠是对财产的无偿转让。因此，捐赠的财产必须是捐赠人有权处分的财产。反过来说，对财产拥有所有权的人，当然可以根据自己的意愿对财产实施捐赠。

需要注意的是，处分权作为所有权的一项权能，也是可以基于法律规定和所有人的意志而与所有权相分离的。例如，国有土地的所有权可以依法与处分权相分离。在财产所有权与处分权相分离的情况下，实施捐赠应有适当的限制，须符合以下条件：第一，这种捐赠应当在法律规定的处分权范围内，或者取得财产所有权人的授权。第二，捐赠财产应当是捐赠人所能支配的财产，任何企业、个人都不得对应偿债务的财产进行捐赠，否则属于不当处分。第三，企业的捐赠应当在生产经营有盈利的情况下进行，自身经营亏损的企业不宜实施大额捐赠。本法第四十三条规定，国有企业实施慈善捐赠应当遵守有关国有资产管理的规定，履行批准和备案程序，即是体现了上述精神。

二、捐赠财产的形式

根据本条规定，捐赠财产包括货币、实物、房屋、有价证券、股权、知识产权等有形和无形财产。

（一）货币捐赠。货币是传统的捐赠财产的形式，包括纸币、硬币、储蓄存款等。货币的捐赠方式多种多样，包括传统的现场付款、邮政汇款、银行转账、提供金融票据，现代新兴的电子支付，如网上银行、手机银行、支付宝、微信支付等方式。

（二）实物和房屋等捐赠。实物捐赠是一种常见的捐赠形式。这里的实物是指现实存在的、具体的、可见的有价值的物品，属于有形财产的形式。实践中，常见捐赠汽车、药品、电器、电子产品、衣物等实物。近年来，也出现了捐赠房屋等不动产的，房屋捐赠涉及房屋所有权变更，需要依法办理不动产登记手续。另外，随着我国文化市场的发展，也开始出现以字画、古玩向慈善组织进行捐赠的现象。对于字画或者古玩捐赠，应当遵守有关法律法规特别是文物保护相关法律法规的规定，依法进行变卖或拍卖，将所得价款用于慈善事业。字画、古玩等存在估价难问题，有时真假难辨，但也不应因噎废食，对各种捐赠形态还是应持鼓励、支持态度。

（三）有价证券和股权捐赠。有价证券和股权是近年来新兴的捐赠财产的形式。有价证券，是指标有票面金额，用于证明持有人或该证券指定的特定主体对特定财产拥有所有权或债权的凭证。有价证券按其所表明的财产权利的不同性质，可分为三类：商品证券、货币证券及资本证券。

1. 商品证券。商品证券是证明持券人有商品所有权或使用权的凭证，取得这种证券就等于取得这种商品的所有权，持券者对这种证券所代表的商品所有权受法律保护。属于商品证券的有提货单、运货单、仓库栈单等。

2. 货币证券。货币证券是指本身能使持券人或第三者取得货币索取权的有价证券，货币证券主要包括两大类：一类是商业证券，主要包括商业汇票和商业本票；另一类是银行证券，主要包括银行汇票、银行本票和支票。

3. 资本证券。资本证券是指由金融投资或与金融投资有直接联系的活动产生的证券。持券人对发行人有一定的收入请求权，它包括股票、债券及其衍生品种，如基金证券、可转换证券等。股票是资本证券最常见的形式。股权即股票持有者所具有的与其拥有的股票比例相应的权益及承担一定责任的权力。慈善股权捐赠，是指持有股权的自然人、法人或非法人组织将自己持有的股权，捐赠给慈善事业，通过股权变现或者分红用于慈善目的的行为。

（四）知识产权捐赠。知识产权是指人们就其智力劳动成果所依法享有的专有权利，通常是国家赋予创造者对其智力成果在一定时期内享有的专有权或独占权。各种智力创造如发明、文学和艺术作品，以及在商业中使用的标志、名称、图像以及外观设计，都可被认为是某一个人或组织所拥有的知识产权。知识产权主要包括著作权、专利权和商标权。知识产权从本质上说是一种无形财产权，它的客体是智力成果或是知识产品，是一种无形财产或者一种没有形体的精神财富，是创造性的智力劳动所创造的劳动成果。它与房屋、汽车等有形财产一样，都受到国家法律的保护，都具有价值和使用价值。有些重大专利、驰名商标或作品的价值也远远高于房屋、汽车等有形财产。因此，以知识产权进行慈善捐赠也是本法所鼓励的。

三、捐赠的实物应当符合一定的规范要求

本条第二款规定，捐赠人捐赠的实物应当具有使用价值，符合安全、卫生、环保等标准。首先，捐赠人捐赠的实物应当具有使用价值。实物的使用价值是指其具有能够满足人们某种需要的属性，如粮食能充饥，衣服能御寒，汽车能运输等。有使用价值的物品，或者可以被消费以满足衣食住行的基本生活需要，或者可以被用于交换，以换取金钱或者其他利益。捐赠人以实物进行捐赠，是为了给生活陷入困境的人提供必要的帮助，该实物或者是可以直接满足受益人某方面的需要，或者是可以因其具有使用价值而被折现，可以为受益人换取其他可以满足生活需要的物品。如果捐赠人捐赠的实物没有使用价值，慈善捐赠行为本身就失去了存在的基础。

其次，捐赠人捐赠的实物应当符合安全、卫生、环保等标准。捐赠人捐赠的实物，最终会用以满足人们生产和生活的需要，应当符合国家有关产品质量的法律法规规定和强制性技术标准。根据《中华人民共和国产品质量法》第二十六条的规定，产品应当不存在危及人身、财产安全的不合理的危险，有保障人体健康和人身、财产安全的国家标准、行业标准的，应当符合该标准。许多产品都有安全、卫生、环保等国家标准、行业标准。捐赠人捐赠的实物必须符合上述标准。捐赠人捐赠的实物还必须是对社会生活和人体健康无害的，烟草、毒品、军火等不能作为慈善捐赠财产。

四、对捐赠人捐赠本企业产品的规范要求

本条第三款规定，捐赠人捐赠本企业的产品的，应当依法承担产品质量责任和义务。《中华人民共和国产品质量法》对生产者的产品质量责任和义务作了专门规定。生产者应当对其生产的产品质量负责。产品应当不存在危及人身、财产安全的不合理的危险，有保障人体健康和人身、财产安全的国家标准、行业标准的，应当符合该标准；应具备产品应当具备的使用性能，但是，对产品存在使用性能的瑕疵作出说明的除外；产品符合在产品或者其包装上注明采用的产品标准，符合以产品说明、实物样品等方式表明的质量状况。产品或者其包装上的标识必须真实，并符合下列要求：（1）有产品质量检验合格证明；（2）有中文标明的产品名称、生产厂厂名和厂址；（3）根据产品的特点和使用要求，需要标明产品规格、等级、所含主要成份的名称和含量的，用中文相应予以标明；需要事先让消费者知晓的，应当在外包装上标明，或者预先向消费者提供有关资料；（4）限期使用的产品，应当在显著位置清晰地标明生产日期和安全使用期或者失效日期；（5）使用不当，容易造成产品本身损坏或者可能危及人身、财产安全的产品，应当有警示标志或者中文警示说明。裸装的食品和其他根据产品的特点难以附加标识的裸装产品，可以不附加产品标识。另外，易碎、易燃、易爆、有毒、有腐蚀性、有放射性等危险物品以及储运中不能倒置和其他有特殊要求的产品，其包装质量必须符合相应要求，依照国家有关规定作出警示标志或者中文警示说明，标明储运注意事项。生产者不得生产国家明令淘汰的产品。生产者不得伪造产地，不得伪造或者冒用他人的厂名、厂址。生产者不得伪造或者冒用认证标志等质量标志。生产者生产产品，不得掺杂、掺假，不得以假充真、以次充好，不得以不合格产品冒充合格产品。

捐赠人作为生产者，如果因其捐赠的本企业产品存在质量问题，给受益人或者其他消费者造成损失的，应当依法承担赔偿责任。如因产品存在缺陷造成受益人或者消费者人身、缺陷产品以外的其他财产损害的，捐赠人还要依据《中华人民共和国民法典》侵权责任编的规定，承担产品责任，予以赔偿。

◆ **相关规定**

《中华人民共和国民法典》物权编第四章、第五章，侵权责任编第四章；《中华人民共和国产品质量法》第三章第一节

第三十七条　自然人、法人和非法人组织开展演出、比赛、销售、拍卖等经营性活动，承诺将全部或者部分所得用于慈善目的的，应当在举办活动前与慈善组织或者其他接受捐赠的人签订捐赠协议，活动结束后按照捐赠协议履行捐赠义务，并将捐赠情况向社会公开。

◆ **条文主旨**

本条是关于通过开展经营性活动实施捐赠的规定。

◆ **修改提示**

本条是对原法第三十七条的修改，将"其他组织"修改为"非法人组织"，与《中华人民共和国民法典》有关规定保持一致。

◆ **条文释义**

实践中，经常有单位或者明星承诺以开展演出或者比赛的门票收入实施捐赠，也有单位或者明星开展义卖、义拍，承诺以销售所得或者拍卖所得实施捐赠。这些参与慈善事业的灵活方式，都是本法所认可的。但也应注意到，在我国慈善事业发展的过程中，出现一些无良商家借慈善名义沽名钓誉或开展商业经营活动牟利，甚至假借慈善名义骗取财产的现象。这造成了社会公众对真慈善活动的怀疑与观望，削弱了社会公众进行慈善捐赠的热情，影响了慈善事业的健康发展，这是法律所不允许的。本法严格禁止假借慈善名义骗取财产，并鼓励公众、媒体对上述行为予以曝光，发挥舆论和社会监督作用。为了防止出现借慈善名义沽名钓誉、骗取财产的现象，本条对于自然人、法人和非法人组织开展面向公众的演出、比赛、销售、拍卖等商业经营性活动，承诺将全部或者部分所得用于慈善目的的，规定了以下三个方面的具体实施要求：

1. 自然人、法人和非法人组织应当在开展演出、比赛、销售、拍卖等

经营性活动前，与相关慈善组织或者其他接受捐赠的人签订捐赠协议。捐赠协议中对捐赠款项的规定，应当与自然人、法人和非法人组织承诺捐赠的经营性活动所得一致。慈善组织应当是依照本法规定登记成立或者认定为慈善组织的社会团体、基金会、社会服务机构等非营利性组织。其他接受捐赠的人，可以是需要社会提供帮助的个人或者单位。

2. 演出、比赛、销售、拍卖等经营性活动结束后，自然人、法人和非法人组织应当按照捐赠协议履行捐赠义务，向受赠人捐出全部或者部分所得。这里的所得，要看自然人、法人和非法人组织公开承诺和捐赠协议规定的，是商业销售所得还是利润所得。实践中，一般承诺捐赠销售所得的较多。

3. 自然人、法人和非法人组织应当将按照捐赠协议履行捐赠义务的情况向社会公开。公开的事项应当包括慈善目的、受赠人、此次经营活动的销售所得、承诺捐赠比例、实际捐赠比例等。

第三十八条 慈善组织接受捐赠，应当向捐赠人开具由财政部门统一监（印）制的捐赠票据。捐赠票据应当载明捐赠人、捐赠财产的种类及数量、慈善组织名称和经办人姓名、票据日期等。捐赠人匿名或者放弃接受捐赠票据的，慈善组织应当做好相关记录。

◆ **条文主旨**

本条是关于慈善组织向捐赠人开具捐赠票据的规定。

◆ **修改提示**

本条是原法第三十八条，未作修改。

◆ **条文释义**

慈善组织接受捐赠后向捐赠人出具的捐赠票据，具有三个方面的作用：一是表明慈善组织收到捐赠的收据，是慈善组织加强内部监督的一种形式；二是捐赠人对外捐赠并根据国家有关规定申请捐赠款项税前扣除的有效凭证，是捐赠人享受优惠的凭证，捐赠人收到捐赠票据后可以凭此向税务部门办理税收优惠；三是财务收支和会计核算的原始凭证，是财政、税务、审计监察等政府有关部门对慈善组织进行监督检查的重要依据。基于以上作用，本法有必要对捐赠票据作出规范。

一、慈善组织应当向捐赠人开具捐赠票据

根据本条的规定，慈善组织接受捐赠后，应当向捐赠人开具由财政部门统一监（印）制的捐赠票据。捐赠票据是指慈善组织按照自愿、无偿原则，依法接受用于慈善事业的捐赠财物时，向提供捐赠的自然人、法人和非法人组织开具的凭证。

根据财政部 2020 年修改的《财政票据管理办法》（财政部令第 104 号）的规定，国家机关、公益性事业单位、公益性社会团体和其他公益性组织依法接受公益性捐赠时开具的公益事业捐赠票据，属于财政票据；财政票据由省级以上财政部门按照管理权限分别监（印）制。慈善组织开具的捐赠票据应当适用上述规定，由财政部门按照职能分工和管理权限统一负责捐赠票据的监（印）制、发放、核销、销毁和监督检查等工作。

二、捐赠票据应当载明的内容

根据本条规定，捐赠票据应当载明捐赠人、捐赠财产的种类及数量、慈善组织名称和经办人姓名、票据日期等。根据财政部 2024 年颁布的《公益事业捐赠票据使用管理办法》的规定，公益事业捐赠票据的基本内容包括票据名称、票据监制章、票据代码、票据号码、交款人统一社会信用代码、交款人、校验码、开票日期、二维码（条形码）、项目编码、项目名称、单位、数量、标准、金额（元）、金额合计（大写）／（小写）、备注、其他信息、收款单位（章）、复核人、收款人等。公益事业捐赠纸质票据一般包括存根联、收据联、记账联。存根联由开票方留存，收据联由支付方收执，记账联由开票方留作记账凭证。

三、捐赠人匿名或者放弃接受捐赠票据的情况的处理

实践中，一些捐赠人出于做好事不留名的思想或者其他各种原因匿名进行捐赠，也有一些捐赠人向慈善组织明确表示不要开具捐赠票据。为了督促慈善组织及其工作人员妥善保管和处理这一部分捐赠财物，保障这一部分人的慈善宗旨得以实现，本条特别作出规定，捐赠人匿名或者放弃接受捐赠票据的，慈善组织应当做好相关记录。接受捐赠的慈善组织应按照捐赠财产的性质、种类等登记造册并制作会计账簿。

需要注意的是，开具捐赠票据应符合以下要求：第一，合法性。是指开具由财政部门统一监（印）制的捐赠票据，不得开具本单位的收据，更不得打白条。第二，有效性。是指收据应具备本法规定的全部形式要件，并经签字盖章。第三，按照自愿和无偿原则依法接受捐赠的行为，应当开具公益事业捐赠票据，包括：（1）县级以上人民政府及其部门在发生自然灾害时或者应捐赠人要求接受的捐赠；（2）公益性事业单位接受用于公益事业的捐赠；（3）公益性社会组织接受用于公益事业的捐赠；（4）财政部门认定的其他可以使用公益事业捐赠票据的行为。此外，公益性单位以捐赠名义从事营利活动或与出资人利益相关的行为，以及集资、摊派、筹资、赞助等行为，不得使用公益事业捐赠票据。

◆ **相关规定**

《财政票据管理办法》第 4 条、第 7 条、第 10 条；《公益事业捐赠票据使用管理办法》第 6—8 条

第三十九条　慈善组织接受捐赠，捐赠人要求签订书面捐赠协议的，慈善组织应当与捐赠人签订书面捐赠协议。

书面捐赠协议包括捐赠人和慈善组织名称，捐赠财产的种类、数量、质量、用途、交付时间等内容。

◆ **条文主旨**

本条是关于书面捐赠协议的规定。

◆ **修改提示**

本条是原法第三十九条，未作修改。

◆ **条文释义**

根据《中华人民共和国民法典》的规定，当事人订立合同，可以采用书面形式、口头形式或者其他形式。捐赠人基于慈善目的，自愿、无偿向慈善组织赠予财产，可以与慈善组织签订书面捐赠协议，也可以采用其他形式，但如果捐赠人要求签订书面捐赠协议的，慈善组织应当与捐赠人签订书面捐赠协议。

一、签订书面捐赠协议

捐赠人一般情况下选择通过汇款、转账等方式直接向慈善组织进行捐赠，并不与慈善组织签订书面捐赠协议。但有时，捐赠人出于多方面考虑，会要求签订书面捐赠协议，此时，慈善组织应当尊重捐赠人的意愿，与其签订书面捐赠协议。本条规定的签订书面捐赠协议以捐赠人为核心，一旦捐赠人提出签订书面捐赠协议，慈善组织必须与其签订书面捐赠协议，这是慈善组织必须履行的一项义务。《中华人民共和国公益事业捐赠法》也规定，捐赠人可以与受赠人就捐赠财产的种类、质量、数量和用途等内容订立捐赠协议。签订书面捐赠协议，便于明确双方权利义务关系，减少产生纠纷的可能，有利于督促各方认真对待协议内容、严格按照协议内容履行义务。

二、书面捐赠协议的内容

按照本条第二款的规定，书面捐赠协议包括捐赠人和慈善组织名称、捐赠财产的种类、数量、质量、用途、交付时间等内容。（1）捐赠财产的种类。本法规定捐赠人捐赠的财产应当是其有权处分的合法财产，包括货币、实物、房屋、有价证券、股权、知识产权等有形和无形财产。（2）捐赠财产的数量。捐赠人实际捐赠的财产应当符合捐赠协议约定的数量。（3）捐赠财产的质量。同种类的产品，质量千差万别，价值大相径庭，为避免出现误解，有必要在捐赠协议中明确约定。即使没有约定财产质量，捐赠人也应当确保产品符合相关法律法规要求的标准。本法也明确规定捐赠的实物应当具有使用价值，符合安全、卫生、环保等标准。捐赠人捐赠本企业产品的，应当依法承担产品质量责任和义务。（4）捐赠财产的用途，包括财产的受益人、使用方式或使用目的等方面的内容。如果捐赠人在协议中对此有明确要求，慈善组织应当严格按照捐赠协议的约定使用。（5）捐赠财产的交付时间。捐赠财产特别是针对特定事项，如地震等自然灾害的捐赠财产，需要尽快交付相关财物，否则不利于捐赠目的的实现。除了上述内容，当事人还可以依法在捐赠协议里约定其他相关内容。

◆ **相关规定**

《中华人民共和国民法典》第 657 条；《中华人民共和国公益事业捐赠法》第 12 条

第四十条 捐赠人与慈善组织约定捐赠财产的用途和受益人时，不得指定或者变相指定捐赠人的利害关系人作为受益人。

任何组织和个人不得利用慈善捐赠违反法律规定宣传烟草制品，不得利用慈善捐赠以任何方式宣传法律禁止宣传的产品和事项。

◆ **条文主旨**

本条是关于受益人的指定以及宣传方面的禁止性规定。

◆ **修改提示**

本条是对原法第四十条的修改，在第一款中的"指定"后增加"或者变相指定"。

◆ **条文释义**

一、关于捐赠人与慈善组织指定受益人的要求

本条第一款规定，捐赠人与慈善组织约定捐赠财产的用途和受益人时，不得指定或者变相指定捐赠人的利害关系人作为受益人。首先，捐赠人可以通过签订书面捐赠协议或者口头协议与慈善组织约定捐赠财产的具体用途，也可以约定捐赠财产的受益人。其次，不得指定或者变相指定捐赠人的利害关系人作为受益人，即不得与慈善组织约定或者通过其他方式变相约定将捐赠财产用于捐赠人的利害关系人。捐赠人可以与慈善组织约定特定领域或者范围内的主体作为受益人，约定的受益人不能是与捐赠人有利害关系的人，否则就背离了慈善性质。利害关系人的范围，需要根据捐赠人和受益人的具体关系确定。本次修改在第一款中的"指定"后增加"或者变相指定"，目的是强调捐赠人与慈善组织约定捐赠财产的用途和受益人时，除明确指定外，也不得通过采用其他变通方式达到指定利害关系人作为受益人的效果。例如，企业向慈善组织捐赠，指定其控股股东控制的另一个企业作为受益人，相当于变相的关联交易和利益输送。《中华人民共和国慈善法》和相关税法规定了慈善捐赠的税收优惠制度，如果将向利害关系人的捐赠认定为慈善捐赠，还可能导致捐赠人不当享受税收优惠，不但于慈善活动无益，还给国家税收带来损失。

二、慈善捐赠宣传方面的禁止性规定

本条第二款规定，任何组织和个人不得利用慈善捐赠违反法律规定宣传烟草制品，不得利用慈善捐赠以任何方式宣传法律禁止宣传的产品和事项。慈善募捐可以举办义演、义赛、义卖、义展、义拍、慈善晚会，或者通过广播、电视、报刊、互联网等媒体发布募捐信息等方式进行。这些活动间接为捐赠者作了宣传。另外，在一些慈善活动中，捐赠者通过其他一些方式，如冠名等形式进行宣传，有利于树立良好的社会形象。例如，本法第九十九条规定，经受益人同意，捐赠人对其捐赠的慈善项目可以冠名纪念，法律法规规定需要批准的，从其规定。《中华人民共和国公益事业捐赠法》也规定，捐赠人对于捐赠的公益事业工程项目可以留名纪念；捐赠人单独捐赠的工程项目或者主要由捐赠人出资兴建的工程项目，可以由捐赠人提出工程项目的名称，报县级以上人民政府批准。

本款规定主要有两层含义：一是不得利用慈善捐赠违反法律规定宣传烟草制品。这里的违反法律规定，主要指的是违反《中华人民共和国广告法》的规定。例如，《中华人民共和国广告法》规定，禁止在大众传播媒介或者公共场所、公共交通工具、户外发布烟草广告。禁止向未成年人发送任何形式的烟草广告。禁止利用其他商品或者服务的广告、公益广告，宣传烟草制品名称、商标、包装、装潢以及类似内容。烟草制品生产者或者销售者发布的迁址、更名、招聘等启事中，不得含有烟草制品名称、商标、包装、装潢以及类似内容。在慈善活动中也不能变相公开宣传烟草制品。例如，在通过电视公开募捐的过程中，公开宣传烟草制品，就相当于变相规避《中华人民共和国广告法》的规定，这是不允许的。二是不得利用慈善捐赠以任何方式宣传法律禁止宣传的产品和事项。例如，《中华人民共和国广告法》规定，麻醉药品、精神药品、医疗用毒性药品、放射性药品等特殊药品，药品类易制毒化学品，以及戒毒治疗的药品、医疗器械和治疗方法，不得作广告。

◆ **相关规定**

《中华人民共和国公益事业捐赠法》第 14 条；《中华人民共和国广告法》第 15 条、第 22 条

第四十一条　捐赠人应当按照捐赠协议履行捐赠义务。捐赠人违反捐赠协议逾期未交付捐赠财产，有下列情形之一的，慈善组织或者其他接受捐赠的人可以要求交付；捐赠人拒不交付的，慈善组织和其他接受捐赠的人可以依法向人民法院申请支付令或者提起诉讼：

（一）捐赠人通过广播、电视、报刊、互联网等媒体公开承诺捐赠的；

（二）捐赠财产用于本法第三条第一项至第三项规定的慈善活动，并签订书面捐赠协议的。

捐赠人公开承诺捐赠或者签订书面捐赠协议后经济状况显著恶化，严重影响其生产经营或者家庭生活的，经向公开承诺捐赠地或者书面捐赠协议签订地的县级以上人民政府民政部门报告并向社会公开说明情况后，可以不再履行捐赠义务。

◆ **条文主旨**

本条是关于捐赠人履行捐赠义务的规定。

◆ **修改提示**

本条是对原法第四十一条的修改，在第二款中的"民政部门"前增加"县级以上人民政府"。

◆ **条文释义**

一、按照捐赠协议履行捐赠义务

根据《中华人民共和国民法典》的规定，合同当事人应当按照合同的约定全面履行自己的义务。捐赠协议是捐赠人与慈善组织或受益人等签订的合同，捐赠人和受赠人达成捐赠协议的，捐赠人应当根据诚信原则的要求按照捐赠协议履行捐赠义务，即按期交付捐赠财产。

二、强制履行交付捐赠财产义务

根据《中华人民共和国民法典》的规定，一般的赠与合同，赠与人在赠与财产的权利转移之前可以撤销赠与，赠与人逾期未交付捐赠财产的，并不能强制要求其交付财产；但是，经过公证的赠与合同或者依法不得撤销的具有救灾、扶贫、助残等公益、道德义务性质的赠与合同，赠与人不得任意撤销，赠与人不交付赠与财产的，受赠人可以请求交付。上述规定中的"依法不得撤销"的赠与合同就包括了《中华人民共和国慈善法》本条第一款规定的两种情形：

（一）捐赠人通过广播、电视、报刊、互联网等媒体公开承诺捐赠。捐赠人通过相关媒体公开承诺捐赠，具有较大的社会影响力，也是对自身形象的正面宣传。如果捐赠人出尔反尔随便撤销承诺，既是对社会公众的欺骗，也会造成较大的负面影响，不利于社会诚信观念的树立和诚信文化的形成，影响社会慈善活动正常进行以及慈善文化的健康发展。

（二）捐赠财产用于扶贫、济困、扶老、救孤、恤病、助残、优抚，救助自然灾害、事故灾难和公共卫生事件等突发事件造成的损害，并签订书面捐赠协议的。之所以作这些规定，是因为扶贫、济困、扶老、救孤、恤病、助残、优抚，救助自然灾害、事故灾难和公共卫生事件等突发事件，具有基础性和紧迫性的特点，如果签订了书面捐赠协议，就应当认真履行，这体现了以人为本的人道主义精神。

捐赠人违反捐赠协议逾期未交付捐赠财产，且属于上述两种情形的，一是慈善组织和其他接受捐赠的人可以要求捐赠人交付；二是捐赠人拒不交付的，慈善组织和其他接受捐赠的人可以依法向人民法院申请支付令或者提起诉讼。

三、履行捐赠义务的例外情形

在捐赠人公开承诺捐赠或者签订书面捐赠协议后经济状况显著恶化，已经严重影响其生产经营或者家庭生活的情况下，如果再强制要求其履行对外捐赠义务，有违慈善的人道主义精神。例如，企业通过互联网公开承诺捐赠，在实际实施捐赠前，因经济危机陷入经营困境以致资不抵债进入破产程序，此时如果再要求其履行原来的捐赠义务，就背离了慈善活动的初衷。再如，自然人公开承诺捐赠后陷入生活困难，自身都需要接受社会救助，要求其履行捐赠义务，既不可能实现，又有违人道主义精神。《中华人民共和国民法典》也有规定，赠与人的经济状况显著恶化，严重影响其生产经营或者家庭生活的，可以不再履行赠与义务。因此，本条第二款规定，捐赠人公开承诺捐赠或者签订书面捐赠协议后经济状况显著恶化，严重影响其生产经营或者家庭生活的，经向公开承诺捐赠地或者书面捐赠协议签订地的县级以上人民政府民政部门报告并向社会公开说明情况后，可以不再履行捐赠义务。

此外，由于实践中出现过一些企业和个人随意撤销公开承诺捐赠的情况，对社会造成了不好的影响。为了规范随意撤销承诺的行为，本法规定撤销捐赠需要履行一定程序。捐赠者需要向公开承诺捐赠地或者书面捐赠协议签订地的县级以上人民政府的民政部门报告，并向社会公开说明情况，接受政府监管部门和社会的监督，避免随意撤销和虚构事实的情况。

◆ **相关规定**

《中华人民共和国民法典》第 509 条、第 658 条、第 660 条、第 666 条

第四十二条　捐赠人有权查询、复制其捐赠财产管理使用的有关资料，慈善组织应当及时主动向捐赠人反馈有关情况。

慈善组织违反捐赠协议约定的用途，滥用捐赠财产的，捐赠人有权要求其改正；拒不改正的，捐赠人可以向县级以上人民政府民政部门投诉、举报或者向人民法院提起诉讼。

◆ **条文主旨**

本条是关于捐赠人知情权和监督权等的规定。

◆ **修改提示**

本条是对原法第四十二条的修改，在第二款中的"民政部门"前增加"县级以上人民政府"。

◆ **条文释义**

捐赠人查询捐赠财产管理使用的有关资料，并对慈善组织使用捐赠财产进行监督，有助于慈善组织更加规范地运行慈善项目、使用捐赠财产，进而保障捐赠目的的实现。因此，本条对捐赠人的知情权和监督权作了规定。

一、捐赠人的知情权

捐赠人将财物自愿、无偿赠与慈善组织后，捐赠的财物由慈善组织管

理、使用，但捐赠人享有对捐赠财产管理使用情况的知情权。一方面，捐赠财产来源于捐赠人，赋予其知情权，让其了解相关情况，体现了对捐赠人真实意愿的尊重和负责。另一方面，这也是对慈善组织进行监督的一种途径。捐赠人行使知情权的方式主要包括查询、复制相关捐赠财产管理使用的有关资料。这是本法赋予捐赠人的权利。慈善组织应当为捐赠人行使知情权创造条件，需要反馈相关情况的，应当及时主动向捐赠人反馈有关情况。这是本法对慈善组织规定的一项义务。《中华人民共和国民法典》也有类似规定，捐助人有权向捐助法人查询捐助财产的使用、管理情况，并提出意见和建议，捐助法人应当及时、如实答复。《中华人民共和国公益事业捐赠法》也规定，捐赠人有权向受赠人查询捐赠财产的使用、管理情况，并提出意见和建议。对于捐赠人的查询，受赠人应当如实答复。

二、捐赠人对慈善组织使用慈善财产的监督

《中华人民共和国公益事业捐赠法》规定，受赠人与捐赠人订立了捐赠协议的，应当按照协议约定的用途使用捐赠财产，不得擅自改变捐赠财产的用途。如果确需改变用途的，应当征得捐赠人的同意。本法也规定，慈善组织开展慈善活动，应当依照法律法规和章程的规定，按照募捐方案或者捐赠协议使用捐赠财产。慈善组织确需变更募捐方案规定的捐赠财产用途的，应当报原备案的民政部门备案；确需变更捐赠协议约定的捐赠财产用途的，应当征得捐赠人同意。慈善组织履行法定程序后，可以变更捐赠协议约定的捐赠财产的用途。如果未履行法定程序即变更捐赠财产的用途，则构成滥用捐赠财产。例如，捐赠协议约定捐赠财产应当用于教育，但慈善组织将该财产用于环境保护。再如，捐赠协议约定了捐赠财产应当在一定期限内使用完毕，而慈善组织超出使用期限、长期搁置对该资金的使用。

慈善组织违反捐赠协议约定的用途，滥用捐赠财产，属于违约行为。《中华人民共和国民法典》第六百六十三条规定，受赠人不履行赠与合同约定的义务的，赠与人可以撤销赠与。但是，考虑到慈善捐赠行为的特殊性，《中华人民共和国慈善法》对慈善组织违反捐赠协议约定的用途、滥用捐赠财产的处理方式作了特别规定。根据《中华人民共和国民法典》第十一条规定，其他法律对民事关系有特别规定的，依照其规定。因此，慈善组织违反捐赠协议约定的用途，滥用捐赠财产的，一是捐赠人有权要求慈善组织加以改正。二是慈善组织拒不改正的，捐赠人可以向县级以上人民政府民政部门投诉、举报或者向人民法院提起诉讼。县级以上人民政府民政部门可以对慈善组织进行警告，责令其限期改正；逾期不改正的，责令限期停止活动并进行整改。人民法院可以根据捐赠人的请求，依法判决慈善组织承担相应的法律责任。

◆ **相关规定**

《中华人民共和国民法典》第 94 条；《中华人民共和国公益事业捐赠法》第 18 条、第 21 条

第四十三条　国有企业实施慈善捐赠应当遵守有关国有资产管理的规定，履行批准和备案程序。

◆ **条文主旨**

本条是关于对国有企业实施慈善捐赠的特殊规定。

◆ **修改提示**

本条是原法第四十三条，未作修改。

◆ **条文释义**

随着我国公益事业的发展，企业对外捐赠支出的范围和规模不断扩大，国有企业要加强对外捐赠事项的管理，认真履行社会责任，积极参与救助捐赠活动，规范对外捐赠行为，有效维护出资人权益。为了加强慈善捐赠中的国有资产监管，本条对国有企业实施慈善捐赠作了规定。

一、国有企业捐赠应当遵守有关国有资产管理的规定

《企业国有资产监督管理暂行条例》对国有及国有控股企业、国有参股企业中的国有资产的监督管理作了规定。国务院国有资产监督管理委员会根据《中华人民共和国公益事业捐赠法》和《国有企业领导人员廉洁从业若干规定》等有关规定，于 2009 年发布《关于加强中央企业对外捐赠管理有关事项的通知》，旨在进一步规范中央企业对外捐赠行为，维护国有股东权益，引导中央企业正确履行社会责任。一些地方也制定了国有企业对外捐赠管理工作的规定，如《广东省省属企业对外捐赠管理工作指引》。国

有企业实施慈善捐赠应当遵守这些有关国有资产管理、企业捐赠等方面的规定。

以中央企业为例，根据《关于加强中央企业对外捐赠管理有关事项的通知》要求，集团总部应当制订和完善对外捐赠管理制度，对集团所属各级子企业对外捐赠行为实行统一管理，明确对外捐赠事项的管理部门，落实管理责任，规范内部审批程序，细化对外捐赠审核流程；要根据自身经营实力和承受能力，明确规定对外捐赠支出范围，合理确定集团总部及各级子企业对外捐赠支出限额和权限；应将日常对外捐赠支出纳入预算管理体系，细化捐赠项目和规模，严格控制预算外捐赠支出，确保对外捐赠行为规范操作。

规范界定对外捐赠范围。企业对外捐赠范围为：向受灾地区、定点援助地区或者困难的社会弱势群体的救济性捐赠，向教科文卫体事业和环境保护及节能减排等社会公益事业的公益性捐赠，以及向社会公共福利事业的其他捐赠等。用于对外捐赠的资产应当权属清晰、权责明确，应为企业有权处分的合法财产，包括现金资产和实物资产等，不具处分权的财产或者不合格产品不得用于对外捐赠。除国家有特殊规定的捐赠项目外，中央企业对外捐赠应当通过依法成立的接受捐赠的慈善机构、其他公益性机构或政府部门进行。

合理确定对外捐赠规模。对外捐赠应当充分考虑自身经营规模、盈利能力、负债水平、现金流量等财务承受能力，坚持量力而行原则，合理确定对外捐赠支出规模和标准。中央企业对外捐赠支出规模一般不得超过企业内部制度规定的最高限额；盈利能力大幅下降、负债水平偏高、经营活动现金净流量为负数或者大幅减少的企业，对外捐赠规模应当进行相应压缩；资不抵债、经营亏损或者捐赠行为影响正常生产经营的企业，除特殊情况外，一般不得安排对外捐赠支出。

二、国有企业捐赠应当履行法定程序

国有企业实施慈善捐赠，应当按照有关规定，履行批准、备案程序。以中央企业为例，根据《关于加强中央企业对外捐赠管理有关事项的通知》要求，一是严格捐赠审批程序。加强对外捐赠的审批管理，严格内部决策程序，规范审批流程。企业每年安排的对外捐赠预算支出应当经过企业董事会或类似决策机构批准同意。对外捐赠应当由集团总部统一管理，所属各级子企业未经集团总部批准或备案不得擅自对外捐赠。对于内部制度规定限额内并纳入预算范围的对外捐赠事项，企业捐赠管理部门应当在支出发生时逐笔审核，并严格履行内部审批程序；对于因重大自然灾害等紧急情况需要超出预算规定范围的对外捐赠事项，企业应当提交董事会或类似决策机构专题审议，并履行相应预算追加审批程序。

二是建立备案管理制度。国资委对中央企业对外捐赠事项实行备案管理制度。中央企业对外捐赠管理制度、中央企业对外捐赠预算专项报告应报送国资委。中央企业捐赠行为实际发生时捐赠项目超过以下标准的，应当报国资委备案同意后实施：净资产小于 100 亿元的企业，捐赠项目超过 100 万元的；净资产在 100 亿元至 500 亿元的企业，捐赠项目超过 500 万元的；净资产大于 500 亿元的企业，捐赠项目超过 1000 万元的。对于突发性重大自然灾害或者其他特殊事项超出预算范围需要紧急安排对外捐赠支出，不论金额大小，中央企业在履行内部决策程序之后，应及时逐笔向国资委备案。

◆ **相关规定**

《关于加强中央企业对外捐赠管理有关事项的通知》

第五章　慈善信托

　　本章是关于慈善信托的规定。慈善信托是开展慈善活动的重要形式，2016 年制定《中华人民共和国慈善法》时，为了推动慈善信托发展，专章对慈善信托定义、设立、受托人、信托监察人等作了规定。自《中华人民共和国慈善法》出台以后，慈善信托实践有了较大发展。在总结实践经验的基础上，此次修改完善了慈善信托受益人的确定原则等方面的规定，进一步规范慈善信托的运行。同时，考虑到慈善信托有些方面还缺乏实践经验、需要继续探索，没有对慈善信托相关内容作大幅度修改，为实践探索和今后制定、修改有关法律法规预留空间。

　　第四十四条　本法所称慈善信托属于公益信托，是指委托人基于慈善目的，依法将其财产委托给受托人，由受托人按照委托人意愿以受托人名义进行管理和处分，开展慈善活动的行为。

◆ **条文主旨**

　　本条是关于慈善信托定义的规定。

◆ **修改提示**

　　本条是原法第四十四条，未作修改。

◆ **条文释义**

　　慈善信托属于公益信托，《中华人民共和国信托法》专门规定了公益信托制度，考虑到《中华人民共和国信托法》有些规定比较原则，需要进一步完善，本条及有关条款对慈善信托制度作了更加具体的规定。

　　一、慈善活动属于公益活动，慈善信托属于公益信托

　　根据本法第三条的规定，慈善活动，是指自然人、法人和非法人组织以捐赠财产或者提供服务等方式，自愿开展的扶贫、济困，扶老、救孤、恤病、助残、优抚，救助自然灾害、事故灾难和公共卫生事件等突发事件造成的损害，促进教育、科学、文化、卫生、体育等事业的发展，防治污染和其他公害，保护和改善生态环境，以及符合本法规定的其他公益活动。根据《中华人民共和国信托法》第六十条的规定，为了救济贫困，救助灾民，扶助残疾人，发展教育、科技、文化、艺术、体育、医疗卫生事业，发展环境保护事业、维护生态环境和其他社会公益事业等公共利益目的之一而设立的信托，属于公益信托。本法第四十四条规定慈善信托属于公益信托，明确了本法与《中华人民共和国信托法》的关系。

二、慈善信托的设立条件比较严格

与其他信托相比，慈善信托的设立条件比较严格：一是设立程序复杂。根据本法第四十五条规定，慈善信托除了和其他信托一样需要书面签订合同确定有关信托的各类事项以外，还需要受托人在信托文件签订之日起七日内将信托文件向受托人所在地县级以上人民政府民政部门备案。不进行备案的，不享受税收优惠。二是对受托人的要求更高。在营业信托中，凡是符合《中华人民共和国信托法》规定的完全民事行为能力人或依法设立的法人组织，都可以成为受托人。慈善信托则由于涉及社会公益，所以对受托人的条件作了限制，委托人仅能指定其信赖的慈善组织或信托公司担任受托人。三是特别设置了监察人制度。由于慈善信托的受益人在获得信托受益权之前是非特定、不明确的，与委托人没有利害关系，因此营业信托中受益人对受托人的监督在慈善信托中很难实现，为弥补受益人监督的"缺位"，慈善信托设置了信托监察人，对受托人管理信托的行为进行监督，保证慈善信托目的的实现。

三、慈善信托应当基于慈善目的，开展慈善活动

根据《中华人民共和国信托法》第二条的规定，信托是指委托人基于对受托人的信任，将其财产权委托给受托人，由受托人按委托人的意愿以自己的名义，为受益人的利益或者特定目的，进行管理或者处分的行为。慈善信托与一般信托主要区别在于，委托人设立慈善信托须是基于慈善目的，受托人须利用信托财产开展慈善活动。慈善信托的慈善目的与慈善捐赠相同，慈善信托财产应当用于开展本法第三条规定的扶贫、济困；扶老、

救孤、恤病、助残、优抚；救助自然灾害、事故灾难和公共卫生事件等突发事件造成的损害；促进教育、科学、文化、卫生、体育等事业的发展；防治污染和其他公害，保护和改善生态环境；符合本法规定的其他公益活动。需要说明的是，慈善活动可以由慈善信托的受托人开展，也可以由慈善信托的受托人委托给其他慈善组织开展。

四、受托人按照委托人意愿以受托人名义管理和处分慈善信托财产

慈善信托的委托人将其所有的合法财产设立慈善信托，慈善信托财产就与其所有的其他财产隔离，委托人不再享有对慈善信托财产进行管理和处分的权利。但与慈善捐赠不同，慈善信托的委托人可以通过在信托文件中约定等多种方式，要求慈善信托的受托人按照其意愿管理和处分慈善信托财产，包括但不限于进行何种类型的资金管理、每年用于慈善活动的数额、用于哪种类型或者哪个慈善项目、受益人的范围等，委托人对慈善信托财产这种更加自由的管理和处分，被认为是慈善信托相对于慈善捐赠的优势之一。

在慈善信托的委托人与受托人之间，受托人是按照委托人的意愿管理和处分慈善信托财产。但是慈善信托设立后，慈善信托财产已转移至慈善信托的受托人名下，因此，对于慈善信托委托人和受托人以外的其他人，利用慈善信托财产进行投资理财、开展慈善活动等，都是以受托人的名义进行，而不是以委托人的名义进行。慈善信托的受托人既要按照委托人的意愿管理和处分慈善信托财产，也承担对外以其名义管理和处分慈善信托财产的相应法律责任。

◆ **相关规定**

《中华人民共和国信托法》第 2 条、第 60 条

第四十五条 设立慈善信托、确定受托人和监察人，应当采取书面形式。受托人应当在慈善信托文件签订之日起七日内，将相关文件向受托人所在地县级以上人民政府民政部门备案。

未按照前款规定将相关文件报民政部门备案的，不享受税收优惠。

◆ **条文主旨**

本条是关于慈善信托文件形式和备案的规定。

◆ **修改提示**

本条是原法第四十五条，未作修改。

◆ **条文释义**

一、设立慈善信托、确定受托人和监察人，应当采取书面形式

信托涉及多方主体对财产权利的管理、使用和处分等，法律关系比较复杂，因此，《中华人民共和国信托法》规定，设立信托应当采取书面形式。采取书面形式，有利于明确各方权利义务关系，确保信托更规范地运行，尽可能避免产生纠纷。慈善信托属于信托的一种，设立慈善信托同样需要采取书面形式，同时，考虑到慈善信托涉及社会公共利益，因此，本条进一步明确规定，设立慈善信托、确定受托人和监察人应当采取书面形式。书面文件应当载明下列事项：信托目的；委托人、受托人的姓名或者名称、住所；受益人或者受益人范围；信托财产的范围、种类及状况；受益人取得信托利益的形式、方法。也可以载明信托期限、信托财产的管理方法、受托人的报酬、新受托人的选任方式、信托终止事由等事项，以及委托人和受托人约定的其他事项。

对于"书面形式"具体包括哪些形式，根据《中华人民共和国信托法》第八条第二款的规定，书面形式包括信托合同、遗嘱或者法律、行政法规规定的其他书面文件等。所谓法律、行政法规规定的其他书面文件等，是指协议书、信件和数据电文（包括电传、传真、电子邮件）等可以有形表现所载内容的形式。本条没有进一步明确列举"书面形式"的具体种类，根据本法第五十一条的规定，适用《中华人民共和国信托法》关于书面形式的规定。需要说明的是，本法此次修改时，有的意见建议明确规定可以采取遗嘱信托的方式设立慈善信托。之所以没有在此明确列举，一方面，是因为根据本法和《中华人民共和国信托法》的规定，可以采取遗嘱这一书面形式设立慈善信托；另一方面，是因为遗嘱信托实践开展很少，相关的制度流程还在探索中，有待实践进一步探索成熟后再作出明确规定。

二、信托文件备案

根据《中华人民共和国信托法》第六十二条第一款规定，公益信托的设立和确定其受托人，应当经有关公益事业的管理机构批准。根据本条规定，设立慈善信托向县级以上人民政府民政部门备案即可，无须进行审批。与《中华人民共和国信托法》相比，本条规定降低了慈善信托的设立门槛和成本，目的是更好地利用慈善信托开展慈善活动。慈善信托备案期限为慈善信托文件签订之日起七日内，备案机关为受托人所在地县级以上人民政府民政部门，其中信托公司担任受托人的，由其登记注册地设区市的民政部门履行备案职责；慈善组织担任受托人的，由准予其登记或予以认定的民政部门履行备案职责。

根据《慈善信托管理办法》的规定，慈善信托的受托人向民政部门申请备案时，应当提交书面材料，包括备案申请书；委托人身份证明（复印件）和关于信托财产合法性的声明；担任受托人的信托公司的金融许可证或慈善组织准予登记或予以认定的证明材料（复印件）；信托文件；开立慈善信托专用资金账户证明、商业银行资金保管协议，非资金信托除外；信托财产交付的证明材料（复印件）等。慈善信托备案申请符合规定的，民政部门应当在收到备案申请材料之日起 7 日内出具备案回执；不符合规定的，应当在收到备案申请材料之日起 7 日内一次性书面告知理由和需要补正的相关材料。

三、未将相关文件报民政部门备案的，不享受税收优惠

本条要求设立慈善信托应当将相关文件向受托人所在地县级以上人民政府民政部门备案，这是对慈善信托受托人的要求，也是慈善信托享受税收优惠的前提条件。本法第八十八条规定，自然人、法人和非法人组织设立慈善信托开展慈善活动的，依法享受税收优惠。以慈善信托方式开展慈善活动，如果未按规定将相关文件报民政部门备案，民政部门等难以及时全面了解慈善信托的设立和运作情况，慈善信托活动将不能享受税收优惠。

◆ **相关规定**

《中华人民共和国信托法》第 8 条、第 9 条、第 62 条；《慈善信托管理办法》第 15—18 条、第 21 条

第四十六条　慈善信托的委托人不得指定或者变相指定其利害关系人作为受益人。

慈善信托的受托人确定受益人，应当坚持公开、公平、公正的原则，不得指定或者变相指定受托人及其工作人员的利害关系人作为受益人。

◆ **条文主旨**

本条是关于确定慈善信托受益人的规定。

◆ **修改提示**

本条是新增法条，主要是对慈善信托受益人的确定作出明确要求。

◆ **条文释义**

为确保实现慈善活动的公益性，慈善信托受益人的确定应当基于公益目的，因而要求慈善信托的委托人、受托人在确定受益人时不得指定或者变相指定其利害关系人作为受益人。

一、慈善信托的委托人不得指定或者变相指定其利害关系人作为受益人

慈善信托的委托人对如何使用慈善信托财产拥有较大的决策权，可以通过信托文件等方式确定慈善信托财产用途和受益人范围，具体受益人需符合相应条件，但具有不特定性，即慈善信托的受益对象应是不特定多数人。如果慈善信托的委托人受私益因素的影响，利用自身影响力，通过指定或者变相指定的方式将与其存在利害关系的人确定为受益人，则违背慈善信托的公益属性。此外，本法规定了慈善信托享受税收优惠政策，如果慈善信托委托人指定或者变相指定其利害关系人作为受益人，可能存在一定的利益输送，将给国家税收带来损失，无益于慈善事业健康发展。"利害关系人"，顾名思义，一般是指与慈善信托的委托人之间存在利益关联的人员，此类关联关系（通常包括亲情关系、同学关系、商业关系等）对委托人的决策有着直接影响，导致将本不符合受益条件的人员纳入受益人范围。"指定"一般是指明确确定，"变相指定"一般是指虽形式上按照相应条件和程序进行筛选受益人，但这些条件和程序通常是事先为某些具体人选量身设定，实质上违背了公平公正的要求。

二、慈善信托的受托人确定受益人应当坚持公开、公平、公正的原则

慈善信托的受托人可以根据与委托人的约定，确定慈善信托的受益人范围或者具体的受益人。慈善信托受托人确定受益人时，同样应当符合公益性，遵循相应原则：一是公开原则。公开原则是公平、公正的基础和前提。慈善信托的受托人在确定受益人过程中，程序上应当高度透明，保障委托人、潜在受益人及社会公众的知情权和监督权，确保符合条件的受益人能够得到相应帮助。二是公平原则。慈善信托的受托人在确定受益人时应当平等对待符合条件的人选，根据同等标准审核是否符合相关条件。申请人只要符合受益人的条件和标准，则应享有平等机会，不受歧视。三是公正原则。"公正"主要是强调维护形式正义和程序正义，防止徇私舞弊，从结果上确保符合条件的人成为受益人。

三、慈善信托的受托人不得指定或者变相指定受托人及其工作人员的利害关系人作为受益人

慈善信托的受托人及其工作人员对确定受益人有较大决策权和影响力，为确保实现结果上公平公正，避免受托人及其工作人员利用自身便利条件谋取私益，导致受益人评选结果被质疑，本条明确规定慈善信托的受托人不得指定或者变相指定受托人及其工作人员的利害关系人作为受益人。需要说明的是，之所以将慈善信托受托人的工作人员的利害关系人纳入不得指定为受益人的范围，而不是比照本法第五十九条"不得指定或者变相指定慈善组织管理人员的利害关系人作为受益人"，主要考虑是实践中信托公司是最主要的慈善信托受托人，在信托公司中负责慈善信托相关产品运作，能够对确定受益人施加直接、重要影响的往往是负责慈善信托业务的工作人员，而非信托公司的管理人员，因此，为了避免该类工作人员利用工作便利谋取私益，本条规定不得指定或者变相指定受托人的工作人员的利害关系人作为受益人。但该规定并未排除受托人及其工作人员的利害关系人成为受益人，只要符合设立慈善信托的目的和委托人确定的受益人条件，经过公开、公平、公正的受益人确定程序，受托人及其工作人员的利害关系人也可以成为受益人。

第四十七条　慈善信托的受托人，可以由委托人确定其信赖的慈善组织或者信托公司担任。

◆ **条文主旨**

本条是关于受托人资格的规定。

◆ **修改提示**

本条是原法第四十六条，未作修改。

◆ **条文释义**

一、慈善信托的受托人由慈善组织或者信托公司担任

根据《中华人民共和国信托法》第二十四条的规定，受托人应当是具有完全民事行为能力的自然人、法人。法律、行政法规对受托人的条件另有规定的，从其规定。在《中华人民共和国慈善法》立法过程中，关于慈善信托受托人的资格，有不同观点。有的认为，为鼓励慈善事业发展，不宜对受托人的资格作特殊要求，具有完全民事行为能力的自然人、法人均可担任慈善信托受托人。有的认为，慈善信托开展的是慈善活动，只有慈善组织才能作为受托人。考虑到慈善信托涉及社会公共利益，对受托人的条件作出特殊规定，有利于确保慈善信托的规范运行，综合考虑各方面意见，本条规定慈善组织或者信托公司可以担任慈善信托受托人，出于保障委托人财产安全和受益人权益的考虑，未把自然人列为慈善信托的受托人。

慈善组织是依法成立、符合本法规定，以面向社会开展慈善活动为宗旨的非营利性组织，可以采取基金会、社会团体、社会服务机构等组织形式。慈善组织具备开展慈善活动的专业优势，由其担任受托人，便于其根据慈善信托财产情况有效开展相关慈善项目，有效实现委托人希望达到的慈善目的。信托公司是指依照《中华人民共和国公司法》和《信托公司管理办法》设立的主要经营信托业务的金融机构。一般情况下，信托公司从事的信托活动是营利性活动，但其作为慈善信托受托人，利用慈善财产开展的慈善活动为非营利性活动。信托公司作为受托人，有利于有效管理信托财产，促进信托财产的保值增值。

二、委托人自主确定慈善信托的受托人

慈善信托是由委托人依照自己的意愿设立，按自己的意愿管理和处分信托财产的活动，因此，委托人可以基于其信赖，自主选择由谁担任受托人。对于担任受托人的条件，相关法律法规没有作出特别限制，具备慈善组织或者信托公司资格的，都可以担任慈善信托受托人。实践中，有的委托人会选择慈善组织和信托公司共同担任慈善信托的受托人。当然，担任慈善信托受托人是慈善组织和信托公司的权利，而不是义务。如果慈善组织或者信托公司不适合或者不愿意担任慈善信托受托人，委托人也不得要求其担任。

◆ 相关规定

《中华人民共和国信托法》第 24 条；《信托公司管理办法》第 2 条

第四十八条　慈善信托的受托人违反信托义务或者难以履行职责的，委托人可以变更受托人。变更后的受托人应当自变更之日起七日内，将变更情况报原备案的民政部门重新备案。

◆ 条文主旨

本条是关于变更受托人的规定。

◆ 修改提示

本条是原法第四十七条，未作修改。

◆ 条文释义

慈善信托委托人基于对受托人的信任委托其管理慈善信托财产，受托人对慈善信托负有信托义务，如果其违反信托义务或者因其他原因难以履行职责的，委托人可以更换受托人。

一、可以变更受托人的情形

（一）受托人违反信托义务。本法和相关法律法规对受托人的义务作了规定，如本法第四十九条第一款规定，慈善信托的受托人管理和处分信托财产，应当按照信托目的，恪尽职守，履行诚信、谨慎管理的义务。《中华人民共和国信托法》规定，受托人应当遵守信托文件的规定，为受

益人的最大利益处理信托事务；受托人管理信托财产，必须恪尽职守，履行诚实、信用、谨慎、有效管理的义务。受托人除依照规定取得报酬外，不得利用信托财产为自己谋取利益。受托人不得将信托财产转为其固有财产等。《信托公司管理办法》规定，信托公司不得利用受托人地位谋取不当利益；不得将信托财产挪用于非信托目的的用途等。除法律法规规定外，慈善信托文件中，也会对受托人的义务作出约定。这些法定和约定的受托人的信托义务，是受托人依照法律规定和委托人意愿管理和处分信托财产、开展慈善活动的基础，违反这些信托义务，慈善信托将难以实现其设立目的。

（二）受托人难以履行职责。慈善信托受托人的职责是按照委托人意愿以受托人名义进行管理和处分，开展慈善活动。在有的情况下，受托人难以履行上述职责，本条明确委托人可以更换受托人。受托人难以履行职责的原因既包括客观履行不能的情况，如受托人被依法解散、撤销或被宣告破产等，也包括受托人怠于履行职责的情况，如裁减慈善信托业务团队导致慈善项目停滞、不合理设置慈善信托运行的内部障碍等。

需要说明的是，根据《中华人民共和国信托法》第六十八条的规定，公益信托的受托人违反信托义务或者无能力履行其职责的，由公益事业管理机构变更受托人。考虑到慈善信托是委托人将自己的财产用于慈善活动，慈善信托相关事项确需变更的，应当尊重委托人的意思，因此，本条明确，出现规定情况时委托人可以选择变更受托人，也可以选择不变更受托人，采取其他措施督促受托人履行义务和职责。

二、变更受托人后应当备案

受托人是慈善信托的当事人之一，变更受托人可能会对慈善信托的运行产生重大影响。慈善信托备案时需要提交的材料中，包括载明受托人名称、住所的慈善信托文件，担任受托人的信托公司的金融许可证或慈善组织准予登记或予以认定的证明材料；以受托人名义开立的慈善信托专用资金账户证明、商业银行资金保管协议等。变更受托人后，原备案的慈善信托情况发生重大变更，应当及时将变更情况报原备案的民政部门重新备案。根据《慈善信托管理办法》，申请重新备案时应当提交相应书面材料，包括：原备案的信托文件和备案回执；重新备案申请书；原受托人出具的慈善信托财产管理处分情况报告；作为变更后受托人的信托公司的金融许可证或慈善组织准予登记或予以认定的证明材料；重新签订的信托合同等信托文件；开立慈善信托专用资金账户证明、商业银行资金保管协议，非资金信托除外；其他材料。

◆ **相关规定**

《中华人民共和国信托法》第 25—29 条、第 68 条；《信托公司管理办法》第 34 条；《慈善信托管理办法》第 20 条、第 37 条

第四十九条 慈善信托的受托人管理和处分信托财产，应当按照信托目的，恪尽职守，履行诚信、谨慎管理的义务。

慈善信托的受托人应当根据信托文件和委托人的要求，及时向委托人报告信托事务处理情况、信托财产管理使用情况。慈善信托的受托人应当每年至少一次将信托事务处理情况及财务状况向办理其备案的民政部门报告，并向社会公开。

◆ **条文主旨**

本条是关于受托人信托义务和接受监督的规定。

◆ **修改提示**

本条是原法第四十八条，未作修改。

◆ **条文释义**

慈善信托设立后，受托人按照信托文件的要求以自己的名义管理和处分信托财产，为规范受托人管理信托财产的行为，本条规定了受托人的相关义务。

一、受托人管理和处分信托财产的义务

第一，受托人应当按照信托目的管理和处分信托财产。实现慈善目的是委托人设立慈善信托的最终目的，受托人应严格按照慈善目的管理和处分信托财产。同时，委托人设立慈善信托时，一般还有其具体想要实现的慈善目的，如支持某一地区的教育事业发展，帮助某一类疾病的患者，保护某一地域的生态环境等。信托文件中会明确载明该信托的信托目的。受

托人应该按照设立慈善信托时约定的信托目的管理和处分信托财产。

第二，受托人应当恪尽职守，履行诚信、谨慎管理的义务。本法及有关法律法规规定了受托人按照信托目的管理和处分信托财产等职责，信托文件中一般也会对受托人的职责作出具体约定，受托人应严格按照相关规定和约定履行职责。在履行职责过程中，应当诚信、谨慎管理信托财产。"诚信"即管理和处分信托财产时秉持诚实、善意，信守自己的承诺，例如，如实告知信托财产相关信息，善意行使管理处分信托财产的权利等。"谨慎"即密切注意与信托财产相关的事项，防止发生信托财产减损、浪费等情况，如避免高风险投资，认真核实受益人信息真实性等。

二、委托人的知情权

委托人是慈善信托财产的提供者，对信托事务处理情况和信托财产管理使用情况当然享有知情权。《中华人民共和国信托法》也规定，受托人应当每年定期将信托财产的管理运用、处分及收支情况，报告委托人。根据本条规定，信托文件中可以载明对受托人报告慈善信托事务处理情况和信托财产管理使用情况的要求，包括但不限于报告周期、报告内容等；即使信托文件没有载明，委托人也可以要求受托人报告信托事务处理情况和财产管理使用情况。这一规定的主要考虑是充分保护委托人的知情权，且通过委托人对受托人的监督，确保慈善信托财产的管理使用符合法律规定，确保慈善信托能够真正实现慈善目的的。"信托事务处理情况、信托财产管理使用情况"包括但不限于信托财产总值、信托负债、资产配置、慈善支出、项目运行等情况。

三、向民政部门报告并向社会公开相关信息

慈善信托的受益人是不特定的社会公众，涉及社会公共利益。为便于民政部门对慈善信托进行监督管理，保障社会公众知情权，本条要求慈善信托的受托人应当每年至少一次将信托事务处理情况及财务状况向办理其备案的民政部门报告，并向社会公开。根据《中华人民共和国信托法》第六十七条规定，公益信托受托人应当至少每年一次作出信托事务处理情况及财产状况报告，经信托监察人认可后，报公益事业管理机构核准，并由受托人予以公告。本条在确保民政部门和社会监督的前提下简化了相关程序。受托人报告和公开的信息包括信托事务处理情况及财务状况。根据

《慈善信托管理办法》的规定，受托人应当在民政部门提供的信息平台即"慈善中国"网站上，发布相应报告。

◆ **相关规定**

《中华人民共和国信托法》第 33 条、第 67 条；《慈善信托管理办法》第 56 条

第五十条 慈善信托的委托人根据需要，可以确定信托监察人。

信托监察人对受托人的行为进行监督，依法维护委托人和受益人的权益。信托监察人发现受托人违反信托义务或者难以履行职责的，应当向委托人报告，并有权以自己的名义向人民法院提起诉讼。

◆ **条文主旨**

本条是关于慈善信托的信托监察人的规定。

◆ **修改提示**

本条是原法第四十九条，未作修改。

◆ **条文释义**

一、关于信托监察人的设置

我国信托监察人的制度设计是源于《中华人民共和国信托法》的规定，根据该法规定，公益信托应当设置信托监察人。2016 年制定《中华人民共和国慈善法》时，考虑到慈善信托的受益人是不特定的社会公众，在享受信托利益时才能确定具体的受益人，由不特定的众多受益人直接对受托人的信托活动进行监督难以操作。为了加强对慈善信托的监督，保证慈善信托的目的能够实现，提高慈善信托保值增值功能、增加慈善资源投入，保障委托人和受益人的合法权益，本条规定了信托监察人制度。信托监察人在信托法律关系中拥有独立的地位，不隶属于委托人，不属于慈善事业监管部门，也不是受益人的代理人，其权限基于法律规定与信托合同的约定。

对于信托监察人的确定，根据《中华人民共和国信托法》的规定，信

托监察人由信托文件规定。信托文件未规定的，由公益事业管理机构指定。本法赋予了慈善信托委托人更多的自主决定权，即慈善信托的委托人可以根据需要设置信托监察人，如果委托人充分信任担任受托人的慈善组织，可以不设置信托监察人。在此次修法过程中，有意见建议强制设置慈善信托监察人，即所有的慈善信托都应当设置信托监察人。考虑到实践中，我国有很多慈善信托的信托财产规模较小、存续时间较短，强制要求所有慈善信托都设置信托监察人在一定程度上不利于这些慈善信托的设立，也增加了慈善信托的运行成本，因此，本条没有对强制设置信托监察人作出规定，仍由慈善信托的委托人根据其意愿和所设立慈善信托的具体情况决定是否设置监察人。

二、关于信托监察人的权利义务

设置信托监察人，赋予其相应权利有利于保护慈善信托财产和相关的公共利益，因此，本条对慈善信托监察人的权利和义务作了明确规定。

第一，信托监察人的职责是为了维护委托人和受益人的权益，应当依法对受托人的行为进行监督。本法和《中华人民共和国信托法》等法律法规规定了受托人的职责和义务以及委托人和受益人的权利。信托文件中也对委托人、受托人、受益人和信托监察人的权利义务等进行了约定。信托监察人应当按照有关规定和约定，对受托人管理和处分慈善信托财产、开展慈善活动等行为进行监督，督促其履行法律法规规定和信托文件约定的义务，实现设立慈善信托的慈善目的，维护委托人和受益人的权益。

第二，信托监察人发现受托人违反信托义务或者难以履行职责的，应当向委托人报告，并有权以自己的名义向人民法院提起诉讼。关于信托监察人起诉的规定，其内涵包括：（1）信托监察人行使起诉权时是以监察人自己的名义进行，信托监察人是一个独立的法律主体。（2）信托监察人行使起诉权的目的是维护委托人和受益人的利益，并且由于慈善信托的受益人不特定而委托人是确定的，因此信托监察人向法院提起诉讼前应当向委托人报告。（3）信托监察人行使起诉权的条件是发现受托人违反信托义务或者难以履行职责。例如，受托人违反信托目的处分信托财产或者因违背管理职责、处理信托事务不当致使信托财产受到损失的情形。

◆ **相关规定**

《中华人民共和国信托法》第 20—23 条、第 49 条、第 64 条、第 65 条

第五十一条　慈善信托的设立、信托财产的管理、信托当事人、信托的终止和清算等事项，本章未规定的，适用本法其他有关规定；本法未规定的，适用《中华人民共和国信托法》的有关规定。

◆ **条文主旨**

本条是关于慈善信托的各项制度适用法律的规定。

◆ **修改提示**

本条是原法第五十条，未作修改。

◆ **条文释义**

一、本章未规定的，适用本法其他有关规定

本法慈善信托一章主要对慈善信托的定义、备案、受托人的资格和职责、监察人的选任和职责等作了规定。本法其他章节对开展慈善活动、慈善财产管理等作了具体规定，慈善信托是开展慈善活动的方式之一，本章中未规定的慈善信托的设立、信托财产的管理、信托当事人、信托的终止和清算等事项，适用本法其他有关规定。例如，本法第三条、第四条规定了慈善活动的范围和原则，设立慈善信托开展慈善活动应当符合相关规定；本法第二章对慈善组织的形式、条件等作了规定，慈善信托的受托人是慈善组织时，该慈善组织应当遵守该章的相关规定；本法第四章对慈善捐赠作了规定，慈善信托以对外捐赠的方式开展慈善活动时，应当符合该章的相关规定；本法第六章对慈善财产作了规定，慈善信托财产属于慈善财产，该章中关于不得私分、挪用、截留或者侵占慈善财产等相关规定，也适用于慈善信托。

二、本法未规定的，适用《中华人民共和国信托法》的有关规定

根据本法第四十四条的规定，慈善信托属于公益信托。因此，《中华人民共和国信托法》有关公益信托的规定适用于慈善信托。同时，慈善信托

有其特点，本法关于慈善信托的规定与《中华人民共和国信托法》存在一定区别：

第一，主管机构。《中华人民共和国信托法》第六十二条第一款规定，公益信托的设立和确定其受托人，应当经有关公益事业的管理机构批准。在实践中，由于公益事业管理机构不明确，使得公益信托的设立存在障碍，难以发展壮大。本法第四十五条规定，受托人应当在慈善信托文件签订之日起七日内将相关文件向受托人所在地县级以上人民政府民政部门备案，进一步明确了慈善信托的行政主管机关是民政部门。

第二，设立程序。《中华人民共和国信托法》要求设立公益信托应当经公益事业管理机构批准，未经公益事业管理机构的批准，不得以公益信托的名义进行活动。本法降低了设立门槛，要求受托人在慈善信托文件签订之日起七日内将相关文件向受托人所在地县级以上人民政府民政部门备案即可。

第三，税收优惠。《中华人民共和国信托法》没有对公益信托规定任何税收优惠措施，这被认为是导致公益信托在实践中发展不佳的原因之一。根据本法第八十八条的规定，自然人、法人和非法人组织设立慈善信托开展慈善活动的，依法享受税收优惠。

第四，受托人范围与选任。《中华人民共和国信托法》规定，受托人应当是具有完全民事行为能力的自然人、法人。但公益信托一章并未专门对公益信托受托人资格作出规定，只规定公益信托受托人的确定、辞任、变更都须经过公益事业管理机构批准。本法第四十七条则对受托人的范围作了明确规定，即慈善信托的受托人可以由慈善组织或者信托公司担任。

第五，监察人的选任及职责。《中华人民共和国信托法》规定公益信托应当设置信托监察人。信托监察人由信托文件规定，信托文件未规定的，由公益事业管理机构指定。本法则放松了限制，规定慈善信托的委托人根据需要可以确定信托监察人，即设置监察人不是强制要求，委托人有权自主决定是否设置。在监察人的职责方面，本法相较于《中华人民共和国信托法》也有不同规定。一是《中华人民共和国信托法》要求受托人应当至少每年一次作出信托事务处理情况及财产状况报告，经信托监察人认可后，报公益事业管理机构核准，并由受托人予以公告。本法则不再要求报告需经信托监察人认可。二是本法更加明确了信托监察人在发现受托人违反信托义务或者难以履行职责的，应当向委托人报告，并有权以自己的名义向人民法院提起诉讼。

对于上述前法和后法规定不完全一致的条款，本条专门规定了适用规则，即对于本法与《中华人民共和国信托法》规定不一致的地方，慈善信托应当适用本法的规定。对于本法未规定，《中华人民共和国信托法》规定的适用于公益信托的内容，适用《中华人民共和国信托法》的有关规定。

◆ **相关规定**

《中华人民共和国信托法》第 6 条、第 7 条、第 15 条、第 17 条、第 18 条、第 62 条、第 64 条、第 70—72 条

第六章　慈善财产

本章是关于慈善财产的规定。慈善财产是开展慈善活动的物质基础，关系能否顺利开展慈善活动，使更多的人从慈善活动中受益。同时，慈善财产的管理、使用，也是捐赠人和社会公众关注的重要内容，是影响慈善行业公信力的重要方面。因此，本章对慈善组织财产的范围、管理、投资、使用等内容作了明确规定，目的是规范慈善财产的管理使用，实现慈善财产社会效益的最大化。

第五十二条　慈善组织的财产包括：

（一）发起人捐赠、资助的创始财产；

（二）募集的财产；

（三）其他合法财产。

◆ **条文主旨**

本条是关于慈善组织财产种类的规定。

◆ **修改提示**

本条是原法第五十一条，未作修改。

◆ **条文释义**

慈善组织的财产，是慈善组织正常运行和承担民事责任的物质基础，是开展慈善活动、实现慈善目的的物质保障。本条对慈善组织的财产按照财产来源进行了分类，规范对慈善组织的财产的管理。慈善组织的财产包括以下三类：

一、发起人捐赠、资助的创始财产

发起人捐赠、资助的财产，也就是通常所说的创始财产，是设立慈善组织的必要财产。根据本法第九条规定，必要的财产是慈善组织设立的必要条件之一。对于必要的财产应当是多少，本法未作具体规定，实践中按照有关行政法规的规定执行。目前，根据《基金会管理条例》的规定，全国性公募基金会的原始基金不低于 800 万元人民币，地方性公募基金会的原始基金不低于 400 万元人民币，非公募基金会的原始基金不低于 200 万元人民币；原始基金必须为到账货币资金。根据《社会团体登记管理条例》的规定，成立社会团体，应当有合法的资产和经费来源，全国性的社会团体有 10 万元以上活动资金，地方性的社会团体和跨行政区域的社会团体有 3 万元以上活动资金。根据《民办非企业单位登记管理暂行条例》的规定，申请登记民办非企业单位，应当有与其业务活动相适应的合法财产。

慈善组织的创始财产包括发起人捐赠的财产和接受资助的财产。发起人捐赠的财产，是慈善组织的主要原始财产。慈善组织成立之初，发起人必须首先捐出一部分财产，作为原始财产。发起人捐赠的财产，可以是货币、实物、房屋、有价证券、股权、知识产权等有形和无形财产，但必须是其有权处分的合法财产。资助的财产，主要是指政府资助的财产。政府资助，在许多国家是慈善组织重要的资金来源。政府资助慈善组织的目的，一是基于慈善事业发展的需要；二是借助慈善组织承担一些政府无法完成的社会服务等方面的功能。

二、募集的财产

募集的财产，是指慈善组织成立后，所接受的自然人、法人和非法人组织基于慈善目的自愿、无偿赠与的财产，以及慈善组织通过募捐的方式取得的财产。慈善组织募集的财产是慈善组织得以持续运转和开展慈善活动最主要的物质基础，本法第三章和第四章对慈善募捐、慈善捐赠作出了明确规定。按照本法规定，募集财产分为两种方式，一种是面向社会公众的公开募捐；另一种是面向特定对象的定向募捐。开展公开募捐，可以采取下列方式：一是在公共场所设置募捐箱；二是举办面向社会公众的义演、义赛、义卖、义展、义拍、慈善晚会等；三是通过广播、电视、报刊、互联网等媒体发布募捐信息；四是其他公开募捐方式。开展定向募捐，应当在发起人、理事会成员和会员等特定对象的范围内进行。

三、其他合法财产

慈善组织的财产除发起人捐赠、资助的创始财产和募集的财产外，主要还有以下几个方面的财产来源：

（一）接受政府购买服务获得的收入。政府购买服务，是指各级国家机关将属于自身职责范围且适合通过市场化方式提供的服务事项，按照政府采购方式和程序，交由符合条件的服务供应商承担，并根据服务数量和质量等因素向其支付费用的行为。政府购买服务是创新政府公共服务提供方式、推动政府职能转变、全面实施绩效管理的一项重要改革举措。随着社会对养老、育幼、助残、济困等公共服务的需求不断增长，需要充分发挥以提供社会服务为主的慈善组织在公共服务中的作用，更好满足社会的需要。例如，通过政府购买服务等方式，支持慈善组织有针对性地提供访视照料、心理慰藉、康复训练、能力提升等服务。同时，慈善组织从政府间接获得资金支持，有利于支持慈善组织的发展。因此，接受政府购买服务的收入，是慈善组织财产来源的一个重要方面。

（二）经营性收入。根据本法规定，慈善组织为实现财产保值、增值，可以进行投资。虽然慈善组织是以开展慈善活动为宗旨的非营利性组织，但慈善组织并非一律不得从事经营性活动，只是其从事经营性活动所取得的收入应当全部用于慈善目的，不得进行分配。经营性收入，主要包括为慈善财产保值、增值所进行的投资取得的收入，以及将慈善财产存入金融机构取得的利息收入等。

（三）其他收入。除上述两种收入外，慈善组织还有一些其他财产来源。例如，根据本法规定，慈善组织可以作为慈善信托的受托人，受托管理慈善信托财产。慈善组织管理慈善信托，可以向委托人收取合理的费用，这构成了慈善组织的财产来源之一。再如，慈善组织中的社会团体，在国家法律法规、政策许可的范围内，可以依照社团章程的规定，向个人会员、单位会员和团体会员收取一定会费，作为慈善组织的财产。

需要强调的是，无论慈善组织通过何种方式取得的财产，其合法性都是非常重要的。慈善组织财产的合法性，包括取得方式的合法性和财产本身的合法性。（1）取得方式的合法性。即慈善组织应当通过合法的方式取得财产。例如，按照本法规定，只有取得公开募捐资格的慈善组织才可以面向社会公众开展公开募捐，可以采取在公共场所设置募捐箱、举办面向社会公众的义演等，以及通过互联网等媒体发布募捐信息等方式。取得公开募捐资格的慈善组织通过以上方式募集的财产，就是通过合法方式取得的财产。反之，不具有公开募捐资格的慈善组织采取以上方式募集的财产，就不是合法取得的财产。再如，慈善组织进行投资，不得违反法律法规的规定，违反有关法律法规的规定取得的收入，不是合法取得的财产。（2）财产本身必须是合法的。按照本法规定，捐赠人捐赠的财产应当是其有权处分的合法财产，即捐赠人不能将非法获取的财产进行捐赠。例如，以贪污、受贿、盗窃等违法犯罪手段取得的财产不能进行捐赠。

◆ **相关规定**

《基金会管理条例》第8条；《社会团体登记管理条例》第10条；《民办非企业单位登记管理暂行条例》第8条；《政府购买服务管理办法》第2条

第五十三条　慈善组织的财产应当根据章程和捐赠协议的规定全部用于慈善目的，不得在发起人、捐赠人以及慈善组织成员中分配。

任何组织和个人不得私分、挪用、截留或者侵占慈善财产。

◆ **条文主旨**

本条是关于慈善组织财产如何使用的规定。

◆ **修改提示**

本条是原法第五十二条，未作修改。

◆ **条文释义**

慈善组织的财产是慈善组织为了实现慈善目的，为不特定多数人的利益，主要从公众募集而来，具有社会公共性。因此，不同于一般民事主体对其财产拥有的完全的所有权，慈善组织对其财产的所有权受到一定限制，不能随意支配。

一、慈善组织的财产应当全部用于慈善目的

慈善组织成立和运行的唯一目的就是实现慈善目的，发起人捐赠、资助财产是为了实现某些慈善目的，慈善组织募集财产是基于慈善目的，捐赠人捐赠财产也是为了慈善目的。因此，慈善组织的财产应当全部用于慈善目的，不得将其用于非慈善目的。虽然慈善组织因财产保值、增值的需要可以将一部分财产用于投资，但是，投资取得的收益仍然要全部用于慈善目的。全部用于慈善目的，具体来讲，就是慈善组织将财产以再次捐赠或者提供服务等方式，用于本法第三条规定的扶贫、济困，扶老、救孤、恤病、助残、优抚，救助自然灾害、事故灾难和公共卫生事件等突发事件造成的损害，促进教育、科学、文化、卫生、体育等事业的发展，防治污染和其他公害，保护和改善生态环境等领域。

有的意见提出，慈善组织用于开展活动的开支以及慈善组织的管理费用，属于慈善组织的财产，但这些支出并不是用于受益人，不属于慈善目的。这个问题应当这样理解，慈善组织维持日常运行和开展慈善活动必然有一定支出，如核实受益人情况的路费、支付办公用房租金、支付工作人员工资等。这些支出和费用的目的，是为了慈善组织能够开展慈善活动而进行的必不可少的活动，最终是为了实现慈善目的。当然，这部分支出并非随意的，而是需要受到严格限制，如遵循管理费用、募捐成本等最必要原则，厉行节约，减少不必要的开支，管理费用不超过一定标准等。对于以慈善为名，将慈善组织的财产用于非慈善目的的行为，慈善组织及有关责任人员还应当承担相应的法律责任。

二、慈善组织的财产不得分配

根据本法规定，慈善组织，是依法成立、符合本法规定，以面向社会开展慈善活动为宗旨的非营利性组织；开展慈善活动，应当遵循合法、自愿、诚信、非营利的原则。可以看出，非营利性是慈善组织的基本属性，财产的非分配性又是非营利性的实质内容。因此，本条规定，慈善组织的财产不得在发起人、捐赠人以及慈善组织成员中分配。

（一）不得分配的人员范围。慈善组织无论通过何种方式取得的财产，都只能用于慈善组织所开展的各种慈善活动及自身运行的必要开支，也即慈善目的，不能作为利润分配。任何组织和个人对慈善组织都没有类似公司股东的权利，也不享有分配慈善组织财产的权利，慈善组织的财产不仅不能在慈善组织的成员中分配，对发起人和捐赠人也不能进行分配。需要注意的是，不得在发起人、捐赠人以及慈善组织成员中分配，并不意味着可以在其他人员中分配，只不过因为发起人、捐赠人以及慈善组织成员对慈善组织的财产支出有一定影响力，才在本条中予以明确规定。

（二）不得分配的财产。慈善组织不得分配的财产，包括：一是慈善组织存续期间的财产，如因投资取得的收益等财产不得进行分配。二是慈善组织清算后的剩余财产不得分配。慈善组织的非营利性决定了慈善组织清算后的剩余财产不得分配给慈善组织的成员，也不得返还给发起人、捐赠人，或者被其他人私分。也就是说，慈善组织财产不能因慈善组织是否存在而改变用途，应当继续用于慈善目的，否则就违背了慈善宗旨，也违背了捐赠人的慈善意愿。慈善组织清算后的剩余财产应当实行近似原则，按照慈善组织章程的规定转给宗旨相同或者相近的慈善组织；章程未规定的，由民政部门主持转给宗旨相同或者相近的慈善组织，并向社会公告。三是慈善项目完成后的剩余财产不得返还捐赠人。慈善项目完成后的剩余财产如果返还给捐赠人，则难以避免捐赠数额虚高，捐赠人不当干涉慈善项目运行，甚至以虚高捐赠骗取税收优惠等行为。因此，根据本法规定，慈善项目终止后捐赠财产有剩余的，按照募捐方案或者捐赠协议处理；募捐方案未规定或者捐赠协议未约定的，慈善组织应当将剩余财产用于目的相同或者相近的其他慈善项目。

三、不得私分、挪用、截留或者侵占慈善财产

根据《中华人民共和国民法典》的规定，国家、集体、私人的物权和其他权利人的物权受法律平等保护，任何组织或者个人不得侵犯。本条再次明确不得私分、挪用、截留或者侵占慈善财产，是因为慈善财产有其公共属性，应当全部用于慈善目的，任何组织和个人不得对其加以侵犯，也不得用于慈善目的以外的其他用途。本条规定的禁止性行为的主体是任何组织和个人，其中包括慈善组织，也包括民政部门和其他有关部门。四种禁止的行为包括：

（一）私分慈善财产。主要是指由负责人决定，或者决策机构集体讨论决定，以单位名义将慈善财产私分给单位的所有员工。如果不是分给所有员工，而是几个负责人暗中私分，则构成贪污行为。

（二）挪用慈善财产。主要是指利用职务上的便利，挪用慈善财产归个

人使用或者借贷给他人，数额较大、超过 3 个月未还的，或者虽未超过 3 个月，但数额较大、进行营利活动的，或者进行非法活动的行为。

（三）截留慈善财产。主要是指在管理慈善财产过程中，扣留了慈善财产，未进行入账，影响了慈善财产的使用，或者违反与受益人的协议，不按照规定时限向受益人进行资助或提供服务等行为。

（四）侵占慈善财产。主要是指以非法占有为目的，将慈善财产占为己有，数额较大，拒不归还的行为。这里所说的侵占，是广义上的含义，指的是侵犯财产，包括盗窃、诈骗、贪污、抢夺等各种犯罪行为，还包括侵犯财产的各种民事侵权行为、各种利用职务的行政渎职行为。

◆ **相关规定**

《中华人民共和国宪法》第 12 条；《中华人民共和国民法典》第 207 条

第五十四条　慈善组织对募集的财产，应当登记造册，严格管理，专款专用。

捐赠人捐赠的实物不易储存、运输或者难以直接用于慈善目的的，慈善组织可以依法拍卖或者变卖，所得收入扣除必要费用后，应当全部用于慈善目的。

◆ **条文主旨**

本条是关于慈善组织如何管理捐赠财产的规定。

◆ **修改提示**

本条是原法第五十三条，未作修改。

◆ **条文释义**

捐赠人为了慈善目的向慈善组织捐赠财产，慈善组织应当予以妥善保管。

一、慈善组织对募集的财产，应当登记造册

慈善组织接受捐赠财产后，应当按照财产的性质、种类等登记造册，并制作会计账簿。《中华人民共和国会计法》第九条第一款规定，各单位必须根据实际发生的经济业务事项进行会计核算，填制会计凭证，登记会计账簿，编制财务会计报告。《民间非营利组织会计制度》第十二条规定，民间非营利组织填制会计凭证、登记会计账簿、管理会计档案等要求，按照《中华人民共和国会计法》、《会计基础工作规范》和《会计档案管理办法》等规定执行。根据上述规定，慈善组织必须根据实际发生的经济业务事项进行会计核算，并按照有关法律法规的要求填制会计凭证，登记会计账簿，编制财务会计报告。

本条对慈善组织募集财产登记造册提出明确要求，目的是便于慈善组织对所募集财产进行规范化管理，便于主管部门对慈善组织财务进行监管，同时，也便于捐赠人查询所捐赠财物的去向。慈善组织应当将慈善组织的其他财产与募集的财产严格区分，分别入账。对于所募集的财产，无论是现金捐赠，还是实物捐赠，都应当按照要求及时登记造册。根据《民间非营利组织会计制度》的规定，慈善组织接受捐赠的现金资产，应当按照实际收到的金额及时如实入账；对于接受捐赠的非现金资产，如短期投资、存货、长期投资、固定资产和无形资产等，应当依据捐赠方提供的有关凭据或公允价值作为入账价值；对于无法可靠计量公允价值的财产，如文物资产以及一些无形资产，应当单独登记，并在会计报表附注中作相关披露。

二、慈善组织对募集的财产，应当严格管理、专款专用

慈善组织对募集的财产进行严格管理、专款专用，是实现慈善目的的必然要求，也是对捐赠人负责、建立慈善行业公信力的重要条件。严格管理，就是要按照既定的制度或标准要求，认真仔细地加以管束或从严负责落实。慈善组织应当加强对募集财产的管理，按照有关规定完善募集财产管理相关规章制度，健全内部治理结构，确保对募集财产的管理严格执行相关法律法规规定，符合内部决策程序，并接受相应的监督监管。慈善组织只有严格管理募集财产，才能做到正确使用募集财产，保证募集财产用于慈善目的。

专款专用，是指对指定用途的资金，应按规定的用途使用，并单独反映。慈善组织的财产来源多样化，既包括募集的财产，也包括慈善组织的创始财产以及投资收益等；即使是募集的财产，也有不同的捐赠来源和捐赠目的。募集财产的捐赠者对其所捐赠的财产不要求取得资本收益和资本回收，但一般都有特定的捐赠目的，有的还会特别约定捐赠用途。因此，慈善组织募集的财产必须尊重捐赠人的意愿，按照募集财产时约定的不同用途使用，专款专用并专设账户；会计报表应单独反映其取得、使用情况，从而保证专用资金的使用效果。例如，所接受的捐赠是用于扶贫济困的，慈善组织必须将这一捐赠用于扶贫济困，而不能用于促进文化、卫生、体育等事业的发展。

三、慈善组织对捐赠实物的拍卖或者变卖

目前，现金捐赠是我国慈善捐赠的主要形式，但也有少部分捐赠人会选择捐赠实物的方式。一般情况下，捐赠人捐赠的财产都是受益人所需或者可以直接使用的，但也有一些特殊情况，有些捐赠实物不易储存或者难以直接用于慈善目的。例如，在自然灾害救助活动中，有的捐赠人捐赠了食品、口红、字画等，对于这部分捐赠的实物，有些食品不易储存、运输，口红等化妆品以及字画等难以直接用于慈善目的。为了使捐赠财产能够有效使用，避免浪费，本法赋予了慈善组织一定的处置权，慈善组织可以将这些物品采取拍卖或者变卖的方式处理。

拍卖，是以公开竞价的方式，将特定的物品或财产权利转让给最高应价者的买卖方式。拍卖的方式透明度较高，有专门的机构、特定的场所和完整的拍卖程序，可以避免暗箱操作，保证捐赠财产卖得其价。变卖，是指以出卖物品的方式换取现金。这也是处理慈善财产的一种方式。拍卖或者变卖所得收入扣除必要费用后，应当全部用于慈善目的，不得挪作他用。本条规定的"必要费用"，主要指拍卖或者变卖捐赠实物时必然产生的一些费用，如拍卖时付给拍卖人的一定比例的佣金等。拍卖和变卖的费用应当是合理且必要的，不能在拍卖或者变卖环节使捐赠人捐赠的财产遭受不必要的损害。

◆ 相关规定

《中华人民共和国会计法》第 9 条；《民间非营利组织会计制度》第 12 条、第 16 条

> **第五十五条**　慈善组织为实现财产保值、增值进行投资的，应当遵循合法、安全、有效的原则，投资取得的收益应当全部用于慈善目的。慈善组织的重大投资方案应当经决策机构组成人员三分之二以上同意。政府资助的财产和捐赠协议约定不得投资的财产，不得用于投资。慈善组织的负责人和工作人员不得在慈善组织投资的企业兼职或者领取报酬。
>
> 前款规定事项的具体办法，由国务院民政部门制定。

◆ **条文主旨**

本条是关于慈善组织进行投资的规定。

◆ **修改提示**

本条是原法第五十四条，未作修改。

◆ **条文释义**

慈善组织接受的捐赠财产往往不会一次性使用完毕，在一定时期内会有一定的结余。一方面，对于未使用完毕的捐赠财产，慈善组织应当采取措施实现捐赠财产的保值增值，避免造成捐赠财产的浪费；另一方面，通过对慈善组织的财产进行保值增值，可以弥补慈善资金的不足，提高慈善资源的配置效率，夯实慈善组织从事慈善活动的经济基础，以保证慈善组织能够自由开展业务活动，尽量不受社会捐赠不足的制约。慈善组织实现财产保值增值的方式主要是进行适当的投资。作为非营利性组织，慈善组织的投资行为不是完全市场化的，而是应当受到一定限制，因此，本条对慈善组织为财产保值增值而进行的投资行为进行了规定。本法 2016 年出台后，根据本条第二款的规定，民政部于 2018 年出台了《慈善组织保值增值投资活动管理暂行办法》，对慈善组织保值增值的投资活动进行了更加具体的规定。需要明确的是，慈善组织进行投资活动应当是为了实现慈善目的，而不能有任何私利。通过投资活动所取得的收益，应当全部用于慈善目的，不得返还给捐赠人，也不得在内部成员中进行分配，不得挪作他用，否则将违背允许慈善组织进行投资活动的初衷。

一、投资行为须遵循的原则

由于慈善组织从事的是社会公益事业，其进行投资活动可能会产生一定的风险，如因投资活动带来的经济利益容易诱发慈善组织偏离慈善宗旨去牟取私利；慈善组织的投资活动可能导致国家税收被规避，造成与其他营利性公司的不正当竞争等。因此，慈善组织的投资活动应当受到适当规制。基于我国资本市场的波动和慈善组织背景资源的差异，无法规定一个适用于所有慈善组织保值增值的投资方式和标准，因此本法未对慈善组织为保值增值进行投资的领域、种类、额度等进行限定，而是对慈善组织进行的投资行为作了原则性、开放性的规定，规定了须遵循的原则，即合法、安全、有效原则。

（一）合法性原则。慈善组织为使财产保值增值进行的投资活动，包括用于投资的财产、投资的领域、方式和决策程序等，必须符合本法及相关法律法规的规定。例如，按照本法规定，慈善组织中具有公开募捐资格的基金会开展慈善活动的年度支出，不得低于上一年总收入的百分之七十或者前三年收入平均数额的百分之七十。也就是说，具有公开募捐资格的基金会进行投资，必须在保证慈善活动支出比例的前提下进行，否则不符合法律的规定。再如，《慈善组织保值增值投资活动管理暂行办法》对慈善组织不得进行的投资活动作了具体规定，如果慈善组织从事这些投资行为，则违反了合法性原则。慈善组织不得进行的投资活动包括直接买卖股票，直接购买商品及金融衍生品类产品，投资人身保险产品，以投资名义向个人、企业提供借款，不符合国家产业政策的投资，可能使本组织承担无限责任的投资，违背本组织宗旨、可能损害信誉的投资，非法集资等国家法律法规禁止的其他活动。

（二）安全性原则。安全性原则要求保证投资本金的可收回性，尽可能避免在投资中遭受损失。慈善组织运用社会捐赠的财产进行投资，与一般投资追求高收益的目的不同，应当在确保操作稳健、风险合理的基础上实现保值增值，不得从事高风险投资，一旦出现高风险，慈善组织可能面临资金周转的压力，甚至造成财产损失，无法向社会公众特别是捐赠人交代，也影响其实现慈善目的。因此，对于不能保证安全或者风险过高的投资应当禁止，在财产增值的情况下使风险降至最低，以确保慈善组织投资的安全性。慈善组织开展投资时要注重风险控制，建立全方位的制度体系，从资金种类、投资领域和品种、决策机构等在投资活动方面的权利和责任、投资决策程序、风险准备金设定、投资出现风险时的止损原则以及发现问题后的追责等多方面共同约束投资活动。

（三）有效性原则。是指慈善组织应积极实现财产保值增值。有效性原则首先体现在目的的有效性上，即达到保值增值的目的，以最小的投入实现最大的产出；其次体现在方式的有效性上，即采用合理的方式实现保值增值的目的，不得采取明显不能实现财产增值的方式进行投资，要在合法、安全的前提下选择收益最高的投资方式。根据《慈善组织保值增值投资活动管理暂行办法》，适合慈善组织选择的投资活动有三类：一是直接购买银行、信托、证券、基金、期货、保险资产管理机构、金融资产投资公司等金融机构发行的资产管理产品；二是通过发起设立、并购、参股等方式直接进行股权投资；三是将财产委托给受金融监督管理部门监管的机构进行投资。

二、投资方案的决策程序

按照本条规定，慈善组织的重大投资方案应当经决策机构组成人员三分之二以上同意。本条并未要求所有的投资方案都要经决策机构组成人员三分之二以上同意，而是限于重大投资方案。重大投资方案，主要是指对慈善组织具有重大影响的投资活动。至于何谓"重大"，本法并未明确界定，具体哪些投资属于重大投资，可由各慈善组织的章程规定。这里所讲的决策机构，因各类慈善组织的形式不同、内部治理结构不同，决策机构也有所不同。例如，按照《基金会登记管理条例》的规定，理事会是基金会的决策机构，依法行使章程规定的职权；章程规定的重大投资活动，须经出席理事表决，三分之二以上通过为有效。本条规定的"三分之二"，应是决策机构组成人员实际人数的三分之二，不是到会人员的三分之二。如果慈善组织在进行投资决策或开展投资活动时未依法依规且造成损失的，有关人员应当承担相应责任。例如，根据《基金会管理条例》第四十三条第一款的规定，基金会理事会违反该条例和章程规定决策不当，致使基金会遭受财产损失的，参与决策的理事应当承担相应的赔偿责任。

三、投资财产的限制

虽然慈善组织应当实现财产保值、增值，并可以进行投资，但并不是说所有的财产都可以用来进行投资。本条规定限定了不得用于投资的财产类型，即政府资助的财产和捐赠协议约定不得投资的财产，不得用于投资。政府资助慈善组织的财产，是纳税人创造的财富，应当按照资助的项目专款专用，不得用于投资。如果将这部分财产用于投资，就违背了政府资助慈善的初衷。如果慈善组织募捐时或者捐赠人捐赠财产时有关于捐赠财产用途的约定，慈善组织不得随意改变用途，除非捐赠人约定捐赠财产可以用于投资，否则一律不得用于投资。根据《慈善组织保值增值投资活动管理暂行办法》第五条规定，慈善组织可以用于投资的财产限于非限定性资产和在投资期间暂不需要拨付的限定性资产。限定性资产，是资产或者资产所产生的经济利益（如资产的投资收益和利息等）的使用受到资产提供者或者国家有关法律、行政法规所设置的时间限制或（和）用途限制的资产。慈善组织的限定性资产一般就是本条规定的政府资助的资产，以及捐赠人对捐赠财产用途等作出限定的财产。

四、慈善组织的负责人和工作人员兼职和取酬的限制

慈善组织的负责人或者工作人员在慈善组织投资的企业兼职或者领取报酬，极有可能影响慈善组织的利益，有的甚至搞不正当交易，严重违背了慈善宗旨，极易产生腐败行为。为了避免这种现象的发生，加强慈善组织反腐工作，本条规定慈善组织的负责人和工作人员不得在慈善组织投资的企业兼职或者取酬。本条规定限定的是不得在慈善组织投资的企业兼职，至于能否在其他企业兼职，本法未作限制。根据本条规定，慈善组织的负责人和工作人员在慈善组织投资的企业中的两种行为受到限制：一是兼职。兼职是指慈善组织的负责人和工作人员在未卸任慈善组织职务的情况下，同时到慈善组织投资的企业担任生产经营管理工作的有关职务。但如果慈善组织的负责人和工作人员受慈善组织委托，作为股东代表、董事或者监事仅仅参与被投资企业的股东会、董事会会议，不承担生产经营管理工作，则不属于"兼职"。二是取酬。对慈善组织的负责人或者工作人员不得在慈善组织投资的企业领取报酬作出规定，是为了防止慈善组织的财产以投资的名义被变相分配和侵占。

◆ **相关规定**

《慈善组织保值增值投资活动管理暂行办法》第 4—7 条、第 15 条；《基金会管理条例》第 21 条、第 43 条

第五十六条　慈善组织开展慈善活动，应当依照法律法规和章程的规定，按照募捐方案或者捐赠协议使用捐赠财产。慈善组织确需变更募捐方案规定的捐赠财产用途的，应当报原备案的民政部门备案；确需变更捐赠协议约定的捐赠财产用途的，应当征得捐赠人同意。

◆ **条文主旨**

本条是关于慈善组织使用捐赠财产的规定。

◆ **修改提示**

本条是原法第五十五条，未作修改。

◆ **条文释义**

捐赠人将自己的财产捐赠给慈善组织后，该财产的所有权就不再属于捐赠人，而变为慈善组织的财产，慈善组织对其享有占有、使用、收益和处分的权利。但是，慈善组织对捐赠财产行使的是有限制的所有权，即必须按照一定的用途来使用捐赠财产。捐赠财产的用途可以在募捐方案中规定，也可以通过捐赠协议约定。变更捐赠财产用途的，应当履行法定的程序。除了本法之外，《中华人民共和国公益事业捐赠法》、《中华人民共和国民法典》等法律以及有关行政法规、地方性法规也对慈善活动相关内容作出了规定，慈善组织在开展活动时也应当遵守相关的规定。

一、慈善组织使用捐赠财产应当依照法律法规和章程的规定

慈善组织的财产权与公司等营利性组织的财产权不同，其使用、处分等权利要受到法律法规、慈善组织章程和捐赠协议的约束和限制。本法和有关法律法规对慈善组织开展慈善活动、使用捐赠财产作了原则性的规定。例如，本法第三条对慈善活动的范围作出了规定，慈善组织开展慈善活动、使用捐赠财产必须符合该条规定的范围。根据《中华人民共和国公益事业

捐赠法》规定，公益性社会团体应当将受赠财产用于资助符合其宗旨的活动和事业；对于接受的救助灾害的捐赠财产，应当及时用于救助活动；捐赠财产的使用应当尊重捐赠人的意愿，符合公益目的，不得将捐赠财产挪作他用。根据《基金会登记管理条例》规定，基金会应当根据章程规定的宗旨和公益活动的业务范围使用其财产；捐赠协议明确了具体使用方式的捐赠，根据捐赠协议的约定使用。

慈善组织形式多样，其具体宗旨也各不相同，根据本法规定，慈善组织应当有其组织章程，章程应当符合法律法规的规定，并载明宗旨和活动范围、财产管理使用制度、项目管理制度等事项。捐赠人之所以将财产捐赠给慈善组织，是基于对慈善组织章程的认同，也就是对该组织宗旨的认同。因此，慈善组织必须按照章程的规定使用慈善财产，这样才能符合捐赠人的意愿。慈善组织的章程中一般会对捐赠财产的使用等行为规范作出规定，如中国乡村发展基金会章程中规定，本基金会根据章程规定的宗旨和公益活动的业务范围使用财产；捐赠协议明确了具体使用方式的捐赠，根据捐赠协议的约定使用。

二、慈善组织应当按照募捐方案或者捐赠协议使用捐赠财产

根据本法规定，慈善组织开展公开募捐应当制定募捐方案，募捐方案包括募捐目的、起止时间和地域、活动负责人姓名和办公地址、接受捐赠方式、银行账户、受益人、募得款物用途、募捐成本、剩余财产的处理等。募捐方案中对受益人、募得款物的用途等都作出了明确的规定，捐赠人参与该公开募捐，是为了将捐赠财产按照募捐方案确定的用途用于慈善事业。且募捐方案需要在开展公开募捐前报民政部门备案，使其具有了一定的公信力，捐赠人是基于对捐赠财产能够按照规定用途使用的信任而进行捐赠。因此，按照募捐方案使用捐赠财产，是公开募捐时慈善组织与捐赠人所达成的一致意见，捐赠人捐赠财产后，慈善组织有义务按照募捐方案使用捐赠财产。

捐赠人向慈善组织捐赠财产，有权与慈善组织约定其捐赠财产的用途。根据本法规定，慈善组织接受捐赠，捐赠人要求签订书面捐赠协议的，慈善组织应当与捐赠人签订书面捐赠协议，捐赠财产用途是协议的重要内容。例如，某置业有限公司与某市慈善会签订的捐赠协议书中明确，该公司确定的捐赠对象及捐赠财物使用要求是奖励某中学 2021 年及以后为高考作出贡献的教师和职工。慈善组织与捐赠人签订书面捐赠协议后，双方应当按照协议约定履行义务。捐赠人应当按照约定的方式、时间、数额等将捐赠财产交付给慈善组织，慈善组织应当按照约定的用途、受益人等使用捐赠财产，不得违背捐赠人的意愿使用捐赠财产。

三、变更捐赠财产用途的程序

慈善组织应当按照募捐方案使用捐赠财产，确需变更募捐方案规定的捐赠财产用途的，应当报慈善组织登记的民政部门备案。这主要是考虑到公开募捐涉及的捐赠人较多，无法一一征求意见，因此，由民政部门代表捐赠人和公众进行监督。慈善组织应在开展募捐活动前将募捐方案报民政部门备案，后续确需变更募捐方案的，也应当报民政部门备案。例如，募捐项目是为了在地震灾区重建学校，后来由于政府已经拨款用于重建学校，募得款项的用途变更为给灾区的学生购买学习用品，在这种情况下，慈善组织应当先将有关变更事项向慈善组织登记的民政部门备案，之后再按照变更后的用途来使用捐赠财产。

捐赠人通过捐赠协议与慈善组织约定捐赠财产用途，慈善组织确需变更捐赠协议约定的捐赠财产用途的，应当征得捐赠人同意。根据《中华人民共和国民法典》的规定，只有在当事人协商一致的情况下才可以变更合同，因此慈善组织履行捐赠协议时，若发生了确需变更约定的捐赠财产用途的情况的，慈善组织不得擅自变更，必须征得捐赠人的同意。例如，捐赠人与慈善组织在捐赠协议中明确约定，捐赠的款项用于某市儿童福利院的重建项目，如果慈善组织拟将该款项用于为该市儿童公园增添游乐设施，那么在这种情况下，必须要征得捐赠人的同意后，方可将捐赠财产用于变更后的项目。

◆ **相关规定**

《中华人民共和国公益事业捐赠法》第 5 条、第 17 条；《基金会登记管理条例》第 27 条；《民办非企业单位登记管理暂行条例》第 21 条；《社会团体登记管理条例》第 26 条

　　第五十七条 慈善组织应当合理设计慈善项目，优化实施流程，降低运行成本，提高慈善财产使用效益。

　　慈善组织应当建立项目管理制度，对项目实施情况进行跟踪监督。

◆ **条文主旨**

　　本条是关于慈善组织运作慈善项目的规定。

◆ **修改提示**

　　本条是原法第五十六条，未作修改。

◆ **条文释义**

　　慈善项目是慈善组织开展活动的主要表现形式。慈善组织正是通过慈善项目的实施，才能使捐赠财产发挥出其应有的作用。对于慈善组织而言，只有加强对慈善项目的管理，规范慈善项目的管理流程，才能确保慈善项目工作的效率及质量；只有提高慈善项目的质量，才能更好地实现慈善组织的使命和战略。

　　一、慈善组织应当合理设计慈善项目，优化实施流程

　　优质的慈善项目既能更多地吸引社会公众捐赠，又能最大化利用有限的慈善资源，提高社会效益。慈善组织应当立足组织自身的定位和宗旨，根据自身的特点和优势设计慈善项目，不能重数量不重质量，更不能盲目跟风、人云亦云，或者恶性竞争。慈善项目的选择应当结合本地区或者本领域经济社会发展的实际情况，聚焦群众期待或者存在发展短板的方面。慈善组织确定慈善项目之前要进行充分的调研和论证，可以通过实地调研、问卷等方式广泛听取公众的意见，以便科学地确定慈善项目，保证慈善资源能够得到高效利用。例如，某地区已有多个资助农村学校学生"早餐计划"的慈善项目，那么在慈善项目设计时，就应当避开这一热点，选择其他资助农村学校学生的项目，使该项目既能满足农村学生的现实需求，又能提升公众捐赠的积极性。在慈善组织内部，也要注意处理好不同慈善项目之间的关系，结合自身的人力物力状况，稳妥规划慈善项目，注重每一个慈善项目的质量，确保有足够的能力进行运作和跟踪管理。

　　慈善项目的实施涉及立项、审查、执行、控制、评估、反馈等多个环节，参与人员多，实施周期一般较长，有的甚至长达数十年时间。为减少慈善项目实施中不必要的成本消耗，确保慈善项目能够如期实现预定目的，慈善组织应当优化慈善项目的实施流程，提前规划，加强不同环节间的有序衔接，既要建立统一规范的实施流程，也要结合不同项目的特点作出差异化规定。在符合法律法规、慈善组织章程和有关管理制度的前提下，使内部审批环节更加简化、便捷，资金募集和拨付严格依照有关财务管理制度进行，在项目执行中减少不必要的环节和成本支出，在合法合规的前提下，保障慈善项目及时、顺利实施。

　　二、慈善组织应当降低运行成本，提高慈善财产使用效益

　　运作慈善项目，需要慈善组织付出一定的人力和物力，必然会产生相应的运行成本。例如，慈善组织用于项目人员培训、项目宣传、管理人员薪酬、差旅费等的开支，以及运送、保管慈善物资所需费用等。慈善组织的财产是固定的，即发起人捐赠、资助的创始财产，募集的财产和其他合法财产。慈善组织用于承担慈善项目运行成本的财产，主要来源于为开展该慈善项目而募集的财产，以及捐赠人非定向捐赠的财产，也即主要来源于捐赠人捐赠的财产。捐赠人对于捐赠财产的普遍期待，是将更多的捐赠财产直接用于受益人。因此，虽然慈善组织不可能"零成本"运行慈善项目，但是应当厉行节约，尽量减少募集资金、实施项目等环节的运行成本，防止高成本运行慈善项目。

　　虽然近年来我国慈善事业有了较快发展，但慈善财产的总体规模仍然有限，慈善财产的使用效益仍需进一步提升。是否高效地使用慈善财产，是衡量一个慈善组织是否合格的重要标志。充分提高慈善财产的使用效益，是所有捐赠人的共同愿望，也应当是慈善组织的责任所在。慈善组织应当不断提高自身运行慈善项目的能力，尽可能地以最低的成本发挥出慈善财产的最大效益。同时，慈善组织应当通过信息公开，使公众了解到其使用慈善财产的情况。随着慈善组织管理的规范化，只有运行成本低、慈善财产使用效益高的慈善组织，才能吸引更多的公众对其进行捐赠。

　　三、慈善组织应当建立项目管理制度

　　为了规范高效运行慈善项目，慈善组织应当建立慈善项目管理制度，对项目实施情况进行跟踪监督。慈善项目管理制度应当包括建立健全慈善项目的决策、执行、监督机制，对慈善项目的设计、资金管理和使用、项目跟踪监督等作出规定，在实践操作中按照规定严格项目管理。慈善组织应当对慈善项目进行全过程监管，在慈善项目设计时加强论证，合法依规募集项目资金，科学合理确定受益人，在资金拨付之前做好调查研究，并且在资金拨付之后，采取必要的方式对项目的开展情况进行事中事后监督，如电话回访、实地考察、第三方评估等，发现项目进度及资金使用方面存在重大问题的，应当及时进行调整，对于仍然存在的问题，慈善组织有权改变预算资金的金额，缓拨或停拨下期的项目资助款。无论是慈善组织直接运作的慈善项目，还是其中某一环节委托其他单位运作的慈善项目，或者与其他单位合作运作的慈善项目，慈善组织都应当加强项目管理并承担相应责任。对于被委托方或者合作方在项目申报、管理和实施过程中，存在弄虚作假，截留、挪用、挤占项目资金等违法行为的，慈善组织可以依据协议的约定中止慈善项目，依法追究合作机构的法律责任，从而确保慈善财产真正用于最终受益人。

第五十八条 慈善项目终止后捐赠财产有剩余的，按照募捐方案或者捐赠协议处理；募捐方案未规定或者捐赠协议未约定的，慈善组织应当将剩余财产用于目的相同或者相近的其他慈善项目，并向社会公开。

◆ **条文主旨**

本条是关于剩余捐赠财产处理的规定。

◆ **修改提示**

本条是原法第五十七条，未作修改。

◆ **条文释义**

慈善组织在设计慈善项目及筹集资金的过程中，会预估慈善项目运行所需资金，但这并非精确的，慈善项目募集及实施过程中可能有各种变化，出现捐赠人捐赠财产超出慈善项目所需资金的情况，当慈善项目终止后，捐赠财产仍有剩余，此时，剩余的捐赠财产不能返还给捐赠人，也不能由慈善组织随意处置，而应当依照本条规定处理。

一、按照募捐方案或者捐赠协议处理

尊重当事人的意愿是处理剩余财产的最重要的原则。根据本法规定，慈善组织开展公开募捐，应当制定募捐方案，募捐方案包括剩余财产的处理等内容。捐赠人在了解募捐方案后选择进行捐赠，说明其认可募捐方案中有关剩余财产的处理办法，慈善项目终止后，捐赠财产有剩余时即可按照募捐方案处理。实践中，募捐方案关于剩余财产的处理办法一般遵守"近似原则"，如"本项目服务完结或剩余善款低于单次援助标准，剩余善款用于本机构其他服务领域相近的公益项目实施，仍将在项目进展中说明项目后续资金使用的具体用途与明细预算"，或者"本项目为长期项目，若有剩余款项，将用于下一期项目的执行"。

除募捐方案外，慈善组织与捐赠人签订的捐赠协议中也可以约定剩余捐赠财产的处理方案，如果协议中明确约定剩余财产处理办法的，应当按照协议处理剩余财产。需要注意的是，虽然对捐赠剩余财产的处理要充分尊重捐赠人的意愿，但捐赠协议对于剩余财产处理方式的约定并不是完全随意的，而是应当符合法律规定和慈善宗旨，如不得约定慈善项目终止后的剩余财产返还捐赠人等，实践中一般遵守"近似原则"作出约定。

二、将剩余财产用于目的相同或者相近的其他慈善项目

对于慈善组织没有在募捐方案中明确剩余捐赠财产如何处理，以及捐赠协议中没有约定慈善组织如何处理剩余财产的情形，剩余捐赠财产应当按照"近似原则"来处理。"近似原则"，即应当将剩余财产用于与原慈善项目相同或者近似的其他慈善项目。"近似原则"充分体现了对捐赠人真实意愿的尊重，同时赋予慈善组织对剩余捐赠财产的处置权，有利于充分发挥慈善组织的作用，使捐赠财产充分发挥出其应有的效果，这是国际上对于剩余捐赠财产处理的通行做法。

遵循"近似原则"是由慈善组织本身的性质和特点决定的。慈善组织的财产主要来源于自然人、法人或非法人组织的捐赠，应当按照章程规定的宗旨和慈善活动业务范围将捐赠财产全部用于慈善目的，不得在发起人、捐赠人以及慈善组织成员中分配。同时，任何组织和个人不得私分、挪用、

截留或者侵占慈善财产。因此，慈善组织的慈善项目终止后，其剩余财产的用途不能因项目的终止而改变，而是应当用于目的相同或者相近的其他慈善项目。例如，某慈善组织为了资助该市东城区儿童白血病的治疗进行募捐，共募得款项 600 万元，由于东城区只有五名白血病儿童患者，捐得的款项用于这五名儿童的治疗费用后还剩余 200 万元，那么剩余的 200 万元可以用于资助该市西城区儿童白血病的慈善项目，或者用于资助其他儿童大病的慈善项目。

如果慈善组织遵循"近似原则"，将剩余财产用于目的相同或者相近的其他慈善项目的，则慈善组织必须向社会公开相关情况，接受主管部门和社会各方面的监督，以保证剩余财产的使用符合法律的规定，通过社会监督防止慈善组织未将剩余财产用于募捐方案或者捐赠协议约定的"近似目的"。社会公众通过慈善组织公开的信息，发现慈善组织未将剩余财产用于募捐方案或者捐赠协议约定的"近似目的"的，可以向民政部门、其他有关部门或者慈善行业组织投诉、举报。

第五十九条 慈善组织确定慈善受益人，应当坚持公开、公平、公正的原则，不得指定或者变相指定慈善组织管理人员的利害关系人作为受益人。

◆ **条文主旨**

本条是关于慈善组织确定慈善受益人的规定。

◆ **修改提示**

本条是对原法第五十八条的修改。与原法条相比，"指定"后增加"变相指定"，主要是为了进一步明确慈善组织不得以各种方式，将慈善组织管理人员的利害关系人指定为受益人。

◆ **条文释义**

一、确定慈善受益人的原则

慈善受益人是指基于慈善捐赠行为而获得利益的人。受益人可以是特定的个人，也可以是一类群体或者单位，如慈善受益人可以是留守儿童，或者白血病患者，或者某地遭受地震的灾民，或者在某一地区建立的希望小学。慈善捐赠具有不特定性，所以在慈善项目启动时受益人无法具体化或者数量化，但是慈善项目一旦实施，受益人就会具体到某个个体或者单位。捐赠人在捐赠财产时，对于捐赠财产的受益人是有一定预期的，慈善组织应当按照本条规定的原则确定慈善受益人，不得暗箱操作、徇私舞弊，否则将违背捐赠人捐赠财产的初衷，也会影响慈善组织乃至慈善行业的社会公信力。

根据本条规定，慈善组织确定慈善受益人，应当按照公开、公平、公正的原则进行。公开是指慈善组织确定受益人的程序要有透明度，不能暗箱操作，受益人的信息要依法向社会公开。慈善组织将其确定受益人的信息向社会公开，有利于主管部门和公众监督慈善组织确定的受益人是否符合法律的规定。慈善组织设计慈善项目及开展募捐时，应当明确其预期的慈善受益人范围，如某慈善项目的受益人是"低保户、三类户（边缘易致贫户、突发严重困难户、脱贫不稳定户）、特困供养、残疾人、孕产妇等健康弱势群体"。实施慈善项目时，应当公开其确定的具体受益人的情况。从接受社会监督的角度，除受益人的个人隐私等不便公开的内容外，慈善组织应当充分公开所确定受益人的相关信息，包括但不限于受益人的确定程序、受益人的具体情况、受益人接受资助或者帮扶的情况等。

公平是要求慈善组织和受益人应当合理确定双方的权利和义务，任何一方不得享有特权，或者给一方强加不合理的义务。就慈善组织和受益人而言，慈善组织是资助帮扶的给予者，受益人是资助帮扶的获得者，慈善组织有权确定具体受益人及给予其的资助帮扶，根据需要可以与受益人签订协议，明确权利义务，约定慈善财产的用途等内容。因此，虽然慈善组织和受益人的法律地位是平等的，但在实践操作中，慈善组织和受益人的关系极易出现不平等的情形。为了保护受益人的权利，防止慈善组织在确定受益人时给受益人增加不合理的义务，甚至侵犯受益人的合法权益，本条规定慈善组织确定慈善受益人应当坚持公平原则。

公正是要求慈善组织要维护受益人的合法权益，不能保护受益人中的一方，而损害另一方的权益。因慈善组织在确定受益人时有较大的自主权，不排除其可能出现对部分受益人有所偏私的情况，但这种偏私是不符合其他潜在受益人的利益的，也不符合捐赠人捐赠财产的原意，同时也可能影响慈善组织的公信力，增加了暗箱操作的空间。因此，本条规定慈善组织确定慈善受益人时应当坚持公正的原则，按照既定的慈善受益人范围和条件，公正确定具体的受益人。

确定慈善受益人时的公开、公平、公正原则，是相互联系、不可分割的统一整体。慈善组织通过履行公开、公平、公正的原则选择受益人，保证选定的受益人符合慈善目的和捐赠人的意愿。公开、公平、公正的原则是通过标准、程序的设定和对相关人员的信息披露来实现的。没有建立公平、公正的选择标准，没有经过公平、公正的决策程序，没有充分的信息披露，直接指定特定受益人，就违背了慈善的宗旨。

二、不得指定或者变相指定慈善组织管理人员的利害关系人作为受益人

慈善组织接受了捐赠财产后，不得指定或者变相指定慈善组织管理人员的利害关系人作为受益人，防止慈善组织管理人员利用对慈善组织财产的管理使用权限，为其利害关系人谋取利益。本条中的"慈善组织的管理人员"主要包括慈善组织的理事长、副理事长、秘书长以及慈善项目的负责人等，这些人员属于慈善组织的负责人员或者负责具体项目的人员，他们可以参与慈善项目的选择和决策，或者负责具体项目的实施。为了防止慈善组织的管理人员利用职务之便，违背捐赠人的真实意愿，通过慈善项目为自己的利害关系人谋取利益，使慈善项目丧失公正性，影响慈善组织的公信力，本法明确禁止慈善组织的管理人员指定或变相指定其利害关系人为受益人。

对于慈善组织管理人员的"利害关系人"的范围，我国现行的法律没有作出明确的界定，一般认为包括慈善组织管理人员的家庭成员，如父母、子女、兄弟姐妹、祖父母、外祖父母、孙子女，外孙子女以及其他具有血亲和姻亲关系的人，以及慈善组织的发起人、慈善组织管理人员的主要来源单位、慈善组织对外投资的被投资方、正在与慈善组织管理人员发生重大交易的交易方等与慈善组织管理人员存在重大利益关联或者可能对慈善组织的管理人员产生重大影响的个人和组织。

> **第六十条**　慈善组织根据需要可以与受益人签订协议，明确双方权利义务，约定慈善财产的用途、数额和使用方式等内容。
>
> 受益人应当珍惜慈善资助，按照协议使用慈善财产。受益人未按照协议使用慈善财产或者有其他严重违反协议情形的，慈善组织有权要求其改正；受益人拒不改正的，慈善组织有权解除协议并要求受益人返还财产。

◆ 条文主旨

本条是关于慈善组织与受益人签订协议和受益人违反协议行为的规定。

◆ 修改提示

本条是原法第五十九条，未作修改。

◆ 条文释义

一、慈善组织根据需要可以与受益人签订协议

本条所称协议，即《中华人民共和国民法典》中的合同，是民事主体之间设立、变更、终止民事法律关系的文件。协议是当事人协商一致的产物，代表两个以上的意思表示相一致。只有当事人所作出的意思表示合法，协议才具有法律约束力。慈善组织作为慈善财产的管理者和使用者，负有监督慈善财产按照慈善宗旨和捐赠目的使用的义务。当慈善组织将慈善财产资助给受益人时，为了确保慈善财产的安全，慈善组织应当根据需要与受益人签订协议，其目的在于明确当事人双方的权利义务，约定慈善财产的用途、数额和使用方式等内容。通过签订协议的方式，一方面要求慈善组织按照协议提供承诺数额的资金，以约定的方式资助受益人；另一方面要求受益人收到资助后，应当按照协议约定的方式用于指定用途。这样一来，就可以最大限度地确保慈善组织的资助行为既符合慈善组织的慈善目的，又能使受益人真正受益，确保发挥慈善财产的社会效益，也便于慈善组织和受益人双方进行互相监督。

根据《中华人民共和国民法典》的规定，合同的内容由当事人约定，一般包括当事人的姓名或者名称和住所，标的，数量，质量，价款或者报酬，履行期限、地点和方式，违约责任和解决争议的方法。结合慈善行为

的自身特点，慈善组织与受益人签订的协议内容应当至少包括慈善组织及受益人的名称或者姓名和住所，资助款物的数额或者数量，资助款物的用途和使用方式，履行期限、地点和方式，违约责任以及解决争议的方法等。

二、受益人违反协议时的处理

根据《中华人民共和国民法典》的规定，合同签订后，当事人应当按照约定全面履行自己的义务，当事人一方不履行合同义务或者履行合同义务不符合约定的，应当承担继续履行、采取补救措施或者赔偿损失等违约责任。慈善组织与受益人是协议双方当事人，都应当按照约定全面履行义务，如慈善组织应当按照协议约定的时间、数额向受益人给予资助，受益人应当按照约定方式使用资助款物等。虽然本条没有明确规定，但慈善组织与受益人履行协议的行为都受到《中华人民共和国民法典》的约束。本条第二款对受益人履行协议的义务和违约作出明确规定，主要是为了强调受益人应当珍惜慈善资助，确保慈善资助拨付给受益人后，能够按照约定用于特定的慈善目的，以符合捐赠人捐赠财产的原意和慈善项目预期的款物用途。

慈善组织作为资助人，有权对资助财产的使用是否合乎资助的目的和资助协议约定等情况进行监督。在监督中，如果发现受益人未按照协议使用慈善财产或者有其他严重违反协议情形的，慈善组织有权要求其改正；拒不改正的，慈善组织有权解除协议并要求受益人返还财产。此外，如果受益人是因为不可抗力导致不能履行协议，根据不可抗力的影响，可以部分或者全部免除责任，但法律另有规定的除外。受益人迟延履行后发生不可抗力的，不能免除其违约责任。

需要说明的是，慈善组织是否与受益人签订协议，是由慈善组织根据需要来决定的，本条并不作强制性规定。有的情况下，慈善组织虽然没有与受益人直接签订书面协议，但是慈善组织制定的慈善项目的管理制度、公告等中载明了受益人的义务，并向受益人进行了告知的，受益人在接受慈善组织资助后就与慈善组织建立了合同关系，也属于对有关义务进行了约定。还有的情况下，慈善组织通过项目实施和款物拨付的具体程序，能够最大限度地保证慈善财产用于约定目的。例如，有的慈善助学项目，将对学生学费的资助资金直接转账至学校统一办理的银行账户，学校划扣学费后有专门提示，以确保所资助资金用于缴纳学生学费。

◆ **相关规定**

《中华人民共和国民法典》第 464 条、第 470 条、第 509 条、第 577 条、第 599 条

第六十一条 慈善组织应当积极开展慈善活动，遵循管理费用、募捐成本等最必要原则，厉行节约，减少不必要的开支，充分、高效运用慈善财产。具有公开募捐资格的基金会开展慈善活动的年度支出，不得低于上一年总收入的百分之七十或者前三年收入平均数额的百分之七十；年度管理费用不得超过当年总支出的百分之十；特殊情况下，年度支出和管理费用难以符合前述规定的，应当报告办理其登记的民政部门并向社会公开说明情况。

慈善组织开展慈善活动的年度支出、管理费用和募捐成本的标准由国务院民政部门会同财政、税务等部门制定。

捐赠协议对单项捐赠财产的慈善活动支出和管理费用有约定的，按照其约定。

慈善信托的年度支出和管理费用标准，由国务院民政部门会同财政、税务和金融监督管理等部门制定。

◆ **条文主旨**

本条是关于慈善组织、慈善信托开展慈善活动的年度支出、管理费用等的规定。

◆ **修改提示**

本条是对原法第六十条的修改。与原法条相比，一是增加慈善组织开展慈善活动应当遵循募捐成本最必要原则，强调应当充分、高效运用慈善财产；二是结合实际情况，规定特殊情况下基金会年度支出难以符合规定的，应当报告其登记的民政部门并向社会公开说明情况；三是规定"慈善组织开展慈善活动的年度支出、管理费用和募捐成本的标准由国务院民政部门会同财政、税务等部门制定"，强化对慈善组织支出和费用的管理；四

是增加规定"慈善信托的年度支出和管理费用标准，由国务院民政部门会同财政、税务和金融监督管理等部门制定"。

◆ **条文释义**

一、慈善组织应当充分、高效运用慈善财产

慈善组织设立及存续的唯一目的是实现慈善目的，为了实现这一目的，慈善组织需要积极开展慈善活动，尽可能地将慈善财产充分用于慈善目的，而不是消极地维持本组织的存续；尽可能地以有限的慈善资源实现最大的社会效益，而不是低效利用慈善财产甚至浪费慈善财产。同时，充分、高效运用慈善财产，是捐赠人向慈善组织捐赠财产时的期待，也是社会公众对慈善组织的期待。从这一角度出发，慈善财产应当尽可能多地直接用于慈善活动、资助给受益人，慈善组织应当优化体制机制和流程，厉行节约，尽可能地减少开展慈善活动中不必要的开支，从慈善财产中所提取的管理费用、募捐成本应当遵循最必要原则，不得以高投入、高成本的方式运作慈善项目、开展慈善活动，更不得通过开展慈善活动为慈善组织及其工作人员谋取高额收益。

遵循募捐成本最必要原则，是本法此次修改新增的内容。慈善组织开展募捐活动、实施慈善项目必然会产生一些费用，如物资采购、宣传推广、活动组织等。为了加强对募捐成本的管理，本法此次修改新增了对募捐成本的管理要求。除本法第十三条要求慈善组织在年度工作报告和财务会计报告中报告募捐成本情况外，本条还明确要求募捐成本遵循最必要原则，并授权国务院民政部门会同财政、税务等部门制定募捐成本的标准。这一修改，并非允许慈善组织以更高的运行成本开展慈善活动，而是要求慈善组织将现有的列支为管理费用、慈善活动支出、筹资费用或者其他费用等项目中的募捐成本予以明确体现，使慈善组织募捐成本的开支更加公开透明，接受捐赠人和社会公众的监督。

二、关于开展慈善活动的年度支出、管理费用和募捐成本标准

关于慈善组织的支出种类，一直有不同意见。有的意见认为，慈善组织的支出只有开展慈善活动的年度支出和管理费用两类，其中年度支出是直接用于资助受益人的支出，除此之外的项目运作费用、慈善组织运行费用等都属于管理费用。还有的意见认为，慈善组织的支出包括业务活动成本、管理费用、筹资费用和其他费用等，其中业务活动成本包括慈善活动支出和其他业务活动成本，且慈善活动支出中，除直接或委托其他组织资助给受益人的款物外，还包括为提供慈善服务和实施慈善项目发生的人员报酬、志愿者补贴和保险，使用房屋、设备、物资发生的相关费用，以及为管理慈善项目发生的差旅、物流、交通、会议、培训、审计、评估等费用。产生这一分歧的主要原因，是因为原法第六十条仅对开展慈善活动的年度支出和管理费用作了规定，而根据财政部发布的《民间非营利组织会计制度》和民政部、财政部、国家税务总局发布的《关于慈善组织开展慈善活动年度支出和管理费用的规定》，慈善组织的费用还包括"慈善活动支出"以外的"业务活动成本"、"筹资费用"和"其他费用"。

慈善组织开展慈善活动的支出体现了慈善组织为了履行慈善宗旨而进行的投入，按照积极、充分、高效的原则，不能低于一定的标准。管理费用和募捐成本是慈善组织维持自身运营和募集资金的成本，按照必要和节约的原则，不能高于一定的标准。本条第一款对具有公开募捐资格的基金会开展慈善活动的年度支出和管理费用标准进行了规定，主要是因为具有公开募捐资格的基金会是公信力要求最高的一类慈善组织，应当通过法律的形式对其支出管理作出明确要求，同时为其他类型的慈善组织提供参考。考虑到不同类型的慈善组织在组织形式、募集资金、实施慈善项目和慈善活动方式等方面有其不同特点，从实际出发，本法没有对所有慈善组织的年度支出、管理费用和募捐成本标准作出统一规定，而是授权国务院民政部门会同财政、税务等部门制定。目前，民政部、财政部、国家税务总局制定的《关于慈善组织开展慈善活动年度支出和管理费用的规定》中，已经对慈善组织中具有公开募捐资格的社会团体和社会服务机构，以及慈善组织中不具有公开募捐资格的基金会、社会团体和社会服务机构的年度慈善活动支出和年度管理费用标准作出了规定。鉴于本法此次修改时将募捐成本单独列出，有关部门在制定具体标准时，应当对现有慈善组织费用的规定进行重新梳理，并按照充分、高效运用慈善财产的要求，根据不同类型慈善组织的具体情况作出明确规定。

在计算慈善活动年度支出比例时，本条为慈善组织提供了两种衡量标准。一是要求具有公开募捐资格的基金会开展慈善活动的年度支出，不得低于上一年总收入的百分之七十；二是具有公开募捐资格的基金会开展慈善活动的年度支出不得低于前三年收入平均数额的百分之七十。两个标准是"或者"的关系，即慈善组织只需要满足其中一种就算达标。引入前三年收入平均数额作为计算慈善活动年度支出比例的基数，主要是解决慈善组织每年的捐赠收入和慈善活动支出存在不确定性和波动性的问题。此次修法过程中，有的意见提出，慈善组织的收入可能会发生较大变化，如果遇上较大的突发应急事件，可能会出现某一年的收入显著高于其他年份的情况，即使以前三年收入的平均数额作为计算基数也很难达标。因此，本法此次修改，对这种特殊情况下年度支出难以达标时如何处理作出了规定。

根据本条第一款规定，具有公开募捐资格的基金会的年度管理费用不得超过当年总支出的百分之十，特殊情况下，年度管理费用难以符合前述规定的，应当报告其登记的民政部门并向社会公开，如实说明情况。这里所提到的"特殊情况"，主要包括以下两类情形：一是对于第一年新成立的慈善组织，由于成立之初一般都会发生一次性较大的管理费用，而同时又因为新成立，尚不具备条件全面开展慈善项目，所以导致当年的总支出中基本都是管理费用。二是慈善组织年度管理费用超标是因为某些不可抗力因素，导致慈善组织的折旧费、无形资产摊销费、资产盘亏损失、资产减值损失、因预计负债所产生的损失突发性增长等。

三、捐赠协议对慈善活动支出和管理费用的约定

基于对捐赠人负责、充分高效利用慈善财产的目的，本条第一款和第二款对慈善组织开展慈善活动支出、管理费用和募捐成本的法定标准作出了统一规定。根据本法规定，捐赠人在捐赠财产时，可以与慈善组织签订书面协议，对捐赠财产用途等作出约定。捐赠协议关于捐赠财产用途的约定，体现了捐赠人对其捐赠财产用途的主观意思表示。如果捐赠人同意该笔捐赠财产的慈善活动支出比例低于法定标准或者提取的管理费用比例高于法定标准，根据意思自治的原则，慈善组织应当按照与捐赠人所签订书面协议的约定进行支出。

需要注意的是，单笔捐赠协议约定的慈善活动支出和管理费用标准与慈善组织的慈善活动年度支出和管理费用标准是两个不同层面的标准，是个别与总体的关系。允许个别不同标准的存在，前提是这些个别的标准不能影响到总体标准的实现，即本法赋予捐赠协议自由决定权的前提，是慈善组织的慈善活动年度支出和管理费用必须符合法定标准。因此，慈善组织和捐赠人在捐赠协议中约定慈善活动支出和管理费用标准时，必须确保慈善组织全年的慈善活动支出比例和管理费用比例符合法定标准，否则，慈善组织一样不能以尊重捐赠人意愿的理由逃避处罚。

四、慈善信托的年度支出和管理费用标准

与慈善捐赠相同，通过慈善信托开展慈善活动，同样涉及慈善信托财产的支出、慈善信托管理费用的提取等问题。此前，本法和相关法律法规没有对慈善信托的年度支出和管理费用标准作出统一规定，实践中，由慈善信托的委托人和受托人在信托合同中，对慈善信托财产的用途、管理费用提取等作出约定，不同慈善信托的约定不同，所执行的慈善信托的年度支出和管理费用标准也各不相同。总体而言，慈善信托的年度支出差异性很大，有的慈善信托的存续期间很短，相应的每年的支出比例就较大；也有的慈善信托是永续性的，每年支出占信托财产的比例很小。这种比例差异，主要取决于委托人的主观意愿。对于管理费用，实践中慈善信托的管理费用与慈善捐赠的计算标准不同。慈善捐赠的年度管理费用标准是按照当年总支出的百分比计算，而慈善信托的管理费用多是参照营业信托管理费的计算方式，按照被委托的慈善信托的财产总值或净值的百分比计算，一般不与慈善信托财产的当年总支出关联。

此次修法时，关于慈善信托的年度支出和管理费用标准有不同意见。有的意见认为，慈善信托的支出一直没有明确规定，如果设立慈善信托后，慈善信托财产虽然长期积累，但基本不用于开展慈善项目，那这样的慈善信托事实上难以起到促进慈善事业发展的目的，更不具有享受税收优惠的基础。也有的意见认为，慈善信托的支出和管理费用完全自由，是慈善信托相较于慈善捐赠的主要优势之一，如果将慈善信托的支出和管理费用按照慈善捐赠的模式管理，则不能体现出委托人在慈善信托中的自主性，影响设立慈善信托的积极性。经综合考虑各方面意见，从促进慈善信托发展的角度，对慈善信托的支出和管理费用作出一定规范是必要的，但不宜规定得过死，既要适应慈善信托的特点，尊重当事人的意志，又要和税收优

惠问题相协调。因此，本条授权国务院民政部门会同财政、税务和金融监督管理等部门制定慈善信托的年度支出和管理费用标准，以更好适应慈善信托实践需要。

◆ **相关规定**

《基金会管理条例》第 29 条；《民间非营利组织会计制度》第 62 条；《关于慈善组织开展慈善活动年度支出和管理费用的规定》

第七章　慈善服务

　　本章是关于慈善服务的规定。慈善服务是实现捐赠人或慈善组织意愿的关键环节，处在募捐、捐赠、归集慈善资源、实现慈善目标全过程的末端，是慈善宗旨和慈善目的实现的"最后一公里"。很多慈善活动最终的表现形式是向受益人提供服务。本章对慈善服务的定义、受益人和志愿者隐私保护、志愿服务记录、志愿者权益保障等作了规定。

　　第六十二条　本法所称慈善服务，是指慈善组织和其他组织以及个人基于慈善目的，向社会或者他人提供的志愿无偿服务以及其他非营利服务。

　　慈善组织开展慈善服务，可以自己提供或者招募志愿者提供，也可以委托有服务专长的其他组织提供。

◆ **条文主旨**

　　本条是关于慈善服务的定义和慈善组织提供慈善服务方式的规定。

◆ **修改提示**

　　本条是原法第六十一条，未作修改。

◆ **条文释义**

　　本法第三条规定，慈善活动是指自然人、法人和非法人组织以捐赠财产或者提供服务等方式，自愿开展的公益活动。从慈善活动的定义可以看出，慈善活动的运作方式，基本包括捐赠财产和提供服务两种，也就是人们常说的"有钱出钱，有力出力"。因此，慈善服务是慈善活动能够顺利开展的重要保障，在《中华人民共和国慈善法》中单列一章进行规定，是慈善法律制度体系化的一个重要体现。

一、慈善服务的概念

本法所称慈善服务，是指慈善组织和其他组织以及个人基于慈善目的，向社会或者他人提供的志愿无偿服务以及其他非营利服务。这一概念主要包括以下几个方面的内容：

（一）慈善服务的提供主体。可以提供慈善服务的主体很多，主要可以分为两个方面：一是慈善组织；二是其他组织和个人。也就是说，提供慈善服务并不是慈善组织的专属职能，和慈善捐赠一样，其他组织和个人基于慈善目的，也可以向社会和他人提供慈善服务。个人基于慈善目的，不通过慈善组织直接为受益人提供的服务也应属于慈善服务。例如，某人出于善意，免费护理困难老年人，免费对孤儿进行抚养或教育。不过个人提供的慈善服务，可能无法享受相应的税收优惠和政策支持。

（二）慈善服务的公益性。慈善服务作为一种重要的慈善活动，公益性是其首要特征。按照本条规定，慈善服务的提供对象是"社会或者他人"，也就是说，慈善法意义上的慈善服务，不以特定私人利益为目的，不得兼顾私利。对于慈善组织而言，慈善服务是指慈善组织募集慈善资源后使用慈善资源服务于社会或受益人的活动。对其他组织和个人而言，慈善服务是指某个组织或个人直接利用自身的资源或时间、智力、体力、技能等，服务于社会或受益人的活动。因此，慈善服务的范围非常广泛，具体包括以扶老、助残、恤幼、济困、救灾等形式对困难群体和个人的帮助，以及对教育、科学、文化、卫生、体育、环境保护等事业发展的促进等。慈善组织、其他组织和个人提供的慈善服务，其实也是在上述领域内开展的各种公益性服务。

（三）慈善服务的非营利特征。具体来说，慈善服务的形式包括两类：一是志愿无偿服务；二是其他非营利服务。通常情况下，志愿无偿服务作为慈善服务的形式比较好理解。志愿无偿服务是不以获得报酬为目的，自愿奉献时间和智力、体力、技能等，帮助他人、服务社会的慈善行为，一般不涉及慈善款物的流转与使用，是慈善服务的一种具体形式。志愿服务除具有自愿、利他等特性外，还具有无偿性，是最能凸显慈善宗旨的慈善服务。需要正确理解的是"其他非营利服务"，这其中涉及对"非营利"概念的理解。有的意见提出，慈善服务应当是无偿的，不允许在提供慈善服务过程中向受益对象收取费用。非营利的特征与是否收取费用是两个概念。慈善服务的非营利性表明，除志愿无偿服务外，受益人并不完全是享受慈善组织、其他组织和个人提供的免费服务，一些专业的慈善服务本身需要必要的成本，这些低偿的慈善服务恰好又是受益人亟须且在他们合理的费用负担范围内。为了保证开展这类慈善服务的持久性，应当允许这些专业的慈善服务收取较低标准的费用。"低价有偿"的特点与慈善服务的"非营利性"并不冲突，因为即便是收取了一定的费用，慈善服务的"非营利性"特征也决定了收取的这些费用不得被分配，也不得用于慈善活动以外的其他支出。

二、慈善组织开展慈善服务的方式

慈善组织开展慈善服务，基本可以分为三种模式：一是自己提供。慈善组织自身具有相应能力和资质，或者具有专门的队伍的，可以开展与其宗旨和章程相适应的慈善服务，如养老院、福利院、康复中心等，有专业的医护、康复人员为受益人提供服务。二是通过志愿者提供。有的慈善组织募集资金的能力很强，但是本身并不拥有专门的队伍，在开展慈善活动过程中，可能需要招募志愿者来提供慈善服务。例如，慈善组织可以根据需要，组织志愿者为孤寡老人、空巢老人、残疾人提供生活救助和照料服务。三是委托有服务专长的其他组织提供。除上述养老院等专业的慈善组织外，一些慈善组织在募集资金和调动慈善资源方面有优势，在开展专业的慈善服务时，可以委托有服务专长的其他组织提供。所以，慈善组织提供慈善服务的方式有多种，应当根据自身情况和提供服务领域的特点，有区别地进行。

第六十三条　开展慈善服务，应当尊重受益人、志愿者的人格尊严，不得侵害受益人、志愿者的隐私。

◆ **条文主旨**

本条是关于慈善服务中受益人、志愿者人格尊严和隐私保护的规定。

◆ **修改提示**

本条是原法第六十二条，未作修改。

◆ **条文释义**

慈善服务活动中，受益人是接受服务的一方，志愿者需要服从慈善组织管理，他们往往处于相对弱势的地位，有必要在法律中对他们人格尊严和隐私的保护予以明确。近年来，根据媒体披露，社会上出现了一些与慈善服务宗旨和本质不相适应的情况。例如，有的组织和个人出于获得社会关注，或者完成有关部门和单位下达的任务等目的，在组织开展慈善服务过程中，不考虑受益人实际情况，不顾他们的尊严和感受。例如，有的组织在每年农历九月九日老年节扎堆到敬老院为孤寡老人洗脚，一位老人一天之内被反复多次洗脚，损害了慈善工作的形象。有的慈善组织不顾志愿者的意愿和人格尊严，在招募、安排志愿者过程中，不顾志愿者的体能、技能等实际情况，安排他们从事不适当的工作，甚至加班加点、超负荷工作等。此外，有的组织和个人在开展慈善服务过程中，还存在曝光受益人病情、泄露志愿者个人信息等侵害受益人、志愿者隐私的情况。为了规范慈善服务，禁止类似行为，本条对保护受益人、志愿者的人格尊严和隐私作出了专门规定。

一、尊重受益人、志愿者的人格尊严

慈善服务主要涉及三个方面的主体：一是慈善服务的提供者，主要包括慈善组织、其他组织或者个人；二是志愿者；三是受益人。《中华人民共和国民法典》规定，自然人的人身自由、人格尊严受法律保护。根据《志愿服务条例》的规定，志愿服务组织、志愿服务对象应当尊重志愿者的人格尊严；志愿服务组织、志愿者应当尊重志愿服务对象人格尊严。在慈善服务过程中，慈善服务提供者、志愿者与受益人之间是平等的关系，应当相互尊重。例如，慈善服务提供者在对受益人提供服务时，不能以"施舍"、"恩赐"的心理自居，以为帮助了他人就觉得高人一等。慈善组织和其他组织在招募志愿者开展慈善服务过程中，不能把志愿者视为"免费劳动力"，而是要充分尊重他们的服务和贡献。

二、不得侵害受益人、志愿者的隐私

《中华人民共和国民法典》规定，自然人享有隐私权。任何组织或者个人不得以刺探、侵扰、泄露、公开等方式侵害他人的隐私权。《志愿服务条例》也规定，志愿服务组织、志愿服务对象未经志愿者本人同意，不得公开或者泄露其有关信息；志愿服务组织、志愿者不得侵害志愿服务对象个人隐私。慈善组织和其他组织在招募、组织志愿者开展慈善服务时，会对志愿者进行实名登记，因此会掌握和了解志愿者的一些具体情况，也会在开展慈善服务过程中，了解、接触到受益人的家庭关系、病情等个人隐私，这些隐私信息一旦泄露出去，会给当事人带来损害。因此，在开展慈善服务的过程中，不得侵害志愿者、受益人的隐私。侵犯当事人隐私的，要依法承担相应的责任。例如，《中华人民共和国民法典》第九百九十五条规定："人格权受到侵害的，受害人有权依照本法和其他法律的规定请求行为人承担民事责任。受害人的停止侵害、排除妨碍、消除危险、消除影响、恢复名誉、赔礼道歉请求权，不适用诉讼时效的规定。"

◆ **相关规定**

《中华人民共和国民法典》第 109 条、第 995 条、第 1032 条；《志愿服务条例》第 20 条、第 21 条

第六十四条　开展医疗康复、教育培训等慈善服务，需要专门技能的，应当执行国家或者行业组织制定的标准和规程。

慈善组织招募志愿者参与慈善服务，需要专门技能的，应当对志愿者开展相关培训。

◆ **条文主旨**

本条是关于开展专业慈善服务相关要求的规定。

◆ **修改提示**

本条是原法第六十三条，未作修改。

◆ **条文释义**

慈善服务涉及的领域十分宽泛，其中既有通过普通志愿者开展的一般性的志愿服务，也有涉及医疗康复、教育培训等方面的专业慈善服务，后者的专业性比较强，需要提供慈善服务的人员具有专门技能，这就要求在提供专业的慈善服务时，应当按照国家或者行业组织制定的标准和规程执行，不能随意而为。本条对此专门提出要求，目的是确保专业慈善服务符

合国家规定的标准和规程。此外,《志愿服务条例》也规定,志愿服务组织安排志愿者参与的志愿服务活动需要专门知识、技能的,应当对志愿者开展相关培训。开展专业志愿服务活动,应当执行国家或者行业组织制定的标准和规程。法律、行政法规对开展志愿服务活动有职业资格要求的,志愿者应当依法取得相应的资格。

一、专业慈善服务应当遵守相关标准和规程

慈善服务包括多种类型。目前,我国法律、法规、规章和其他规范性文件在医疗康复、教育培训等方面有相关的要求,有的行业组织结合行业自身特点,也制定了相应的标准和规程。这些服务标准和规程并不是针对专业慈善服务所制定的,而是只要开展相关的专业服务,无论营利或者非营利,都应当遵守这些标准和规程。专业慈善服务是以慈善服务的方式提供专业服务,这些针对专业服务的标准和规程当然也应当得到严格执行。

目前,慈善服务涉及的领域越来越广,比起传统的慈善服务,有的慈善组织、其他组织和个人充分利用自身专长,在医疗康复、教育培训等领域开展专门的慈善服务,得到了社会和慈善受益人的欢迎。慈善组织、其他组织和个人在开展专业慈善服务的过程中,不能因为无偿或低偿就降低服务的标准,更不能以此为由,违反相关标准和规程,损害受益人的合法权益。开展医疗服务、教育培训等慈善服务的组织,应当在机构设置、人员资格、服务内容等方面按照有关法律、法规和规章的要求和有关行业组织的规定进行,并严格遵守相关的标准和规程。

二、慈善组织应当按要求对志愿者进行专业培训

慈善组织招募的志愿者,通常来自不同的领域,在专业背景和服务技能方面各有不同。慈善组织在开展慈善服务过程中,有的慈善服务需要专门的技能,如开展应急救援、医疗康复等活动,需要具备必要的救援常识和基本的医疗知识。在具体开展慈善服务时,有的需要志愿者直接提供相应的专业服务,有的则不需要志愿者直接提供服务,而是由他们辅助专业人员进行。在此情况下,就需要志愿者具备必要的知识和技能。慈善组织根据具体慈善服务的要求,有义务对所招募的志愿者开展相关培训,保证他们在开展慈善服务过程中,提供较为专业的慈善服务,同时避免发生不当操作、提供服务不适当等情况,损害受益人的合法权益。

◆ **相关规定**

《志愿服务条例》第 16 条

第六十五条 慈善组织招募志愿者参与慈善服务，应当公示与慈善服务有关的全部信息，告知服务过程中可能发生的风险。

慈善组织根据需要可以与志愿者签订协议，明确双方权利义务，约定服务的内容、方式和时间等。

◆ **条文主旨**

本条是关于慈善组织招募志愿者时应当履行的主要义务和慈善组织与志愿者签订协议的规定。

◆ **修改提示**

本条是原法第六十四条，未作修改。

◆ **条文释义**

志愿者不以获取物质报酬为目的，自愿奉献时间、智力、体力和技能等，为他人和社会提供公益服务，是参与慈善服务的重要主体。慈善组织招募志愿者可以区分为两种情形：一是日常性招募，收集积累志愿者信息资源，建立志愿者资料库，开展基础培训，形成相对稳定的志愿者队伍，为开展慈善服务储备人力资源；二是应急性（临时性）招募，为某一具体慈善服务设定有针对性的条件，招募符合相应资格要求的志愿者提供服务。

一、慈善组织招募志愿者时应当履行的义务

公示与慈善服务有关的全部信息，告知服务过程中可能发生的风险，是慈善组织招募志愿者参与慈善服务时必须履行的重要义务。与慈善服务有关的全部信息至少包括：开展慈善服务的慈善组织信息，慈善服务的时间、地点、方式、服务对象等信息，需要招募志愿者的岗位、条件、人数、保障条件等信息。其中，志愿者的保障条件包括但不限于志愿者保险、交通误工等补贴、志愿者服装工具、专项培训等。公示信息必须真实、准确、完整，一方面让志愿者对具体的慈善服务、资格要求和保障条件有充分了解，决定是否参与；另一方面确保慈善组织招募到符合资格要求的志愿者，保障服务达到预期效果。

志愿者参与慈善服务，必然伴随着风险。这些风险不仅涉及志愿者和受益人，也涉及慈善组织。例如，志愿者在野外作业或者参与应对突发事件过程中的健康和人身安全风险；救灾时面对死亡和危险场景，可能会出现情绪失控和严重心理应激反应。受益人在接受志愿者提供的慈善服务的过程中，可能由于志愿者的专业技术或个人素质的欠缺，导致得不到高质量服务甚至对其身心健康造成不良影响，也面临一定风险。慈善组织可能面临由于志愿者的疏忽或操作不当导致组织财物或其他资源受到损坏或流失的风险，同时其公众形象可能受到影响，让潜在的志愿者和受益人对其产生怀疑或者形成负面印象，影响组织发展。

慈善组织通过告知志愿者服务过程中可能发生的风险，一方面让志愿者对参与慈善服务的风险有全面认识，结合自身条件和风险控制及承受能力决定是否参与，充分行使自主决定权，切实保护志愿者合法权益；另一方面，尽职履行组织义务，一旦损害发生，有利于保护组织权益，明确各方责任。志愿者认为慈善组织公示的慈善服务信息和告知的风险不够充分全面的，可以要求慈善组织进一步解释说明或者拒绝参加该慈善服务。

二、关于慈善组织与志愿者签订协议

慈善组织与志愿者之间就慈善服务签订协议，是慈善服务法律关系明确化与规范化的有效方式。从法律性质上看，该协议属于合同，但不是劳动合同。《中华人民共和国民法典》第四百六十四条规定，合同是民事主体之间设立、变更、终止民事法律关系的协议。慈善组织与志愿者之间就慈善服务签订协议，签订协议的当事人即慈善组织和志愿者是法律地位平等的民事主体，协议主要内容是明确志愿者提供服务的内容、时间、地点和双方在服务过程中的权利义务，该协议的法律性质是民事合同。

在开展慈善服务前，慈善组织应当与志愿者就慈善服务的主要内容、双方权利义务协商一致、达成协议。协议形式既可以是口头的，也可以是书面的。只要法律未对协议形式作出强制性规定，合同的效力就不受合同形式的影响。因此，不论慈善组织与志愿者间的协议是否采用书面形式，只要双方就协议内容达成一致，不违反法律规定，协议就成立生效。实践中，一方面，志愿者参与扶贫、济困、扶老、救孤、恤病、助残等慈善活动较为普遍和频繁，若法律强制性要求每一个慈善活动都要通过书面协议的方式确定双方权利义务，会造成诸多不便。所以，本条规定慈善组织根据需要可以与志愿者签订协议。另一方面，在志愿者参与一些较为特殊的慈善服务时，志愿者的人身、财产安全与合法权益处于较高风险中或长时间不确定状态，慈善组织与志愿者间的权利义务关系较为复杂，一旦发生纠纷，就难以及时有效解决。因此，招募志愿者参与对人身安全、身心健康有较高风险的慈善活动，为大型公益活动提供慈善服务，连续提供三个月以上专职慈善服务以及法律、法规规定应当签订书面协议的，慈善组织应当与志愿者签订书面协议。协议应当包括服务内容、时间和地点，当事人的权利、义务，风险保障措施，协议的变更和解除，法律责任及争议解决方式和需要明确的其他事项。

◆ **相关规定**

《中华人民共和国民法典》第 464 条

第六十六条 慈善组织应当对志愿者实名登记，记录志愿者的服务时间、内容、评价等信息。根据志愿者的要求，慈善组织应当无偿、如实出具志愿服务记录证明。

◆ **条文主旨**

本条是关于慈善组织对志愿者实名登记和出具志愿服务记录证明义务的规定。

◆ **修改提示**

本条是原法第六十五条，未作修改。

◆ **条文释义**

志愿者参与慈善服务，在不求回报、积极奉献社会的同时，也在获得相关履历评价、记录证明等方面存在一定的诉求。对志愿者进行实名登记、做好相关的记录，既有利于慈善组织规范管理、掌握开展慈善服务的情况，也是慈善组织对志愿者应当履行的义务。

一、关于志愿者实名登记

慈善组织对志愿者实名登记，是实现志愿者科学管理的基本条件，是慈善服务取得良好成效的基础，是开展志愿服务记录和出具志愿服务记录证明的前提。建立规范统一的志愿者实名登记制度，对志愿者年龄、技能、特长等相关信息进行登记，一是可以建立志愿者信息数据库，了解志愿者参加慈善服务的意愿及其专业特长，有利于合理配置志愿者资源，避免重叠浪费。二是增强志愿者的归属感，对志愿者改进服务态度，增强服务技能，提高服务质量都能起到积极的促进作用，有利于志愿者自身行为的约束和规范。三是有利于国家掌握志愿者信息资源，在需要时能够及时整合、动员社会力量。

慈善组织对志愿者实名登记时，一般应登记志愿者的姓名、性别、年龄、身份证号码、专业特长、可提供服务时间、联系方式等信息；根据一些慈善服务的需要，还可以登记民族、政治面貌、学历、居住区域、从业状况、服务区域等信息。对此，2020年民政部颁布的《志愿服务记录与证明出具办法（试行）》第五条规定，志愿者的个人基本信息，包括姓名、性别、出生日期、身份证件号码、居住区域、联系方式、专业技能和服务类别等。第六条规定，志愿者的个人基本信息，可以由志愿者本人在志愿服务信息系统录入；经志愿者同意后，也可以由志愿服务组织录入。志愿者提供的个人基本信息应当真实、准确、完整。志愿服务组织发现志愿者的个人基本信息有明显错误、缺漏，或者与实际情况不一致的，应当要求志愿者修改、补充。

二、关于志愿服务记录

志愿服务情况是公民社会责任意识和诚信的重要体现。志愿者良好的志愿服务记录，成为社会生活中的"加分项"。随着我国经济社会的发展，志愿服务经历越来越成为人们工作、学习、生活必不可少的一部分。例如，《北京市志愿服务促进条例》第三十八条规定："本市鼓励企业和其他组织在同等条件下优先招用有良好志愿服务记录的志愿者。公务员考录、事业单位招聘可以将志愿服务情况纳入考察内容。博物馆、图书馆、文化馆、体育场馆、公园、旅游景区等公共场所，可以根据实际情况，对有良好志愿服务记录的志愿者给予优待。有良好志愿服务记录的志愿者有需要时，有权优先获得志愿服务组织和其他志愿者提供的服务。"开展志愿服务记录工作，建立志愿服务记录制度，是提供真实有效志愿服务证明的基础。对志愿者提供志愿服务信息进行有效记载和管理，既有利于各有关部门充分掌握志愿者服务信息，及时制定和调整政策，充分合理地配置、使用志愿服务，也有助于建立志愿服务激励回馈机制，保障志愿者和志愿服务对象的合法权益，激发公众参与志愿服务的热情。

开展志愿服务记录工作，建立志愿服务记录制度，是推动志愿服务制度化发展的要求。2014 年，中央文明委印发《关于推进志愿服务制度化的意见》，要求在志愿服务活动结束后，由城乡社区、志愿服务组织、公益慈善类组织、社会服务机构等，根据统一的内容、格式和记录方式，对志愿者的服务进行及时、完整、准确记录，为表彰激励提供依据。开展志愿服务记录工作，建立志愿服务记录制度，是回应社会现实需求的举措。2020 年，民政部颁布了《志愿服务记录与证明出具办法（试行）》，2012 年民政部印发的《志愿服务记录办法》废止。

慈善组织开展志愿服务记录工作，要注意以下几个方面的问题。一是记录主体。要把握"谁组织谁记录"的原则，慈善组织招募使用志愿者开展慈善服务，就应该由慈善组织对志愿者的服务情况进行记录，不能由其他组织或个人记录。二是记录内容。按照《志愿服务记录与证明出具办法（试行）》的规定，慈善组织应当记载志愿者的志愿服务信息、培训信息、表彰奖励信息、评价信息等内容。其中，志愿者的志愿服务情况，包括志愿者参加志愿服务活动的名称、日期、地点、服务内容、服务时间、活动组织单位和活动负责人；志愿者的培训情况，包括志愿者参加志愿服务有关培训的名称、主要内容、学习时长、培训举办单位和日期等信息；志愿者的表彰奖励情况，包括志愿者获得志愿服务表彰奖励的名称、日期和授予单位；志愿者的评价情况，包括对志愿者的服务质量评价以及评价日期。三是服务时间计算。志愿者参与不同的志愿服务项目只是服务分工不同，每个志愿者付出的时间是同等的，其时间记录不应区别对待。慈善组织应以小时为计量单位，记录志愿者实际提供志愿服务的时间。《志愿服务记录与证明出具办法（试行）》规定，服务时间是指志愿者参与志愿服务实际付出的时间，以小时为计量单位。志愿服务组织应当根据志愿服务活动的实际情况，科学合理确定服务时间。四是记录转移和共享。随着志愿者在全国各地以及不同组织之间流动机会的不断增多，志愿服务记录转移和共享工作，对保持志愿服务记录连续性、完整性显得尤为重要。实践中，在志愿者要求开具志愿服务证明和星级评定工作中，为了获得完整服务记录，慈善组织也需要通过信息系统等平台进行志愿服务记录的转移和共享。

三、关于出具志愿服务记录证明

志愿服务记录证明是志愿服务记录制度的重要组成部分，是志愿者参加志愿服务活动的真实体现。《志愿服务记录与证明出具办法（试行）》规定，志愿服务记录证明是指志愿服务组织和依法开展志愿服务活动的其他组织依据志愿服务记录信息形成的、能够证明志愿者参加志愿服务有关情况的材料。慈善组织为志愿者出具志愿服务记录证明应当严格把握两个方面的原则：一是无偿性。志愿者提出出具志愿服务记录证明需求时，慈善组织不得以任何形式收取费用。二是如实性。慈善组织出具的志愿服务记录证明应当客观真实体现志愿者提供志愿服务情况，对其真实性负责。任何不属于志愿服务的活动，不得进行志愿服务信息记录、出具志愿服务记录证明。

为解决出具证明过程中，存在的主体不清、格式不一、内容不全、随意性大等问题，2015年中央文明办、民政部、教育部、共青团中央联合印发了《关于规范志愿服务记录证明工作的指导意见》。据此，慈善组织在出具志愿服务记录证明时应注意三个问题：一是证明出具主体。按照"谁记录谁证明"的原则，志愿服务记录证明出具主体应同时满足下列条件：依法设立的组织或单位；需要出具证明的志愿者参加了该单位组织的志愿服务活动；客观真实地记录了该志愿者参加志愿服务活动的相关信息。二是证明格式。慈善组织应按照统一规范的格式为志愿者开具证明。志愿服务记录证明应包含下列信息：志愿者身份信息，包括志愿者姓名、证件类型和号码、志愿者编号等；志愿服务信息，主要为志愿者参加志愿服务活动的服务时间（以小时为计量单位）和内容；出具主体信息，包括出具主体的名称、负责人、经办人、联系方式等；其他信息，包括证明编号、出具证明的日期及其他需要说明的事项等。志愿服务记录证明应加盖出具主体公章。如需补充证明志愿者参加志愿服务活动的其他信息，可以附件形式附后。《关于规范志愿服务记录证明工作的指导意见》同时给出了证明推荐格式。《志愿服务记录与证明出具办法（试行）》第十五条也规定，志愿服务记录证明应当载明志愿者的志愿服务时间、服务内容和记录单位，也可以包含记录的其他信息。志愿服务记录证明的格式，可以参照国务院民政部门提供的规范样式。根据志愿者的需要，志愿服务组织可以在志愿服务记录证明上加盖印章。三是证明出具流程。志愿服务记录证明应当按照志愿者申请、慈善组织受理、出具证明、公示等程序办理出具。通过全国志愿服务管理信息系统实现在线注册和服务记录的志愿者，可直接在信息系统中下载打印志愿服务记录证明表格，到自己注册或经常参加活动的单位申请核实相关情况并加盖公章。

◆ **相关规定**

《志愿服务记录与证明出具办法（试行）》；《关于规范志愿服务记录证明工作的指导意见》

第六十七条 慈善组织安排志愿者参与慈善服务，应当与志愿者的年龄、文化程度、技能和身体状况相适应。

◆ **条文主旨**

本条是关于慈善组织合理安排志愿者参与慈善服务的规定。

◆ **修改提示**

本条是原法第六十六条，未作修改。

◆ **条文释义**

志愿服务活动具有一定的风险。合理安排志愿者参与慈善服务，不仅是慈善服务顺利开展、取得实效的前提条件，更是有效发挥志愿者作用、切实保护志愿者利益的基本要求。慈善组织作为慈善活动的规划、指导和调动者，应当合理安排和指导志愿者参与慈善服务，即安排志愿者从事与其年龄、文化程度、技能和身体状况相适应的活动，不得要求志愿者提供超出其能力的志愿服务。例如，根据本法第六十四条、《志愿服务条例》第十六条等有关规定，开展专业志愿服务活动，应当执行国家或者行业组织制定的标准和规程，法律、行政法规对开展志愿服务活动有职业资格要求的，志愿者应当依法取得相应的资格。同时，志愿服务安排通常并不是一次性的临时行动，慈善组织有责任不断跟踪了解志愿者服务情况、遵守组织管理规定和程序情况以及风险防范、安全保障等情况，根据条件的变化，及时对志愿者的安排作出调整。实践中，既要为具备相应技能和条件的志愿者提供合适的慈善服务岗位，做到志愿者资源优化配置，又要避免一些志愿者凭借一腔热情，不顾自身条件去参与自己力不能及的服务活动，不仅实现不了慈善服务的目的，反而给慈善服务和自己带来不利影响，甚至使自己身心受到伤害或者给服务对象造成损害。

需要说明的是，慈善组织在安排志愿者参与慈善服务时，除了要考虑其年龄、文化程度、技能和身体状况等因素以外，必要时还要根据服务具体情况对志愿者的犯罪记录、学习情况、工作经历等进行了解考察，有不良记录的志愿者要限制其参加相关的慈善服务或岗位。例如，有经济不良行为的志愿者，在参与慈善服务时不适宜从事与财产物资管理、发放有关的岗位；驾驶记录较差的志愿者，不适宜从事车辆驾驶的岗位；开展密切接触未成年人的慈善服务时，不适宜安排有性侵害、虐待、拐卖、暴力伤害等违法犯罪记录的志愿者参与相关活动。

◆ **相关规定**

《志愿服务条例》第 16 条

第六十八条　志愿者接受慈善组织安排参与慈善服务的，应当服从管理，接受必要的培训。

◆ **条文主旨**

本条是关于志愿者义务的规定。

◆ **修改提示**

本条是原法第六十七条，未作修改。

◆ **条文释义**

参与慈善服务是志愿者的权利，志愿者有权决定自己是否参与慈善服务以及参与何种慈善服务。但志愿者一旦决定接受慈善组织安排参与慈善服务，就应当同时遵守相应的义务，即服从慈善组织管理，接受必要的培训。这些义务对于保障慈善服务符合宗旨、安全有序进行、取得预期效果等具有重要作用。

一、服从管理

志愿者在接受慈善组织安排参与慈善服务时需服从管理，既是保障慈善服务顺利开展、实现预期成效的需要，也是防范风险、保护志愿者自身权益免受侵害的要求，还是锻炼志愿者团队意识、提升自身能力素质的途径。《志愿服务条例》第二十二条第二款规定，志愿者应当按照约定提供志愿服务。志愿者因故不能按照约定提供志愿服务的，应当及时告知志愿服务组织或者志愿服务对象。有的地方性志愿服务立法也对志愿者服从管理的义务进行了规定，如《重庆市志愿服务条例》第十二条第三项规定，志愿者应当履行志愿服务承诺或者协议约定，在志愿服务过程中接受所在的志愿服务组织的安排和管理；《大连市志愿服务条例》第十条规定，参加志愿服务组织的，应当接受志愿服务组织的安排和管理。

实践中，慈善组织安排志愿者参与的慈善服务，是有组织、有计划、有目标的慈善活动，这些服务有时有较高风险。慈善组织通过建立风险评估机制，对每个环节、每个岗位可能发生的风险进行评估，制订有针对性的服务计划和风险防范预案。这些计划、目标、方案的实施，需要参与的志愿者按照慈善组织的管理和安排，各司其职，协作配合，共同完成。同时，志愿者只有在慈善组织安排下，从事时间、地点、对象和内容已经规定了的慈善服务，才能被认定为是参与该组织的慈善服务，享受相应的权益保障和支持，由此产生的法律上的各种后果才能够被慈善组织认可与接受。否则，志愿者个人进行的不具有上述性质的服务行为，只能视为个人行为，不视为慈善组织安排的慈善服务。相应地，慈善组织也没有义务给予不接受安排的志愿者以保障和支持，不承担志愿者个人行为所产生的任何法律后果。

二、接受必要的培训

培训是提高志愿者慈善服务知识和技能，培养志愿者奉献、友爱、互助、进步精神，促进志愿者团队建设，完善慈善服务工作网络的重要途径和手段。接受必要的培训是志愿者接受慈善组织管理的基本要求，同时，对志愿者开展培训也是慈善组织必须履行的职责和义务。本法第六十四条第二款规定："慈善组织招募志愿者参与慈善服务，需要专门技能的，应当对志愿者开展相关培训。"有的地方志愿服务立法从志愿者享有权利和应尽义务两个方面对接受培训作了规定，如《广东省志愿服务条例》规定，志愿者有权获得所参与志愿服务活动需要的培训，同时还规定志愿者应当接受志愿服务组织安排参与志愿服务活动的，应当接受必要的培训；《山西省志愿服务条例》规定，志愿者有权获得所参加志愿服务活动相关专业知识、技能培训，同时还规定志愿者应当接受所参加志愿服务活动的相关专业知识和技能培训。

◆ **相关规定**

《志愿服务条例》第 22 条

第六十九条　慈善组织应当为志愿者参与慈善服务提供必要条件，保障志愿者的合法权益。

慈善组织安排志愿者参与可能发生人身危险的慈善服务前，应当为志愿者购买相应的人身意外伤害保险。

◆ **条文主旨**

本条是关于慈善组织义务的规定。

◆ **修改提示**

本条是原法第六十八条，未作修改。

◆ **条文释义**

为参与慈善服务的志愿者提供必要条件，通过各种机制和途径保障志愿者合法权益，是激发志愿者热情的关键举措，是慈善组织在安排志愿者开展慈善服务时必须履行的基本义务。志愿者在参与慈善服务的过程中，有可能因种种原因遭受意外伤害和经济损失。为参与可能发生人身危险的慈善服务的志愿者购买人身意外伤害保险，是化解志愿者在开展慈善服务过程中遭遇的人身伤害损失风险、打消志愿者后顾之忧的有效措施，是保障志愿者权益的重要机制。

一、提供必要的条件

为解决志愿者在志愿服务过程中遇到的困难，更好地提供志愿服务，慈善组织应当根据志愿服务的具体内容，为志愿者参与慈善服务提供必要条件，如专门培训、交通通讯、餐饮住宿、服装标识、医疗药品、必备工具、购买保险、安全保障等。

慈善组织应当保障志愿者参与慈善服务时的合法权益。志愿者的合法权益，除民事主体所具有的人身权、财产权等基本权利外，还包括有权自愿参加慈善服务，有权拒绝提供超出其自身能力或者约定范围的慈善服务；获得慈善服务真实、准确、完整的信息；获得慈善服务所需的教育和培训；获得从事慈善服务必要的条件和安全保障；请求慈善组织帮助解决在慈善服务期间遇到的实际困难；对慈善组织提出建议和意见；要求慈善组织出具志愿服务记录证明等权利等。

二、为志愿者购买人身意外伤害保险

《中华人民共和国保险法》第十二条第三款规定，人身保险是以人的寿命和身体为保险标的的保险。按照保障范围将人身保险划分为人寿保险、人身意外伤害保险和健康保险。其中，人身意外伤害保险是以被保险人的身体利益作为保险标的，即被保险人在保险期限内，因遭受意外事故而使身体受到伤害，以及因此致残、致死时，保险人按合同约定给付保险金的人身保险，保障项目一般分为死亡、残疾、医疗和停工等相关支付。

中央及有关部门文件对为志愿者购买保险作出了相关规定。例如，中央精神文明建设指导委员会《关于深入开展志愿服务活动的意见》、《关于推进志愿服务制度化的意见》要求应当根据需要为志愿者购买必要保险；公安部、国家发展和改革委员会、民政部、财政部、人力资源和社会保障部《关于积极促进志愿消防队伍发展的指导意见》鼓励志愿消防队参照政府专职消防队员标准，为志愿消防员办理人身意外伤害保险；教育部印发的《学生志愿服务管理暂行办法》规定，学校组织开展志愿服务，必要时要为学生购买或者要求服务对象购买相关保险。学生自行开展志愿服务，学校应要求学生做好风险防控，必要时购买保险。有的地方志愿服务立法也对此作了规定，如《内蒙古自治区志愿服务条例》第三十三条规定，确需安排志愿者参与可能发生人身危险的志愿服务活动的，应当对可能发生的人身危险和相应的防范措施向志愿者作出必要的告知和说明，并事先为志愿者购买人身意外伤害保险。《河北省志愿服务条例》第二十二条第二款规定，志愿服务组织在开展应急救援、大型公益活动、境外志愿服务等具有较大人身伤害风险的志愿服务活动中，应当为志愿者购买相应的人身保险。《重庆市志愿服务条例》第十八条规定，志愿服务组织可以根据自身条件和实际需要，为志愿者办理相应的保险。志愿服务组织开展应急救援、大型社会活动、境外志愿服务等具有较大人身伤害风险的志愿服务活动，应当为志愿者购买相应的人身意外伤害保险。

实践中，购买志愿者人身意外伤害保险主要面临无经费来源、志愿者个人投保费用较高、保险公司承保意愿不强等问题。针对这些问题，有的地方探索由政府出资为当地所有实名注册志愿者提供免费保险的做法。比如，北京、厦门等地探索由财政出资为全市实名注册志愿者购买团体人身意外伤害保险，保障内容通常包括意外伤害身故、意外伤害残疾、意外伤害医疗费用、意外伤害住院津贴、意外伤害紧急医疗救援、猝死等内容。上海探索"志愿者1+1保险计划"，通过财政集中投入和志愿者自愿低价购买相结合的方式，不仅解决了投保经费问题，在总量上也节约了财政资金。

◆ **相关规定**

《中华人民共和国保险法》第 12 条；《关于深入开展志愿服务活动的意见》；《关于推进志愿服务制度化的意见》；《关于积极促进志愿消防队伍发展的指导意见》；《学生志愿服务管理暂行办法》第 13 条

第八章 应急慈善

本章是关于应急慈善的规定。为更好地发挥慈善在重大突发事件中的作用，本法此次修改总结近年来慈善力量参与重大突发事件应对中的经验和问题，吸收地方立法中的好做法，增设"应急慈善"专章，对建立应急慈善协调机制、开展应急慈善活动的原则、信息公开、募捐方案备案、政府职责等作了专门规定。

第七十条 发生重大突发事件需要迅速开展救助时，履行统一领导职责或者组织处置突发事件的人民政府应当依法建立协调机制，明确专门机构、人员，提供需求信息，及时有序引导慈善组织、志愿者等社会力量开展募捐和救助活动。

◆ **条文主旨**

本条是关于发生重大突发事件时政府建立协调机制的规定。

◆ **修改提示**

本条是对原法第三十条的修改。将"重大自然灾害、事故灾难和公共卫生事件等突发事件"修改为"重大突发事件"，将"有关人民政府"修改为"履行统一领导职责或者组织处置突发事件的人民政府"，增加"明确专门机构、人员"的规定，将"及时有序引导开展募捐和救助活动"修改为"及时有序引导慈善组织、志愿者等社会力量开展募捐和救助活动"。

◆ **条文释义**

一、政府应当依法建立协调机制

突发事件的预防、处置需要多个部门的合作，形成合力，不能依靠一家单打独斗，因此有必要建立协调机制。如果政府部门与慈善力量缺乏应急协调机制，可能导致重大突发事件发生时慈善组织缺乏信息共享平台、物资和服务资源调度不畅，导致运行效率低，信息披露不及时、捐赠款物处置迟缓、志愿服务统筹不够等情况。例如，在个别救灾过程中，曾出现慈善力量一拥而上，造成交通堵塞影响救援的情况。这种无序参与的现象极大地影响了救援的效率。为了回应现实需求，本条明确发生重大突发事件需要迅速开展救助时，履行统一领导职责或者组织处置突发事件的人民政府应当依法建立协调机制。

根据《中华人民共和国突发事件应对法》的规定，按照社会危害程度、影响范围等因素，突发自然灾害、事故灾难、公共卫生事件分为特别重大、重大、较大和一般四级。《国家突发公共事件总体应急预案》规定，对于各类突发公共事件按照其性质、严重程度、可控性和影响范围等因素进行了分级，一般分为四级：Ⅰ级（特别重大）、Ⅱ级（重大）、Ⅲ级（较大）和Ⅳ级（一般）。考虑到突发事件刚刚发生时，往往不能立刻准确判定事件的级别，因此，本条并未将"应急慈善"与突发事件的等级严格对应。通常情况下，只有当突发事件的社会危害大、影响范围广，需要迅速开展救助时，才适用本条规定。由于突发事件的发生具有突发性，遭遇突发事件的社会成员可能迅即陷入生活困境之中，甚至倾家荡产、流离失所。大面积的自然灾害或其他重大灾难等又往往极易造成疫病流行，如果国家和社会不紧急实施救助，可能会造成危害进一步扩大。因此，实施受灾人员救助必须将各种救灾实物或服务资源迅速运往灾区，以及时解决受灾人员的生存危机，并将突发事件造成的后果减小到最低限度。当地人民政府可以根据突发事件的具体情况，判断是否属于"发生重大突发事件需要迅速开展救助"的情形。

建立协调机制的主体是"履行统一领导职责或者组织处置突发事件的人民政府"。突发事件发生后，履行统一领导职责或者组织处置突发事件的人民政府应当采取多种应对措施，如建立协调机制、组织营救和救治受害人员、封锁危险场所、抢修公共设施等。慈善力量在突发事件应对中可能参与应急处置与救援、事后恢复与重建等，为保证突发事件应对的有序有效，强化政府领导、指导应急慈善活动的责任，本条明确由履行统一领导职责或者组织处置突发事件的人民政府依法建立协调机制，明确专门机构和人员。"依法"主要指根据《中华人民共和国突发事件应对法》、《中华人民共和国地方各级人民代表大会和地方各级人民政府组织法》等法律的相关规定。比如,《中华人民共和国地方各级人民代表大会和地方各级人民政府组织法》规定,县级以上的地方各级人民政府根据应对重大突发事件的需要,可以建立跨部门指挥协调机制。

二、有序引导社会力量开展募捐和救助活动

应急慈善协调机制的职责有两个方面:一方面是提供需求信息。发生突发事件的地区需要的食品、饮用水、衣被、取暖、临时住所、医疗防疫等方面的物资以及医疗卫生等方面的专业人员需求信息等,应当及时向社会发布,引导社会捐赠和志愿者提供必要的救助服务。另一方面是及时有序引导慈善组织、志愿者等社会力量开展募捐和救助活动。救助工作不仅涉及政府部门,而且需要社会方方面面的支持和参与。近年来,在一些大的自然灾害发生后,一些志愿者和民间救灾团体自发组织起来,参与救助,精神非常可贵。但在进入灾区后,也可能面临一些问题,如灾区物资本就短缺,志愿者涌入后有可能加重短缺;有的志愿者没有经过专业培训,缺少专业救援知识和技能等。救助需要统一领导和组织实施,志愿者无序涌入后,盲目施救,效果不太理想。因此,本条将"及时有序引导开展募捐和救助活动"作为一项政府的义务加以规定,目的就是要减少这种无序,使得募捐和救助活动更加科学、高效、有序。

◆ **相关规定**

《中华人民共和国突发事件应对法》;《中华人民共和国地方各级人民代表大会和地方各级人民政府组织法》第 81 条

第七十一条 国家鼓励慈善组织、慈善行业组织建立应急机制,加强信息共享、协商合作,提高慈善组织运行和慈善资源使用的效率。

在发生重大突发事件时,鼓励慈善组织、志愿者等在有关人民政府的协调引导下依法开展或者参与慈善活动。

◆ **条文主旨**

本条是关于慈善组织、慈善行业组织、志愿者等开展应急慈善活动的规定。

◆ **修改提示**

本条是新增规定。

◆ **条文释义**

本条为慈善组织、慈善行业组织、志愿者等参与应急慈善的倡导性条款，目的是加强慈善力量合作，提高慈善资源利用效率。

一、鼓励慈善组织、慈善行业组织建立应急机制

国家鼓励慈善组织、慈善行业组织建立应急机制，主要目的是加强信息共享、协商合作，提高慈善组织运行和慈善资源使用的效率。应急机制是突发事件发生时的紧急处理机制，可以是在突发事件发生时临时建立，也可以是在日常状态下建立长效机制，对突发事件的预防、处置、救助以及灾后重建等活动作出全面、系统的规定，发挥慈善力量的作用。

一是鼓励慈善组织建立应急机制，发挥作用。慈善组织是参与应急慈善的主要慈善力量，突发事件发生时往往反应迅速，能够及时自我动员与自我组织，发挥重要作用。但同时，在实践中往往存在信息不对称、没有明确分工等问题，在应急处置过程中很大程度上会自行其是，整体上显示出无序参与的状态，影响了应急处置的效率。鼓励慈善组织建立专门的慈善应急机制，明确具体职责、处置流程，同时增强可操作性。在政府启动应急响应后，慈善组织应急机制同步启动，从而为其参与应对突发事件提供清晰的指引。

慈善组织的应急机制包括慈善组织本身，慈善组织之间的协同配合机制，慈善组织与政府之间的协作机制以及慈善组织与企业、媒体等外部组织之间的协调合作。应急状态下，慈善组织之间需要进行合作，互通有无、相互协调，这样才能确保慈善活动有序和高效运作。同时，在应对突发公共事件中，引入企业等外部力量也是提升慈善组织应急能力的有效措施。除此之外，面对突发事件发生后的各种谣言，慈善组织也应加强与专业媒体的互动与合作，及时辟谣，缓解舆情危机。所以，慈善组织的应急机制也要包括与政府以外的社会主体之间的联动机制，加强信息共享、协商合作，提高慈善组织运行和慈善资源使用的效率。

二是鼓励慈善行业组织建立应急机制，发挥作用。根据本法第十九条规定，慈善组织依法成立行业组织。慈善行业组织是依法成立的非营利性社会组织。作为慈善行业自律的推动者，在慈善行业标准和行为准则的建立，慈善行业自我约束、自我管理、自我监督等方面都发挥了重要作用。慈善行业组织要为从事慈善事业的会员提供服务，也可以作为政府与慈善组织、慈善事业参与者之间的重要桥梁和纽带，因此，无论是组织其会员参与慈善活动还是慈善资源的使用，慈善行业组织都可以发挥活动组织者、信息传送者等作用。此处规定主要是发挥慈善行业组织提供行业服务的作用，一方面积极为会员提供信息交流、调查统计、政策咨询等服务，促进信息共享和合作；另一方面也可以在政府与慈善组织以及其他慈善活动参与者之间搭建桥梁，提高慈善组织运行和慈善资源使用的效率。

从应对突发事件实践来看，由于慈善行业组织功能发挥不到位，没有对慈善组织进行有效组织等，进而导致慈善组织之间的信息共享、协调机制难以建立。《中共中央办公厅、国务院办公厅关于改革社会组织管理制度促进社会组织健康有序发展的意见》指出，探索建立各领域社会组织行业自律联盟，通过发布公益倡导、制定活动准则、实行声誉评价等形式，引领和规范行业内社会组织的行为。因此，本条规定鼓励发挥慈善行业组织在突发事件应对中的行业引领和统筹协调作用，一方面，加强慈善行业应急资源整合与行业统筹，制订应急处突预案，组织开展应急处突演练，建立应急状态下的慈善需求信息发布与数据跟踪以及物资接收、仓储、物流、调配等工作机制，提升慈善组织应急救助能力和专业水平；另一方面，积极发挥与政府对接的参与、沟通等作用，降低沟通协调成本、提高工作效率。

二、鼓励慈善组织、志愿者等开展或者参与慈善活动

在发生重大突发事件时，慈善组织、志愿者等是应对突发事件的重要力量。同时，考虑到除慈善力量外，还有政府组织的各方力量参与突发事件应对，以及重大突发事件发生地面临的各种实际困难，各方力量应当在政府的组织协调引导下，有序参与到突发事件应对中，以取得最佳的应对效果。

一是鼓励慈善组织在有关人民政府的协调引导下依法开展或者参与慈善活动。慈善组织分为不同的类型，其擅长或者专长的领域不同。从参与突发事件的处置实践来看，一方面，慈善组织参与主要集中在开展募捐和救助活动，慈善服务的组织动员不足。例如，慈善组织都是在集中精力募集款物，但对疫情严重区域部分人群所需要的心理疏导、社会融合等公益服务，慈善组织的参与相对较少。另一方面，突发事件发生时，慈善组织基于热情和担当，踊跃参与现场应急救援，这也会导致突发事件现场慈善组织比较集中，秩序较难维护。同时，一些慈善组织管理者的专业知识或决策能力不足，应对工作中较为被动。鼓励慈善组织在有关人民政府的协调引导下依法开展或者参与慈善活动，主要是为了充分发挥不同慈善组织的作用，使其有序参与突发事件处置，提高处置效率。

二是鼓励志愿者在有关人民政府的协调引导下依法开展或者参与慈善活动。突发事件发生时，社会各界的爱心和善意被充分激发，除慈善组织外，也涌现出很多自发参与的志愿者。2020 年 2 月 23 日，习近平总书记在统筹推进新冠肺炎疫情防控和经济社会发展工作部署会议的讲话中指出，广大志愿者等真诚奉献、不辞辛苦，为疫情防控作出了重大贡献。志愿者是推动社会治理创新和促进社会文明和谐的重要力量。但由于突发事件的特殊性，初期无法建立志愿服务协调机制，志愿者一般不能被纳入当地防控机制，难以参与组织化、规范化的志愿服务活动，不仅会面临较大的人身安全风险，也无法得到系统、有效的业务指引和关爱保障。同时，《志愿服务条例》也规定，志愿服务组织、志愿者开展应对突发事件的志愿服务活动，应当接受有关人民政府设立的应急指挥机构的统一指挥、协调。因此，从法定要求与实践需求来看，都需要有关人民政府的协调引导，统筹和组织管理志愿服务力量，有效发挥其在应对突发事件中的积极作用。

三是鼓励其他主体在有关人民政府的协调引导下依法开展或者参与慈善活动。根据以往应对突发事件的经验，突发事件发生初期，许多慈善组织以外的其他社会组织、企业、个人等大多是自发地、分散地、随机性地参与应急工作，既无必要的物资保障和安全防护，面临人身等方面的风险，也无规范系统的指导和统筹协调，有可能影响突发事件处置的正常秩序，其应有作用也没有最大化发挥。因此，慈善组织、志愿者之外参与应急救助的主体，也要在有关人民政府的协调引导下依法开展或者参与慈善活动。

◆ **相关规定**

《志愿服务条例》第 24 条

第七十二条　为应对重大突发事件开展公开募捐的，应当及时分配或者使用募得款物，在应急处置与救援阶段至少每五日公开一次募得款物的接收情况，及时公开分配、使用情况。

◆ **条文主旨**

本条是关于为应对重大突发事件开展公开募捐的规定。

◆ **修改提示**

本条是新增规定。

◆ **条文释义**

应急状态下，慈善工作处在聚光灯下，社会关注度高，舆论影响范围广。实践中，一些慈善组织在应对重大突发事件时，慈善款物募集和使用情况公开不及时，引发负面舆情，使得慈善事业的公信力受到质疑和挑战。针对这一问题，本法对应急状态下募捐信息公开作出了更严格的规定，款物分配使用时限要求和信息公开标准与常态相比都有明显提高，以保证慈善捐赠在各类重大突发事件应对中及时、充分地发挥应有作用。

一、为应对重大突发事件开展的公开募捐

根据本法规定，取得公开募捐资格的慈善组织可以开展公开募捐；其他法律、行政法规规定可以公开募捐的非营利性组织，由县级以上人民政府民政部门直接发给公开募捐资格证书，也可以开展公开募捐。此外，不具有公开募捐资格的组织或者个人基于慈善目的，可以与具有公开募捐资格的慈善组织合作，由该慈善组织开展公开募捐。因此，应急状态下可以开展公开募捐的有两类主体，即具有公开募捐资格的慈善组织和其他法律、行政法规规定可以公开募捐的非营利性组织。具有公开募捐资格的慈善组织和红十字会等其他法律、行政法规规定可以公开募捐的非营利性组织，为应对重大突发事件开展公开募捐的，均应当履行本条规定的及时分配或者使用募得款物及信息公开义务。

公开募捐涉及范围广、形式多样，往往超越了地域和时空的限制，募得款物数量较大，是慈善组织尤其是有公开募捐资格的慈善组织一种非常重要的筹资方式。同时，应对重大突发事件时开展公开募捐，往往接受捐赠的数量比常态下大很多，具有时间短、批量大的特点，监管的难度也会加大。因此，针对应对重大突发事件开展的公开募捐，本条对分配或者使用募得款物提出了更高标准的要求。

二、关于公开募得款物的接收、分配、使用要求

应对重大突发事件开展公开募捐的，应该及时分配或者使用募得款物，并对募得款物的接收、分配和使用情况进行公开，及时回应社会关切，确保应急慈善活动有序有效、公开透明。

一是及时分配或者使用募得款物。这里强调及时分配或者使用募得款物，主要考虑募得款物中有受突发事件影响的人民群众急需的物资等，将社会捐赠的急需物资及时送到受益人手中，是应对突发事件开展公开募捐的必然要求。实践中，在重大突发事件应对期间，有捐赠款物发放迟缓、资源错配和浪费等情况，引发社会不满和负面舆情。从具体操作看，在大量的捐赠物资面前，如何有效、及时地分配、使用，对任何组织而言都是一个巨大的考验，是对组织体系、网络和能力的检验。开展公开募捐的慈善组织和其他非营利性组织应当做好统筹应对，确保其有能力完成及时分配、使用募得款物的要求，不得盲目开展公开募捐。

二是在应急处置与救援阶段至少每五日公开一次募得款物的接收情况，及时公开分配、使用情况。信息披露不及时，容易引发慈善领域负面舆情所带来的社会信任危机，也容易挫伤公众进一步参与捐赠的热情。在应急处置与救援阶段募得款物的接收情况的公开有时间和频次的要求，即至少每五日公开一次，实践中可以少于五日公开一次，倡导在条件允许的情况下提高公开的频次，增加透明度。至于分配、使用情况，本条要求及时公开，但未规定具体的时限，主要考虑是在应急处置与救援阶段，慈善组织和其他非营利组织的主要任务是及时分配、使用募得款物，按照法定频次公布分配、使用情况的可操作性较低，且大部分募得款物实际是在灾后恢复与重建阶段使用，因此本条没有对分配、使用情况的公开时间作出具体限定，各地在实践操作中可根据突发事件情况具体确定。

需要说明的是，本条关于公开募得款物的接收、分配、使用情况的规定针对应急处置与救援阶段。根据《中华人民共和国突发事件应对法》的规定，应对突发事件包括预防与应急准备、监测与预警、应急处置与救援、事后恢复与重建等应对活动。考虑到事后恢复与重建活动耗时较长，且对捐赠物资需求的急迫性和社会关注度明显下降。因此，本条对募得款物信息公开的要求限于应急处置与救援阶段，其他的应对活动或者阶段的信息公开，按照本法关于常规情况下公开募捐信息公开的要求执行。

◆ **相关规定**

《中华人民共和国突发事件应对法》

第七十三条 为应对重大突发事件开展公开募捐，无法在募捐活动前办理募捐方案备案的，应当在活动开始后十日内补办备案手续。

◆ **条文主旨**

本条是关于应对重大突发事件开展公开募捐的募捐方案备案的规定。

◆ **修改提示**

本条是新增规定。

◆ **条文释义**

通常情况下，开展公开募捐活动，应当依法制订募捐方案，并在开展公开募捐活动的十日前将募捐方案报送办理其登记的民政部门备案。实行事先备案，便于监管部门进行日常监管。但突发事件具有突然性、紧急性等特点，重大突发事件发生后，一方面，临时开展募捐活动的情形较多，也会更加频繁，而有的地方甚至出现断水断电、通讯交通不便等极端情况，如果要求公开募捐主体在公开募捐活动十日前将募捐方案进行备案，则大大降低了公开募捐的时效性，与现实需要不符；另一方面，有的地方民政部门慈善事业管理岗位人员普遍偏少，工作力量薄弱，尤其是在突发事件应对中，民政部门往往要承担更多的任务，难以按照事先备案的工作方式对募捐活动进行监管。重大突发事件下慈善工作必须符合应急处突工作的特殊需要，突出效率导向，注重实施效果。因此，本条适当调整了募捐方案事前备案的要求，作出了事后备案的特殊规定。

根据本条规定，为应对重大突发事件开展公开募捐，无法在募捐活动开始前办理募捐方案备案的，应当在募捐活动开始后十日内补办备案手续。此处的"活动"是指公开募捐活动，本法没有对定向募捐方案制订及备案作出要求，当然也不适用本条关于补办备案手续的规定。补办募捐方案备案手续的时间并不是无限制的，只能在公开募捐活动开始后十日内补办。如果十日内没有补办备案手续的，则要与未依法报备募捐方案的情形一样，由民政部门予以行政处罚。除适当放宽募捐方案备案时间的要求外，本法及相关法规规章规定的关于募捐方案备案的其他要求仍然应当遵守，包括募捐方案的内容、备案的程序、备案部门等。

◆ **相关规定**

《慈善组织公开募捐管理办法》第 12 条

第七十四条　县级以上人民政府及其有关部门应当为捐赠款物分配送达提供便利条件。乡级人民政府、街道办事处和村民委员会、居民委员会，应当为捐赠款物分配送达、信息统计等提供力所能及的帮助。

◆ **条文主旨**

本条是关于政府、村民委员会、居民委员会等支持开展应急慈善活动的规定。

◆ **修改提示**

本条是新增规定。

◆ **条文释义**

一、政府及其有关部门为捐赠款物分配送达提供便利条件

相较于慈善组织，县级以上人民政府及其有关部门在突发事件应对中具有明显的信息、交通等方面的优势，实践中，也往往主导突发事件应对过程。因此，本条明确县级以上人民政府及其有关部门应当为捐赠款物分配送达提供便利条件，具体包括制度层面、实际执行层面以及对分配送达工作进行指导。制度层面，政府及其有关部门可以通过出台相关政策进行支持，政府及其有关部门可以通过健全慈善信息共享机制，为慈善组织等参与捐赠款物分配送达的主体摸清一线的需求信息，及时了解有关救助工作的动态信息，加快捐赠款物更加合理的分配送达。执行层面，政府及其有关部门可以建立统一的接收捐赠与需求信息平台，按需分配善款善物，提高慈善资源的使用效率。例如，《中华人民共和国突发事件应对法》规定，履行统一领导职责或者组织处置突发事件的人民政府和有关主管部门，应当组织协调运输经营单位，优先运送处置突发事件所需物资、设备、工具、应急救援人员和受到突发事件危害的人员。这里提供便利条件就包括组织协调运输经营单位，运送处置突发事件所需物资等。

二、乡级人民政府、街道办事处和村居委员会提供力所能及的帮助

乡级人民政府是最基层的人民政府，街道办事处是区级人民政府的派出机关，社区是党和政府联系、服务居民群众的"最后一公里"，与群众接触更为密切，更为了解群众需求。在突发事件应对中，乡级人民政府、街道办事处和村民委员会、居民委员会，可以利用其接近人民群众的便利条件，准确了解社区重点人员、重点机构、重点场所的基本情况，掌握辖区内机构和人员对捐赠款物的需求等，快速发放捐赠物资等群众急需的物资，因此，具备为分配送达、信息统计等提供帮助的能力和条件。同时，乡级人民政府、街道办事处和村居委员会在突发事件应对中还需要承担应急救援、转移安置人员等其他各项职责，因此，本条规定由其提供力所能及的帮助。

◆ **相关规定**

《中华人民共和国突发事件应对法》

第九章　信息公开

本章是关于慈善信息公开的规定。对各级民政部门和其他有关部门、慈善组织、慈善信托的受托人等慈善活动的参与者提出慈善信息公开的要求，明确不同主体需承担的信息公开义务，明确需公开信息的原则、范围、内容、方式、标准、周期等，既有利于保障慈善项目及善款善物在阳光下运行，也有利于提升公众对慈善事业的信任度，从而进一步推动我国慈善事业发展，营造良好的慈善社会氛围。

第七十五条　国家建立健全慈善信息统计和发布制度。

国务院民政部门建立健全统一的慈善信息平台，免费提供慈善信息发布服务。

县级以上人民政府民政部门应当在前款规定的平台及时向社会公开慈善信息。

慈善组织和慈善信托的受托人应当在本条第二款规定的平台发布慈善信息，并对信息的真实性负责。

◆ **条文主旨**

本条是关于建立健全慈善信息统计、发布制度和慈善信息平台的规定。

◆ **修改提示**

本条是对原法第六十九条的修改。一是将第一款中建立健全慈善信息统计和发布制度的责任主体由"县级以上人民政府"修改为"国家"。二是将原法第二十三条第三款的部分内容修改后移作本条第二款。此外，还对个别文字表述作了修改。

◆ **条文释义**

公开慈善信息是社会公众了解慈善组织和慈善活动的重要途径，也是对慈善组织和慈善活动进行社会监督的前提和基础。因此，本条对慈善信息统计和发布问题作出了规定，各级政府、慈善组织和慈善信托的受托人等应当按照本条规定统计和发布慈善信息，做好信息公开。

一、国家建立健全慈善信息统计和发布制度

《中华人民共和国统计法》规定，统计的基本任务是对经济社会发展情况进行统计调查、统计分析，提供统计资料和统计咨询意见，实行统计监督。国家建立集中统一的统计系统，实行统一领导、分级负责的统计管理体制。本法此次修改明确规定国家是慈善信息统计和发布的责任主体，慈善信息统计和发布纳入国家统一的统计管理体制。国家建立慈善信息统计和发布制度，健全科学的统计指标体系，不断改进统计方法，充分运用信息化手段，对慈善组织、慈善活动信息的收集、整理、统计、分析、发布、应用等环节进行规范，提高慈善信息统计和发布的科学性。

慈善信息的统计和发布应当符合国家对统计管理体制"统一领导、分级负责"的基本要求。首先，应当在国家层面建立集中统一的慈善信息统计和发布体系、制度和标准，需要民政、统计、财政、税务等有关部门共同参与。按照《中华人民共和国统计法》的规定，慈善信息统计调查属于民政等有关部门的专业性统计调查项目；慈善信息统计标准体系中属于国家统计标准的，应当由国家统计局制定，或者由国家统计局和国务院标准化主管部门共同制定；属于部门统计标准的，可以由民政部门作为慈善事业主管部门制定，报国家统计局审批。其次，县级以上地方各级人民政府分级负责本级辖区内的慈善信息统计工作，应当按照国家有关规定建立慈善信息统计资料的保存、管理制度，建立健全慈善统计信息共享机制。县级以上人民政府的民政、财政、税务等有关部门应当按照规定及时向本级人民政府统计机构报送统计慈善信息所需要的有关资料。县级以上地方各级人民政府统计机构应当及时向本级人民政府的民政、财政、税务等有关部门提供慈善信息统计资料，并按照国家有关规定，定期发布慈善信息统计资料。最后，慈善组织、受托开展慈善信托的信托公司和其他慈善信息的统计调查对象，应当按照国家有关规定设置原始记录、统计台账，建立健全相应的管理制度。

需要注意的是，《中华人民共和国统计法》修改已经列入十四届全国人大常委会立法规划，有关方面要关注修法进程，根据修改后的《中华人民共和国统计法》及时调整完善慈善信息统计制度。

二、国务院民政部门建立健全统一的慈善信息平台

公开慈善信息，需要有发布信息的载体、介质，也就是进行信息公开的平台。实践中，随着现代科技的不断发展，各类信息平台复杂多样、功能不一，如广播、电视、报刊、微博、微信、客服端等。尤其是随着自媒体等新媒体平台的兴起，信息出现了交互强、传播快、低门槛、易操作等新特点。为了便于在全国范围内统一发布慈善信息，提高慈善信息发布的权威性和规范性，降低社会公众进行慈善信息检索、查询和监督的成本，方便进行慈善领域的数据收集、统计分析、调查研究，本条规定由国务院民政部门建立健全统一的慈善信息平台，作为慈善组织、慈善信托等慈善活动参与者，以及民政部门依法发布相关信息的平台。2017 年 9 月，全国慈善信息公开平台（慈善中国）正式开通。该平台由国务院民政部主管，开通了公开和查询慈善组织信息、慈善信托信息、募捐方案备案情况、慈善项目进展情况、慈善组织年报、互联网公开募捐信息平台名单等功能，提供免费的慈善信息发布服务。

三、民政部门在统一的慈善信息平台上及时公布慈善信息

县级以上人民政府民政部门在履行职责过程中通过制作或者获取，并以一定形式记录、保存，形成了与慈善组织、慈善活动有关的政府信息。由于慈善涉及广大社会公众利益，与慈善相关的政府信息具有很强的公共性，这也是慈善组织和慈善活动接受社会监督的重要基础之一。因此，及时向社会公开慈善信息是县级以上人民政府民政部门的法定义务。本法此次修改，在明确县级以上人民政府民政部门有义务向社会公开慈善信息的基础上，进一步规定了县级以上人民政府民政部门应当在国务院民政部门建立的统一的慈善信息平台上向社会公开慈善信息。之所以进行修改，主要考虑是慈善活动往往不限于某一地域范围，捐赠人、受益人可能来自全国不同省市，如果按照政府信息公开的常规做法，在当地政府或者部门的网站上公示相关信息，不利于捐赠人和社会公众查询信息和进行监督。因此，本条明确要求县级以上人民政府民政部门应当在慈善中国网站上及时公布慈善信息。

四、慈善组织和慈善信托的受托人应当在民政部建立的统一的慈善信息平台上发布慈善信息

民政部建立的统一的慈善信息平台具有较强的权威性和社会公信力。慈善组织和慈善信托的受托人开展慈善活动、履行法律规定的信息公开义务，都需要通过互联网发布相关信息。如果通过自己的网站或者其他慈善信息平台发布信息，一方面，不利于社会公众统一查询慈善信息并进行监督；另一方面，发布信息的真实性和准确性也难以保证。因此，本条明确规定，慈善组织和慈善信托的受托人应当在民政部建立的统一的慈善信息平台上发布慈善信息。除在慈善中国发布慈善信息外，慈善组织、慈善信托的委托人也可以在其他平台上发布信息。例如，慈善组织既可以在其网站上发布慈善信息，也可以在门户网站、自媒体平台、学术期刊上发布慈善信息。

需要说明的是，慈善组织和慈善信托的受托人虽然是在国务院民政部门建立的信息平台上发布信息，但作为信息发布的责任主体，按照"谁发布谁负责"的原则，应当对其发布的慈善信息的真实性负责。如果慈善组织和慈善信托的受托人发布了虚假、伪造、编造的慈善信息，应当承担法律责任。由于平台是由国务院民政部门负责建设与维护，慈善组织和慈善信托的受托人在平台上发布法定信息不需要支付任何费用。

◆ **相关规定**

《中华人民共和国统计法》第 2 条、第 3 条、第 11 条、第 17 条

第七十六条　县级以上人民政府民政部门和其他有关部门应当及时向社会公开下列慈善信息：

（一）慈善组织登记事项；

（二）慈善信托备案事项；

（三）具有公开募捐资格的慈善组织名单；

（四）具有出具公益性捐赠税前扣除票据资格的慈善组织名单；

（五）对慈善活动的税收优惠、资助补贴等促进措施；

（六）向慈善组织购买服务的信息；

（七）对慈善组织、慈善信托开展检查、评估的结果；

（八）对慈善组织和其他组织以及个人的表彰、处罚结果；

（九）法律法规规定应当公开的其他信息。

◆ **条文主旨**

本条是关于民政部门和其他有关部门应当主动公开的慈善信息内容的规定。

◆ **修改提示**

本条是原法第七十条，未作修改。

◆ **条文释义**

慈善信息涉及慈善组织和慈善活动的方方面面，本条对哪些慈善信息应当由政府主动向社会公开作出了规定。本条规定的政府应当向社会公开的慈善信息都属于涉及社会公众利益、需要社会公众广泛知晓或者参与的信息，也是政府有关部门在履行职责过程中制作或者获取的信息，规定由政府有关部门公开，能够保证这些信息的真实性、权威性、准确性和及时性，同时也方便了社会获取这些信息。

一、各有关政府部门应当按照各自职能公开所掌握的慈善信息

本条所规定的应当公开的慈善信息，是有关行政机关在履行职责过程中制作或者获取的，以一定形式记录、保存的信息，按照《中华人民共和国政府信息公开条例》第二条的规定，属于政府信息。对所掌握的慈善信息应当进行公开的，既包括县级以上人民政府民政部门，也包括其他有关部门。民政部门是慈善事业的主管部门，又负责慈善组织的登记、认定、监管及对慈善信托相关文件进行备案等，因此，民政部门承担着公开相关信息的职责。除民政部门外，其他有关部门，如公安部门、检察院、法院等，也能获取、掌握部分慈善组织、慈善活动的信息；人民政府的其他组成部门，如统计部门、财政部门、税务部门，不但可以获取、掌握慈善组织、慈善活动的信息，还能够参与制作有关慈善信息。因此，各相关部门在各自的职权范围内，都有公开慈善信息的义务。

二、县级以上人民政府民政部门和其他有关部门应当主动公开的慈善信息类别

县级以上人民政府民政部门和其他有关部门公开的慈善信息，可以分为两大类。第一类是慈善组织、慈善活动的客观信息，如本条第一项、第二项规定的信息。这类信息具有客观性、确定性、唯一性，仅随着慈善组织、慈善活动自身的产生、变化、结束而发生变更，社会公众可以对慈善组织有直观、清晰的认识；第二类是政府和有关部门履行职能中对慈善组织、慈善活动形成的信息，如本条第三项、第四项、第五项、第六项、第七项、第八项规定的信息，是由政府及其有关部门建立制度、确立标准、设定规则后，运用这一整套评判体系对慈善组织、慈善信托、慈善活动及有关组织、个人进行评价、判定后产生的信息，该类信息中既可能有正面信息、也可能有负面信息。具体内容如下：

（一）慈善组织登记事项。民政部门对慈善组织登记的有关事项，包括但不限于慈善组织的名称、组织形式、登记管理机关、业务主管单位（无业务主管单位的慈善组织无须公开）、统一社会信用代码、设立宗旨、业务范围、法定代表人、成立时间、联系方式、住所、是否具有公开募捐资格，以及行政法规所规定的其他属于登记事项的信息。

（二）慈善信托备案事项。民政部门和银行业监督管理机构应当公开对慈善信托备案的有关事项，包括但不限于委托人、受托人的登记事项、信托文件、受托人变动情况、信托事务处理情况及财务状况等。除备案事项和本条第七项规定的对慈善信托检查、评估的结果外，《慈善信托管理办法》第五十五条第二项、第四项还进一步规定，民政部门和银行业监督管理机构应当及时向社会公开慈善信托终止事项，对慈善信托受托人的行政处罚和监管措施的结果。

（三）具有公开募捐资格的慈善组织名单。根据《慈善组织公开募捐管理办法》的规定，慈善组织申请公开募捐资格，向其登记的民政部门提交材料，民政部门收到全部有效材料后，应当依法进行审核，对符合条件的慈善组织，发给公开募捐资格证书，并依法公示具有公开募捐资格的慈善组织名单。

（四）具有出具公益性捐赠税前扣除票据资格的慈善组织名单。2020

年，财政部、税务总局、民政部联合发布的《关于公益性捐赠税前扣除有关事项的公告》规定，在民政部登记注册的社会组织，由民政部结合社会组织公益活动情况和日常监督管理、评估等情况，对社会组织的公益性捐赠税前扣除资格进行核实，提出初步意见。根据民政部初步意见，财政部、税务总局和民政部对照本公告相关规定，联合确定具有公益性捐赠税前扣除资格的社会组织名单，并发布公告。为方便纳税主体查询，省级以上财政、税务、民政部门应当及时在官方网站上发布具备公益性捐赠税前扣除资格的公益性社会组织名单公告。

（五）对慈善活动的税收优惠、资助补贴等促进措施。财政、税务、民政等有关部门对于慈善活动制定的有关税收优惠、资助补贴的具体政策。例如，2015 年财政部、海关总署和国家税务总局联合发布《慈善捐赠物资免征进口税收暂行办法》，对境外捐赠人无偿向受赠人捐赠的直接用于慈善事业的物资，免征进口关税和进口环节增值税。再如，2018 年财政部、教育部制定《中央高校捐赠配比专项资金管理办法》，由中央财政设立中央高校捐赠配比专项资金对中央级普通高等学校获得的符合规定条件的社会捐赠收入进行奖励补助。

（六）向慈善组织购买服务的信息。政府购买服务，是指各级国家机关将属于自身职责范围且适合通过市场化方式提供的服务事项，按照政府采购方式和程序，交由符合条件的服务供应商承担，并根据服务数量和质量等因素向其支付费用的行为。慈善组织属于政府购买服务的承接主体之一。政府购买服务应当遵循预算约束、以事定费、公开择优、诚实信用、讲求绩效原则。政府购买服务的具体范围和内容实行指导性目录管理，有关部门应当根据经济社会发展实际，政府职能转变和基本公共服务均等化、标准化的要求，编制、调整指导性目录，指导性目录依法予以公开。

（七）对慈善组织、慈善信托开展检查、评估的结果。民政部门依法对慈善组织、慈善信托开展检查，组织第三方评估，有关结果要向社会进行公开。其他有关部门依法对慈善组织、慈善信托开展专项检查，进行专项评估也要公开有关结果。

（八）对慈善组织和其他组织以及个人的表彰、处罚结果。政府部门在慈善领域开展的对慈善组织和其他组织、个人的表彰，如中华慈善奖的评选结果要对社会公开。还有，民政部门和其他部门依法对慈善组织和其他组织作出的行政处罚等要向社会进行公开。

（九）法律法规规定应当公开的其他信息。该项是兜底条款，不属于上述八项的信息，但又在有关法律法规中明确要求要公开的，需要公开。

此外，本法还明确了县级以上人民政府民政部门和其他有关部门未履行信息公开义务的法律责任。本法第一百二十条规定：县级以上人民政府民政部门和其他有关部门未依法履行信息公开义务的，由上级机关或者监察机关责令改正；依法应当给予处分的，由任免机关或者监察机关对直接负责的主管人员和其他直接责任人员给予处分。

◆ **相关规定**

《中华人民共和国政府信息公开条例》第 2 条；《政府购买服务管理办法》第 2 条；《慈善信托管理办法》第 55 条；《关于公益性捐赠税前扣除有关事项的公告》

第七十七条 慈善组织、慈善信托的受托人应当依法履行信息公开义务。信息公开应当真实、完整、及时。

◆ **条文主旨**

本条是关于慈善组织、慈善信托的受托人信息公开义务和基本要求的规定。

◆ **修改提示**

本条是原法第七十一条，未作修改。

◆ **条文释义**

信息公开有利于提高其本身的公开透明度，保护捐赠人的知情权，提高慈善事业的公信力，促进慈善事业健康发展。慈善组织、慈善信托的受托人依法公开相关慈善信息，既是慈善组织实现自我良好运转的需要，也是建立慈善组织公信力的要求。因此，本法对慈善组织、慈善信托的受托人应当依法履行信息公开义务和基本原则等作出规定，是十分必要的。

一、依法履行信息公开义务

依法公开信息，是慈善组织、慈善信托的受托人应当履行的法定义务。本条规定的信息公开的主体是慈善组织、慈善信托的受托人。根据本法规定，慈善组织，是依法成立、符合本法规定，以面向社会开展慈善活动为宗旨的非营利性组织，可以采取基金会、社会团体、社会服务机构等组织形式。慈善信托的受托人，可以由委托人确定其信赖的慈善组织或者信托公司担任。慈善组织和慈善信托的受托人依法公开相关信息，一是有利于捐赠人和社会公众了解捐赠财产使用情况和慈善组织、慈善信托运行情况；二是有利于通过社会监督，促使慈善组织和慈善信托的受托人充分、高效使用慈善财产，防止慈善财产被私分、挪用、截留或者侵占。

本条从宏观层面明确慈善组织、慈善信托的受托人应当依法履行信息公开义务。对于信息公开的具体内容，本法其他条款和有关法规规章作了规定。例如，本法第四十二条规定，捐赠人有权查询、复制其捐赠财产管理使用的有关资料，慈善组织应当及时主动向捐赠人反馈有关情况。本法第八十条规定，慈善组织开展定向募捐的，应当及时向捐赠人告知募捐情况、募得款物的管理使用情况。民政部于 2018 年出台的《慈善组织信息公开办法》，进一步明确了慈善组织信息公开的范围、时限、方式等内容，其中第三条、第九条、第十一条和银监会、民政部于 2017 年出台的《慈善信托管理办法》第五十六条对慈善信托受托人进行信息公开的范围、方式也作出了具体规定。

慈善组织和慈善信托的受托人不依法履行信息公开义务的，应当分别依照本法第一百一十条、第一百一十八条规定承担相应的法律责任。

二、信息公开的真实、完整、及时原则

慈善组织、慈善信托的受托人信息公开，应当遵循真实、完整、及时原则。这是实践经验的提炼和总结，是对慈善组织和慈善信托的受托人信息公开义务的原则性要求。

（一）真实原则。公开的信息应当真实，即应当是客观、准确、权威、可靠的。不能弄虚作假，进行伪造、编造、捏造，或者进行误导式描述。慈善组织和慈善信托的受托人要对发布信息的真实性承担主体责任。例如，慈善组织向社会公开的财务会计报告应当如实报告慈善组织的收入及开支情况；慈善组织公开的慈善项目实施情况应当如实说明其项目进展、活动支出等情况；慈善信托的受托人应当如实公开其受托进行的信托事务处理情况等。

（二）完整原则。对要求公开的信息，慈善组织、慈善信托的受托人要完整公开有关信息。例如，本法要求慈善组织应当每年向社会公开其年度工作报告和财务会计报告，具有公开募捐资格的慈善组织的财务会计报告须经审计，财务会计报告如未经审计，是不完整的，甚至是不真实的。又如，规定公开募捐周期超过六个月的，至少每三个月公开一次募捐情况，公开募捐活动结束后三个月内应当全面、详细公开募捐情况等。因此，慈善组织、慈善信托的受托人应当严格按照法律、行政法规的要求，完整公开有关信息，不得进行选择性公开。需要注意的是，根据本法规定，涉及国家秘密、商业秘密、个人隐私的信息以及捐赠人、慈善信托的委托人不同意公开的姓名、名称、住所、通讯方式等信息，不得公开。因此，慈善组织以及慈善信托的受托人在信息公开时要谨慎，认真审查应当公开的内容。

（三）及时原则。对要求公开的信息要及时公开，这是由信息时效性决定的。本法对有些信息的及时公开作了明确要求，如慈善组织的组织章程和决策、执行、监督机构成员信息以及国务院民政部门要求公开的其他信息有重大变更的，慈善组织应当及时向社会公开。慈善组织开展定向募捐的，应当及时向捐赠人告知募捐情况、募得款物的管理使用情况。这些都是对及时原则的具体规定。需要注意的是，及时不等于实时，如本法上述有关慈善组织的信息公开，有的规定了定期公开信息，有的规定有关活动周期超过六个月的，至少每三个月公开一次，并在活动结束后三个月内全面、详细公开相关情况。

◆ **相关规定**

《慈善组织信息公开办法》；《慈善信托管理办法》第 56 条

> 　　**第七十八条**　慈善组织应当向社会公开组织章程和决策、执行、监督机构成员信息以及国务院民政部门要求公开的其他信息。上述信息有重大变更的，慈善组织应当及时向社会公开。
>
> 　　慈善组织应当每年向社会公开其年度工作报告和财务会计报告。具有公开募捐资格的慈善组织的财务会计报告须经审计。

◆ 条文主旨

本条是关于慈善组织应当向社会公开有关信息范围的规定。

◆ 修改提示

本条是原法第七十二条，未作修改。

◆ 条文释义

对信息公开原则作具体细化规定，有利于信息公开原则通过法律的具体规定落到实处，有利于慈善组织有明确的依据去具体落实法律规定的要求，有利于提高慈善事业的透明度和可信度。因此，本条明确规定了慈善组织应当向社会公开的具体信息。

一、应当公开的一般信息范围

（一）组织章程。慈善组织应当有组织章程，这是成为慈善组织的条件之一。本法第十一条规定，慈善组织的章程，应当符合法律法规的规定，并载明下列事项：（1）名称和住所；（2）组织形式；（3）宗旨和活动范围；（4）财产来源及构成；（5）决策、执行机构的组成及职责；（6）内部监督机制；（7）财产管理使用制度；（8）项目管理制度；（9）终止情形及终止后的清算办法；（10）其他重要事项。慈善组织向社会公开的章程内容，至少应当包含上述事项。

（二）决策、执行、监督机构成员信息。慈善组织的章程对决策、执行机构的组成及职责作了规定。这项规定对机构成员信息公开作了明确要求，这也是慈善组织的基本信息之一，作出进一步明确的规定，是为了强调这项信息的重要性。

（三）国务院民政部门要求公开的其他信息。国务院民政部门主管全国慈善工作，负有制定慈善组织登记管理、执法监察的政策、办法，对地方登记管理机关工作进行指导和监督等职责，因而国务院民政部门有权根据监督管理工作的需要，要求慈善组织公开有关信息。根据民政部出台的《慈善组织信息公开办法》，慈善组织还需要公开下设的办事机构、分支机构、代表机构、专项基金和其他机构的名称、设立时间、存续情况、业务范围或者主要职能；发起人、主要捐赠人、管理人员、被投资方以及与慈善组织存在控制、共同控制或者重大影响关系的个人或者组织；本组织的联系人、联系方式，以本组织名义开通的门户网站、官方微博、官方微信或者移动客户端等网络平台；本组织的信息公开制度、项目管理制度、财务和资产管理制度；重大资产变动及投资、重大交换交易及资金往来、关联交易行为等情况。慈善组织作为慈善信托的受托人的，还应当根据相关规定公开慈善信托的有关信息。

向社会公开的上述信息有重大变更的，慈善组织应当及时向社会公开。信息的重大变更主要是指章程和决策、执行、监督机构成员情况以及国务院民政部门要求慈善组织公开的信息中，有较为明显的变动内容的，变动后的内容应当及时向社会公开。根据《慈善组织信息公开办法》的规定，慈善组织的基本信息发生变更的，慈善组织应当在变更后 30 日内在统一信息平台向社会公布，具体包括经民政部门核准的章程；决策、执行、监督机构成员信息；下设的办事机构、分支机构、代表机构、专项基金和其他机构的名称、设立时间、存续情况、业务范围或者主要职能；发起人、主要捐赠人、管理人员、被投资方以及与慈善组织存在控制、共同控制或者重大影响关系的个人或者组织；本组织的联系人、联系方式，以本组织名义开通的门户网站、官方微博、官方微信或者移动客户端等网络平台；本组织的信息公开制度、项目管理制度、财务和资产管理制度。

二、应当每年公开的信息

慈善组织的年度工作报告和财务会计报告应当每年向社会公开。本法第十三条规定了年度工作报告和财务会计报告应当包括的内容，如慈善组织年度开展募捐和接受捐赠、慈善财产的管理使用、慈善项目实施、募捐成本、慈善组织工作人员工资福利以及与境外组织或者个人开展合作等情况。这些信息直接与捐赠人、受益人、社会公众的利益密切相关，是社会各界关注的焦点，也是判定慈善组织是否履行宗旨、运转良好的依据。慈善组织应当将上述信息真实、完整、及时地进行公开。慈善组织既要每年将年度工作报告和财务会计报告向办理其登记的民政部门报告，又要面向社会公开。

本条还特别规定，具有公开募捐资格的慈善组织的财务会计报告在公开之前，必须先进行审计。主要是基于以下考虑：具有公开募捐资格的慈善组织，其募捐行为涉及面广、影响力大、社会公众关注度和参与度较高，通过审计，可以保证财务会计报告的真实有效，也是对慈善组织活动的监督。审计机构由具有公开募捐资格的慈善组织自行聘请，相关费用自行承担。如有必要，民政部门可以委托会计师事务所对具有公开募捐资格的慈善组织的财务会计报告进行抽查审计。其他慈善组织也可以对财务会计报告进行审计。

◆ **相关规定**

《慈善组织信息公开办法》；《慈善信托管理办法》第 32 条、第 56 条

第七十九条　具有公开募捐资格的慈善组织应当定期向社会公开其募捐情况和慈善项目实施情况。

公开募捐周期超过六个月的，至少每三个月公开一次募捐情况，公开募捐活动结束后三个月内应当全面、详细公开募捐情况。

慈善项目实施周期超过六个月的，至少每三个月公开一次项目实施情况，项目结束后三个月内应当全面、详细公开项目实施情况和募得款物使用情况。

◆ **条文主旨**

本条是关于具有公开募捐资格的慈善组织向社会公开有关情况的规定。

◆ **修改提示**

本条是对原法第七十三条的修改。与原法条相比，增加了"详细"公开募捐情况、项目实施情况和募得款物使用情况的要求。

◆ **条文释义**

根据本法规定，慈善募捐包括面向社会公众的公开募捐和面向特定对象的定向募捐两种形式。两种不同形式的募捐不仅在募捐资格、募捐方式

等方面有不同的法律要求，在信息公开方面的法律义务要求也不同。公开募捐活动是一项面向社会公众的行为，涉及社会公共秩序和公共利益，需要法律有更多的规范。为了保护社会公众对慈善组织公开募捐的知情权和监督权，本条规定了具有公开募捐资格的慈善组织关于公开募捐及募捐后项目实施的信息公开义务。对于慈善组织来说，信息公开是其开展慈善活动、进行慈善募捐所需遵守的根本原则，当慈善组织向社会公众进行募捐时，更需要及时告知社会公众公开募捐情况和项目实施情况，这样不仅有利于增加慈善组织的透明度和公信力、增加捐赠人对慈善组织的信任度，也有利于保障捐赠人的知情权，进而实施有效的社会监督，有效地防止暗箱操作，还有利于促进慈善组织建立健全内部管理机制，规范内部管理，促进慈善事业的健康发展。本条分为三款，包括以下几层含义。

一、对公开募捐情况和慈善项目实施情况进行公开

具有公开募捐资格的慈善组织信息公开的内容包括公开募捐情况和慈善项目实施情况。

（一）公开募捐情况。在募捐开始前，具有公开募捐资格的慈善组织须先行向社会公开以下信息：慈善组织的名称、住所、宗旨和活动范围等组织信息、公开募捐资格、募捐目的、募款用途、募捐的起止时间、募得款物的使用计划、接受捐赠方式、联系方式等。具有公开募捐资格的慈善组织在募捐结束后，须向社会全面公开关于募捐情况的信息，除募捐开始前所应公开的信息外，具有公开募捐资格的慈善组织还应再公开受赠款物构成、受赠数额、捐赠人、是否向捐赠人开具票据以及募捐成本等与募捐相关的信息。通过对公开募捐情况的公开，便于捐赠人和社会公众监督慈善组织对募得款物的管理使用情况。

（二）项目实施情况。对于捐赠人而言，其捐赠款物后必然关心所捐赠款物是否按照募捐时公开的用途使用，是否实现了其捐赠时期望达到的募捐目的。同时，慈善项目的实施情况也是检验慈善组织是否依法合规、按照约定使用募得款物的关键方面，因此，是慈善组织应当重点公开的信息之一。《慈善组织信息公开办法》进一步规定了应当向社会公开的慈善项目实施情况的具体内容，包括项目名称、项目内容、实施地域、受益人群、来自公开募捐和其他来源的收入、项目的支出情况，项目终止后有剩余财产的还应当公开剩余财产的处理情况。

本法此次修改，在要求募捐活动或者慈善项目结束三个月内全面公开募捐、项目实施和募得款物使用情况的基础上，增加了"详细"公开这一要求。主要原因是在修法过程中，很多意见反映，一些慈善组织公开募捐情况、募得款物的使用情况、项目实施情况时非常原则、笼统，有些只公开总收入、总支出，但具体支出的项目、物资种类、项目实施的进程等细节的内容均未体现，极大地降低了慈善项目的可信度和公信力，不符合信息公开的精神和要求。因此，本次修改专门增加了"详细"公开这一要求。2018 年 8 月，民政部依据原《中华人民共和国慈善法》公布了《慈善组织信息公开办法》，明确了慈善组织信息公开的具体范围、方式和法律责任，新法实施后，相关部门还将根据此次修法精神，进一步完善细化相关规定。

二、信息公开的时间要求

根据本条规定，一方面，慈善组织应当定期向社会公开其募捐情况和慈善项目实施情况。本法及有关法律法规规定了慈善组织应当定期公布的信息。例如，慈善组织应当每年向社会公开其年度工作报告和财务会计报告，报告中就包括年度开展募捐情况和慈善项目实施情况；还有的互联网公开募捐服务平台，对通过其平台开展募捐的慈善项目也提出了定期公开有关信息的要求。另一方面，对于具体的公开募捐和慈善项目，本条还进一步规定了明确的信息公开时限，要求公开募捐活动结束后三个月内应当公开募捐情况，如果公开募捐周期超过六个月的，在募捐活动结束前，至少每三个月还要公开一次募捐情况；同时，慈善项目结束后三个月内应当公开项目实施情况和募得款物使用情况，实施周期超过六个月的，还应当至少每三个月公开一次项目实施情况。之所以作出明确的时间要求，是为了保证信息公开的及时性，便于捐赠人和社会公众及时监督，如果发现在公开募捐、项目实施过程中存在违法违规情况，可以及时纠正违法违规行为，防止浪费募得款物。

三、信息公开的对象

本条规定的信息公开的主体是开展公开募捐的慈善组织，其信息公开的对象是社会公众，这是由其募捐对象所决定的。具有公开募捐资格的慈善组织面向社会公众开展募捐，不特定的社会公众均有可能成为捐赠人。

因此，相关信息必须向社会公众公开，社会公众有权对捐赠的情况和受赠财产的使用、管理情况进行监督。

另外，根据本法的规定，慈善组织应当在国务院民政部门建立的统一的慈善信息平台上发布慈善信息。因此，慈善组织公开募捐活动的相关信息包括募捐信息及项目实施信息等，应当在该平台上予以发布。同时，慈善组织还可以选择在自己的网站或者报刊、广播、电视及其他网站等媒体上发布相关信息，以供社会公众查阅。慈善组织所公开的信息应当真实、完整、及时，不得有虚假记载、误导性陈述或者重大遗漏。

◆ **相关规定**

《中华人民共和国公益事业捐赠法》第 22 条；《慈善组织信息公开办法》

第八十条　慈善组织开展定向募捐的，应当及时向捐赠人告知募捐情况、募得款物的管理使用情况。

◆ **条文主旨**

本条是关于开展定向募捐的慈善组织应当及时向捐赠人告知有关情况的规定。

◆ **修改提示**

本条是原法第七十四条，未作修改。

◆ **条文释义**

根据本法规定，慈善组织自登记之日起可以开展定向募捐。定向募捐是在发起人、理事会成员和会员等特定对象的范围内进行，而不是面向社会公众公开募捐。虽然是在特定对象的范围内进行的，但该特定对象同样享有对募捐情况等信息的知情权，慈善组织应当履行有关信息公开的义务。通过明确慈善组织开展定向募捐时的信息公开义务的规定，既有利于保障参与定向募捐的捐赠人的知情权，也有利于对捐赠财产的使用和管理进行监督。

一、告知捐赠人募捐情况和募得款物的管理使用情况

根据本法第二十九条规定，慈善组织开展定向募捐，应当向募捐对象说明募捐目的、募得款物用途等事项。捐赠人在了解并接受该募捐目的、募得款物用途后，自愿捐赠款物。因此，定向募捐的捐赠人捐赠款物时，意味着其与慈善组织就募捐目的、募捐款物用途达成合意，由慈善组织按照告知的用途使用该款物。在定向募捐进行过程中和使用募得款物的过程中，慈善组织有义务及时告知募捐情况、募得款物的管理使用情况，方便捐赠人对定向募捐情况进行监督。其中，募捐情况主要包括募捐开始前需要告知的募捐目的、募得款物用途、募捐的起止时间、接受捐赠方式、联系方式、募得款物的使用计划等，募捐结束后需要告知的募得款物的构成、受赠数额、捐赠人、是否向捐赠人开具票据以及募捐成本等全部募捐情况。募得款物的管理使用情况主要包括募得款物的管理费用、保值增值情况、项目实施成本包括物资采集和人力成本等、项目实施进度、是否按规定或捐赠协议约定的用途使用捐赠财产等信息。

二、信息公开的对象

慈善组织开展定向募捐时，信息告知的法律义务对象是捐赠人，而不是社会公众，这是由慈善组织的定向募捐范围所决定的。慈善组织进行定向募捐，其募捐的对象和向其捐赠款物的主体是发起人、理事会成员和会员等特定对象，而不是社会公众。因此，慈善组织的募捐情况和募得款物的管理使用情况仅需要向这部分特定主体告知即可。告知可以采取口头或者书面方式。同时，根据《慈善组织信息公开办法》第十五条的规定，捐赠人要求将捐赠款物管理使用情况向社会公开的，慈善组织应当向社会公开。

另外，本条没有对定向募捐信息告知的时间节点进行规定，而是规定了慈善组织应"及时"告知有关情况。这里的"及时"，是要求慈善组织应在合理的时间告知有关情况。如捐赠协议中约定了信息告知的时间，或捐赠人提出了合理的信息告知要求，慈善组织应当按约定或按要求进行告知。一般情况下，定向募捐情况的告知包括募捐开始前的告知和募捐结束后的告知，慈善组织还可以选择参考公开募捐的时间要求，在募捐过程中进行信息披露。

◆ **相关规定**

《慈善组织信息公开办法》第 15 条

第八十一条　慈善组织、慈善信托的受托人应当向受益人告知其资助标准、工作流程和工作规范等信息。

◆ **条文主旨**

本条是关于慈善组织、慈善信托的受托人应当向受益人告知有关信息的规定。

◆ **修改提示**

本条是原法第七十五条，未作修改。

◆ **条文释义**

慈善组织和慈善信托的受托人向受益人告知有关信息，一方面，通过信息告知，受益人可以明确得知应得到多少数额的资助、资助的方式是一次性的还是持续性的、资助是否还需受益人进行配套支出或后续支出等信息，使受益人明确知晓自己的权益，可有效避免因信息不对称导致双方产生法律纠纷。另一方面，慈善组织和慈善信托的受托人向受益人进行信息告知，也有利于受益人对其承诺捐赠和资助项目的实施进行监督，促进其建立健全管理机制，规范项目运作。

一、向受益人告知的信息内容

按照权利义务对等原则，慈善组织和慈善信托的受托人对受益人的信息告知义务仅限于与受益人利益相关的信息，主要包括：资助标准、工作流程和工作规范等。

（一）资助标准

慈善组织和慈善信托的受托人在项目开始前即应确定对受益人的资助标准，而且对每个受益人的具体获助数额应是确定的，慈善组织和慈善信托的受托人应严格依据资助标准对受益人进行资助，不能随意更改标准，更不能侵占、私分、截留或挪用捐赠款项。按照程序确定了项目受益人后，慈善组织和慈善信托的受托人应将资助标准准确、全面、及时告知受益人。

（二）工作流程

工作流程一般包括项目运作步骤、实施进度安排等。受益人了解工作流程，既有利于对何时获得资助形成合理的预期，也有利于监督慈善项目的进展情况，慈善组织和慈善信托的受托人不得借故推辞，更不能隐瞒不告知。

（三）工作规范

慈善组织和慈善信托的受托人要建立相应的管理制度和内部控制机制，明确行为准则，规范项目运作。例如，要对捐赠财产的管理使用予以规范，防止侵占、私分、截留、挪用的情形；要对捐赠程序予以规范，不能未经慈善组织履行接收、审批和发放程序就由捐赠人直接转移给受益人或者其他第三方等。工作规范是慈善组织和慈善信托的受托人对相关法律法规的进一步细化，告知项目受益人相关工作规范，有利于督促慈善项目更合规合理地管理和运作。

二、向受益人告知的方式

本条没有对向受益人进行信息告知的方式作具体规定，实践中，慈善组织和慈善信托的受托人既可以口头告知受益人，也可以根据需要与受益人签订协议，通过书面形式明确双方的权利义务，约定慈善财产的用途、数额和使用方式、项目实施进度、双方的权利义务等内容。但不论采用口头形式还是书面形式，慈善组织和慈善信托的受托人均应确保其资助标准、工作流程和工作规范等信息的公开范围可以涵盖所有受益人。此外，本条虽然规定信息告知的对象是受益人，不是社会公众，但根据《慈善组织信息公开办法》第十六条的规定，鼓励慈善组织向社会公开其资助标准、工作流程和工作规范等信息，便于社会公众监督。

◆ **相关规定**

《慈善组织信息公开办法》第 16 条

第八十二条 涉及国家秘密、商业秘密、个人隐私的信息以及捐赠人、慈善信托的委托人不同意公开的姓名、名称、住所、通讯方式等信息，不得公开。

◆ **条文主旨**

本条是关于信息公开例外情况的规定。

◆ **修改提示**

本条是原法第七十六条，未作修改。

◆ **条文释义**

慈善信息应以公开为原则，以不公开为例外。本法第七十七条规定了慈善信息公开的真实、完整、及时原则，但"完整"并不意味着"无一例外"。本条规定的"涉及国家秘密、商业秘密、个人隐私的信息以及捐赠人、慈善信托的委托人不同意公开的姓名、名称、住所等信息"，便是慈善信息公开的例外。慈善信息公开时要以审慎的态度，准确判断信息是否属于禁止公开的内容。

一、涉及国家秘密、商业秘密、个人隐私的信息不得公开

涉及国家秘密、商业秘密、个人隐私的信息不得公开，这是信息公开除外的一般性原则，许多法律、行政法规均依此原则对信息公开进行了例外规定。

1. 国家秘密。保守国家秘密是法律赋予所有组织及个人的法律义务。依据《中华人民共和国保守国家秘密法》，国家秘密是关系国家安全和利益，依照法定程序确定，在一定时间内只限一定范围的人员知悉的事项。该法第五条第二款规定，一切国家机关和武装力量、各政党和各人民团体、企业事业组织和其他社会组织以及公民都有保密的义务，同时，该法第五十七条具体规定了泄露国家秘密应承担的法律责任。

2. 商业秘密。《中华人民共和国反不正当竞争法》第九条第四款规定，该法所称商业秘密，是指不为公众所知悉、具有商业价值并经权利人采取相应保密措施的技术信息、经营信息等商业信息。《中华人民共和国刑法》第二百一十九条第一款、第二款规定，"有下列侵犯商业秘密行为之一，情节严重的，处三年以下有期徒刑，并处或者单处罚金；情节特别严重的，处三年以上十年以下有期徒刑，并处罚金：（一）以盗窃、贿赂、欺诈、胁迫、电子侵入或者其他不正当手段获取权利人的商业秘密的；（二）披露、使用或者允许他人使用以前项手段获取的权利人的商业秘密的；（三）违反保密义务或者违反权利人有关保守商业秘密的要求，披露、使用或者允许他人使用其所掌握的商业秘密的。明知前款所列行为，获取、披露、使用或者允许他人使用该商业秘密的，以侵犯商业秘密论"。捐赠时涉及商业秘密的情形有很多，如捐赠人在向慈善组织捐赠时，尤其是企业在捐赠本企业生产的物品时，可能会告知慈善组织所捐赠物品的成本价以及销售价格，这些信息便可能是捐赠企业的商业秘密，慈善组织在信息公开时须进行判断和准确把握，无法自行判断时应征求捐赠人的意见。

3. 个人隐私。《中华人民共和国民法典》第一千零三十二条规定，自然人享有隐私权。任何组织或者个人不得以刺探、侵扰、泄露、公开等方式侵害他人的隐私权。隐私是自然人的私人生活安宁和不愿为他人知晓的私密空间、私密活动、私密信息。上述规定明确了个人的隐私享有权和维护权，同时也界定了隐私的定义。除法律另有规定或者权利人明确同意外，任何组织和个人不得实施侵害他人隐私权的行为。

因此，所有涉及国家秘密、商业秘密、个人隐私的慈善信息，既包括捐赠人的上述信息，也包括受益人的上述信息，均不得公开，否则便须依法承担相应的法律责任。

二、捐赠人、慈善信托的委托人不同意公开自己的姓名、名称、住所、通讯方式等信息的，不得公开

此项规定实际上是信息公开除外一般性原则在慈善领域的具体表现。《中华人民共和国民法典》规定：自然人的个人信息受法律保护。个人信息是以电子或者其他方式记录的能够单独或者与其他信息结合识别特定自然人的各种信息，包括自然人的姓名、出生日期、身份证件号码、生物识别信息、住址、电话号码、电子邮箱、健康信息、行踪信息等。个人信息中的私密信息，适用有关隐私权的规定；没有规定的，适用有关个人信息保护的规定。捐赠人、慈善信托的委托人的姓名、名称、住所、通讯方式等信息，在特定环境或语境下，可以认定为捐赠人、慈善信托的委托人的隐私或具有价值的商业信息，捐赠人、慈善信托的委托人明确表示不愿意公开上述信息的，慈善组织应尊重捐赠人、慈善信托的委托人的意愿，不得公开上述信息。这些信息不是慈善组织自身的信息，也不会与社会公众发生直接关联，因此，不公开不会侵害公众的知情权，也不会影响公众对慈善组织的监督。

三、受益人的信息保护范围

本条没有对受益人的信息进行单独规定，但受益人的相关隐私也是依法受保护的，本条所规定的"个人隐私"也包含受益人的隐私。根据本法第六十三条的规定，开展慈善服务，应当尊重受益人的人格尊严，不得侵害受益人的隐私。《慈善组织信息公开办法》第十九条明确规定，受益人不同意公开的姓名、名称、住所、通讯方式等信息，不得公开。但需要明确的是，受益人不得以"个人隐私"为由来对抗法律法规的强制性规定。例如，公开慈善项目实施情况是慈善组织的法律义务，其中必然涉及受益人的相关信息，此时受益人不得以保护自己个人隐私为由拒绝公开，但对于信息公开的程度，即公开多少受益人的个人信息，本法没有详细规定，行政法规和部门规章有规定的，慈善组织应遵守相关规定。

需要注意的是，本条规定的主体并不限于慈善组织，而是所有信息公开义务人。依据本法，政府部门、慈善组织以及慈善信托的受托人均是信息公开的义务人，这些主体既要依法履行信息公开义务，同时，在进行信息公开时还须遵守本条的规定，凡涉及国家秘密、商业秘密、个人隐私的信息以及捐赠人、慈善信托的委托人不同意公开的姓名、名称、住所等信息，一律不得公开。本条规定包含的前提是，捐赠人、慈善信托的委托人知晓自己有不同意公开相关信息的权利，且行使了此项权利。这就要求慈善组织对捐赠人履行告知义务；慈善信托的受托人也须对委托人履行告知义务；政府部门在履行信息公开义务时，涉及捐赠人或慈善信托的委托人的姓名、名称、住所、通讯方式等信息的，在公开前也应征求捐赠人或慈善信托的委托人的同意。

四、有关信息不对社会公开，并没有免除对有关部门报告的义务

有关部门在履行职能时依法可以要求提供必要的材料和信息，有关主体不得以国家秘密、商业秘密或个人隐私为由予以隐瞒。民政部门在受理慈善组织的登记、认定、公开募捐资格申请时，依法要求提供的有关材料信息，申请人应当全部提供。财政、税务等有关部门在审核有关税收优惠条件时需要的材料信息，有关主体也应当依法予以提供。慈善组织依法应当向民政部门报送的年度工作报告和财务会计报告，应当报告全部信息。民政部门依法对慈善组织进行调查，要求慈善组织作出说明，查阅、复制慈善组织有关资料，向有关单位和个人调查有关情况的，慈善组织、有关单位和个人不应瞒报、漏报有关信息。民政、财政、税务，以及其他有关部门获取了有关信息后，对其中涉及国家秘密、商业秘密、个人隐私的信息，以及捐赠人、慈善信托的委托人不同意公开的有关信息，只能用于履行职能的需要，应当予以保密，不得对社会进行公开。

◆ **相关规定**

《中华人民共和国保守国家秘密法》第 2 条、第 3 条、第 5 条、第 48 条、第 57 条；《中华人民共和国反不正当竞争法》第 9 条；《中华人民共和国刑法》第 219 条、第 253 条；《中华人民共和国民法典》第 1032 条、第 1034 条；《慈善组织信息公开办法》第 19 条；《慈善信托管理办法》第 57 条

第十章　促进措施

本章是关于促进措施的规定。建立健全促进慈善事业发展的制度措施，有助于激发蕴藏在社会中的慈善正能量，促进全社会关心慈善、支持慈善、参与慈善，共同营造良好的慈善氛围，吸引更多有意愿有能力的自然人、法人和非法人组织积极参与慈善事业。本章对将慈善事业纳入国民经济和社会发展规划，健全信用激励制度，采取税收等优惠政策，建立慈善表彰制度等促进措施作了具体规定。

第八十三条　县级以上人民政府应当将慈善事业纳入国民经济和社会发展规划，制定促进慈善事业发展的政策和措施。

县级以上人民政府有关部门应当在各自职责范围内，向慈善组织、慈善信托受托人等提供慈善需求信息，为慈善活动提供指导和帮助。

◆ **条文主旨**

本条是关于县级以上人民政府促进慈善事业发展职责的规定。

◆ **修改提示**

本条是对原法第七十七条的修改，主要是增加"将慈善事业纳入国民经济和社会发展规划"的规定。

◆ **条文释义**

综观国内外慈善事业的发展历程，慈善事业的健康发展，离不开政府的支持和帮助。特别是我国现代慈善事业仍处于起步发展阶段，更需要各级政府的重视和支持。

一、政府将慈善事业纳入国民经济和社会发展规划，制定促进政策和措施

慈善是中华民族的传统美德，是社会文明进步的重要标志。慈善事业是中国特色社会主义事业的重要组成部分。发展慈善事业对于解决发展不平衡不充分问题，实现人的全面发展、社会全面进步，助力实现全体人民共同富裕具有重要意义。党和政府高度重视发展慈善事业。党的二十大报告强调，"构建初次分配、再分配、第三次分配协调配套的制度体系"，"引导、支持有意愿有能力的企业、社会组织和个人积极参与公益慈善事业"。各级政府要将支持慈善事业发展作为重要职责，将其纳入国民经济和社会发展规划，出台有力措施，促进慈善事业持续健康发展，为全面建设社会主义现代化国家作出新的贡献。

国民经济和社会发展规划是全国或者某一地区经济、社会、文化发展的总体纲要，统筹安排和指导全国或者某一地区的经济、社会、文化建设工作，是具有战略意义的指导性文件。《中华人民共和国国民经济和社会发展第十四个五年规划和2035年远景目标纲要》对"鼓励民营企业积极履行社会责任、参与社会公益和慈善事业"、"促进慈善事业发展，完善财税等激励政策"、"规范发展网络慈善平台"等作了规定。地方国民经济和社会发展规划也对慈善事业发展作出了安排，如《浙江省国民经济和社会发展第十四个五年规划和二〇三五年远景目标纲要》规定了"培育慈善组织，完善企业和个人捐赠激励政策，发展慈善信托，促进慈善事业快速发展"。

政府制定促进慈善事业健康发展的政策和措施的范围，既包括政府出台的综合性政策文件和措施，如国务院出台的《国务院关于促进慈善事业健康发展的指导意见》，也包括财政、税务、土地、金融等部门出台的税收优惠政策。政府制定促进慈善事业健康发展的政策和措施的范围具体包括：一是落实本法其他属于政府职能范围内的条款，如慈善信息共享（第八十四条）、税费优惠（第八十五条至第九十二条）、土地支持（第九十三条）、金融支持（第九十四条）、政府购买服务（第九十五条）、弘扬慈善文化（第九十七条）、慈善表彰制度（第一百条）、信用激励（第一百零一条）等。二是制定并落实有关政策文件和措施，如要贯彻落实《国务院关于促进慈善事业健康发展的指导意见》，县级以上人民政府要将发展慈善事业作为社会建设的重要内容，纳入国民经济和社会发展总体规划和相关专项规划，加强慈善与社会救助、社会福利、社会保险等社会保障制度的衔接。各有关部门要建立健全慈善工作组织协调机制，及时解决慈善事业发展中遇到的突出困难和问题。三是县级以上人民政府要根据经济社会发展情况，根据慈善事业发展的需要，与时俱进，制定本法未涉及的或者新的政策和措施，不断完善促进慈善事业健康发展的法规政策体系。

二、提供慈善需求信息，为慈善活动提供指导和帮助

县级以上人民政府有关部门包括民政、财政、税务、教育、发展和改革、卫生健康、住房和城乡建设、人力资源和社会保障、文化、科技、生态环境、应急管理、网信、审计、人民银行、金融监管、证监、工业和信息化、海关、新闻出版、广电、知识产权等与慈善事业发展有关的部门。这既是对国务院有关部门的要求，也是对县级以上地方人民政府有关部门的要求。

根据本条第二款，县级以上人民政府有关部门应当在各自职责范围内，以多种方式向慈善组织、慈善信托受托人等提供慈善需求信息，便于慈善资源供需对接。例如，对暂不符合政府救助条件或政府救助后生活仍有困难的群众，各地民政部门可积极寻找公益慈善资源，在征得困难群众同意的前提下，向相关慈善组织提供有关信息，争取慈善帮扶，加强政府救助与慈善帮扶有效衔接，形成政府救助和慈善帮扶协调配合、资源统筹、优势互补、融合高效的新格局，合力解决困难群众急难愁盼问题，不断增强困难群众获得感、幸福感、安全感。

慈善组织等慈善参与者开展和参与慈善活动，可能存在相关政策掌握不够、业务能力有待进一步提升等问题。政府有关部门要提高服务意识，为慈善活动提供政策、业务等方面的指导和帮助，使其依法合规有序开展慈善活动。需要说明的是，政府对慈善事业的扶持和促进，不是由政府"包办"慈善。政府在促进慈善事业健康发展过程中，既不能"缺位"，更不能"越位"。政府对具体慈善活动介入过多，往往会成为慈善事业健康发展的制约因素。

◆ **相关规定**

《国务院关于促进慈善事业健康发展的指导意见》

第八十四条 县级以上人民政府民政部门应当建立与其他部门之间的慈善信息共享机制。

◆ **条文主旨**

本条是关于慈善信息共享机制的规定。

◆ **修改提示**

本条是原法第七十八条，未作修改。

◆ **条文释义**

慈善信息是指开展慈善活动、进行慈善事业监督管理过程中产生的信息。除民政部门外，财政、税务、金融监管、海关、住房和城乡建设、卫生健康、应急管理、教育、人力资源和社会保障、文化、科技、生态环境、网信、审计、新闻出版、广电等部门，也会在各自职责范围内获取一定的慈善信息。建立民政部门与其他部门之间的慈善信息共享机制，有利于形成对慈善事业监督管理的合力，有利于提高政府服务效率、质量与决策水平，有利于提高慈善资源使用效益、促进我国慈善事业健康发展。民政部门可就如下事项加强与有关部门的信息共享：慈善组织登记管理，慈善信托备案管理，慈善组织公开募捐资格，慈善组织税收优惠，慈善组织公益性捐赠税前扣除资格，对慈善组织、慈善信托开展检查、评估的结果等。其他有关部门应在职责范围内，积极进行慈善信息共享。

部门间信息共享有多种方式。例如，根据《关于对慈善捐赠领域相关主体实施守信联合激励和失信联合惩戒的合作备忘录》，民政部和其他有关部门通过全国信用信息共享平台向签署本备忘录的相关部门提供守信联合激励与失信联合惩戒的名单及相关信息，并按照有关规定动态更新。同时，在"信用中国"网站、"慈善中国"网站、国家企业信用信息公示系统、民政部门户网站等向社会公布。各部门从全国信用信息共享平台中获取守信联合激励与失信联合惩戒信息，执行或协助执行本备忘录规定的激励和惩戒措施，定期将联合激励与惩戒实施情况通过该系统反馈给国家发展改革委和民政部。

◆ **相关规定**

《关于对慈善捐赠领域相关主体实施守信联合激励和失信联合惩戒的合作备忘录》

第八十五条　国家鼓励、引导、支持有意愿有能力的自然人、法人和非法人组织积极参与慈善事业。

国家对慈善事业实施税收优惠政策，具体办法由国务院财政、税务部门会同民政部门依照税收法律、行政法规的规定制定。

◆ **条文主旨**

本条是关于鼓励、引导、支持参与慈善事业，以及慈善事业税收优惠的规定。

◆ **修改提示**

本条是新增规定。

◆ **条文释义**

一、国家鼓励、引导、支持有意愿有能力的自然人、法人和非法人组织积极参与慈善事业

慈善事业是一项全民的事业，必须充分激发全民的爱心、调动全社会的热情，使全社会共同关心、支持和参与慈善事业。党的二十大报告中提出，要"引导、支持有意愿有能力的企业、社会组织和个人积极参与公益慈善事业"。本法此次修改，通过健全完善国家支持鼓励开展慈善活动、扶持促进慈善事业发展的制度措施，以进一步激发蕴藏在社会中的慈善正能量，促进全社会关心慈善、支持慈善、参与慈善，共同营造良好的慈善氛围，吸引更多有意愿有能力的企业、社会组织和个人积极参与慈善事业。

国家鼓励、引导、支持参与慈善事业的具体方式多样。例如，制定促进慈善事业发展的政策和措施；采取土地、税收、金融等方面的优惠政策；将慈善捐赠、志愿服务记录等信息纳入相关主体信用记录，健全信用激励制度；弘扬慈善文化，培育公民慈善意识；鼓励高等学校培养慈善专业人才，支持高等学校和科研机构开展慈善理论研究；建立慈善表彰制度；等等。其最终目的都是鼓励、引导、支持有意愿有能力的自然人、法人和非法人组织积极参与慈善事业。之所以强调"有意愿有能力"，是因为国家既鼓励促进慈善事业发展，也尊重自然人、法人和非法人组织的主观意愿和客观条件，由其自主决定是否参与到慈善事业发展中。

二、国家对慈善事业实施税收优惠政策

税收优惠政策被认为是提高社会公众进行慈善捐赠、设立慈善信托积极性的最主要措施之一，对慈善事业实施税收优惠政策是各国促进慈善事业发展的重要手段之一。我国一直对慈善事业采取多种税收优惠政策。例如，企业、个人的慈善捐赠在计算应纳税所得额时予以扣除，非营利组织的收入为免税收入，慈善捐赠物资免征进口关税和进口环节增值税，非营利性的学校、医疗机构、社会福利机构承受土地、房屋权属用于办公、教学、医疗、科研、养老、救助免征契税，财产所有权人将财产赠与政府、学校、社会福利机构、慈善组织书立的产权转移书据免征印花税，单位或者个体工商户将自产、委托加工或购买的货物捐赠给目标脱贫地区免征增值税等。

上述税收优惠政策由本法、《中华人民共和国企业所得税法》、《中华人民共和国个人所得税法》等法律，《中华人民共和国企业所得税法实施条例》等行政法规，以及有关部门出台的规范性文件作出规定。本法此次修改过程中，有意见提出，关于慈善税收优惠的法律法规比较分散，缺乏整体税收制度设计，不同规定之间存在交叉或者不完全一致的内容，不利于慈善活动参与者充分掌握和享受税收优惠，建议予以进一步明确。因此，本次修改时，一方面，明确规定国家对慈善事业实施税收优惠政策；另一方面，授权国务院财政、税务部门会同民政部门依照税收法律、行政法规的规定，制定慈善事业税收优惠的具体办法。

◆ **相关规定**

《中华人民共和国企业所得税法》第 9 条、第 26 条；《中华人民共和国个人所得税法》第 6 条；《中华人民共和国企业所得税法实施条例》第 51—53 条、第 84 条、第 85 条；《中华人民共和国印花税法》第 12 条；《中华人

民共和国契税法》第 6 条；《中华人民共和国个人所得税法实施条例》第
19 条；《关于公益性捐赠税前扣除有关事项的公告》；《慈善捐赠物资免征
进口税收暂行办法》

第八十六条　慈善组织及其取得的收入依法享受税收优惠。

◆ **条文主旨**

本条是关于慈善组织税收优惠的规定。

◆ **修改提示**

本条是原法第七十九条，未作修改。

◆ **条文释义**

一、慈善组织的税收优惠

根据《中华人民共和国公益事业捐赠法》、《中华人民共和国企业所得
税法》、《中华人民共和国个人所得税法》等有关法律法规的规定，慈善组
织的税收优惠涉及所得税、增值税、关税等多个税种及多个环节，其中最
核心的是所得税优惠。

1. 所得税优惠。根据《中华人民共和国企业所得税法》及其实施条例
的规定，慈善组织适用该法，依照该法及其实施条例规定享受相应的税收
优惠。具有非营利组织免税资格的慈善组织，接受捐赠的收入和财政补助
等不征税收入和免税收入，按照法律有关规定，免征企业所得税。目前，
我国对慈善组织的税收优惠政策主要体现在"收入"方面，包括"不征税
收入"和"免税收入"。每一纳税年度的收入总额，减除不征税收入、免税
收入、各项扣除以及允许弥补的以前年度亏损后的余额，为应纳税所得额。

关于不征税收入，《中华人民共和国企业所得税法》第七条规定，收入
总额中的下列收入为不征税收入：（1）财政拨款；（2）依法收取并纳入财
政管理的行政事业性收费、政府性基金；（3）国务院规定的其他不征税收
入。根据上述规定，慈善组织获得的财政拨款、行政事业性收费、政府性
基金等合法收入在计算收入总额时直接作为不征税收入，不计入企业应纳
税所得额中。其中，财政拨款是指各级人民政府对纳入预算管理的事业单

位、社会团体等组织拨付的财政资金；行政事业性收费，是指依照法律法规等有关规定，按照国务院规定程序批准，在实施社会公共管理，以及在向公民、法人或者其他组织提供特定公共服务过程中，向特定对象收取并纳入财政管理的费用；政府性基金，是指企业依照法律、行政法规等有关规定，代政府收取的具有专项用途的财政资金。

关于免税收入，《中华人民共和国企业所得税法》第二十六条规定，企业的下列收入为免税收入：（1）国债利息收入；（2）符合条件的居民企业之间的股息、红利等权益性投资收益；（3）在中国境内设立机构、场所的非居民企业从居民企业取得与该机构、场所有实际联系的股息、红利等权益性投资收益；（4）符合条件的非营利组织的收入。按照上述规定，符合条件的非营利组织的收入为免税收入，免征企业所得税。《财政部、国家税务总局关于非营利组织企业所得税免税收入问题的通知》规定，符合条件的非营利组织企业所得税免税收入范围包括：（1）接受其他单位或者个人捐赠的收入；（2）除《中华人民共和国企业所得税法》第七条规定的财政拨款以外的其他政府补助收入，但不包括因政府购买服务取得的收入；（3）按照省级以上民政、财政部门规定收取的会费；（4）不征税收入和免税收入孳生的银行存款利息收入；（5）财政部、国家税务总局规定的其他收入。

2. 慈善组织的其他税收优惠。国家对慈善活动采取的各项税收优惠措施较为全面，尤其是自2008年以来，进一步加大了对捐赠活动的税收优惠力度，有力推动公益慈善事业发展。从优惠税种来看，除所得税优惠措施外，也涉及土地和房屋契税、城镇土地使用税、土地增值税等多个方面。例如，《中华人民共和国契税法》第六条第一款第一项、第二项规定，有下列情形之一的，免征契税：（一）国家机关、事业单位、社会团体、军事单位承受土地、房屋权属用于办公、教学、医疗、科研、军事设施；（二）非营利性的学校、医疗机构、社会福利机构承受土地、房屋权属用于办公、教学、医疗、科研、养老、救助。

二、非营利组织免税资格

根据《中华人民共和国企业所得税法》的规定，符合条件的非营利组织的收入为免税收入；《中华人民共和国企业所得税法实施条例》第八十四条明确了"符合条件的非营利组织"的条件，并授权国务院财政、税务主管部门会同国务院有关部门制定非营利组织的认定管理办法。《财政部、国家税务总局关于非营利组织免税资格认定管理有关问题的通知》规定了符合条件的非营利组织必须满足的条件：（1）依照国家有关法律法规设立或登记的事业单位、社会团体、基金会、社会服务机构、宗教活动场所、宗教院校以及财政部、税务总局认定的其他非营利组织；（2）从事公益性或者非营利性活动；（3）取得的收入除用于与该组织有关的、合理的支出外，全部用于登记核定或者章程规定的公益性或者非营利性事业；（4）财产及其孳息不用于分配，但不包括合理的工资薪金支出；（5）按照登记核定或者章程规定，该组织注销后的剩余财产用于公益性或者非营利性目的，或者由登记管理机关采取转赠给与该组织性质、宗旨相同的组织等处置方式，并向社会公告；（6）投入人对投入该组织的财产不保留或者享有任何财产权利，本款所称投入人是指除各级人民政府及其部门外的法人、自然人和其他组织；（7）工作人员工资福利开支控制在规定的比例内，不变相分配该组织的财产，其中：工作人员平均工资薪金水平不得超过税务登记所在地的地市级（含地市级）以上地区的同行业同类组织平均工资水平的两倍，工作人员福利按照国家有关规定执行；（8）对取得的应纳税收入及其有关的成本、费用、损失应与免税收入及其有关的成本、费用、损失分别核算。慈善组织属于非营利组织，符合上述条件的，申请取得免税资格后，可以依法享受税收优惠。

《财政部、国家税务总局关于非营利组织免税资格认定管理有关问题的通知》规定了慈善组织申请免税资格的程序。经省级（含省级）以上登记管理机关批准设立或登记的非营利组织，凡符合规定条件的，应向其所在地省级税务主管机关提出免税资格申请，并提供本通知规定的相关材料；经地市级或县级登记管理机关批准设立或登记的非营利组织，凡符合规定条件的，分别向其所在地的地市级或县级税务主管机关提出免税资格申请，并提供本通知规定的相关材料。财政、税务部门按照上述管理权限，对非营利组织享受免税的资格联合进行审核确认，并定期予以公布。

◆ 相关规定

《中华人民共和国企业所得税法》第7条、第26条；《中华人民共和国契税法》第6条、第7条;《中华人民共和国企业所得税法实施条例》第84条;《财政部、国家税务总局关于非营利组织免税资格认定管理有关问题的通知》;《财政部、国家税务总局关于非营利组织企业所得税免税收入问题的通知》

第八十七条 自然人、法人和非法人组织捐赠财产用于慈善活动的,依法享受税收优惠。企业慈善捐赠支出超过法律规定的准予在计算企业所得税应纳税所得额时当年扣除的部分,允许结转以后三年内在计算应纳税所得额时扣除。

境外捐赠用于慈善活动的物资,依法减征或者免征进口关税和进口环节增值税。

◆ **条文主旨**

本条是关于自然人、法人和非法人组织捐赠活动享受税收优惠的规定。

◆ **修改提示**

本条是对原法第八十条的修改,将"其他组织"修改为"非法人组织"。

◆ **条文释义**

一、自然人、法人和非法人组织捐赠财产用于慈善活动的,依法享受税收优惠

对于捐赠财产用于慈善活动的行为,我国一直采取多种税收优惠政策,包括计算应纳税所得额时的税前扣除,以及印花税、增值税、城市维护建设税、教育费附加、进口关税和进口环节增值税等方面的税收减免。具体包括:

(一)所得税优惠

目前,关于慈善活动的税收优惠主要集中在所得税领域。根据有关法律规定,企业和个人的慈善捐赠支出,在计算应纳税所得额时予以扣除。

1. 企业慈善捐赠支出的税前扣除。根据本条及《中华人民共和国企业所得税法》第九条,企业发生的公益性捐赠支出,在年度利润总额12%以内的部分,准予在计算应纳税所得额时扣除;超过年度利润总额12%的部分，准予结转以后三年内在计算应纳税所得额时扣除。年度利润总额，是指企业依照国家统一会计制度的规定计算的大于零的数额。允许企业慈善捐赠支出结转扣除是因为，根据有关法律规定，当年应纳税所得额中准予扣除的部分是有限的，可能出现企业捐赠当年年度会计利润相对较小、捐赠额相对较大而无法充分享受扣除的情形，如果捐赠额大于捐赠当年年度会计利润的 12%，因而无法将捐赠额全部从当年应纳税所得额中扣除时，企业可以在接下来的三年时间里，将之前未享受税前扣除的捐赠额在计算应纳税所得额时进行税前扣除，这有利于保障企业充分享受税前扣除的优惠待遇，达到鼓励捐赠的目的。

2. 个人慈善捐赠支出的税前扣除。《中华人民共和国个人所得税法》第六条第三款规定，个人将其所得对教育、扶贫、济困等公益慈善事业进行捐赠，捐赠额未超过纳税人申报的应纳税所得额百分之三十的部分，可以从其应纳税所得额中扣除；国务院规定对公益慈善事业捐赠实行全额税前扣除的，从其规定。《中华人民共和国个人所得税法实施条例》第十九条规定，个人所得税法第六条第三款所称个人将其所得对教育、扶贫、济困等公益慈善事业进行捐赠，是指个人将其所得通过中国境内的公益性社会组织、国家机关向教育、扶贫、济困等公益慈善事业的捐赠；所称应纳税所得额，是指计算扣除捐赠额之前的应纳税所得额。

3. 须向具有公益性捐赠税前扣除资格的公益性社会组织捐赠。在慈善捐赠活动中，捐赠人必须向具有公益性捐赠税前扣除资格的公益性社会组织进行捐赠，才能享有国家规定的税收优惠。为贯彻落实《中华人民共和国企业所得税法》及其实施条例、《中华人民共和国个人所得税法》及其实施条例，财政部、税务总局、民政部于 2020 年发布《关于公益性捐赠税前扣除有关事项的公告》，进一步明确了非营利组织获得公益性捐赠税前扣除资格的条件、流程、管理要求等。

（二）其他税收优惠

慈善捐赠除享受所得税税收优惠外，还可能享受其他税种方面的优惠。一是印花税。根据《中华人民共和国印花税法》第十二条的规定，财产所有权人将财产赠与政府、学校、社会福利机构、慈善组织的，免征印花税。二是增值税。依照财政部、原税务总局于 2016 年 3 月 23 日印发的《营业税改征增值税试点实施办法》，单位和个体工商户无偿提供的服务和无偿转让无形资产或者不动产，以公益活动为目的或者以社会公众为对象的，不征收增值税。此外，符合条件的扶贫货物捐赠等免征增值税。此外，还有进口环节关税、增值税等。

二、境外向国内慈善活动捐赠物资，减免进口关税和进口环节增值税

境外，是指中华人民共和国海关关境以外的国家和地区，包括其他国家、地区和我国的香港、澳门、台湾地区。香港、澳门和台湾都是我国领土的一部分，但它们又都是独立的关税区，因此从关税区角度讲也属境外。捐赠的主体，包括境外个人和组织。组织包括政府、企业、非营利组织等。捐赠的物资包括衣服、鞋帽等生活必需品，食品、饮用水，教学仪器、教材，医疗药品、器械，用于环保的专业仪器等。境外捐赠主要有两个来源，一是广大华侨、华人和港澳同胞出于爱国爱乡之情，捐款捐物，尤其在祖国遭受严重自然灾害时，更是纷纷慷慨解囊。二是来自外国政府和国际组织提供的用于发展经济、促进教育、环境保护、救助灾害等方面的资金和物资。境外捐赠对促进科教文卫等社会公共福利事业的发展，起到了良好的促进作用。

为了鼓励境外向国内慈善事业捐赠，我国有关法律法规规定对境外捐赠用于慈善活动的物资给予减免税的优惠。例如，《中华人民共和国归侨侨眷权益保护法》第十二条第二款规定，归侨、侨眷境外亲友捐赠的物资用于国内公益事业的，依照法律、行政法规的规定减征或者免征关税和进口环节的增值税。《中华人民共和国公益事业捐赠法》第二十六条规定，境外向公益性社会团体和公益性非营利的事业单位捐赠的用于公益事业的物资，依照法律、行政法规的规定减征或者免征进口关税和进口环节的增值税。财政部、海关总署、税务总局发布的《慈善捐赠物资免征进口税收暂行办法》规定，对境外捐赠人无偿向受赠人捐赠的直接用于慈善事业的物资，免征进口关税和进口环节增值税，并明确了捐赠物资种类、免税手续等。属于境外捐赠人无偿向受赠人捐赠的直接用于慈善事业的物资，由受赠人向海关申请办理减免税手续，海关按规定进行审核确认。经审核同意免税进口的捐赠物资，由海关按规定进行监管。

需要说明的是，境外捐赠必须符合有关法律法规规定，才能依法享受

税收优惠。例如，捐赠的物资必须是捐赠人合法取得并有处分权且具有使用价值的物资，受赠主体必须符合相关法律的要求，捐赠必须无偿、不求回报，捐赠不能附加不符合我国法律、行政法规规定的条件，不能损害我国的国家利益，捐赠物资应为未经使用的物品（其中，食品类及饮用水、医疗药品应在保质期内），在捐赠物资内不得夹带危害环境、公共卫生和社会道德及进行政治渗透等违禁物品。

◆ **相关规定**

《中华人民共和国企业所得税法》第 9 条；《中华人民共和国个人所得税法》第 6 条；《中华人民共和国印花税法》第 12 条；《中华人民共和国归侨侨眷权益保护法》第 12 条；《中华人民共和国公益事业捐赠法》第 24—26 条；《中华人民共和国个人所得税法实施条例》第 19 条；《关于公益性捐赠税前扣除有关事项的公告》；《财政部、税务总局关于公益慈善事业捐赠个人所得税政策的公告》；《慈善捐赠物资免征进口税收暂行办法》

第八十八条　自然人、法人和非法人组织设立慈善信托开展慈善活动的，依法享受税收优惠。

◆ **条文主旨**

本条是关于慈善信托税收优惠的规定。

◆ **修改提示**

本条是新增规定，主要是从法律上明确慈善信托享受税收优惠政策。

◆ **条文释义**

设立慈善信托和进行慈善捐赠，都是自然人、法人和非法人组织参与慈善事业的重要方式，自然人、法人和非法人组织可以根据自身意愿和需求，选择以何种方式为慈善事业贡献力量。无论是设立慈善信托还是进行慈善捐赠，不特定的社会公众都会从其中受益。为了鼓励慈善信托发展，2016 年《中华人民共和国慈善法》对慈善信托进行专章规定，并在该法第四十五条第二款中明确，设立慈善信托未按照规定将相关文件报民政部门备案的，不享受税收优惠。虽然没有明确提出设立慈善信托享受税收优惠，但根据 2016 年《中华人民共和国慈善法》第四十五条的规定，设立慈善信托享受税收优惠是应有之义。

2016 年《中华人民共和国慈善法》制定出台后，慈善信托能否享受税收优惠在理论和实践中仍存在争议。有意见提出，慈善信托税收优惠政策在实践中是缺失的，慈善信托的委托人获得税收优惠政策存在操作上的重重障碍，已严重影响到委托人设立慈善信托的积极性。作为参与慈善事业的一种重要方式，慈善信托对慈善事业的贡献是毋庸置疑的。国家对慈善事业实施税收优惠政策，慈善信托也当然应当享受税收优惠政策。因此，此次修改时专门新增本条，从法律上明确设立慈善信托享受税收优惠政策。

在此次修改过程中，有意见建议在本法中明确慈善信托享受的具体税收优惠政策的种类、设立慈善信托专用票据、明确以股权等非货币财产设立慈善信托的税收优惠办法等。考虑到慈善信托乃至信托制度的一些理论问题，如信托财产所有权等仍存在争议，实践中对慈善信托的相关探索也不够充分，制定关于慈善信托的统一、明确、具体的税收优惠政策还缺乏相关基础，因此，本条没有作出更加细化的规定。但这并不意味着慈善信托税收优惠政策不能落地实施，有关部门和地方在实践中可以结合本部门或者本地区的实践，进一步探索实施慈善信托的税收优惠政策，待条件成熟后再行上升为法律规定。

第八十九条　受益人接受慈善捐赠，依法享受税收优惠。

◆ **条文主旨**

本条是关于受益人享受税收优惠的规定。

◆ **修改提示**

本条是原法第八十一条，未作修改。

◆ **条文释义**

根据本条规定，受益人接受慈善捐赠，依法享受税收优惠。受益人包括个人、社会组织、企业事业单位等。如果慈善捐赠的受益人是个人，《中华人民共和国个人所得税法》第二条第一款规定了应当缴纳个人所得税的个人所得，包括工资、薪金所得，劳务报酬所得，稿酬所得，特许权使用费所得，经营所得，利息、股息、红利所得，财产租赁所得，财产转让所得和偶然所得。其中不包括个人接受慈善捐赠所得。因此，个人作为慈善活动的受益人，尤其是作为慈善捐赠的受捐赠人，所获得的捐赠收入不计入个人应纳税所得，无须缴纳个人所得税。同时，第四条规定，福利费、抚恤金、救济金，免征个人所得税；第五条规定，有下列情形之一的，可以减征个人所得税，具体幅度和期限，由省、自治区、直辖市人民政府规定，并报同级人民代表大会常务委员会备案：（1）残疾、孤老人员和烈属的所得；（2）因自然灾害遭受重人损失的。

如果慈善捐赠的受益人是学校等事业单位、社会团体等，根据《中华人民共和国企业所得税法》及其实施条例，依照中国法律、行政法规在中国境内成立的企业、事业单位、社会团体以及其他取得收入的组织属于企业所得税的纳税主体。同时，根据《中华人民共和国企业所得税法》第二十六条的规定，如果接受慈善捐赠的学校等事业单位、社会团体等，属于符合条件的非营利组织，则其收入为免税收入，如果是作为受益人获得的慈善捐赠收入，也当然属于免税收入。

如果慈善捐赠的受益人是企业，根据《中华人民共和国企业所得税法》第六条的规定，企业作为受益人，其接受捐赠取得的收入并不当然享受税收优惠。企业接受的来自其他企业、组织或者个人无偿给予的货币性资产、非货币性资产，应当依法缴纳企业所得税，但按照有关规定，在一定情况下也可以享受税收优惠。例如，《关于支持汶川地震灾后恢复重建有关税收政策问题的通知》（已失效）规定，自 2008 年 5 月 12 日起，受灾地区企业通过公益性社会团体、县级以上人民政府及其部门取得的抗震救灾和灾后恢复重建款项和物资，以及税收法律、法规和本通知规定的减免税金及附加收入，免征企业所得税。财政和税务部门后续发布了《关于支持玉树地震灾后恢复重建有关税收政策问题的通知》（已失效）、《关于支持舟曲灾后恢复重建有关税收政策问题的通知》、《关于支持芦山地震灾后恢复重建有关税收政策问题的通知》（已失效），其中也有对企业相关税收优惠的规定。

◆ **相关规定**

《中华人民共和国个人所得税法》第2条、第4条、第5条;《中华人民共和国企业所得税法》第26条

第九十条 慈善组织、捐赠人、受益人依法享受税收优惠的,有关部门应当及时办理相关手续。

◆ **条文主旨**

本条是关于有关部门及时办理税收优惠相关手续的规定。

◆ **修改提示**

本条是原法第八十二条,未作修改。

◆ **条文释义**

一、关于及时办理税收优惠手续的适用对象

在适用对象上,本条最大限度包含了各种相关主体,对于上述主体的税收优惠手续均应当便捷、常规化办理。包括:一是慈善组织税收优惠的办理。慈善组织办理税收优惠,包括以下情形:资格层面的慈善组织自身的免税资格办理,慈善组织的公益性捐赠税前扣除资格办理;实体层面的慈善组织自身的税收减免,涉及企业所得税、增值税、契税、房产税、进口关税、进口环节增值税等税种。二是捐赠人税收优惠的办理。捐赠人的税收优惠,包括计算应纳税所得额时的税前扣除,以及印花税、增值税、城市维护建设税、教育费附加、进口关税和进口环节增值税等方面的税收减免。三是受益人税收优惠的办理。受益人的税收优惠主要体现在所得税的减免征收上。

二、关于税收优惠办理的常规化和及时便捷

通过本条的规定和实施,首先应实现税收优惠办理的常规化。在慈善税收减免、退税的办理上,税务部门须摒弃特事特办的观念,将其作为自身工作的重要组成部分,将其日常化、流程化。例如,根据《国务院关于取消非行政许可审批事项的决定》,"公益性捐赠税前扣除资格确认"作为非行政许可审批事项予以取消。《财政部、税务总局、民政部关于公益性捐

赠税前扣除有关事项的公告》明确了取得公益性捐赠税前扣除资格应当符合的条件，由民政部门结合社会组织公益活动情况和日常监督管理、评估等情况，对社会组织的公益性捐赠税前扣除资格进行核实，提出初步意见。根据民政部初步意见，财政、税务和民政部门联合确定具有公益性捐赠税前扣除资格的社会组织名单，并发布公告。这就体现了税收优惠办理的常规化和程序简化。

税收优惠的办理是国家的法定职责，有关部门应当本着建设服务型政府的理念，为慈善活动各方提供及时、快捷的服务。慈善税收减免、退税应当设定法定时限，税务机关等部门应当遵守法定时限积极履行法定职责，不得无故拖延。在遵守法定时限的基础上，本条的"及时"办理，还要求税务机关等部门在法律制度范围内，尽可能为相对人提供便利，尽可能提高效率。慈善税收优惠能够当场决定、当场办结的，有关机关应当当场办结；不能当场办结的，应当尽快办结。

对于捐赠人的税前抵扣，应制定简便、快捷、易操作的所得税抵扣操作办法，以简化手续，提高效率。例如，对于单位组织的集体捐赠，可由受赠方开具总发票和明细，再由组织单位统一批量为员工办理所得税抵扣手续，在工资发放时予以直接抵扣。目前，捐赠人的税前抵扣办理，程序较为简单。只要捐赠人取得具有公益性捐赠税前扣除资格的慈善组织开具的捐赠票据，即可在国家税务总局推出的"个人所得税"APP上自行申报税前抵扣。

◆ **相关规定**

《中华人民共和国企业所得税法》；《中华人民共和国个人所得税法》；《中华人民共和国企业所得税法实施条例》；《中华人民共和国个人所得税法实施条例》；《财政部、税务总局、民政部关于公益性捐赠税前扣除有关事项的公告》；《财政部、税务总局关于公益慈善事业捐赠个人所得税政策的公告》

第九十一条 捐赠人向慈善组织捐赠实物、有价证券、股权和知识产权的，依法免征权利转让的相关行政事业性费用。

◆ **条文主旨**

本条是关于免征权利转让的相关行政事业性费用的规定。

◆ **修改提示**

本条是原法第八十三条，未作修改。

◆ **条文释义**

实物、有价证券、股权和知识产权的权利转让可能需要收取行政事业性收费。为了降低慈善捐赠成本，鼓励捐赠人捐赠实物、有价证券、股权和知识产权，本条规定依法免征捐赠实物、有价证券、股权和知识产权时转让权利的行政事业性费用。行政事业性费用是指国家机关、事业单位、代行政府职能的社会团体及其他组织根据法律法规等有关规定，依照国务院规定程序批准，在实施社会公共管理以及在向公民、法人和其他组织提供特定公共服务过程中，向特定对象收取的费用。按照收费性质可分为六类：一是行政管理类，即根据法律法规规定，在行使国家管理职能时，向被管理对象收取的费用。二是资源补偿类，即根据法律法规规定向开采、利用自然和社会公共资源者收取的费用。三是鉴定类，即根据法律法规规定，行使或代行政府职能强制实施检验、检测、检定、认证、检疫等收取的费用。四是考试类，即根据法律法规、国务院或省级政府文件规定，组织考试收取的费用，以及组织经人力资源和社会保障部批准的专业技术资格、执业资格和职业资格考试收取的费用。五是培训类，即根据法律法规或国务院规定开展强制性培训收取的费用。六是其他类。

第九十二条 国家对开展扶贫济困、参与重大突发事件应对、参与重大国家战略的慈善活动，实行特殊的优惠政策。

◆ **条文主旨**

本条是关于扶贫济困、参与重大突发事件应对、参与重大国家战略的慈善活动特殊优惠政策的规定。

◆ **修改提示**

本条是对原法第八十四条的修改，在"扶贫济困"后增加"参与重大突发事件应对、参与重大国家战略"。

◆ **条文释义**

共同富裕是中国特色社会主义的本质要求。慈善事业是扶贫济困的重要补充力量，要鼓励社会各界以扶贫济困为重点开展慈善活动。在政府保障困难群众基本生活的同时，鼓励和支持社会各界以扶贫济困为重点开展慈善活动，有利于广泛汇聚社会帮扶资源，有利于更好地满足困难群众多样化、多层次的需求，帮助他们摆脱困境、改善生活，为全面建设社会主义现代化国家作出贡献。党的十八届三中全会提出了"支持慈善事业发挥扶贫济困积极作用"的明确要求，《国务院关于促进慈善事业健康发展的指导意见》将"突出扶贫济困"作为基本原则，《中共中央 国务院关于打赢脱贫攻坚战的决定》实施精准扶贫方略，引导和鼓励社会力量参与特殊群体关爱服务工作。近年来，国家对参与扶贫济困的慈善活动出台了特殊的优惠政策。例如，2019 年 4 月财政部、税务总局、国务院扶贫办印发的《关于企业扶贫捐赠所得税税前扣除政策的公告》和《关于扶贫货物捐赠免征增值税政策的公告》，规定到 2022 年年底前用于目标脱贫地区的扶贫捐赠支出，准予在计算企业所得税应纳税所得额时据实扣除，对无偿捐赠货物给目标脱贫地区的单位和个人的，免征增值税。

慈善力量在自然灾害、事故灾难、突发公共卫生事件等重大突发事件应对工作中作出了积极贡献，已经成为动员社会资源、兜好民生底线不可忽视的重要社会力量。

围绕中心、服务大局是慈善事业的重要职责。在京津冀协同发展、长江经济带发展、粤港澳大湾区建设、长三角一体化发展、黄河流域生态保护和高质量发展、雄安新区建设、海南自由贸易港、成渝地区双城经济圈等重大国家战略中，慈善也应当发挥更加积极的作用。对开展扶贫济困、参与重大突发事件应对、参与重大国家战略的慈善活动，实行特殊的优惠政策，是一条原则性的规定和要求。前期，对参与扶贫济困、新冠肺炎疫情防控等重大突发事件应对的慈善活动，国家实行了特殊的优惠政策。今后，关于开展扶贫济困、参与重大突发事件应对、参与重大国家战略的慈善活动的优惠政策，各有关部门将根据本条的规定和要求，进一步细化和完善。

◆ **相关规定**

《国务院关于促进慈善事业健康发展的指导意见》

第九十三条 慈善组织开展本法第三条第一项、第二项规定的慈善活动需要慈善服务设施用地的，可以依法申请使用国有划拨土地或者农村集体建设用地。慈善服务设施用地非经法定程序不得改变用途。

◆ **条文主旨**

本条是关于土地使用方面促进措施的规定。

◆ **修改提示**

本条是原法第八十五条，未作修改。

◆ **条文释义**

慈善组织在一些领域所进行的慈善活动需要相应的设施和场地支持。例如，提供养老服务的慈善组织在提供生活照料、康复护理、托管服务的过程中都需要必要的设施和场地。慈善服务设施和场地的使用成本对于一些慈善组织而言是很高的甚至是无力承担的，这可能导致因缺乏必要设施用地而难以持续地运作其所从事的慈善活动和项目。本条的规定为从事扶贫、济困、扶老、救孤、恤病、助残和优抚活动的慈善组织在用地方面获得一定的优惠性待遇提供了法律基础，在用地方面的优惠待遇也是慈善组织可以享受的促进措施之一。

一、关于可以享受用地促进措施的慈善活动范围

本条所称的本法第三条第一项、第二项规定的慈善活动包括扶贫、济困、扶老、救孤、恤病、助残、优抚七个领域。法律允许在这七个领域中给予慈善组织用地方面的优惠，是因为根据我国目前的国情，对扶贫济困、扶老救孤、恤病助残和优抚等方面的慈善事业的发展需求比较迫切，有必要优先扶持和促进慈善组织开展这些领域的慈善活动。在上述慈善活动领域中，已有一些法律法规规章涉及慈善组织的用地问题。比如，《中华人民共和国老年人权益保障法》第四十条第二款规定，公益性养老服务设施用地，可以依法使用国有划拨土地或者农民集体所有的土地。自然资源部2019年发布的《关于加强规划和用地保障支持养老服务发展的指导意见》规定，市、县自然资源主管部门应结合养老服务设施用地规划布局和建设用地供应计划统筹安排，充分保障非营利性养老服务机构划拨用地需求。

二、关于国有划拨土地的使用

划拨方式取得国有土地使用权是指经县级以上人民政府依法批准后，在土地使用者依法缴纳了土地补偿费、安置补偿费及其他费用后，国家将土地交付给土地使用者使用，或者国家将土地使用权无偿交付给土地使用者使用的行为。通过划拨方式取得土地使用权，只需缴纳取得土地的成本和税费，不需缴纳土地有偿使用费，因此是一项国家给予的特殊待遇。《中华人民共和国土地管理法》第五十四条对可以通过划拨的方式取得土地使用权的范围作了规定，城市基础设施用地和公益事业用地属于可以进行划拨的用地类型。由于划拨土地的非有偿性，为防止划拨土地使用权被滥用，2001年国土资源部第9号令发布的《划拨用地目录》，明确规定了可以划拨方式提供土地使用权的用地项目清单。在"城市基础设施用地和公益事业用地"类别下，"非营利性社会福利设施用地"与本条规定的慈善活动领域相契合。

根据《中华人民共和国城镇国有土地使用权出让和转让暂行条例》的规定，除特定情况外，划拨土地使用权一般不得转让、出租、抵押；符合条件的划拨土地使用权的转让、出租、抵押，必须经过市、县人民政府土地管理部门批准并按照规定办理相关手续；对未经批准擅自转让、出租、抵押划拨土地使用权的单位和个人，市、县人民政府土地管理部门应当没收其非法收入，并根据情节处以罚款；无偿取得划拨土地使用权的土地使用者，因迁移、解散、撤销、破产或者其他原因而停止使用土地的，市、县人民政府应当无偿收回其划拨土地使用权，并可依照该条例的规定予以出让。因此，慈善组织如果获得国家划拨的土地使用权，并不能随意进行流转，如果土地使用者不再需要使用，应由政府无偿收回土地使用权。

三、关于农村集体建设用地的使用

农村集体建设用地是农村进行各项非农业建设所使用的农民集体所有

土地。慈善组织需要申请使用农村集体公益事业建设用地的，应当符合乡（镇）土地利用总体规划，依法办理建设用地审批手续。《中华人民共和国土地管理法》第六十一条规定，乡（镇）村公共设施、公益事业建设需要使用土地的，应当经乡（镇）人民政府审核，向县级以上地方人民政府自然资源主管部门提出申请，按照省、自治区、直辖市规定的批准权限，由县级以上地方人民政府批准。其中，涉及占用农用地的，还应当按照规定办理农用地转用审批手续。

四、关于慈善服务设施用地非经法定程序不得改变用途

慈善服务设施用地需要改变用途的，必须由用地单位按法律规定的程序报经有权机关审批。我国相关法律对改变土地使用用途的情况作出了相应的程序要求。《中华人民共和国土地管理法》第五十六条规定，建设单位使用国有土地的，应当按照土地使用权出让等有偿使用合同的约定或者土地使用权划拨批准文件的规定使用土地；确需改变该幅土地建设用途的，应当经有关人民政府自然资源主管部门同意，报原批准用地的人民政府批准。其中，在城市规划区内改变土地用途的，在报批前，应当先经有关城市规划行政主管部门同意。对于农村集体建设用地，《中华人民共和国土地管理法》第六十六条规定，为乡（镇）村公共设施和公益事业建设需要使用土地的，不按照批准的用途使用土地的，因撤销、迁移等原因而停止使用土地的，农村集体经济组织报经原批准用地的人民政府批准，可以收回土地使用权。擅自改变土地用途的，依照相关法律规定处理。依照《中华人民共和国土地管理法》第八十一条的规定，不按照批准的用途使用国有土地的，由县级以上人民政府自然资源主管部门责令交还土地，处以罚款。

◆ 相关规定

《中华人民共和国土地管理法》第 54 条、第 56 条、第 61 条、第 66 条、第 81 条；《中华人民共和国老年人权益保障法》第 40 条；《中华人民共和国城镇国有土地使用权出让和转让暂行条例》第 44—47 条；《自然资源部关于加强规划和用地保障支持养老服务发展的指导意见》；《划拨用地目录》

第九十四条 国家为慈善事业提供金融政策支持，鼓励金融机构为慈善组织、慈善信托提供融资和结算等金融服务。

◆ **条文主旨**

本条是关于慈善事业的金融政策支持的规定。

◆ **修改提示**

本条是原法第八十六条，未作修改。

◆ **条文释义**

我国慈善事业尚处于初级阶段，慈善组织和慈善信托对资金和有针对性的金融服务均有很大需求。不断提高金融服务的覆盖率、可得性和满意度，可以帮助慈善主体更加便捷地获得金融资源，从而有力地推动慈善事业的发展。为提升慈善事业的金融支持度，体现金融行业的社会责任，必须加强政府引导，提供政策支持，鼓励市场主体将金融资源向慈善事业倾斜。加强政策引导和激励，既是贯彻落实发展慈善事业决策部署的有力保障，也和国家普惠金融政策的方向相一致。2014 年出台的《国务院关于促进慈善事业健康发展的指导意见》指出，要加大社会支持力度，倡导金融机构根据慈善事业的特点和需求创新金融产品和服务方式，积极探索金融资本支持慈善事业发展的政策渠道。支持慈善组织为慈善对象购买保险产品，鼓励商业保险公司捐助慈善事业。本条作为一项原则性规定，明确了国家为慈善事业提供金融政策支持的态度，具体的支持政策需要金融监管、财政、税务、民政等相关部门进一步协调完善。

金融机构是慈善事业的重要推动力量，通过发挥其资金融通、资产管理等专业能力，能为慈善事业提供有力支持。金融机构一般是指专门从事金融服务业的组织。根据中国人民银行发布的《金融机构编码规范》，我国的金融机构主要包括银行和信用合作社等银行业存款类金融机构、信托公司等银行业非存款类金融机构、证券公司等证券业金融机构、保险公司等保险业金融机构和小额贷款公司等新兴金融企业等。金融机构提供的融资服务一般包括银行借款等为客户筹集资金的服务。金融机构提供的结算服务一般指采用票据、汇款等结算方式为客户进行货币支付及资金清算提供的服务。在国际上，金融行业与慈善事业的创新合作已经蔚然成风，不仅包括金融机构为慈善组织和受益人群提供有针对性的服务，还包括金融机构通过社会投资等方式，引导更多的商业主体解决社会问题，实现慈善目标。针对我国慈善事业的具体情况，金融机构可以通过业务模式创新、产品创新，使金融服务尽可能覆盖到慈善组织、慈善信托和受益人群体。例如，金融机构可以拓展针对高净值客户的慈善咨询服务，以引导更多的财富资源向慈善领域转移；为慈善组织和慈善信托提供安全性较高的资金托管和保值增值服务，提升资产管理的专业性和透明度；为慈善捐赠与慈善服务等活动提供快速支付通道、多种支付工具、优惠便捷的结算方式等。

◆ **相关规定**

《国务院关于促进慈善事业健康发展的指导意见》

第九十五条　各级人民政府及其有关部门可以依法通过购买服务等方式，支持符合条件的慈善组织向社会提供服务，并依照有关政府采购的法律法规向社会公开相关情况。

国家鼓励在慈善领域应用现代信息技术；鼓励社会力量通过公益创投、孵化培育、人员培训、项目指导等方式，为慈善组织提供资金支持和能力建设服务。

◆ **条文主旨**

本条是关于向慈善组织购买服务、鼓励社会力量为慈善组织提供服务和支持等方面的规定。

◆ **修改提示**

本条是对原法第八十七条的修改，新增第二款"国家鼓励在慈善领域应用现代信息技术；鼓励社会力量通过公益创投、孵化培育、人员培训、项目指导等方式，为慈善组织提供资金支持和能力建设服务"。

◆ **条文释义**

一、政府购买慈善组织服务的意义

根据《国务院办公厅关于政府向社会力量购买服务的指导意见》，政府向社会力量购买服务，就是指通过发挥市场机制作用，把政府直接向社会公众提供的一部分公共服务事项，按照一定的方式和程序，交由具备条件的社会力量承担，并由政府根据服务数量和质量向其支付费用。当前，越来越多的慈善组织向他人和社会提供大量的非营利服务，并兴办了公益性医院、养老机构、残障康复设施、教育培训等社会服务机构。随着我国慈善事业的发展，慈善组织将成为社会服务的重要提供主体。各级人民政府及其有关部门通过向慈善组织购买公共服务事项，发挥慈善组织在社会治理体系中的重要作用，有利于促进慈善事业发展。

各级人民政府及其有关部门依法通过政府购买服务等方式，支持符合条件的慈善组织向社会提供服务，是创新公共服务提供方式、加快服务业发展、引导有效需求的重要途径，对于深化社会领域改革，推动政府职能转变，整合利用社会资源，增强公众参与意识，激发经济社会活力，增加公共服务供给，提高公共服务水平和效率，促进慈善事业发展都具有重要意义。对于慈善组织而言，通过良性竞争，承接政府购买服务，可以增加其收入来源，实现组织发展，提高服务水平。

二、政府购买慈善组织服务的方式和要求

1. 购买主体。本条规定的政府购买服务的购买主体是各级人民政府及其有关部门。

2. 承接主体。本条规定的承接政府购买服务的慈善组织，应当是在民政部门登记成立或经国务院批准免予登记的慈善组织，具有独立承担民事责任的能力，具备提供服务所必需的设施、人员和专业技术的能力，具有健全的内部治理结构、财务会计和资产管理制度，具有良好的社会信誉，具有依法缴纳税金和社会保险的良好记录，并符合登记管理部门依法认定的其他条件。承接慈善组织的具体条件由购买主体会同财政部门根据购买服务项目的性质和质量要求确定。各级人民政府及其有关部门，要按照公开、公平、公正原则，坚持费随事转，通过竞争择优的方式选择承接政府购买服务的慈善组织，确保具备条件的慈善组织平等参与竞争。

3. 购买内容。政府向慈善组织购买服务的内容包括政府向社会公众提供的公共服务，以及政府履职所需的辅助性服务，突出公共性和公益性。养老、教育、就业、社保、医疗卫生、文化体育及儿童、残疾人服务等基本公共服务领域，要逐步加大政府向慈善组织购买服务的力度。非基本公共服务领域，要更多更好地发挥慈善组织的作用，凡适合慈善组织承担的，都可以通过政府采购方式交给慈善组织承担。对应当由政府直接履职的事项、不属于政府职责范围的服务事项等，政府不得向慈善组织购买。政府购买服务的具体范围和内容实行指导性目录管理，政府购买服务指导性目录在中央和省两级实行分级管理，财政部和省级财政部门分别制定本级政府购买服务指导性目录，各部门在本级指导性目录范围内编制本部门政府购买服务指导性目录。

4. 购买机制。购买主体应当根据购买内容及市场状况、相关供应商服务能力和信用状况等因素，通过公平竞争择优确定承接主体。购买主体应当与确定的承接主体签订书面合同，合同应当明确服务的内容、期限、数量、质量、价格，资金结算方式，各方权利义务事项和违约责任等内容。购买主体应当加强政府购买服务项目履约管理，开展绩效执行监控，及时掌握项目实施进度和绩效目标实现情况，督促承接主体严格履行合同，按照合同约定向承接主体支付款项。承接主体应当按照合同约定提供服务，依照有关规定或合同约定记录保存并向购买主体提供项目实施相关重要资料信息，规范管理和使用政府购买服务项目资金，配合相关部门对资金使用情况进行监督检查与绩效评价。

需要说明的是，除采取政府购买服务的方式外，各级人民政府及其有关部门还可以采取其他方式，支持符合条件的慈善组织向社会提供服务。

三、鼓励在慈善领域应用现代信息技术

当前，以互联网为代表的新一轮科技革命和产业革命方兴未艾、日新月异，对政治、经济、文化、社会等各领域产生深刻影响，在更广范围、更高层次、更深程度上提升了人类认识世界、改造世界的能力，推动人类社会进入了活力迸发、充满希望的信息时代。互联网、大数据、区块链、云计算、人工智能等现代信息技术在慈善领域的广泛应用，为我国慈善事业发展注入了新的驱动力、变革力，不仅有效地提升了社会各界参与慈善事业的便捷性、及时性，也有效地提升了公益慈善活动的创新性、可及性。特别是，通过互联网开展的慈善活动已经成为我国慈善事业的重要组成部分和新的增长点。

国家鼓励慈善组织和互联网企业，充分利用现代信息技术，推动慈善事业向更多新场景、新领域延伸拓展，让慈善形态更加丰富、参与更加便捷、服务更加普惠。鼓励慈善组织与互联网企业合作，利用现代信息技术加强慈善模式创新和项目设计，将运动、社交、休闲、消费等日常行为与慈善活动相结合，推动慈善深度融入大众生活。国家鼓励在继续充分发挥传统媒体传播慈善理念、弘扬慈善文化的同时，紧随现代信息技术的发展步伐，积极探索在慈善经验总结、慈善行业交流、慈善典型宣传、慈善活动推介中广泛应用全程媒体、全息媒体、全员媒体、全效媒体等新事物、新模式，普及慈善法规政策，强化慈善文化的传播力、引导力、影响力，弘扬社会主义核心价值观，推动人人向善、科技助善，营造透明、理性、向善的慈善生态。国家鼓励慈善组织充分利用区块链、大数据、人工智能等现代信息技术，加强内部控制、财务管理和项目管理，激发组织活力，规范财务和项目管理，防范各类风险；做好慈善信息公开和对捐赠人的服务，促进慈善资源的汇聚融合和供需双方的精准对接，提高慈善事业的公信力和吸引力。

四、鼓励社会力量为慈善组织提供资金支持和能力建设服务

慈善组织特别是初创期和小型慈善组织在发展过程中，特别需要社会力量给予资金支持和能力建设服务。近年来，社会力量通过公益创投、孵化培育、人员培训、项目指导等方式，为慈善组织提供了资金支持和能力建设服务，整合了社会资源，创新了服务供给方式，提高了服务水平和效率。国家鼓励有意愿有能力的企业、社会组织和个人通过多种方式，为慈善组织提供资金支持和能力建设服务，促进慈善组织发展壮大、规范运营，从而更好地满足社会需求，解决社会问题，促进社会和谐。

◆ **相关规定**

《国务院办公厅关于政府向社会力量购买服务的指导意见》；《关于通过政府购买服务支持社会组织培育发展的指导意见》；《政府购买服务管理办法》

第九十六条 国家鼓励有条件的地方设立社区慈善组织，加强社区志愿者队伍建设，发展社区慈善事业。

◆ **条文主旨**

　　本条是关于发展社区慈善事业的规定。

◆ **修改提示**

　　本条是新增规定。

◆ **条文释义**

　　城乡社区是社会治理的基本单元。随着基层社区治理体系和治理能力建设不断推进，发展社区慈善事业逐渐成为群众切实需要、政府鼓励支持、社会普遍关注的创新社会治理新思路。《中共中央 国务院关于加强和完善城乡社区治理的意见》规定"鼓励通过慈善捐赠、设立社区基金会等方式，引导社会资金投向城乡社区治理领域"。《中共中央 国务院关于加强基层治理体系和治理能力现代化建设的意见》规定"创新社区与社会组织、社会工作者、社区志愿者、社会慈善资源的联动机制，支持建立乡镇（街道）购买社会工作服务机制和设立社区基金会等协作载体"。

　　社区慈善既包括邻里帮扶、守望相助的传统慈善活动，也包括以设立社区慈善基金会等专门组织机构为载体、筹集慈善资源对社区居民提供帮扶的现代慈善活动。社区慈善是群众性道德实践的重要载体，是企业、社会组织和个人参与慈善事业的重要方式，是推进基层社会治理体系和治理能力现代化、构建共建共治共享的社会治理共同体的应有之义。

　　近年来，我国社区慈善蓬勃发展，实践探索不断创新，在服务社区居民方面发挥着重要作用。社区慈善的参与主体不断壮大，不仅有社区慈善组织、志愿者、社区群众，还有政府、社区居委会、企事业单位。社区慈善的资金来源日益多元，社区慈善组织可以接受各类捐赠资金，还可以通过政府购买服务方式提供专业服务。社区慈善的服务领域持续拓展，不仅包括传统的扶贫济困、应急救灾，还有情感抚慰、老年人照料看护、青少年心理健康教育咨询、职业技能培训、法律援助等，涉及群众生活的方方面面。

　　国家鼓励有条件的地方设立社区慈善组织，优化登记程序，加大培育扶持，引导慈善资源向基层流动，推动更多更好贴近实际、贴近群众的社区慈善项目，更好服务困难群众，服务社区发展。街道（乡镇）应当创造条件为社区慈善组织提供资金支持，通过政府购买服务、委托项目等方式，从慈善项目和工作经费等方面扶持社区慈善组织发展。加强社区志愿者队伍建设，宣传社区慈善精神，激发社区群众的慈善热情；鼓励社区慈善组织充分发挥社区的资源优势，积极招募志愿者，开展相应的培训，开展群众需要的志愿服务；对作出突出贡献的志愿者、志愿服务组织予以褒奖激励。不断完善促进志愿服务事业发展的政策和措施，如建立志愿服务记录制度、表彰先进、树立典型等。通过一系列举措，力求在社区慈善组织中形成专职人员、志愿人员共同开展慈善活动的强大合力，不断提升社区慈善事业发展水平和成效。

◆ **相关规定**

《中共中央 国务院关于加强和完善城乡社区治理的意见》；《中共中央 国务院关于加强基层治理体系和治理能力现代化建设的意见》

第九十七条　国家采取措施弘扬慈善文化，培育公民慈善意识。

学校等教育机构应当将慈善文化纳入教育教学内容。国家鼓励高等学校培养慈善专业人才，支持高等学校和科研机构开展慈善理论研究。

广播、电视、报刊、互联网等媒体应当积极开展慈善公益宣传活动，普及慈善知识，传播慈善文化。

◆ **条文主旨**

本条是关于弘扬慈善文化的规定。

◆ **修改提示**

本条是原法第八十八条，未作修改。

◆ **条文释义**

一、国家采取措施弘扬慈善文化

在我国传统文化中，历来尊崇持节诚信、厚仁贵和、敦亲重义，也将乐善好施、扶贫济困、尊老爱幼奉为美德。而随着时代的变迁，慈善又被赋予新的更丰富的内涵，成为一种具有广泛基础的群众性和社会性的互爱、互敬、互帮、互助的社会活动。随着我国慈善事业的蓬勃发展，人们的慈善意识不断提高，驱动了更多的单位和个人参与慈善。但是，从整体上看，全社会的慈善氛围还不够浓厚，有的人对慈善的认识仍有偏差，这是我国慈善事业进一步快速发展的制约因素。

大力弘扬慈善文化，是弘扬中华民族传统美德、培育和践行社会主义核心价值观的内在要求，也是增强公民慈善意识、培育慈善氛围的重要举措，有利于引导全社会认识慈善、支持慈善、参与慈善，有助于社会成员在义行善举中不断积累道德力量，将社会主义核心价值观内化于心、外化于行，为实现中华民族伟大复兴的中国梦提供持久的精神力量。因此，本条第一款明确提出国家采取措施弘扬慈善文化，培育公民慈善意识的要求。

二、慈善文化教育、人才培养和理论研究

教育是培育公民慈善意识最重要的途径。学校等教育机构应当将慈善文化纳入教育教学内容，传授慈善传统、慈善理念和慈善知识，鼓励学生参与慈善实践，并将慈善实践纳入综合评价体系。慈善文化教育要从"娃娃"抓起，常抓不懈；要贯穿幼儿、小学、中学、大学全过程，并列入成人教育的内容中，真正让慈善理念入脑入心，让慈善成为学生和公民的自觉行为。

慈善事业的发展离不开慈善专业人才培养。目前，我国仅有个别高校设置了慈善专业，尝试开展慈善专业人才培养，专业人才不足已经成为制约我国慈善事业快速发展的重要瓶颈。有关部门要出台有效措施，进一步完善专业设置，鼓励高等学校培养慈善专业人才，为我国慈善事业健康发展提供人力资源支撑。

慈善理论是慈善行为的先导，也是慈善实践的总结和升华。善于根据实践的新鲜经验推进理论创新，并用理论创新成果指导新的实践，是推动中国特色慈善事业发展的重要保证。现代世界通行的慈善理论是基于西方的理论体系而形成的。由于慈善的起源和发展历程不同，国情和体制不同，文化传统和财富观念不同，我国的慈善理论必然要适应中国国情，体现民族特色和时代特征。有关部门要支持设立慈善研究机构，支持高等学校和科研机构开展慈善理论研究，同时，充分利用专家学者、行业协会、慈善工作者等各种力量，从我国实际出发，结合传统文化，吸收借鉴西方现代慈善理论，逐步形成具有中国特色的慈善理论体系，凝聚社会共识、指导慈善事业发展。

三、加强慈善文化宣传

现代社会，任何理念、文化的普及，都离不开广播、电视、报刊、互联网等媒体的支持。这些媒体是弘扬慈善文化的重要力量，应当履行社会责任，以群众喜闻乐见的方式，大力宣传各类慈行善举和正面典型，以及慈善事业在服务困难群众、促进社会文明进步等方面的积极贡献，普及慈善知识，引导社会公众关心慈善、支持慈善、参与慈善。广播类媒体应当在主要频率、电视类媒体应当安排一定的时段、报刊类媒体应当安排一定的版面、互联网类媒体应当在显著位置长期宣传慈善活动、普及慈善知识。同时，还应当充分利用微博、微信、短视频、短信等方式传播慈善文化。

◆ **相关规定**

《国务院关于促进慈善事业健康发展的指导意见》

第九十八条 国家鼓励企业事业单位和其他组织为开展慈善活动提供场所和其他便利条件。

◆ **条文主旨**

本条是关于社会支持慈善活动的规定。

◆ **修改提示**

本条是原法第八十九条，未作修改。

◆ **条文释义**

具有公开募捐资格的慈善组织为了募集慈善资源，经常在公共场所设置募捐箱，有时还要举办义演、义赛、义卖、义展、义拍、慈善晚会等活动，这些活动需要一定的场所等方面的支持。社会各界的爱心人士、爱心企业捐款捐物，慈善组织和爱心人士、爱心企业开展扶贫济困、扶老、救孤、恤病、助残、优抚以及救助自然灾害、事故灾难和公共卫生事件等突发事件造成的损害等，慈善组织开展慈善服务，也都需要场所等方面的支持。因此，国家鼓励企业事业单位和其他组织发挥己长，积极参与慈善活动，为开展慈善活动提供场所和其他便利条件。这也是企业事业单位和其他组织积极承担社会责任的一种体现。

国家鼓励企业事业单位和其他组织为开展慈善活动提供场所和其他便利条件，有利于慈善活动更好地开展，有利于提高社会公众参与度，汇聚慈善资源、实现慈善帮扶，也有利于传播慈善理念。《国务院关于促进慈善事业健康发展的指导意见》规定"鼓励企事业单位为慈善活动提供场所和便利条件、按规定给予优惠"。开展慈善活动需要使用场所或者设施的，各企业事业单位以及各级工会、共产主义青年团、妇女联合会、残疾人联合会、工商联、居民委员会、村民委员会等，在各自权限和能力范围内，为开展慈善活动提供场所和其他便利条件。例如，会展场所、体育场馆、车站、码头、机场、公园、商场、广场等公共场所为慈善活动提供场所和用水、用电等方面的便利。

◆ **相关规定**

《国务院关于促进慈善事业健康发展的指导意见》

第九十九条 经受益人同意，捐赠人对其捐赠的慈善项目可以冠名纪念，法律法规规定需要批准的，从其规定。

◆ **条文主旨**

本条是关于捐赠人冠名纪念的规定。

◆ **修改提示**

本条是原法第九十条，未作修改。

◆ **条文释义**

所谓"冠名"，顾名思义，就是给慈善项目戴上某顶"帽子"。通过慈善捐赠获得的冠名权，主要体现了对冠主人格的纪念和崇敬之情。这种"荣誉"可以为持有者带来满足感和成就感，也可以通过广告效应转化为经济利益。因此，对慈善项目冠名纪念，有利于提高捐赠人的社会责任意识，有利于树立捐赠人良好的社会形象，有利于规范捐赠活动，也有利于集中慈善资源。

我国一些法律法规、规范性文件对于冠名纪念作了规定。《中华人民共和国公益事业捐赠法》第十四条规定，捐赠人对于捐赠的公益事业工程项目可以留名纪念；捐赠人单独捐赠的工程项目或者主要由捐赠人出资兴建的工程项目，可以由捐赠人提出工程项目的名称，报县级以上人民政府批准。《浙江省社会救助条例》规定，鼓励单位和个人通过设立、主办、承办、协办、冠名帮扶项目，或者捐赠、创办服务机构、提供志愿服务等方式，参与社会救助。《民政部、国资委关于支持中央企业积极投身公益慈善事业的意见》指出，鼓励中央企业采取冠名、资助等协作方式，支持学术研究机构、慈善组织等开展慈善理论研究和慈善文化宣传。

准确理解该条规定，有以下问题需要注意：

一是捐赠人对其捐赠的慈善项目冠名纪念，前提是"受益人同意"。换句话讲，如果受益人不同意，捐赠人就不能对其捐赠的慈善项目冠名纪念。尽管从实践中来看，大多数受益人对于冠名纪念是不排斥的，在这种情况下，捐赠人是可以冠名纪念的；但也不排除个别情况下，受益人出于一些顾虑，不同意冠名纪念。这时，捐赠人应当尊重受益人的意愿，不能对捐赠项目冠名纪念。

二是法律法规规定需要批准的，从其规定。如果法律法规对于冠名有特别规定的，应当按照规定报有关部门批准。例如，《中华人民共和国公益事业捐赠法》第十四条规定，捐赠人单独捐赠的工程项目或者主要由捐赠人出资兴建的工程项目，可以由捐赠人提出工程项目的名称，报县级以上人民政府批准。再如，《地名管理条例》第九条规定，一般不以人名作地名，不以国家领导人的名字作地名，不以外国人名、地名作地名；第十二条明确了各类地名命名、更名的批准程序。如果慈善项目所建设的设施的名称属于地名管理范围，则相关地名的命名、更名应当符合《地名管理条例》的要求，不能直接将慈善项目名称作为地名使用。

◆ **相关规定**

《中华人民共和国公益事业捐赠法》第 14 条；《地名管理条例》第 9 条、第 12 条；《民政部、国资委关于支持中央企业积极投身公益慈善事业的意见》

第一百条　国家建立慈善表彰制度，对在慈善事业发展中做出突出贡献的自然人、法人和非法人组织，由县级以上人民政府或者有关部门予以表彰。

◆ **条文主旨**

本条是关于慈善表彰制度的规定。

◆ **修改提示**

本条是对原法第九十一条的修改，将"其他组织"修改为"非法人组织"。

◆ **条文释义**

国家对为慈善事业发展做出突出贡献、社会影响较大的组织和个人予以表彰，是推动慈善事业健康发展的重要举措。建立和完善慈善表彰制度，是适应我国慈善事业蓬勃发展态势的必然要求，是吸引鼓励社会各界参与慈善事业的重要手段，是引导慈善行为、提升慈善效果的重要途径，是培育和践行社会主义核心价值观的重要方式。2005 年，民政部设立"中华慈善奖"，截至 2023 年年底，已举办十二届。此外，全国还有 26 个省份以及许多地市设立了地方慈善奖，表彰了一大批为慈善事业做出突出贡献的个人、企业、机构和项目，显著提升了慈善氛围，有效推动了社会建设，深化了社会主义核心价值观，带动了更多公众投身慈善、友爱互助。

2015 年，民政部、人力资源和社会保障部联合出台了《民政部、人力资源社会保障部关于建立和完善慈善表彰奖励制度的指导意见》，对各级政府开展慈善表彰奖励工作进行规范和指导。各级政府应当从以下方面建立和完善慈善表彰奖励制度：一是要做好立项工作。各省（区、市）要按国家有关规定建立慈善表彰奖励制度，作为支持慈善事业发展的政策措施。在立项过程中，要妥善处理好名称、奖项、表彰范围等问题。二是要确保表彰质量。各省（区、市）要根据本地慈善事业发展状况，设置合理的表彰周期和适当的表彰规模，既保持表彰工作的激励性，又保证权威性，并制定科学合理、客观明确、便于评价的评选标准。三是要规范工作程序。在实施慈善评选表彰活动的过程中，应坚持公正评审、严格把关，特别要坚持过程公开、社会参与，要设立公众参与渠道，自觉接受群众监督，切实提高活动的参与度、透明度和公信力。四是要创新工作方式。在慈善评选表彰活动实施过程中，举办单位可以选择与公信力强、工作水平突出的社会组织以及富有广泛影响力的新闻媒体开展合作，通过政府购买服务的形式，交由相关社会组织承担具体事务性工作。五是要严肃评选纪律。各省（区、市）开展慈善评选表彰活动，要严格遵守财经纪律和财务规定，举办单位不得以任何形式向参评单位和个人收取费用或者变相收费。

◆ **相关规定**

《国务院关于促进慈善事业健康发展的指导意见》;《民政部、人力资源社会保障部关于建立和完善慈善表彰奖励制度的指导意见》

第一百零一条 县级以上人民政府民政等有关部门将慈善捐赠、志愿服务记录等信息纳入相关主体信用记录，健全信用激励制度。

◆ **条文主旨**

本条是关于将慈善捐赠、志愿服务记录等信息纳入相关主体信用记录的规定。

◆ **修改提示**

本条是新增规定。

◆ **条文释义**

慈善捐赠、志愿服务，是企业、社会组织和个人自愿付出、奉献社会的爱心行为。信用激励不仅符合诚信的基本逻辑，也与慈善精神追求的内涵一脉相承。信用激励覆盖面更广，能让捐赠人、志愿者更深切感受到全社会对无私奉献精神的肯定与激励，能吸引更多人参与慈善捐赠和志愿服务，还能提高整个社会的诚信水平。

《国务院关于促进市场公平竞争维护市场正常秩序的若干意见》要求"建立健全守信激励和失信惩戒机制"、"积极促进信用信息的社会运用";《国务院关于建立完善守信联合激励和失信联合惩戒制度加快推进社会诚信建设的指导意见》明确了"褒扬诚信、惩戒失信"、"部门联动，社会协同"、"依法依规，保护权益"、"突出重点，统筹推进"的基本原则；《国家发展改革委 人民银行关于加强和规范守信联合激励和失信联合惩戒对象名单管理工作的指导意见》（已失效）通过科学制定联合奖惩对象名单的认定标准、严格红黑名单认定程序、规范名单信息的共享和发布、依据名单实施联合奖惩、构建自主自新的信用修复机制、建立健全诚信状况重点关注对象警示机制、依法依规退出名单、保护市场主体权益、加强个人隐私和信息安全保护等方式，对守信联合激励和失信联合惩戒工作作了进一步规范。

2018 年，为落实《国务院关于促进市场公平竞争维护市场正常秩序的若干意见》等文件关于"褒扬诚信、惩戒失信"的总体要求，着眼于弘扬和践行社会主义核心价值观，国家发展改革委、人民银行、民政部、中央文明办等 40 个有关部门和单位联合签署了《关于对慈善捐赠领域相关主体实施守信联合激励和失信联合惩戒的合作备忘录》，明确了对慈善捐赠领域相关主体实施守信联合激励和失信惩戒措施。其中规定了信息共享与联合激励、联合惩戒的实施方式，守信联合激励和失信联合惩戒对象的范围，以及 26 项激励措施和 24 项惩戒措施，实施动态管理。

对于志愿服务相关信用激励，《国务院办公厅关于加强个人诚信体系建设的指导意见》要求，在志愿服务等重点领域，有关部门要加快建立和完善个人信用记录形成机制；探索通过按时履约、志愿服务、慈善捐助等方式修复信用。2020 年，民政部出台了《志愿服务记录与证明出具办法（试行）》，并在全国组织开展了志愿服务记录与证明抽查工作。下一步，有关主管部门应当按照本条规定，进一步推动将志愿服务记录纳入相关主体信用记录的工作，并会同有关部门、单位健全信用激励制度。同时，鼓励企事业单位和社会组织参与信用激励。

第一百零二条 国家鼓励开展慈善国际交流与合作。

慈善组织接受境外慈善捐赠、与境外组织或者个人合作开展慈善活动的，根据国家有关规定履行批准、备案程序。

◆ **条文主旨**

本条是关于开展慈善国际交流与合作的规定。

◆ **修改提示**

本条是新增规定。

◆ **条文释义**

"慈善"一词虽然在不同语言体系中的表达形式不同，但都包含着互帮互助、友爱奉献等理念，是世界各国人民共同的追求，是全人类共同价值，是人类文明的重要标志。习近平总书记指出，文明交流互鉴是推动人类文明进步和世界和平发展的重要动力。因此，慈善交流互鉴也是应有之义。特别是在构建人类命运共同体的大背景下，慈善日益成为连接不同民族、不同文化之间的桥梁和纽带，是促进世界和谐健康发展的有效方式。近年来，国际慈善交流合作、学习借鉴越来越频繁，我国慈善事业国际影响力也逐渐增大。本条第一款回应慈善发展实践需要，明确鼓励开展慈善国际交流与合作。

慈善组织接受境外慈善捐赠、与境外组织或者个人合作开展慈善活动，不同于国内一般性的慈善捐赠和慈善活动，捐赠人、合作方背景不一，捐赠方式、合作内容可能涉及外交外事、海关、外汇等多个监管领域，有的还存在国内法和国际法的法律适用问题。鉴于此，本法提出慈善组织要根据国家有关规定履行批准、备案程序的总要求，在具体办理不同类型业务时，分别按照相关监管部门要求进行报批备案。例如，《中华人民共和国境外非政府组织境内活动管理法》规定了境外非政府组织在中国境内开展活动的有关要求，慈善组织与境外非政府组织合作开展慈善活动，应当遵守相关法律规定。

◆ **相关规定**

《中华人民共和国境外非政府组织境内活动管理法》

第十一章　监督管理

本章是关于监督管理的规定。对慈善活动进行有效的监督管理，是慈善事业实现高质量发展、行稳致远的保障。本章对监督管理措施、检查或者调查时的程序要求、信用记录与评估制度、投诉举报等进行了规定。

第一百零三条　县级以上人民政府民政部门应当依法履行职责，对慈善活动进行监督检查，对慈善行业组织进行指导。

◆ 条文主旨

本条是关于民政部门对慈善活动进行监督检查，对慈善行业组织进行指导的规定。

◆ 修改提示

本条是原法第九十二条，未作修改。

◆ 条文释义

促进慈善事业的发展，既要赋予慈善组织及其他主体自主性，激发慈善活力，也要通过监督管理进一步规范慈善行为，引导其健康有序发展。

一、对慈善活动进行监督检查

根据我国的历史传统和具体国情，不能采取像英国那样由议会设立慈善委员会来监管慈善事业的体制，也不能采取美国等国家由慈善行业组织或者第三方来承担主要监管责任的做法，而是采取了由政府承担主要监管职责的做法。这主要是考虑到：一是政府拥有公共权力，能够维护慈善领域的秩序，并有效地制裁慈善领域中的违法违规现象；二是慈善事业涉及税收减免和公共资源投入，要想获得此类待遇必须有相应的监管措施，这种监管措施应当由政府部门采取。

　　根据本法第六条的规定，国务院民政部门主管全国慈善工作，县级以上地方各级人民政府民政部门主管本行政区域内的慈善工作。民政部门是慈善组织的登记部门，同时也是慈善工作的主管部门，应当担负起有关监管职责。民政部门既对慈善组织进行登记，又对慈善活动进行监督检查。由于慈善组织按照行政层级由县级以上各级人民政府民政部门分级登记和认定，因此从民政部到地方各级人民政府民政部门都要对各自登记和认定的慈善组织进行监管。慈善组织在登记的区域以外活动的，当地民政部门可以配合该组织的登记管理机关进行监督。

　　需要注意以下两点：一是县级以上人民政府民政部门对慈善活动进行监督检查，与其他部门在职责范围内做好相关工作并不冲突。本法第六条规定，县级以上人民政府有关部门依照本法和其他有关法律法规，在各自的职责范围内做好相关工作。也就是说，税务、审计、教育、科学、文化、卫生、体育、环保等领域的主管部门同样可以根据自己的职责，做好相关工作。二是政府部门不能对慈善活动的监管进行大包大揽，应当积极引导和鼓励行业组织的自律机制发挥作用。

二、对慈善行业组织进行指导

　　慈善行业组织是我国慈善事业不可或缺的重要组成部分。我国慈善事业发展方兴未艾，单纯依靠行政机关的支持推动、规范管理，难以适应慈善事业高质量发展的要求，需要依靠慈善行业自身力量来规范行为、反映诉求、提供服务、发挥作用。2020年10月15日，《全国人民代表大会常务委员会执法检查组关于检查〈中华人民共和国慈善法〉实施情况的报告》中强调："积极培育慈善行业组织，加强行业统筹、行业联动、行业自律机制。"2013年4月，民政部推动成立了全国慈善领域行业组织——中国慈善联合会。该联合会是致力于我国慈善事业的社会组织、企事业单位等有关机构和个人自愿结成的联合性、枢纽型社会组织，《中国慈善联合会章程》第三条规定了其宗旨是"联合慈善力量、沟通社会各方、促进行业自律、推动行业发展"。在地方各级民政部门的指导和支持下，部分省、市、县也成立了慈善行业组织。这些慈善行业组织通过联合慈善力量、开展人才培养、促进公开透明等方式维护了慈善生态，提高了慈善行业专业化、职业化水平。

各级民政部门对慈善行业组织进行指导，是《中华人民共和国慈善法》赋予的法定职责，要指导和支持慈善组织行业加强理论和政策研究，加强慈善文化培育和弘扬，加强慈善人才培养，加强行业自律，更好地发挥慈善行业组织作用，推动我国慈善事业高质量发展。

第一百零四条 县级以上人民政府民政部门对涉嫌违反本法规定的慈善组织、慈善信托的受托人，有权采取下列措施：

（一）对慈善组织、慈善信托的受托人的住所和慈善活动发生地进行现场检查；

（二）要求慈善组织、慈善信托的受托人作出说明，查阅、复制有关资料；

（三）向与慈善活动有关的单位和个人调查与监督管理有关的情况；

（四）经本级人民政府批准，可以查询慈善组织的金融账户；

（五）法律、行政法规规定的其他措施。

慈善组织、慈善信托的受托人涉嫌违反本法规定的，县级以上人民政府民政部门可以对有关负责人进行约谈，要求其说明情况、提出改进措施。

其他慈善活动参与者涉嫌违反本法规定的，县级以上人民政府民政部门可以会同有关部门调查和处理。

◆ **条文主旨**

本条是关于民政部门对涉嫌违反本法规定的慈善组织、慈善信托的受托人有权采取的调查措施的规定。

◆ **修改提示**

本条是对原法第九十三条的修改，主要修改包括：一是采取措施的对象增加"慈善信托的受托人"；二是增加第二款，规定"慈善组织、慈善信托的受托人涉嫌违反本法规定的，县级以上人民政府民政部门可以对有关负责人进行约谈，要求其说明情况、提出改进措施"；三是增加第三款，规定"其他慈善活动参与者涉嫌违反本法规定的,县级以上人民政府民政部门可以会同有关部门调查和处理"。

◆ **条文释义**

对涉嫌违反本法规定的慈善组织、慈善信托的受托人,监管部门有必要采取一定措施,以达到对慈善组织、慈善信托的受托人进行有效的监督管理、防止有关危害结果的发生以及为进一步实施行政处罚做准备的目的。因此,本条设定了县级以上人民政府民政部门对涉嫌违反本法规定的慈善组织、慈善信托的受托人享有采取有关措施的职权。需要注意的是,民政部门采取本条规定的措施的前提是慈善组织、慈善信托的受托人"涉嫌违反本法规定",也就是说,只有慈善组织、慈善信托的受托人在涉嫌违反本法规定的情形下,民政部门才可以采取这些措施。换句话讲,这些措施不能成为民政部门执法的日常措施,否则将影响、干扰慈善组织正常开展活动。

一、民政部门对涉嫌违法的慈善组织、慈善信托的受托人有权采取的措施

(一)对慈善组织、慈善信托的受托人的住所和慈善活动发生地进行现场检查。现场检查是指行政机关收集证据、查明事实的活动,现场检查权是实现行政目的的一项基础性权力。民政部门可以现场检查的对象是慈善组织、慈善信托的受托人的住所和慈善活动发生地。这里的"住所"是指慈善组织、慈善信托的受托人在民政部门正式登记的住所,"慈善活动发生地"是指慈善组织、慈善信托的受托人开展慈善活动,特别是实施涉嫌违反本法规定的行为发生所涉及的相关地点。现场检查具有强制性,不需要被检查的慈善组织、慈善信托的受托人同意。同时,县级以上人民政府民政部门只能对自己管辖区域内的慈善组织、慈善信托的受托人进行检查,无权对管辖范围外的慈善组织、慈善信托的受托人进行现场检查;现场检查的范围和内容应当于法有据,不能任意检查,不能构成对慈善组织、慈善信托的受托人正常活动的干扰。

(二)要求慈善组织、慈善信托的受托人作出说明,查阅、复制有关资料。对慈善组织、慈善信托的受托人进行监督检查,离不开必要的信息和资料。民政部门对这些资料可以查阅、复制,可以要求慈善组织、慈善信托的受托人作出说明，但需要注意的是，不能任意扩大查阅、复制资料的范围。

（三）向与慈善活动有关的单位和个人调查与监督管理有关的情况。行政调查是指行政主体为达成特定行政目的依职权对相关信息进行收集和对事实进行调查的活动。本项规定的调查对象是指与慈善活动有关的单位和个人，既包括涉嫌违反本法规定的慈善组织开展有关慈善活动所涉及的捐赠人、志愿者、受益人、其他慈善组织等慈善活动参与者，也包括该慈善活动所涉及的其他有关单位和个人。有关单位和个人应当配合民政部门的调查，如实提供所调查的信息。

（四）经本级人民政府批准，可以查询慈善组织的金融账户。金融账户是慈善组织在存款机构、托管机构、投资机构、特定的保险机构等金融机构开立或者保有的存款账户、托管账户和其他账户。查询金融账户有严格的职权限制，例如，《中华人民共和国商业银行法》第三十条规定，对单位存款，商业银行有权拒绝任何单位或者个人查询，但法律、行政法规另有规定的除外。根据本条规定，对于涉嫌违法的慈善组织，如有必要，民政部门可以报经本级人民政府批准，对其存款账户等金融账户进行查询。

（五）法律、行政法规规定的其他措施。本项是兜底条款，如果法律、行政法规规定了其他措施，县级以上人民政府民政部门也可以采取该措施，也就是说，除了上述四项监督检查措施之外，民政部门还可以依据其他法律、行政法规规定，对涉嫌违法的慈善组织、慈善信托的受托人实施其他监督检查措施。民政部门对涉嫌违法的慈善组织、慈善信托的受托人采取有关措施，只能来自法律、行政法规的授权。例如，依据《中华人民共和国行政处罚法》第五十六条的规定，行政机关在证据可能灭失或者以后难以取得的情况下，经行政机关负责人批准，可以先行登记保存。再如，依据《社会团体登记管理条例》、《基金会管理条例》和《民办非企业单位登记管理暂行条例》等行政法规，作为登记管理机关的民政部门，享有对所登记的三类组织的监督管理职权，可行使相应的监督管理措施。

二、民政部门可以对有关负责人进行约谈

约谈作为一种新型监管方式，近年来广泛运用于税务、环保、药品、食品、安全生产等行政管理领域。2016 年，民政部印发《社会组织登记管理机关行政执法约谈工作规定（试行）》，约谈成为民政部门的一种重要工作方法。此后，民政部就收到的相关平台公开募捐信息发布不规范、个人求助信息审核把关不严格、基金会项目运作不规范等问题举报，约谈了相关单位，要求其切实担负起责任，依法依规维护相关人员正当权益。

从约谈对象来看，约谈可以分为内部约谈和外部约谈。内部约谈主要是指上级行政机关约谈下级行政机关。外部约谈主要是指行政机关在其职责范围内约谈管理服务对象。本条中规定的约谈，属于外部约谈。县级以上人民政府民政部门对涉嫌违反本法规定的慈善组织、慈善信托的受托人的负责人进行约谈，要求其说明情况、提出改进措施。通过约谈，有利于民政部门及时了解慈善组织、慈善信托的受托人的相关情况，消除风险隐患，也有利于督促当事人自行纠正轻微违法行为，并进行制度整改，防止出现再次违法。需要注意的是，约谈不能代替行政处罚。

三、对其他慈善活动参与者的调查和处理

根据本法第一条的规定，慈善活动的参与者众多，包括慈善组织、捐赠人、志愿者、受益人等。慈善活动的依法规范开展，离不开慈善组织以外的其他慈善活动参与者的配合；其他慈善活动参与者的违法行为，也会对慈善活动的开展和慈善事业的发展造成负面影响。因此，此次修改，在本条中明确其他慈善活动参与者涉嫌违反本法规定的，也应当受到调查和处理。对慈善组织以外的其他慈善活动参与者进行调查和处理，可能会涉及民政部门以外的其他相关部门的职权范围。因此，本条规定县级以上人民政府民政部门可以会同有关部门调查和处理，这一规定的目的是形成各部门工作合力，推动问题的解决。

◆ **相关规定**

《基金会管理条例》第 34 条；《社会团体登记管理条例》第 24 条；《民办非企业单位登记管理暂行条例》第 19 条

第一百零五条　县级以上人民政府民政部门对慈善组织、有关单位和个人进行检查或者调查时，检查人员或者调查人员不得少于二人，并应当出示合法证件和检查、调查通知书。

◆ **条文主旨**

本条规定了县级以上人民政府民政部门在进行检查或者调查时的程序要求。

◆ **修改提示**

本条是原法第九十四条，未作修改。

◆ **条文释义**

根据本法规定，民政部门作为慈善活动的监管部门，对慈善组织、有关单位和个人享有检查或者调查的权力，为了保证行政权力的规范、有效行使，同时也为了保障被检查或者调查的慈善组织、有关单位和个人的合法权益不受侵犯，必须对民政部门检查或者调查的权力行使作出相应的程序要求。

一、检查人员或者调查人员不得少于二人

对检查人员或者调查人员人数不少于二人作出规定，是为了约束行政执法人员依法实施检查或者调查行为，便于执法人员之间互相监督，防止出现非法实施、侵犯当事人合法权益的行为，同时也可以防止当事人诬告、陷害、贿赂执法人员。根据《中华人民共和国行政处罚法》第四十二条的规定，执法人员不得少于两人，法律另有规定的除外。本法没有作出例外规定，民政部门进行检查或者调查时，应当保证检查人员或者调查人员不少于二人。

二、出示合法证件和检查、调查通知书

根据《中华人民共和国行政处罚法》第四十二条的规定，行政处罚应当由具有行政执法资格的执法人员实施。了解执法人员的执法身份，是当事人应有的权利。"合法证件"是表明检查人员或者调查人员有合法的行政执法资格的证明，民政部门执法人员实施检查、调查时，必须向当事人出示其合法的执法证件，表明其具备执法的资格。这是民政部门对慈善组织或者有关单位和个人依法开展有关调查和检查活动的前提，也是民政部门作为行政机关在行使权力时须对行政相对人尽到的说明或告知义务。具备法定资格的执法人员不能随意对当事人进行检查或者调查，而是应当执行行政机关的决定，因此，在检查和调查时应当向当事人出示民政部门出具的，并经过正式程序制作的真实、合法、有效的行政法律文书，即"检查、调查通知书"。

◆ **相关规定**

《中华人民共和国行政处罚法》第 42 条、第 55 条；《中华人民共和国行政强制法》第 18 条

第一百零六条 县级以上人民政府民政部门应当建立慈善组织及其负责人、慈善信托的受托人信用记录制度，并向社会公布。

县级以上人民政府民政部门应当建立慈善组织评估制度，鼓励和支持第三方机构对慈善组织的内部治理、财务状况、项目开展情况以及信息公开等进行评估，并向社会公布评估结果。

◆ **条文主旨**

本条是关于民政部门建立慈善组织及其负责人、慈善信托的受托人信用记录制度和慈善组织评估制度的规定。

◆ **修改提示**

本条是对原法第九十五条的修改，一是增加建立"慈善信托的受托人"信用记录制度；二是明确了对慈善组织进行评估的内容，包括慈善组织的内部治理、财务状况、项目开展情况以及信息公开等。

◆ **条文释义**

一、关于建立慈善组织及其负责人、慈善信托的受托人信用记录制度

慈善组织及其负责人、慈善信托的受托人信用记录，主要是指县级以上人民政府民政部门在依法履职过程中生成和获取的与慈善组织及其负责人、慈善信托的受托人信用状况有关的记录。建立慈善组织及其负责人、慈善信托的受托人信用记录制度，对于转变政府部门管理方式、完善慈善组织监管制度、规范慈善组织健康有序发展都具有十分重要的意义。

根据本条规定，建立慈善组织及其负责人、慈善信托的受托人信用记录制度的主体，是县级以上人民政府民政部门，这是本法赋予民政部门的重要职责。国务院民政部门应当依照本条规定和其他有关法律法规，建立

健全全国的以及全国性的慈善组织及其负责人、慈善信托的受托人信用记录制度。县级以上地方各级人民政府民政部门应当依照本条规定和其他有关法律法规，在各自的职责范围内，建立健全本行政区域内的慈善组织及其负责人、慈善信托的受托人信用记录制度。

建立慈善组织及其负责人、慈善信托的受托人信用记录制度，一是应对慈善组织及其负责人、慈善信托的受托人信用记录的内容进行明确。就慈善组织的信用记录内容而言，一般包括其在民政部门的基本登记信息、年检信息、评估信息、奖惩信息，享有或失去有关政府部门或行业组织认可的资质（如非营利组织免税资格、公益性捐赠税前扣除资格等）信息，承接政府转移职能或购买服务信息，失信信息，以及其他与开展慈善活动相关的信息等。二是应对慈善组织及其负责人、慈善信托的受托人信用记录的相关主体责任进行明确。慈善组织及其负责人、慈善信托的受托人信用记录制度的建立主体是民政部门，而慈善组织及其负责人、慈善信托的受托人信用记录制度的实施主体则不仅限于民政部门，有关部门以及公民、法人和其他组织也应按照相关的制度规定，在各自的职责或所应尽的义务范围内做好相关工作，以保障慈善组织及其负责人、慈善信托的受托人信用记录制度的有效实施。三是应对慈善组织及其负责人、慈善信托的受托人信用记录的行为进行规范，保障记录过程公平、公开、公正，记录结果及时、真实、合法、有效。四是应将慈善组织及其负责人、慈善信托的受托人信用记录与发布、使用、管理等活动结合起来规范，以利于形成慈善组织及其负责人、慈善信托的受托人的信用制度体系。

需要指出的是，近年来，民政部一直在推进社会组织领域的信用体系建设。2018年1月，民政部出台《社会组织信用信息管理办法》。同时，慈善组织及其负责人、慈善信托的受托人的信用建设是社会信用体系建设的重要组成部分。将慈善组织及其负责人、慈善信托的受托人信用记录制度纳入整体社会信用体系建设之中，将其在慈善活动和相关活动中的信用记录纳入整体的社会信用记录，能够有效地约束慈善组织及其从业人员、慈善信托的受托人的行为，实现国家对慈善活动和慈善信托的监督管理，推进社会组织领域的社会信用体系建设。因此，民政部门建立慈善组织及其负责人、慈善信托的受托人信用记录制度，应当在国家关于社会信用体系建设的总体思路下进行，与《社会信用体系建设规划纲要（2014—2020）》、《关于推进社会信用体系建设高质量发展促进形成新发展格局的意见》、《法治社会建设实施纲要（2020—2025年）》所规定的社会组织诚信建设和自然人信用建设相统一。

二、关于建立慈善组织评估制度

慈善组织评估是根据慈善组织的特征，以特定统一的指标体系为评议标准，遵循规范的科学方法和操作程序，通过定性和定量的对比分析，对慈善组织在一定时间段的组织管理情况、业务活动情况和通过活动所产生的社会效益及影响等作出客观、公正和准确的判断。建立慈善组织评估制度，开展慈善组织评估工作，有利于加强慈善组织自身建设，完善慈善组织的法人治理结构，促进慈善组织运行和管理水平的提升，实现慈善组织自我管理、自我完善和自我监督；有利于政府管理部门全面了解慈善组织的运作状况，进而有针对性地进行监管，促进政府监管方式的科学化和规范化；有利于开拓社会公众与慈善组织的制度化沟通渠道，强化社会对慈善组织的检查和监督，更好地动员、利用社会力量对慈善组织进行多方位监督；有利于为政府向慈善组织转移职能和购买服务提供依据，充分发挥慈善组织在社会治理和公共服务中的积极作用。

根据本条规定，民政部门应当建立慈善组织评估制度，鼓励和支持第三方机构对慈善组织进行评估，并向社会公布评估结果。2010年12月，民政部出台了《社会组织评估管理办法》，初步建立了包括慈善组织在内的社会组织评估制度框架。2015年5月，民政部出台了《民政部关于探索建立社会组织第三方评估机制的指导意见》，阐述了第三方机构对社会组织进行评估的总体思路和基本原则，明确了第三方评估机构的资格条件、组织形式、选择方式、活动准则和民政部门的监管职责，以及相应的资金保障机制，规范了第三方评估的信息公开和结果运用，明确了第三方评估工作组织领导等。2021年12月，民政部出台《全国性社会组织评估管理规定》，进一步规范全国性社会组织评估工作。2022年12月，民政部出台《民政部办公厅关于规范社会组织评估等级牌匾证书管理、做好社会组织评估等级报备工作的通知》，进一步规范社会组织评估等级牌匾证书管理，加强评估等级报备工作。根据上述制度规定，民政部以及各省、自治区、直辖市和计划单列市都已全部开始了社会组织评估工作。这些规章、政策和评估实践为民政部下一步建立健全慈善组织评估制度，鼓励和支持第三方机构对慈善组织进行评估奠定了制度和工作基础。根据本条的规定，慈善组织的内部治理、财务状况、项目开展情况以及信息公开等，将是未来慈善组织评估的主要内容。

◆ **相关规定**

《社会组织评估管理办法》

第一百零七条　慈善行业组织应当建立健全行业规范，加强行业自律。

◆ **条文主旨**

本条是关于慈善行业自律的规定。

◆ **修改提示**

本条是原法第九十六条，未作修改。

◆ **条文释义**

一、慈善行业组织的概念及主要特征

慈善行业组织是指由慈善领域的组织或个人组成，通过沟通慈善组织、慈善从业者与政府的关系，协调慈善行业的利益，规范慈善行为，提供慈善行业服务，反映慈善行业诉求，保护和增进全体成员合法权益的非营利性社会组织。例如，中国慈善联合会在章程中明确该会是由致力于我国慈善事业的社会组织、企事业单位等有关机构和个人自愿结成的全国性、联合性、非营利性、枢纽型社会组织，以联合慈善力量、沟通社会各方、促进行业自律、推动行业发展为宗旨。

慈善行业组织的主要特征包括：一是非营利性。与其他行业协会一样，慈善行业组织成立的宗旨是为从事慈善事业的会员提供服务，以维护会员的利益为基本出发点。但是，由于慈善行业组织的会员一般是慈善组织和其他慈善活动的参与主体，因此，慈善行业组织维护会员利益带有较强的非营利性和公益性。二是自治性。即慈善行业组织应当是经过正式登记注册的社会团体，是由会员组成的独立的法人主体，不从属或隶属于任何组织和个人。三是中介性。即慈善行业组织可以作为政府与慈善组织、慈善事业参与者之间的重要桥梁和纽带，在促进慈善事业发展中具有"传送带"和"上挂下联"的重要功能。四是民间性。即慈善行业组织由慈善领域的组织或个人自发、自愿组成，是在慈善事业一定范围内的自律性组织，除非经过法律或政府授权、委托，否则不具有公共权力。

二、慈善行业组织的功能

根据本条规定，慈善行业组织应当建立健全行业规范，加强行业自律，即慈善行业组织应当通过完善组织章程和行规行约，在会员和行业中开展行风建设和监督，从而加强慈善行业自律，引导会员规范行为，遵纪守法。例如，中国慈善联合会发布《企业慈善捐赠指引》、《社区慈善基金运行指南》、《慈善项目品牌建设指南》、《基金会换届工作规范》、《社会力量捐赠医疗机构儿童活动室运行指南》等团体标准，编制发表年度中国慈善捐助报告等。此外，实践中，慈善行业组织还发挥以下作用和功能：一是反映诉求，即慈善行业组织应当代表会员组织和个人，代表慈善事业发展力量，向政府和社会表达会员和慈善行业的诉求，维护慈善组织与其他慈善活动参与主体的合法权益，对公共政策产生影响。二是提供服务，即慈善行业组织应当积极为会员提供信息交流、教育培训、调查统计、政策咨询等服务，促进行业交流和健康发展，同时也可以接受委托或者购买服务，向政府和社会提供相应的服务。

三、进一步加强慈善行业自律的必要性

慈善组织的健康发展需要完善内部制衡、行业自律、社会监督、政府监管构成的监管体系。其中，行业自律是重要的组成部分。建立健全行业自律机制，加强慈善行业自律，主要由行业组织来实现。目前，我国慈善行业自律仍有待进一步加强。2020年10月，《全国人民代表大会常务委员会执法检查组关于检查〈中华人民共和国慈善法〉实施情况的报告》中指出，"慈善行业自律薄弱。慈善行业组织自律亟待加强，行业组织自律措施有限，行业标准制定工作落后于实践需要，存在调整范围窄、内容规定粗、制约机制少等问题。行业评估范围和规模依然较小，尚未有效发挥以评促建、以评促改、以评促规范的效能"。下一步，慈善行业组织应当针对执法检查中发现的问题，不断建立健全行业规范，进一步加强行业自律。

　　第一百零八条　任何单位和个人发现慈善组织、慈善信托有违法行为的，可以向县级以上人民政府民政部门、其他有关部门或者慈善行业组织投诉、举报。民政部门、其他有关部门或者慈善行业组织接到投诉、举报后，应当及时调查处理。

　　国家鼓励公众、媒体对慈善活动进行监督，对假借慈善名义或者假冒慈善组织骗取财产以及慈善组织、慈善信托的违法违规行为予以曝光，发挥舆论和社会监督作用。

◆ **条文主旨**

　　本条是关于慈善社会监督的规定。

◆ **修改提示**

　　本条是原法第九十七条，未作修改。

◆ **条文释义**

　　慈善活动是通过慈善组织、捐赠人、志愿者、受益人等慈善活动参与者，将社会上的人力、物力、财力等资源聚集起来，以捐赠财产和提供服务等方式，重新组织分配到社会需要的地方，实际上就是一次社会公益资源再分配的过程，公众关注度高，涉及社会责任大。慈善活动是否规范、是否公开透明关系到慈善资源的保护，关系到慈善事业的发展，必须建立起法律监督、政府监督、社会监督与自我监督相结合的慈善事业监督体系。慈善社会监督主要是指公民、法人和其他组织等社会力量，通过咨询、投诉、举报、曝光等途径对慈善组织及其负责人和其他相关人员进行的监督。自觉接受社会监督，是慈善组织及慈善活动和其他参与者的义务和责任。

　　一、对慈善组织、慈善信托违法行为的投诉、举报

　　社会监督主要是指公众监督，监督的方式是投诉、举报。监督的主体是任何单位或个人，无论其是否参与慈善活动；被监督的主体是慈善组织和慈善信托的委托人、受托人、监察人，包括依法成立的组织主体和相关责任人员；监督的基础是慈善组织、慈善信托的信息公开；监督的内容是慈善组织、慈善信托的违法行为。监督受理的主体是民政部门和其他有关部门或者慈善行业组织。民政部门和其他有关部门对依法成立的慈善组织负有法定的监督管理职责，慈善行业组织对慈善组织负有行业规范、行业自律的职责，因此本条规定，对于慈善组织、慈善信托有违法行为的，可以向民政部门、其他有关部门或者慈善行业组织投诉、举报。

投诉举报是对违反法律法规或者相关规定的行为进行控诉和向上级报告。核实投诉举报的线索，对涉及的违法行为进行监督查处是民政部门、其他有关部门或者慈善行业组织的职责所在。因此，在接到投诉、举报后，无论是民政部门和其他有关部门还是慈善行业组织都应当及时进行调查处理。"及时调查处理"，一是要求民政部门、其他有关部门或者慈善行业组织关注投诉举报的事项，对所涉及慈善组织、慈善信托的违法行为，按照程序进行调查，核实违法行为是否属实，经核实违法行为属实的，还应当给予相应处罚；二是要求民政部门、其他有关部门或者慈善行业组织在较短的合理时间内对投诉举报事项进行调查处理，不能长期搁置不予处理。2016 年 8 月，民政部出台《社会组织登记管理机关受理投诉举报办法（试行）》，规范了社会组织登记管理机关受理投诉举报工作。慈善组织是社会组织的一种形式，对慈善组织的投诉举报也适用该办法相关规定。此外，按照本法第一百零三条的规定，民政部门对慈善行业组织进行指导，因此也要对慈善行业组织受理、调查和处理投诉举报进行指导。

二、对假借慈善名义或者假冒慈善组织骗取财产以及慈善组织、慈善信托的违法违规行为的曝光

舆论监督是监督的一种重要方式，通过曝光的方式，将假借慈善名义或者假冒慈善组织骗取财产以及慈善组织、慈善信托的违法违规行为暴露于公众面前，有利于提高对违法行为的震慑力，也能督促有关部门依法予以监督管理，增强社会监督的效力。舆论监督的主体强调了公众和媒体，监督的方式主要指曝光，既可以通过广播、报刊、电视等传统媒体曝光，也可以通过互联网等新兴媒体、微信公众号等自媒体曝光。监督的内容既包括本条第一款所规定的慈善组织、慈善信托的违法违规行为，也包括假借慈善名义或者假冒慈善组织骗取财产的行为。被监督的主体既包括依法成立的慈善组织及其相关责任人，也包括未经登记或认定的非法慈善组织，以及假借慈善名义骗取钱财的公民、法人和其他组织。

第十二章　法律责任

　　本章是关于法律责任的规定。本法其他章节对慈善组织等慈善活动参与者、慈善工作监管部门等主体的权利义务作出了规定，为确保相关规定得以贯彻执行，本章对慈善组织、慈善信托的委托人及受托人、民政部门和其他有关部门等自然人、法人和非法人组织违反本法规定的法律责任作了规定。

　　第一百零九条　慈善组织有下列情形之一的，由县级以上人民政府民政部门责令限期改正，予以警告或者责令限期停止活动，并没收违法所得；情节严重的，吊销登记证书并予以公告：

　　（一）未按照慈善宗旨开展活动的；

　　（二）私分、挪用、截留或者侵占慈善财产的；

　　（三）接受附加违反法律法规或者违背社会公德条件的捐赠，或者对受益人附加违反法律法规或者违背社会公德的条件的。

◆ 条文主旨

　　本条是关于慈善组织未按照慈善宗旨开展活动等违法行为的法律责任的规定。

◆ 修改提示

　　本条是对原法第九十八条的修改。主要修改了两个方面：一是增加处罚种类，将"责令限期改正；逾期不改正的，吊销登记证书并予以公告"修改为"责令限期改正，予以警告或者责令限期停止活动，并没收违法所得；情节严重的，吊销登记证书并予以公告"。二是在本条中的"民政部门"前增加"县级以上人民政府"。

◆ **条文释义**

一、本条规定的三种违法情形

（一）未按照慈善宗旨开展活动。本法第八条第一款规定，本法所称慈善组织，是指依法成立、符合本法规定，以面向社会开展慈善活动为宗旨的非营利性组织。本法第九条规定了慈善组织的设立条件，将"以开展慈善活动为宗旨"作为首要条件。因此，慈善宗旨既是慈善组织的设立条件，也是慈善组织的根本属性，更是慈善组织的使命与价值所在，是其区别于其他组织的重要标志。慈善组织开展慈善募捐、使用慈善财产、对外合作等都要符合慈善宗旨。

（二）私分、挪用、截留或者侵占慈善财产。慈善组织的财产包括发起人捐赠、资助的创始财产，募集的财产、投资所获收益以及其他合法财产。《中华人民共和国公益事业捐赠法》第七条规定，公益性社会团体受赠的财产及其增值为社会公共财产，受国家法律保护，任何单位和个人不得侵占、挪用和损毁。本法虽未明确慈善财产的属性，但从多个角度宣示了慈善财产受到法律严格保护。例如，本法第五十三条第一款规定，慈善组织的财产应当根据章程和捐赠协议的规定全部用于慈善目的，不得在发起人、捐赠人以及慈善组织成员中分配。在此基础上，第二款又进一步强调，任何组织和个人不得私分、挪用、截留或者侵占慈善财产。这里讲的私分，主要是指将慈善财产在慈善组织成员、管理人员或者其他人员之间分配，而非依法或者依照章程规定用于慈善目的。挪用，既包括将本慈善项目的财产用到其他慈善项目，也包括将慈善财产用于非慈善目的。截留，就是没有及时将慈善财产用于慈善项目。侵占，是指慈善财产被他人占有。

（三）接受附加违反法律法规或者违背社会公德条件的捐赠，或者对受益人附加违反法律法规或者违背社会公德的条件。遵守法律与公序良俗是民法的基本原则之一，《中华人民共和国民法典》第八条规定，民事主体从事民事活动，不得违反法律，不得违背公序良俗。本法第四条第二款规定，开展慈善活动，应当遵循合法、自愿、诚信、非营利的原则，不得违背社会公德，不得危害国家安全、损害社会公共利益和他人合法权益。第十五条规定，慈善组织不得从事、资助危害国家安全和社会公共利益的活动，不得接受附加违反法律法规和违背社会公德条件的捐赠，不得对受益人附加违反法律法规和违背社会公德的条件。实践中，慈善组织不能对任何捐赠都不加分辨予以接收，也不能对受益人附加不合法、不合理的条件，否则，不仅慈善目的无法实现，慈善组织还要承担相应法律责任。

二、关于对本条三种违法情形的处理

本法此次修改对民政部门进行行政处罚的种类等作了修改，有本条规定的违法情形的，民政部门可以根据慈善组织违法行为情节轻重不同，给予不同程度的处罚，主要目的是解决原法规定对相关违法行为不能直接处罚、只能责令改正的困境，强化行政执法的震慑作用，以更好预防、制止和纠正违法行为。

（一）责令限期改正。责令改正或者责令限期改正，是指行政机关责令违法行为人停止和纠正违法行为，以恢复原状、维持法定的秩序或者状态的具体行政行为，因其无减损权益或增加义务性，不属于行政处罚。《中华人民共和国行政处罚法》第二十八条第一款规定，行政机关实施行政处罚时，应当责令当事人改正或者限期改正违法行为。本法与《中华人民共和国行政处罚法》精神保持一致，无论对本条涉及的三种违法行为处以何种行政处罚，均应当首先要求违法行为人及时纠正违法行为。

（二）警告。警告是指行政机关对违法行为人提出警示和告诫，使其认识其违法所在和应负责任的一种处罚，通常用于情节较轻的违法行为。尽管警告是最轻的处罚，但行政机关作出警告的处罚决定时，也必须严格遵守《中华人民共和国行政处罚法》规定的程序，否则可能因违反法定程序构成重大且明显违法，导致行政处罚无效。

（三）责令限期停止活动。责令限期停止活动，是对较为严重的违法行为的处罚，是一种行为罚。慈善组织被责令限期停止活动，即意味着其在一定的期限内不得以自己的名义开展慈善募捐、接受捐赠、实施慈善项目等业务活动。此外，按照《基金会管理条例》、《社会团体登记管理条例》以及《民办非企业单位登记管理暂行条例》的规定，基金会、社会团体、民办非企业单位被责令停止活动或责令限期停止活动的，由登记管理机关封存其登记证书、印章和财务凭证。据此，慈善组织被予以责令限期停止活动的行政处罚的，登记管理机关还应按照上述规定封存其登记证书、印章和财务凭证。

（四）没收违法所得。"任何人都不得从违法行为中获益。"《中华人民共和国行政处罚法》第二十八条第二款规定，当事人有违法所得，除依法应当退赔的外，应当予以没收。根据本法第一百零九条规定，慈善组织存在本条涉及的三种违法情形，民政部门在作出警告或者责令限期停止活动的行政处罚时，如被处罚慈善组织有违法所得，应当一并没收违法所得。

（五）吊销登记证书。吊销登记证书属于《中华人民共和国行政处罚法》规定的吊销许可证件的一种具体形式，属于资格罚。吊销法人登记证书后，慈善组织将被永久剥夺以该组织名义继续开展业务活动的资格和权利。根据《社会团体登记管理条例》、《民办非企业单位登记管理暂行条例》、《基金会管理条例》的规定，社会组织被吊销登记证书后继续以原组织名义继续活动的，将构成非法社会组织，由登记管理机关予以取缔。

◆ **相关规定**

《中华人民共和国公益事业捐赠法》第 7 条；《中华人民共和国民法典》第 8 条；《中华人民共和国行政处罚法》第 28 条；《基金会管理条例》第 40 条、第 44 条；《社会团体登记管理条例》第 29 条、第 33 条；《民办非企业单位登记管理暂行条例》第 24 条、第 28 条

第一百一十条 慈善组织有下列情形之一的，由县级以上人民政府民政部门责令限期改正，予以警告，并没收违法所得；逾期不改正的，责令限期停止活动并进行整改：

（一）违反本法第十四条规定造成慈善财产损失的；

（二）指定或者变相指定捐赠人、慈善组织管理人员的利害关系人作为受益人的；

（三）将不得用于投资的财产用于投资的；

（四）擅自改变捐赠财产用途的；

（五）因管理不善造成慈善财产重大损失的；

（六）开展慈善活动的年度支出、管理费用或者募捐成本违反

规定的；

　　（七）未依法履行信息公开义务的；

　　（八）未依法报送年度工作报告、财务会计报告或者报备募捐方案的；

　　（九）泄露捐赠人、志愿者、受益人个人隐私以及捐赠人、慈善信托的委托人不同意公开的姓名、名称、住所、通讯方式等信息的。

　　慈善组织违反本法规定泄露国家秘密、商业秘密的，依照有关法律的规定予以处罚。

　　慈善组织有前两款规定的情形，经依法处理后一年内再出现前款规定的情形，或者有其他情节严重情形的，由县级以上人民政府民政部门吊销登记证书并予以公告。

◆ **条文主旨**

　　本条是关于慈善组织违反慈善财产管理规定等违法行为的法律责任的规定。

◆ **修改提示**

　　本条是对原法第九十九条的修改。主要修改有四个方面：一是增加"没收违法所得"；二是在第一款增加两项违法情形，分别是"（二）指定或者变相指定捐赠人、慈善组织管理人员的利害关系人作为受益人的"和"（五）因管理不善造成慈善财产重大损失的"；三是将第一款第四项规定调整为第六项，增加"募捐成本"的表述；四是在"民政部门"前增加"县级以上人民政府"。

◆ **条文释义**

一、慈善组织违反慈善财产管理规定等违法行为的法律责任

　　（一）违反本法第十四条规定造成慈善财产损失。本法第十四条规定，慈善组织的发起人、主要捐赠人以及管理人员，不得利用其关联关系损害慈善组织、受益人的利益和社会公共利益。慈善组织的发起人、主要捐赠人以及管理人员与慈善组织发生交易行为的，不得参与慈善组织有关该交易行为的决策，有关交易情况应当向社会公开。适用本项规定对慈善组织作出处罚时，要重点把握三点：一是关联交易的人员范围为慈善组织的发起人、主要捐赠人以及管理人员，执法实践中不能随意扩大；二是违反本法第十四条规定，存在应当回避而未回避或者有关关联交易情况未公开等情形；三是造成了慈善财产损失，要求出现实际损害后果。

（二）指定或者变相指定捐赠人、慈善组织管理人员的利害关系人作为受益人。原法第四十条规定"捐赠人与慈善组织约定捐赠财产的用途和受益人时，不得指定捐赠人的利害关系人作为受益人"，此次修改，针对实践中出现的新情况，增加了不得变相指定捐赠人的利害关系人作为受益人的要求，同时在本条中新增了违反该条规定的法律责任，以增强该规定的刚性约束。

（三）将不得用于投资的财产用于投资。本法第五十五条第一款对慈善组织投资行为提出原则性规定，要求遵循合法、安全、有效的原则，且投资取得的收益应当全部用于慈善目的。同时该款进一步明确了禁止性规定，即政府资助的财产和捐赠协议约定不得投资的财产，不得用于投资。违反该禁止性规定的，慈善组织应当承担本条规定的法律责任。

（四）擅自改变捐赠财产用途。慈善组织按照募捐方案或者捐赠协议约定的用途使用捐赠财产，这是诚实守信原则在慈善领域的具体体现。本法第二十四条规定，开展公开募捐，应当制定募捐方案。募捐方案包括募捐目的、起止时间和地域、活动负责人姓名和办公地址、接受捐赠方式、银行账户、受益人、募得款物用途、募捐成本、剩余财产的处理等。第二十九条第二款规定，慈善组织开展定向募捐，应当在发起人、理事会成员和会员等特定对象的范围内进行，并向募捐对象说明募捐目的、募得款物用途等事项。第三十九条规定，慈善组织接受捐赠，捐赠人要求签订书面捐赠协议的，慈善组织应当与捐赠人签订书面捐赠协议。书面捐赠协议包括捐赠人和慈善组织名称，捐赠财产的种类、数量、质量、用途、交付时间等内容。需要注意的是，该违法情形是"擅自"改变捐赠财产用途，如捐赠财产用途的改变符合相关要求且按规定履行了变更程序，则不构成违法情形。

（五）因管理不善造成慈善财产重大损失。慈善组织作为以面向社会开展慈善活动为宗旨的捐助法人，妥善管理和使用慈善财产是其应当承担的基本义务。本法第五十四条规定，慈善组织对募集的财产，应当登记造册，严格管理，专款专用。捐赠人捐赠的实物不易储存、运输或者难以直接用于慈善目的的，慈善组织可以依法拍卖或者变卖，所得收入扣除必要费用后，应当全部用于慈善目的。慈善组织未尽妥善保管义务，造成慈善财产重大损失的，应当承担相应法律责任。例如，慈善组织对不易储存的物资未予以合理处置，导致相关物资重大毁损的，即构成本违法情形。

（六）开展慈善活动的年度支出、管理费用或者募捐成本违反规定。本法第六十一条规定，具有公开募捐资格的基金会开展慈善活动的年度支出，不得低于上一年总收入的百分之七十或者前三年收入平均数额的百分之七十；年度管理费用不得超过当年总支出的百分之十；特殊情况下，年度支出和管理费用难以符合前述规定的，应当报告办理其登记的民政部门并向社会公开说明情况。同时，该条第二款授权国务院民政部门会同财政、税务等部门制定慈善组织开展慈善活动的年度支出、管理费用和募捐成本的标准。2016 年 10 月 11 日，民政部、财政部、国家税务总局联合印发了《关于慈善组织开展慈善活动年度支出和管理费用的规定》。下一步，各相关部门将通过修改现行规定或制定新规定的方式，明确募捐成本的标准。慈善组织开展慈善活动的年度支出、管理费用或者募捐成本不符合本法第六十一条规定及有关部门制定的相关标准的，将承担本条规定的法律责任。

（七）未依法履行信息公开义务。信息公开是慈善组织的基本义务，是慈善组织接受各方面监管的基础。本法专章规定"信息公开"，该章第七十七条至第八十二条对慈善组织的信息公开义务作出系统规定。民政部出台了《慈善组织信息公开办法》，对慈善组织信息公开的原则、内容、渠道、时限等进一步作出规定。慈善组织违反相关信息公开要求的，应当承担本条规定的法律责任。

（八）未依法报送年度工作报告、财务会计报告或者报备募捐方案。本法第十三条规定，慈善组织应当每年向办理其登记的民政部门报送年度工作报告和财务会计报告。报告应当包括年度开展募捐和接受捐赠、慈善财产的管理使用、慈善项目实施、募捐成本、慈善组织工作人员工资福利以及与境外组织或者个人开展合作等情况。第二十四条第二款规定，募捐方案应当在开展募捐活动前报慈善组织登记的民政部门备案。第七十三条规定，为应对重大突发事件开展公开募捐，无法在募捐活动前办理募捐方案备案的，应当在活动开始后十日内补办备案手续。慈善组织违反上述规定的，应当承担本条规定的法律责任。

（九）泄露捐赠人、志愿者、受益人个人隐私以及捐赠人、慈善信托的委托人不同意公开的姓名、名称、住所、通讯方式等信息。《中华人民共和国民法典》第一百一十一条规定，自然人的个人信息受法律保护。任何组织或者个人需要获取他人个人信息的，应当依法取得并确保信息安全，不得非法收集、使用、加工、传输他人个人信息，不得非法买卖、提供或者公开他人个人信息。本法第八十二条规定，涉及国家秘密、商业秘密、个人隐私的信息以及捐赠人、慈善信托的委托人不同意公开的姓名、名称、住所、通讯方式等信息，不得公开。慈善组织违反上述规定，不仅应当承担民事法律责任，还应当承担本条规定的法律责任。

根据本条第一款的规定，慈善组织有上述违法情形的，由县级以上人民政府民政部门责令限期改正，予以警告，并没收违法所得；逾期不改正的，责令限期停止活动并进行整改。相较而言，本条规定的违法情形的法律责任较轻，主要是为了与违法行为的社会危害性相匹配。同时，在第三款也保留了"吊销登记证书并予以公告"这一较重的处罚，防止慈善组织反复出现本条规定的违法行为。

二、慈善组织泄露国家秘密、商业秘密的法律责任

本法第八十二条规定，涉及国家秘密、商业秘密、个人隐私的信息以及捐赠人、慈善信托的委托人不同意公开的姓名、名称、住所、通讯方式等信息，不得公开。除本法外，我国多部法律和行政法规对保守国家秘密、商业秘密的要求及相应法律责任作出了规定。例如，《中华人民共和国保守国家秘密法》第五条第三款规定，任何危害国家秘密安全的行为，都必须受到法律追究，第五章对相关违法行为的法律责任作了规定。《中华人民共和国民法典》第五百零一条规定，当事人在订立合同过程中知悉的商业秘密或者其他应当保密的信息，无论合同是否成立，不得泄露或者不正当地使用；泄露、不正当地使用该商业秘密或者信息，造成对方损失的，应当承担赔偿责任。《中华人民共和国刑法》第二百一十九条、第三百九十八条对泄露国家秘密、商业秘密的违法行为的刑事责任作了规定。慈善组织违反本法规定，泄露国家秘密或商业秘密的，依照有关法律的规定，由相关主管部门予以处罚。

三、慈善组织的加重处罚

根据本条第三款规定，慈善组织有本条第一款、第二款规定的情形，经依法处理后一年内再出现前款规定的情形，或者有其他情节严重情形的，由县级以上人民政府民政部门吊销登记证书并予以公告。适用本规定要注意把握三点：一是"慈善组织有前两款规定的情形"，即慈善组织涉及前两款规定的违法事实已经调查并认定属实。二是"经依法处理后一年内"，既包括作出行政处罚后一年内，也包括作出责令改正等行政处理决定后一年内。三是"再出现前款规定的情形，或者有其他情节严重情形"，其中，"再出现前款规定的情形"，不要求出现相同情形；"有其他情节严重情形"，则要求出现的其他情形达到情节严重的程度，否则不能适用本规定。

◆ **相关规定**

《中华人民共和国民法典》第 111 条、第 501 条；《中华人民共和国保守国家秘密法》第 5 条、第五章；《中华人民共和国刑法》第 219 条、第 398 条；《慈善组织信息公开办法》第 2—19 条；《关于慈善组织开展慈善活动年度支出和管理费用的规定》第 7—11 条

第一百一十一条 慈善组织开展募捐活动有下列情形之一的，由县级以上人民政府民政部门予以警告，责令停止募捐活动；责令退还违法募集的财产，无法退还的，由民政部门予以收缴，转给其他慈善组织用于慈善目的；情节严重的，吊销公开募捐资格证书或者登记证书并予以公告，公开募捐资格证书被吊销的，五年内不得再次申请：

（一）通过虚构事实等方式欺骗、诱导募捐对象实施捐赠的；

（二）向单位或者个人摊派或者变相摊派的；

（三）妨碍公共秩序、企业生产经营或者居民生活的；

（四）与不具有公开募捐资格的组织或者个人合作，违反本法第二十六条规定的；

（五）通过互联网开展公开募捐，违反本法第二十七条规定的；

（六）为应对重大突发事件开展公开募捐，不及时分配、使用募得款物的。

◆ **条文主旨**

本条是关于慈善组织违法开展募捐活动的法律责任的规定。

◆ **修改提示**

本条是对原法第一百零一条的修改。主要修改了三个方面：一是增加关于吊销公开募捐资格证书或登记证书的规定，即"情节严重的，吊销公开募捐资格证书或者登记证书并予以公告，公开募捐资格证书被吊销的，五年内不得再次申请"。二是增加三种违法情形，即"（四）与不具有公开募捐资格的组织或者个人合作，违反本法第二十六条规定的"、"（五）通过互联网开展公开募捐，违反本法第二十七条规定的"、"（六）为应对重大突发事件开展公开募捐，不及时分配、使用募得款物的"。三是修改部分文字表述，包括增加违法主体"慈善组织"，将"难以退还的"修改为"无法退还的"，在"民政部门"前增加"县级以上人民政府"等。

◆ **条文释义**

一、公开募捐活动中出现的六种违法情形

（一）通过虚构事实等方式欺骗、诱导募捐对象实施捐赠。《中华人民共和国民法典》第七条规定，民事主体从事民事活动，应当遵循诚信原则，秉持诚实，恪守承诺。慈善募捐是面向社会公众或面向特定对象募集财产的活动，诚实守信尤为重要。本法第四条第二款规定，开展慈善活动，应当遵循合法、自愿、诚信、非营利的原则，不得违背社会公德，不得危害国家安全、损害社会公共利益和他人合法权益。第三十一条规定，开展募捐活动，应当尊重和维护募捐对象的合法权益，保障募捐对象的知情权，不得通过虚构事实等方式欺骗、诱导募捐对象实施捐赠。违反该规定的，应当承担本条规定的法律责任。

（二）向单位或者个人摊派或者变相摊派。自愿、无偿是慈善捐赠的基本原则，任何人不得违背单位或个人意愿摊派或变相摊派捐赠任务。本法第三十四条规定，本法所称慈善捐赠，是指自然人、法人和非法人组织基于慈善目的，自愿、无偿赠与财产的活动。本法第三十二条规定，开展募捐活动，不得摊派或者变相摊派。违反该规定的，应当承担本条规定的法律责任。

（三）妨碍公共秩序、企业生产经营或者居民生活。《中华人民共和国宪法》第十五条第三款规定，国家依法禁止任何组织或者个人扰乱社会经济秩序。为防止慈善募捐过程中出现"失控"局面，妨碍公共秩序、企业生产经营或者居民生活，本法第三十二条规定，开展募捐活动，不得妨碍公共秩序、企业生产经营和居民生活。违反该规定的，应当承担本条规定的法律责任。

（四）与不具有公开募捐资格的组织或者个人合作，违反本法第二十六条规定。本次修法对原法第二十六条作了修改，进一步完善了合作公开募捐制度，明确具有公开募捐资格的慈善组织应当对合作方进行评估，依法签订书面协议，在募捐方案中载明合作方的相关信息，并对合作方的相关行为进行指导和监督，对合作募得的款物进行管理和会计核算，将全部收支纳入其账户；合作方不得以任何形式自行开展公开募捐。与之相应，本条规定了未按照本法第二十六条规定开展合作募捐的法律责任。

（五）通过互联网开展公开募捐，违反本法第二十七条规定。本法第二十七条规定，慈善组织通过互联网开展公开募捐的，应当在国务院民政部门指定的互联网公开募捐服务平台进行，并可以同时在其网站进行。截至2024年2月，民政部共指定29家慈善组织互联网募捐信息平台，慈善组织通过互联网开展公开募捐，应当在这些平台上进行，并可以同时在慈善组织网站上进行。违反上述规定的，应当承担本条规定的法律责任。

（六）为应对重大突发事件开展公开募捐，不及时分配、使用募得款物。本次修法增设应急慈善专章，系统规范突发事件应对中的慈善活动。本法第七十二条规定，为应对重大突发事件开展公开募捐的，应当及时分配或者使用募得款物，在应急处置与救援阶段至少每五日公开一次募得款物的接收情况，及时公开分配、使用情况。慈善组织不及时分配、使用募得款物，将导致募捐款物无法发挥应有作用，给重大突发事件应对造成不利影响，依法应当承担相应的法律责任。

二、对本条违法情形的处理

（一）警告、责令停止募捐活动。前文对警告已做解释，此处不再赘述。责令停止募捐活动，是指民政部门要求慈善组织暂时停止或者无限期停止某一募捐活动。民政部门查实慈善组织开展的募捐活动存在本条规定的违法情形后，在依法作出警告处罚的同时，还应当责令慈善组织停止募捐活动。

（二）退还或者收缴违法募集的财产。慈善组织对于违法募集的财产，不具有占有、使用、收益、处分的权利。民政部门应当首先要求慈善组织将违法募集的财产退还捐赠人；退还捐赠人存在客观困难的，如无法识别特定实物的捐赠人，或者可以识别但是无法与捐赠人取得联系的，由民政部门予以收缴并转给其他慈善组织用于慈善目的。

（三）吊销公开募捐资格证书或者登记证书。前文对吊销登记证书已进行解释，此处不再赘述。吊销公开募捐资格证书，是指民政部门依法剥夺慈善组织的公开募捐资质，使其无权继续开展公开募捐活动。本法第二十二条规定了慈善组织取得公开募捐资格证书的条件、程序等，明确依法登记满一年的慈善组织，可以向办理其登记的民政部门申请公开募捐资格。民政部门应当自受理申请之日起二十日内作出决定。慈善组织符合内部治理结构健全、运作规范的条件的，发给公开募捐资格证书；不符合条件的，不发给公开募捐资格证书并书面说明理由。本次修法在本条增加了对吊销公开募捐资格证书的处罚种类，解决了公开募捐资格证书"能给不能收"的问题；同时，规定"公开募捐资格证书被吊销的，五年内不得再次申请"，增强了公开募捐资格证书管理的严肃性。

◆ **相关规定**

《中华人民共和国宪法》第 15 条；《中华人民共和国民法典》第 7 条

第一百一十二条　慈善组织有本法第一百零九条、第一百一十条、第一百一十一条规定情形的，由县级以上人民政府民政部门对直接负责的主管人员和其他直接责任人员处二万元以上二十万元以下罚款，并没收违法所得；情节严重的，禁止其一年至五年内担任慈善组织的管理人员。

◆ **条文主旨**

本条是对慈善组织相关管理人员的法律责任的规定。

◆ **修改提示**

本条是对原法第一百条的修改，主要修改包括：一是扩大处罚范围，将原规定涉及的 11 种违法情形，修改为第一百零九条、第一百一十条和第一百一十一条规定的 19 种情形；二是增加从业禁止规定，即"情节严重的，禁止其一年至五年内担任慈善组织的管理人员"；三是在"民政部门"前增加"县级以上人民政府"。

◆ **条文释义**

本法第一百零九条、第一百一十条和第一百一十一条分别规定了慈善组织的法律责任。其中，第一百零九条规定，慈善组织未按照慈善宗旨开展活动的，私分、挪用、截留或者侵占慈善财产的，接受附加违反法律法规或者违背社会公德条件的捐赠，或者对受益人附加违反法律法规或者违背社会公德的条件的，由县级以上人民政府民政部门责令限期改正，予以警告或者责令限期停止活动，并没收违法所得；情节严重的，吊销登记证书并予以公告。

第一百一十条第一款规定，慈善组织存在违反本法第十四条规定造成慈善财产损失等九种情形之一的，由县级以上人民政府民政部门责令限期改正，予以警告，并没收违法所得；逾期不改正的，责令限期停止活动并进行整改。第二款规定，慈善组织违反本法规定泄露国家秘密、商业秘密的，依照有关法律的规定予以处罚。第三款规定，慈善组织有前两款规定的情形，经依法处理后一年内再出现前款规定的情形，或者有其他情节严重情形的，由县级以上人民政府民政部门吊销登记证书并予以公告。

第一百一十一条规定，慈善组织开展募捐活动有通过虚构事实等方式欺骗、诱导募捐对象实施捐赠等六种情形之一的，由县级以上人民政府民政部门予以警告，责令停止募捐活动；责令退还违法募集的财产，无法退还的，由民政部门予以收缴，转给其他慈善组织用于慈善目的；情节严重的，吊销公开募捐资格证书或者登记证书并予以公告，公开募捐资格证书被吊销的，五年内不得再次申请。

与《基金会管理条例》、《社会团体登记管理条例》、《民办非企业单位登记管理暂行条例》三部行政法规实行的"单罚制"不同，本法坚持"双罚制"，即对违法慈善组织作出处罚的同时，对直接负责的主管人员和其他直接责任人员也　并作出处罚。适用本条规定要把握好以下几个方面：一是适用范围。当慈善组织有本法第一百零九条、第一百一十条或者第一百一十一条规定情形时，民政部门才可以对相关人员作出处罚，不能随意扩大或者缩小适用范围。二是处罚对象。本条处罚对象为存在相关违法情形的慈善组织的"直接负责的主管人员和其他直接责任人员"，要做到责任人员认定准确。三是罚款和没收违法所得。本条规定的罚款数额为二万元以上二十万元以下，执法实践中民政部门需根据违法情节的严重程度，合理确定具体罚款数额。在作出罚款的同时，还要没收违法所得，二者须一并作出，而不能选择适用。四是从业禁止。慈善组织有本法第一百零九条、第一百一十条或者第一百一十一条规定情形，且情节严重的，民政部门对其直接负责的主管人员和其他直接责任人员作出禁止其一年至五年内担任慈善组织的管理人员的处理。

◆ **相关规定**

《中华人民共和国民法典》第7条；《基金会管理条例》第41条、第42条；《社会团体登记管理条例》第29—31条；《民办非企业单位登记管理暂行条例》第25条、第26条

第一百一十三条 不具有公开募捐资格的组织或者个人擅自开展公开募捐的，由县级以上人民政府民政部门予以警告，责令停止募捐活动；责令退还违法募集的财产，无法退还的，由民政部门予以收缴，转给慈善组织用于慈善目的；情节严重的，对有关组织或者个人处二万元以上二十万元以下罚款。

自然人、法人或者非法人组织假借慈善名义或者假冒慈善组织骗取财产的，由公安机关依法查处。

◆ **条文主旨**

本条是关于不具有公开募捐资格的组织或者个人擅自开展公开募捐，以及假借慈善名义或者假冒慈善组织骗取财产法律责任的规定。

◆ **修改提示**

本条是对原法第一百零一条第一款第一项和第一百零七条的修改。其中，将"对违法募集的财产，责令退还捐赠人"修改为"责令退还违法募集的财产"，将"难以退还"修改为"无法退还"，在"对有关组织或者个人处二万元以上二十万元以下罚款"前增加"情节严重的"。

◆ **条文释义**

一、不具有公开募捐资格的组织或者个人擅自开展公开募捐的法律责任

根据本法第二十二条以及第二十六条规定，慈善组织开展公开募捐，应当取得公开募捐资格。未取得公开募捐资格的组织和个人，基于慈善目的，可以与具有公开募捐资格的慈善组织合作。如果有关组织或者个人不具有公开募捐资格，且未采取与具有公开募捐资格的慈善组织合作的形式而开展公开募捐的，就属于本条规定的违法情形。

当发现有关个人或者组织擅自开展公开募捐行为时，有关民政部门应当首先制止违法活动，避免负面社会影响继续扩大。因此本法规定，首先，有关民政部门应当予以警告，给予擅自公开募捐行为以否定评价，同时责令停止募捐活动，不再扩大活动的知悉范围，不再继续接受捐赠财产。其次，民政部门应当妥善处理已经募集的慈善资金。本法针对不同情况作了不同规定。如果募集的捐赠财产可以退还的，应当责令优先退还捐赠人。例如，通过电子支付渠道募集的资金，应当通过原支付渠道退还捐赠人。如果募集的财产客观上无法退还的，如通过募捐箱收集的资金无法确定具体捐赠人及捐款额的，则应由民政部门予以收缴，并转给慈善组织用于慈善目的。此处转给的慈善组织，应当具有公开募捐资格，且应用于相同或相似的慈善用途。最后，情节严重的，民政部门还应当对当事人处以罚款，以示惩戒。民政部门应当审慎裁量对有关组织或者个人的罚款，一方面应当符合"情节严重"的前提，即应当综合考虑募捐目的、主观过错、募集金额以及社会影响等因素，确有加重处罚必要的；另一方面，如果适用罚款，应为二万元以上二十万元以下，具体罚款数额应当与违法情节的严重程度相当。

二、自然人、法人或者非法人组织假借慈善名义或者假冒慈善组织骗取财产的法律责任

本条第二款主要涉及两种违法情形。一种是自然人、法人或者非法人组织假借慈善名义骗取财产。这类行为并非为了扶贫、济困、扶老、救孤、恤病、助残、优抚等慈善目的，而是为了骗取财物，如虚构慈善项目募集资金但用于个人花销用途等。这类行为属于严重损害捐赠人利益、破坏慈善事业公信力的行为，是法律所禁止的。一旦发现，应当由公安机关依法查处。另一种则是自然人、法人或者非法人组织假冒慈善组织骗取财产。由于法律赋予了慈善组织开展慈善募捐的权利，因而慈善组织也应当符合法律规定的条件，并非任何非营利性组织都可以成为慈善组织。现实中，由于一些知名的慈善组织具有较好的社会公信力和募集财产能力，有些组织或者个人就会假冒这些慈善组织，开展募捐活动骗取财物，实质上这是诈骗、诈捐行为，极大地损害了慈善形象和社会公信力。

值得注意的是，本款规定相关违法情形由公安机关依法进行查处。这是因为民政部门虽然是慈善工作主管部门，但上述这些假借慈善名义或者假冒慈善组织骗取财产的行为，除破坏慈善事业外，还在更大范围内扰乱了社会公共秩序，对人民群众的财产安全构成严重威胁，因此由公安机关查处更为合适，也符合公安机关的职责要求。公安机关可以视情节依据《中华人民共和国治安管理处罚法》和《中华人民共和国刑法》对有关违法行为进行查处。情节比较轻微的，可以处以治安管理处罚；情节比较严重，符合犯罪构成的，则可以追究刑事责任。

根据《中华人民共和国治安管理处罚法》第四十九条及第五十一条的规定，诈骗公私财物的，处五日以上十日以下拘留，可以并处五百元以下罚款；情节较重的，处十日以上十五日以下拘留，可以并处一千元以下罚款。以其他虚假身份招摇撞骗的，处五日以上十日以下拘留，可以并处五百元以下罚款；情节较轻的，处五日以下拘留或者五百元以下罚款。

《中华人民共和国刑法》第二百六十六条规定了诈骗罪，诈骗公私财物，数额较大的，处三年以下有期徒刑、拘役或者管制，并处或者单处罚金；数额巨大或者有其他严重情节的，处三年以上十年以下有期徒刑，并处罚金；数额特别巨大或者有其他特别严重情节的，处十年以上有期徒刑或者无期徒刑，并处罚金或者没收财产。刑法中规定的"诈骗"，主要是指以非法占有为目的，用虚构事实或者隐瞒真相的方法，骗取公私财物的行为。诈骗罪具有以下特征：一是行为人主观上是出于故意，并且具有非法占有公私财物的目的。二是行为人实施了诈骗行为。至于诈骗财物是归自己挥霍享用，还是转归第三人，都不影响本罪的成立。三是诈骗公私财物数额较大才能构成犯罪，如果诈骗数额较小，则不构成犯罪。"数额较大"、"情节严重"以及"情节特别严重"由司法机关依据各地具体情况作出具体规定。

◆ **相关规定**

《中华人民共和国治安管理处罚法》第 49 条、第 51 条；《中华人民共和国刑法》第 266 条

第一百一十四条 互联网公开募捐服务平台违反本法第二十七条规定的，由省级以上人民政府民政部门责令限期改正；逾期不改正的，由国务院民政部门取消指定。

未经指定的互联网信息服务提供者擅自提供互联网公开募捐服务的，由县级以上人民政府民政部门责令限期改正；逾期不改

正的,由县级以上人民政府民政部门会同网信、工业和信息化部门依法进行处理。

广播、电视、报刊以及网络服务提供者、电信运营商未依法履行验证义务的,由其主管部门责令限期改正,予以警告;逾期不改正的,予以通报批评。

◆ **条文主旨**

本条是关于互联网公开募捐服务平台、互联网信息服务提供者、广播、电视、报刊以及网络服务提供者、电信运营商违法行为法律责任的规定。

◆ **修改提示**

本条是对原法第一百零一条第二款的修改,将该款作为本条第三款,同时新增第一款及第二款,明确互联网公开募捐服务平台的法律责任,以及未经指定的互联网信息服务提供者擅自提供互联网公开募捐服务的法律责任。

◆ **条文释义**

一、互联网公开募捐服务平台违法行为的法律责任

本法第二十七条第二款对互联网公开募捐服务平台的法律义务作了规定,违反相关义务可能构成本条的违法情形。以下为常见情形:

(一)无正当理由拒绝为具有公开募捐资格的慈善组织提供服务。如果平台能够合理怀疑慈善组织提交的资质材料以及备案信息真实性,或者因技术故障等原因暂时无法提供服务的,不构成本条的违法情形,但应当采取必要方式及时查验信息或者排除故障。(二)向慈善组织收取互联网公开募捐服务费用。在此次修改过程中,很多意见提出,慈善是公益事业,互联网公开募捐服务并非商业服务,而是企业履行社会责任的重要体现,因此有关平台不宜按照商业模式主张服务对价。(三)平台在公开募捐信息页面插入商业广告和商业活动链接。慈善募捐应当坚持公益属性,不得在信息页面出现商业广告或者商业活动链接,利用慈善募捐信息为商业产品或者商业活动吸引流量。(四)其他违反本法第二十七条规定的情形。例如,平台提供互联网公开募捐服务的功能有瑕疵,信息展示不完整或者缺少捐赠支付功能等。

考虑到民政部门指定的平台数量较少，同时为确保民政部门执法的统一和规范，本条规定，当出现前述违法情形时，应当由"省级"而非"县级以上"人民政府民政部门责令限期改正。平台被要求限期改正的，应当停止违法行为，依法提供服务；逾期不改正的，应当由省级人民政府民政部门上报国务院民政部门，由后者进一步认定违法事实后依法取消指定。平台被取消指定的，不得继续提供互联网公开募捐服务。

二、未经指定的互联网信息服务提供者擅自提供互联网公开募捐服务的法律责任

提供互联网公开募捐服务需要行政许可，未经指定的互联网信息服务提供者，不得擅自提供互联网公开募捐服务。擅自提供相关服务的，即构成违法行为。县级以上人民政府民政部门可以通过大数据筛查、接受群众举报等方式主动查证有关违法事实。一经核实，民政部门应当要求有关互联网信息服务提供者停止提供互联网公开募捐服务，并依法妥善处置已经募集的慈善财产。如果有关互联网信息服务提供者逾期不改正的，县级以上人民政府民政部门可以会同网信、工业和信息化部门依照有关法律法规以及《互联网信息服务管理办法》等规定，采取进一步措施，包括删除网页信息、吊销互联网信息服务业务经营许可证、关闭网站并注销备案等。

三、广播、电视、报刊以及网络服务提供者、电信运营商未依法履行验证义务的法律责任

根据本法第二十三条的规定，通过广播、电视、报刊、互联网等媒体发布募捐信息均属于公开募捐。因此本法第二十八条特别规定，广播、电视、报刊以及网络服务提供者、电信运营商，应当对利用其平台开展公开募捐的慈善组织的登记证书、公开募捐资格证书进行验证。依法履行验证义务，是指有关主体应当尽到合理的审查义务，如将有关信息同慈善信息平台上查询的信息作对比。如果广播、电视、报刊以及网络服务提供者、电信运营商未采取适当措施查验公开募捐的相关信息，无论是否造成危害结果，均构成本条规定的违约情形。

广播、电视、报刊以及网络服务提供者、电信运营商的主管部门并不相同，如广播、电视可能由广播电视部门主管，电信运营商则由工信部门主管。因此，本条规定由其主管部门责令限期改正，予以警告；逾期不改正的，予以通报批评。警告和通报批评属于《中华人民共和国行政处罚法》规定的同一类处罚，均属于申诫罚。但两者也存在不同：警告主要用于情节轻微或未构成实际危害后果的违法性行为，其作为一种正式的处罚形式，必须是要式行为，即由作出处罚的机关制作书面裁决。通报批评则适用于具有较大危害的违法行为，并且需要在一定范围内公开，会对主体的名誉造成一定的负面影响。申诫罚是对行政相对人名誉的惩戒，影响行政相对人的声誉而不涉及其他实体权利，其目的在于引起违法者的重视，以避免其再犯。

◆ **相关规定**

《中华人民共和国行政处罚法》第9条

第一百一十五条　慈善组织不依法向捐赠人开具捐赠票据、不依法向志愿者出具志愿服务记录证明或者不及时主动向捐赠人反馈有关情况的，由县级以上人民政府民政部门予以警告，责令限期改正；逾期不改正的，责令限期停止活动。

◆ **条文主旨**

本条是关于慈善组织不依法开具捐赠票据、出具志愿服务记录证明以及不及时主动向捐赠人反馈有关情况的法律责任的规定。

◆ **修改提示**

本条是对原法第一百零二条的修改，在"民政部门"前增加"县级以上人民政府"。

◆ **条文释义**

向捐赠人开具捐赠票据、依法向志愿者出具志愿服务记录证明，以及及时主动向捐赠人反馈有关情况，都是为了促进慈善事业的有序、良性和可持续发展。这是在总结慈善组织运营实践的基础上对慈善组织的运营行为所作出的规范要求，也是本法设定的强制性义务；慈善组织不依法履行义务的，应当承担相应的法律责任。

一、慈善组织不依法向捐赠人开具捐赠票据

捐赠票据是捐赠人参与慈善捐赠，享受税收优惠的重要依据，事关捐赠人的合法利益。本法第三十八条规定，慈善组织接受捐赠，应当向捐赠人开具由财政部门统一监（印）制的捐赠票据。捐赠票据应当载明捐赠人、捐赠财产的种类及数量、慈善组织名称和经办人姓名、票据日期等。捐赠人匿名或者放弃接受捐赠票据的，慈善组织应当做好相关记录。因此，慈善组织未及时开具票据，票据载明信息错误等，均构成本条规定的违法情形。

二、慈善组织不依法向志愿者出具志愿服务记录证明

志愿服务记录证明，是指慈善组织依据志愿服务记录信息形成的、能够证明志愿者参加志愿服务有关情况的材料。为鼓励和促进志愿服务活动，本法此次修改时，新增规定将志愿服务记录等信息纳入相关主体信用记录，健全信用激励制度。出具志愿服务记录证明，不仅能激发志愿者成就感、荣誉感，还涉及维护个人信用等实际利益。2021年，民政部制定公布了《志愿服务记录与证明出具办法（试行）》，对志愿服务记录证明的出具办法作出了细致规定，慈善组织应当遵守相应的具体要求，为志愿者无偿、如实出具志愿服务记录证明，否则构成本条规定的违法情形。值得注意的是，根据本法第六十六条规定，慈善组织出具志愿服务记录证明是根据志愿者的要求。如果志愿者未提出要求，慈善组织可以不主动提供志愿服务记录证明，但应当做好志愿服务记录的保存。

三、慈善组织不及时主动向捐赠人反馈有关情况

慈善组织主动向捐赠人反馈捐赠财产相关情况，有助于保障捐赠人的知情权，确保捐赠财产用于慈善目的，实现捐赠人的捐赠意图，也有助于提升慈善组织的公信力。根据本法第四十二条规定，慈善组织应当及时主动向捐赠人反馈有关情况。这要求慈善组织应积极与捐赠人保持沟通，定期向捐赠人告知与捐赠财产相关的信息，包括审计报告、资助对象或者项目进展等信息，尤其是捐赠财产的使用情况，应当第一时间告知捐赠人，否则可能构成本条规定的违法情形。

四、法律责任

存在违法情形的，责令慈善组织限期改正。同时，根据过罚相当的原

则，本条主要规定了警告、责令限期停止活动两种行政处罚。

（一）责令限期改正。责令限期改正是指行政主管部门责令违法行为人停止和纠正违法行为，以恢复原状，维持法定的秩序或者状态，具有事后救济性。根据《中华人民共和国行政处罚法》第二十八条第一款规定，行政机关实施行政处罚时，应当责令当事人改正或者限期改正违法行为。处罚，只是保证法律实施的一种手段，不是目的。对违法行为给予处罚，目的在于维护社会秩序。因此，在对违法行为人给予行政处罚的时候，要同时责令行为人改正违法行为，不能一罚了事。

（二）警告。警告是国家对行政违法行为人的谴责和告诫，是国家对行为人违法行为所作的正式否定评价，也是最轻微的一种制裁方式。从国家方面来说，警告是国家行政机关的正式意思表示，会对相对一方产生不利影响，应当纳入法律约束的范围；对被处罚人来说，警告的制裁作用主要是对行为人形成心理压力和不利的社会舆论环境。适用警告处罚的重要目的，是使被处罚人认识其行为的违法性和对社会的危害性，纠正违法行为并不再继续违法。

（三）责令限期停止活动。责令限期停止活动，是对较为严重的违法行为的处罚，是一种行为罚。行为罚亦称能力罚，是行政主管部门对违反行政法律规范的行政相对方所采取的限制或剥夺其特定行为能力或资格的一种处罚措施。行为罚包括责令停产停业，责令停止活动或者限期停止活动，暂扣或吊销许可证、执照等。考虑到本条涉及的违法情形危害性较小，且有可能是由慈善组织疏忽大意造成的，一般仅作警告处罚，并责令改正即可。但如果慈善组织逾期不改正的，则说明慈善组织存在主观恶意，或者不具备履行法定义务的能力，那么就要加重行政处罚，责令慈善组织限期停止活动。

慈善组织被责令限期停止活动，即在一定的期限内不得以自己的名义开展任何对外活动，如发展会员、接受捐赠、开展项目活动或者其他经营性活动。按照《基金会管理条例》和《社会团体登记管理条例》的规定，基金会、境外基金会代表机构、社会团体被责令停止活动或责令限期停止活动的，由登记管理机关封存其登记证书、印章和财务凭证。在停止活动期间，慈善组织根本不可能实施有效的外部行为。责令限期停止活动的目的是纠正错误，改进工作。被处罚慈善组织在停止活动期间应当进行整顿，纠正违法，改进工作。处罚期限届满后，民政部门认为其达到恢复运营条件的，慈善组织才可以重新以自己的名义开展慈善活动。

◆ **相关规定**

《中华人民共和国行政处罚法》第 28 条；《志愿服务记录与证明出具办法（试行）》

第一百一十六条　慈善组织弄虚作假骗取税收优惠的，由税务机关依法查处；情节严重的，由县级以上人民政府民政部门吊销登记证书并予以公告。

◆ **条文主旨**

本条是关于慈善组织弄虚作假骗取税收优惠的法律责任的规定。

◆ **修改提示**

本条是对原法第一百零三条的修改，在"民政部门"前增加"县级以上人民政府"。

◆ **条文释义**

在税收上给予慈善组织、捐赠人、受益人优惠以鼓励和促进慈善事业发展，是国际上通行的经验和做法。本法第八十六条规定，慈善组织及其取得的收入依法享受税收优惠。本条是对慈善组织弄虚作假骗取税收优惠规定的相应法律责任。

一、慈善组织弄虚作假骗取税收优惠的行为

《中华人民共和国慈善法》对慈善组织的税收优惠仅作了原则性规定，而根据《中华人民共和国企业所得税法》第二十六条规定，符合条件的非营利组织的收入为免税收入。因此，慈善组织合法享受税收优惠，需要同时满足两个条件：一是认定为非营利组织免税资格；二是相关收入属于免税收入范畴。

根据《财政部、税务总局关于非营利组织免税资格认定管理有关问题的通知》的规定，慈善组织应当满足相关实质性条件方能认定免税资格。非营利组织免税优惠资格有效期为五年。非营利组织应在免税优惠资格期满后六个月内提出复审申请，不提出复审申请或复审不合格的，其享受免税优惠的资格到期自动失效。因此，如果慈善组织实际上不符合认定条件，但通过组织虚假材料骗取免税资格的，即构成骗取税收优惠的违法行为。

根据《财政部、国家税务总局关于非营利组织企业所得税免税收入问题的通知》的规定，非营利组织的下列收入为免税收入：（一）接受其他单位或者个人捐赠的收入；（二）除《中华人民共和国企业所得税法》第七条规定的财政拨款以外的其他政府补助收入，但不包括因政府购买服务取得的收入；（三）按照省级以上民政、财政部门规定收取的会费；（四）不征税收入和免税收入孳生的银行存款利息收入；（五）财政部、国家税务总局规定的其他收入。因此，即便慈善组织合法享有免税资格，但将其他非免税收入列为免税收入而骗取免税优惠的，同样构成违法行为。

值得注意的是，本法还对捐赠人、受益人等参与慈善活动享受的税收优惠作了规定。如果慈善组织弄虚作假协助他人骗取税收优惠，如协助企业虚开公益事业捐赠票据等，应当由有关税务机关及民政部门依法查处。

二、由税务机关依法查处

根据本条规定，针对慈善组织骗取税收优惠的行为，税务部门可以依法开展税务检查和行政处罚。税务检查是指税务机关根据国家税收政策、法规及财务会计制度，对纳税人履行纳税义务情况进行检查监督的一种方式。根据《中华人民共和国税收征收管理法》的有关规定，税务机关可以检查慈善组织的账簿、记账凭证、报表和有关资料。同时，税务机关发现纳税人有逃避纳税义务行为，并有明显的转移、隐匿其应纳税的商品、货物以及其他财产或者应纳税的收入的迹象的，可以按照相应批准权限采取税收保全措施或者强制执行措施。

如果慈善组织确有弄虚作假骗取税收优惠行为的，可能构成偷税。根据《中华人民共和国税收征收管理法》第六十三条规定，纳税人伪造、变造、隐匿、擅自销毁账簿、记账凭证，或者在账簿上多列支出或者不列、少列收入，或者经税务机关通知申报而拒不申报或者进行虚假的纳税申报，不缴或者少缴应纳税款的，是偷税。对纳税人偷税的，由税务机关追缴其不缴或者少缴的税款、滞纳金，并处不缴或者少缴的税款百分之五十以上五倍以下的罚款。此外，如果涉及金额重大，情节特别严重的，除税务机关依法给予行政处罚外，还可能构成犯罪，进一步追究刑事责任。

三、情节严重的，由民政部门吊销登记证书并予以公告

吊销登记证书属于一种行政处罚。行政处罚是指行政机关依法对违反行政管理秩序的公民、法人或者其他组织，以减损权益或者增加义务的方式予以惩戒的行为。吊销登记证书是一种比较严厉的行政处罚，是指有关行政执法机关取消已经登记的社会组织的合法凭证，被吊销登记证书的慈善组织在法律上不再具有独立人格，不具有民事权利能力和民事行为能力。本条规定的实施吊销慈善组织登记证书的行政执法机关是民政部门，一般应当由办理其登记的民政部门依法吊销登记证书。同时，慈善组织骗取税收优惠只有达到"情节严重"的程度才给予吊销登记证书的处罚。"情节严重"一般是指骗取税收优惠的次数多、数额大、造成的社会影响恶劣等。慈善组织被依法吊销登记证书后，还应当将吊销登记证书的情况进行公告，向全社会进行公示，以避免被吊销登记证书的慈善组织欺骗群众继续开展活动。

◆ **相关规定**

《中华人民共和国企业所得税法》第 26 条；《中华人民共和国税收征收管理法》第 63 条；《财政部、税务总局关于非营利组织免税资格认定管理有关问题的通知》；《财政部、国家税务总局关于非营利组织企业所得税免税收入问题的通知》

第一百一十七条 慈善组织从事、资助危害国家安全或者社会公共利益活动的，由有关机关依法查处，由县级以上人民政府民政部门吊销登记证书并予以公告。

◆ **条文主旨**

本条是关于慈善组织从事、资助危害国家安全或者社会公共利益活动的法律责任的规定。

◆ **修改提示**

本条是对原法第一百零四条的修改，在"民政部门"前增加"县级以上人民政府"。

◆ **条文释义**

一、从事、资助危害国家安全或者社会公共利益活动

根据《中华人民共和国国家安全法》第二条规定，国家安全是指国家政权、主权、统一和领土完整、人民福祉、经济社会可持续发展和国家其他重大利益相对处于没有危险和不受内外威胁的状态，以及保障持续安全状态的能力。社会公共利益的概念则相对抽象，是指能够满足一定范围内所有人生存、享受和发展的、具有公共效用的资源和条件，实际行政执法过程中，需要结合具体情形判断相关活动是否会构成对社会公共利益的危害。

维护国家安全和社会公共利益，是包括慈善组织在内所有自然人、法人和非法人组织的共同责任。《中华人民共和国国家安全法》第七十七条第二款规定，任何个人和组织不得有危害国家安全的行为，不得向危害国家安全的个人或者组织提供任何资助或者协助。《中华人民共和国民法典》第一百三十二条规定，民事主体不得滥用民事权利损害国家利益、社会公共利益或者他人合法权益。

本条的违法情形包括两类：一类是慈善组织自身从事危害国家安全或者社会公共利益的活动，如打着海洋环境保护的幌子，从事非法搜集海洋监测数据的活动；另一类则是资助其他组织或者个人从事危害国家安全或者社会公共利益的活动，如以慈善组织名义为掩护，向在我国境内从事间谍活动的敌对分子提供资金来源等。

二、由有关机关依法查处违法活动

由于危害国家安全可能造成严重后果，且相关违法活动通常具有隐蔽特征，可能涉及使用技术侦查手段，然而民政部门通常不具备查处具有隐蔽特征的违法活动的能力，因此需要由其他部门提供协助。"由有关机关依法查处"是一项衔接性规定，具体指向的主要是公安机关、国家安全机关等部门，涉及军事国防安全的，还可能由有关军事机关查处。根据《中华人民共和国国家安全法》第四十二条规定，国家安全机关、公安机关依法搜集涉及国家安全的情报信息，在国家安全工作中依法行使侦查、拘留、预审和执行逮捕以及法律规定的其他职权。有关军事机关在国家安全工作中依法行使相关职权。

慈善组织从事、资助危害社会公共利益的活动，通常并非慈善募捐、慈善服务这类典型的慈善活动，需要根据具体的违法情形由有关主管部门依法查处。例如，如有慈善组织违法在小学宣传宗教思想的，构成对正常教育教学秩序的破坏，可以由教育行政部门或者宗教事务部门依法查处。民政部门作为慈善组织的主管部门，如果知道或者应当知道慈善组织相关活动可能危害国家安全或者社会公共利益的，有权要求慈善组织立即停止活动，并及时将有关情况通报相关部门做后续处理。

三、由民政部门依法吊销登记证书并予以公告

根据本法第十条的规定，无论是设立慈善组织，还是已经设立的基金会、社会团体、社会服务机构等非营利性组织申请认定为慈善组织，民政部门审核批准的，都需要专门发给标注慈善组织属性的登记证书，并向社会公告。因此，登记证书不仅是慈善组织具有民事主体资格的凭证，而且是受益人、捐赠人、互联网公开募捐服务平台等核实慈善组织身份的重要依据。慈善组织从事、资助危害国家安全或者社会公共利益活动，属于严重背离慈善宗旨的违法行为，动摇了组织存续的合法性基础，应当由民政部门剥夺组织资格。

吊销登记证书是法定的行政处罚种类，一般由办理其登记的民政部门依法处理。需要注意的是，吊销登记证书不仅是取消有关主体"慈善组织"的身份，而且是对组织的民事主体资格的否定。因此，即便是申请认定为慈善组织的已经设立的基金会、社会团体、社会服务机构等，如果违反本条规定，也将直接吊销组织的登记证书，不得再作为民事主体。同时，为了避免一些组织被吊销登记证书后继续招摇撞骗，考虑到慈善组织登记时均已向社会公告，因此民政部门在吊销登记证书的同时，还应当以相同方式向社会公告有关处罚结果。这样的做法既是避免违法主体继续打着"慈善组织"的幌子开展活动，同时也能起到警示教育作用，告诫其他慈善组织坚决维护国家安全和社会公共利益，自觉拒绝从事或者资助相关违法活动。

◆ **相关规定**

《中华人民共和国国家安全法》第 2 条、第 42 条、第 77 条；《中华人民共和国民法典》第 132 条

第一百一十八条　慈善信托的委托人、受托人有下列情形之一的，由县级以上人民政府民政部门责令限期改正，予以警告，并没收违法所得；对直接负责的主管人员和其他直接责任人员处二万元以上二十万元以下罚款：

（一）将信托财产及其收益用于非慈善目的的；

（二）指定或者变相指定委托人、受托人及其工作人员的利害关系人作为受益人的；

（三）未按照规定将信托事务处理情况及财务状况向民政部门报告的；

（四）违反慈善信托的年度支出或者管理费用标准的；

（五）未依法履行信息公开义务的。

◆ **条文主旨**

本条是关于慈善信托委托人、受托人违法行为法律责任的规定。

◆ **修改提示**

本条是对原法第一百零五条的修改，在"民政部门"前增加"县级以上人民政府"，删去原法第一百零五条第二项中的"或者向社会公开"，同时新增第二项、第四项和第五项。

◆ **条文释义**

慈善信托是指委托人基于慈善目的，依法将其财产委托给受托人，由受托人按照委托人意愿以受托人名义进行管理和处分，开展慈善活动的行为。本法此次修改，对慈善信托财产管理、信息公开等作了细化规定，并将慈善信托的委托人增列为违法行为主体，明确相关违法行为的法律责任。

一、违法情形

（一）将信托财产及其收益用于非慈善目的的。慈善信托属于公益信托，信托财产及其投资收益不得用于慈善以外的目的。因此，受托人私自分配投资收益，将信托财产用于慈善以外的目的，或者委托人非法取回或者处置慈善信托剩余财产，均构成此处的违法行为。

（二）指定或者变相指定委托人、受托人及其工作人员的利害关系人作为受益人的。本项是新增的违法情形，本法第四十六条对此作了禁止性规定。具体而言，委托人的利害关系人、受托人的利害关系人以及受托人工作人员的利害关系人，非经公开、公平、公正的受益人确定程序，不得成为慈善信托的受益人。如果委托人、受托人未经既定的筛选程序，直接确定相关利害关系人为受益人，或者比照相关利害关系人的特征条件设置资助标准或者条件，则构成此处的违法情形。

（三）未按照规定将信托事务处理情况及财务状况向民政部门报告的。根据本法规定，慈善信托的受托人有义务每年至少一次将信托事务处理情况及财务状况向其备案的民政部门报告。慈善信托的受托人不报告、不公开或者不按照以上规定报告、公开信托事务处理情况及财务状况的，均构成这里规定的违法行为。值得注意的是，本项删去"或者向社会公开"并非减轻慈善信托受托人的责任，而是作为第五项所涵盖的内容，避免文义上的重复。

（四）违反慈善信托的年度支出或者管理费用标准的。本项是新增的违法情形。为进一步规范慈善信托的年度支出和管理费用，此次修法时，在第六十一条中新增规定，由国务院民政部门会同财政、税务和金融监督管理等部门制定慈善信托的年度支出和管理费用标准，有关部门将根据授权制定出台具体的标准。如果慈善信托违反了有关部门规定的年度支出和管理费用标准，如年度支出占比不达标、管理费用占比超标等，则慈善信托的受托人可能构成本项规定的违法情形。

（五）未依法履行信息公开义务的。本项是新增的违法情形。根据本法第四十九条以及第九章"信息公开"的有关规定，慈善信托的受托人至少应当履行以下义务：（1）向社会公开信托事务处理情况及财务状况；（2）在国务院民政部门建立的统一的慈善信息平台发布慈善信息，并对信息的真实性负责；（3）慈善信托的受托人应当向受益人告知其资助标准、工作流程和工作规范等信息。如果慈善信托的受托人没有及时公开信息，或者公开信息不准确的，有关部门应当及时通知慈善信托的受托人在合理期限内补充或者更正公开信息。慈善信托的受托人逾期仍未补充或者更正的，则构成本项规定的违法情形。

二、法律责任

本条规定的法律责任采取双罚制，当有上述违法情形时，对慈善信托的委托人、受托人和直接负责的主管人员和其他直接责任人员都处以行政处罚。

（一）慈善信托的委托人、受托人的法律责任。根据本法第四十七条规定，慈善信托的受托人，可以由委托人确定其信赖的慈善组织或者信托公司担任。因此，这里的受托人既可以是受托的慈善组织，也可以是受托的信托公司。慈善信托的委托人，则是发起设立慈善信托，提供财产用于慈善目的的主体，实践中既可以是自然人、法人，也可以是慈善组织等非法人组织。

本条规定慈善信托的委托人、受托人适用的行政处罚包括警告和没收违法所得。警告是指行政主体对违法者实施的一种谴责和告诫。它既具有教育性质又具有制裁性质，目的是向违法者发出警戒，声明行为人的行为已经违法，避免其再犯。没收违法所得，是指国家行政机关根据行政管理法规，将行为人违法所获得的财物强制无偿收归国有的一项行政处罚措施。没收违法所得是一种财产罚。处以"没收违法所得"处罚的前提是行为人通过违法行为获得了收益，否则不能也无法适用该项处罚。

值得注意的是，责令限期改正不属于行政处罚，而是行政机关在实施行政处罚时必须采取的行政措施。根据《中华人民共和国行政处罚法》第二十八条的规定，行政机关实施行政处罚时，应当责令当事人改正或者限期改正违法行为。"责令限期改正"是指除要求违法行为人立即停止违法行为外，还必须在规定的期限内采取改正措施，恢复合法状态。责令限期改正的"期限"，应当根据具体违法行为的性质和实际情况合理设定。设定的期限过短或过长都是不合适的，既不能让违法行为人因时间过短无法改正，也不能过于宽松致使违法状态长时间存在。

（二）直接负责的主管人员和其他直接责任人员的法律责任。"直接负责的主管人员"，是指慈善信托委托人、受托人是法人或者非法人组织的，在组织中负有直接领导责任的人员，如实施违法行为的决策人，以及事后对有关违法行为予以认可和支持的领导人员等。"其他直接责任人员"，是指直接实施违法行为的人员，如指定或者变相指定相关利害关系人的经办人员等。

本条规定对直接负责的主管人员和其他直接责任人员处以罚款。罚款是一种适用范围比较广泛的财产罚，罚款数额的设定要适当，体现过罚相当的原则。因此，本条规定了一个区间，即二万元以上二十万元以下。实践当中，罚款的具体数额属于行政执法机关的自由裁量权，由作出罚款决定的行政部门综合考虑行为人违法动机、主观过错、后果影响程度等因素，在二万元以上二十万元以下的范围内确定。行政法规等下位法可以制定更为细化的规定，但罚款区间不得低于二万元，也不得高于二十万元。

◆ **相关规定**

《中华人民共和国行政处罚法》第 28 条

第一百一十九条　慈善服务过程中，因慈善组织或者志愿者过错造成受益人、第三人损害的，慈善组织依法承担赔偿责任；损害是由志愿者故意或者重大过失造成的，慈善组织可以向其追偿。

志愿者在参与慈善服务过程中，因慈善组织过错受到损害的，慈善组织依法承担赔偿责任；损害是由不可抗力造成的，慈善组织应当给予适当补偿。

◆ **条文主旨**

本条是关于慈善服务中侵权责任的规定。

◆ **修改提示**

本条是原法第一百零六条，未作修改。

◆ **条文释义**

一、慈善组织和志愿者造成受益人、第三人损害的责任

慈善服务造成他人损害的，主要有以下两种情况：一是由慈善组织通过工作人员提供慈善服务，对受益人、第三人造成损害的侵权责任。《中华人民共和国民法典》第一千一百九十一条规定，用人单位的工作人员因执行工作任务造成他人损害的，由用人单位承担侵权责任。根据该条规定，用人单位责任适用无过错责任，证明他人遭受了损害，且所受损害与工作人员执行工作任务有关联，用人单位应当承担侵权责任。本条规定慈善组织适用用人单位责任，一方面是因为慈善组织的工作人员为慈善组织工作，是以慈善组织的名义开展慈善活动，因此，对于慈善组织工作人员因慈善活动所产生的风险，需要由慈善组织来承担。另一方面慈善组织具有更强的经济实力，让慈善组织承担责任，有利于更好地保护被侵权人的合法权益，也有利于慈善组织增强风险意识，加强对其工作人员的监督管理。

二是慈善组织招募的志愿者提供服务造成的侵权责任。慈善组织和志愿者之间虽然没有订立劳动合同，但是慈善组织招募志愿者时可以签订协议，明确双方权利义务、约定服务的内容、方式和时间等。对于需要专门技能的，慈善组织还应当对志愿者开展相关培训。因此，志愿者事实上是按照慈善组织的要求，代表慈善组织对外提供慈善服务，慈善组织在服务期间对其具有监督和管理职能。根据权责统一的原则，因志愿者过错造成受益人、第三人损害的，由慈善组织依法承担赔偿责任是适当的。

需要说明的是，慈善组织承担赔偿责任的前提是有关损害发生在慈善服务过程中，且与慈善活动具有直接关联。对于工作人员、志愿者与慈善服务无关的行为，即使发生在慈善服务过程中，慈善组织也不承担侵权责任，而应当由工作人员、志愿者个人承担。例如，工作人员、志愿者在服务期间因个人原因殴打受益人、第三人造成损害的，就不能让其所在慈善组织承担赔偿责任。

根据第一款规定，如果损害是由志愿者故意或者重大过失行为造成的，慈善组织在向受益人、第三人承担赔偿责任后对志愿者享有追偿权。值得注意的是，此处追偿的情形仅限于志愿者存在故意或者重大过失，而不包括一般过失造成损害的。此外，工作人员存在故意或者重大过失的，慈善组织也可以援引《中华人民共和国民法典》第一千一百九十一条的规定予以追偿。

二、志愿者在慈善服务中受到损害的责任

根据本法的规定，慈善组织安排志愿者参与慈善服务，应当与志愿者的年龄、文化程度、技能和身体状况相适应。慈善组织应当为志愿者参与慈善服务提供必要条件，保障志愿者的合法权益。如果慈善组织没有履行法律规定的职责，因慈善组织的过错导致志愿者在参与慈善服务过程中受到损害的，慈善组织应当依法承担赔偿责任。例如，某县春节前开展为孤寡老人送温暖的活动，慈善组织对志愿者未作任何培训，就指派一名未成年志愿者去山区为老人送粮油等食品，由于山路险峻，该志愿者在途中摔伤。对此，慈善组织应当对该志愿者承担相应的赔偿责任。

志愿者在提供服务的过程中，如果发生的损害是由于不可抗力造成的，慈善组织应当给予志愿者适当补偿。根据《中华人民共和国民法典》第一百八十条的规定，"不可抗力"是指不能预见、不能避免且不能克服的客观情况，本法主要是指地震、洪水、台风、海啸等自然现象。如果是不可抗力造成志愿者损害的，那么慈善组织不必承担赔偿责任。但是，考虑到志愿者是接受慈善组织管理从事慈善服务的，因此本条规定慈善组织应当根据具体情况给予志愿者适当的补偿。需要说明的是，补偿不同于赔偿，损失赔偿一般遵循填平原则，损失多少赔偿多少；补偿则是根据志愿者受到伤害的具体情况，结合慈善组织的经济能力，由慈善组织适当弥补志愿者的损失。

由于慈善组织的非营利性，其捐赠财产的使用和管理费用有着严格的限制。对于志愿者受到的损害，不论是让慈善组织承担赔偿责任，还是让慈善组织给予适当的补偿，都有一定的困难。所以，慈善组织应当未雨绸缪，通过为志愿者购买人身意外伤害保险的方式来解决损害赔偿或者补偿的问题。对此，本法明确规定，慈善组织安排志愿者参与可能发生人身危险的慈善服务前，应当为志愿者购买相应的人身意外伤害保险。这样既减轻了慈善组织费用的支出，又能切实保障志愿者的合法权益。

◆ **相关规定**

《中华人民共和国民法典》第 180 条、第 1191 条

第一百二十条　县级以上人民政府民政部门和其他有关部门及其工作人员有下列情形之一的，由上级机关或者监察机关责令改正；依法应当给予处分的，由任免机关或者监察机关对直接负责的主管人员和其他直接责任人员给予处分：

（一）未依法履行信息公开义务的；

（二）摊派或者变相摊派捐赠任务，强行指定志愿者、慈善组织提供服务的；

（三）未依法履行监督管理职责的；

（四）违法实施行政强制措施和行政处罚的；

（五）私分、挪用、截留或者侵占慈善财产的；

（六）其他滥用职权、玩忽职守、徇私舞弊的行为。

◆ **条文主旨**

本条是关于民政部门和其他有关部门及其工作人员的法律责任的规定。

◆ **修改提示**

本条是原法第一百零八条，未作修改。

◆ **条文释义**

民政部门和其他有关部门作为慈善组织的监管部门，在日常履职过程中应当带头遵守本法，行使本法赋予的职权，同时做到秉公执法。如果有关部门及其工作人员的行政行为违反本法规定，应当承担相应的法律后果。

一、违法情形

（一）未依法履行信息公开义务。本法第七十六条对政府应当公开的与慈善相关的信息内容作了规定。具体而言，包括以下慈善信息：（1）慈善组织登记事项；（2）慈善信托备案事项；（3）具有公开募捐资格的慈善组织名单；（4）具有出具公益性捐赠税前扣除票据资格的慈善组织名单；（5）对慈善活动的税收优惠、资助补贴等促进措施；（6）向慈善组织购买服务的信息；（7）对慈善组织、慈善信托开展检查、评估的结果；（8）对慈善组织和其他组织以及个人的表彰、处罚结果；（9）法律法规规定应当公开的其他信息。未依法履行信息公开义务，不仅是指上述应公开的慈善信息未及时公开的，也包括虽公开但有关慈善信息存在重大错误或者遗漏的情形。此外，如果相关部门未遵守本法第七十五条的规定，在指定的慈善信息平台发布慈善信息，同样视为未依法履行信息公开义务。

（二）摊派或者变相摊派捐赠任务，强行指定志愿者、慈善组织提供服务。开展慈善活动，应当遵循自愿原则。实践中，当出现重大自然灾害、事故灾难、公共卫生事件时，政府部门可以号召企业和个人捐款，或者组织协调志愿者组织、慈善组织参与救援抢险等工作，但一定要充分尊重企业和个人的意愿。是否捐赠、捐赠多少、是否提供服务等，均应当由企业和个人根据自身实际情况自行决定，政府部门及其工作人员不得利用行政职权摊派捐赠指标，或者强迫提供服务。

（三）未依法履行监督管理职责。民政部门是慈善事业的主管部门，应当承担起主要的监督管理职责。例如，本法第一百零四条授权县级以上人民政府民政部门对涉嫌违反本法规定的慈善组织、慈善信托的受托人有权采取检查、查询、约谈等措施。同时，其他有关部门同样在职责范围内，应当履行监督管理职责。例如，慈善组织有业务主管单位的，业务主管单位应当对其进行指导、监督。此外，有关部门履行监督管理职责的方式应当合法。例如，本法第一百零五条规定，民政部门对慈善组织、有关单位和个人进行检查或者调查时，检察人员或者调查人员不得少于二人，并应当出示合法证件和检查、调查通知书。如果违反上述规定，属于违法行为。

（四）违法实施行政强制措施和行政处罚。行政强制措施，是指行政机关在行政管理过程中，为制止违法行为、防止证据损毁、避免危害发生、控制危险扩大等情形，依法对公民的人身自由实施暂时性限制，或者对公民、法人或者其他组织的财物实施暂时性控制的行为。本法规定了民政部门和有关部门违反规定采取行政强制措施的，即属于违法。例如，没有行政强制措施权的行政机关，对行政相对人采取了行政强制措施。行政处罚是指行政主体依照法定权限和程序对违反行政法律规范但尚未构成犯罪的行政相对人予以制裁的具体行政行为。违法实施行政处罚，主要是指没有依照法律规定实施行政处罚，如对不应该罚款的行政相对人给予罚款，又如罚款超过了法律规定的限额，或者对应当吊销登记证书的不予吊销等。

（五）私分、挪用、截留或者侵占慈善财产。本法规定，任何组织和个人不得私分、挪用、截留或者侵占慈善财产，民政部门和其他有关部门及其工作人员有上述行为的，同样构成违法行为。例如，救灾结束后，有关部门工作人员私分剩余慈善物资；将慈善组织捐赠给学校的桌椅板凳挪用于机关单位办公使用；将基金会捐赠给其他地方的防疫物资截留，用于当地防疫使用等。

（六）其他滥用职权、玩忽职守、徇私舞弊的行为。本项是兜底性条款。滥用职权在客观方面表现为违反或者超越法律规定的权限和程序使用职权。玩忽职守在客观方面表现为不履行、不正确履行或者放弃履行职责，如接到单位和个人对慈善组织、慈善信托违法行为的举报后，不及时调查处理，就构成玩忽职守。徇私舞弊是指不秉公执法，用权力为自己谋取私利。这些行为的后果都会使国家利益、人民利益遭受损失，也不利于慈善事业健康发展。

二、法律责任

为体现过罚相当的原则，本条视情节给予不同的处理。如果违法情节显著轻微，社会危害不大的，由上级机关或者监察机关责令有关部门及其工作人员改正即可。但是，如果违法当事人存在故意或者重大过失，或者违法行为造成严重后果的，如产生重大负面舆情，或者导致捐赠企业、慈善组织、志愿者等重大人身、财产损失的，则应当责令改正的同时，依法由任免机关或者监察机关对直接负责的人员和其他直接责任人员给予处分。根据《中华人民共和国公务员法》的规定，处分包括警告、记过、记大过、降级、撤职和开除六种。

◆ **相关规定**

《中华人民共和国公务员法》第 62 条

第一百二十一条 违反本法规定，构成违反治安管理行为的，由公安机关依法给予治安管理处罚；构成犯罪的，依法追究刑事责任。

◆ **条文主旨**

本条是关于法律责任衔接的规定。

◆ **修改提示**

本条是原法第一百零九条，未作修改。

◆ **条文释义**

对慈善组织和慈善活动中相关违法行为应当承担的法律责任，本章作了具体规定。但是，如果同一行为同时违反《中华人民共和国治安管理处罚法》和《中华人民共和国刑法》有关规定的，还应承担相应的法律后果。

一、构成违反治安管理行为的治安管理处罚

违反治安管理行为，是指扰乱公共秩序，妨害公共安全，侵犯人身权利、财产权利，妨害社会管理，具有社会危害性，但尚不构成犯罪的行为。为保护公民、法人和非法人组织的合法权益，由公安机关依照《中华人民共和国治安管理处罚法》的规定，给予此类违法行为以治安管理处罚。治安管理处罚包括警告、罚款、行政拘留以及吊销公安机关发放的许可证等，对违反治安管理的外国人，可以附加适用限期出境或者驱逐出境。

结合本法有关规定，可能构成违反治安管理的行为包括但不限于以下情形：（一）私分、挪用、截留或者侵占慈善财产。根据《中华人民共和国治安管理处罚法》第二十六条的规定，有强拿硬要或者任意占用公私财物的，处五日以上十日以下拘留，可以并处五百元以下罚款；情节较重的，处十日以上十五日以下拘留，可以并处一千元以下罚款。（二）假借慈善名义或者假冒慈善组织骗取财产。根据《中华人民共和国治安管理处罚法》第四十九条的规定，诈骗公私财物的，处五日以上十日以下拘留，可以并处五百元以下罚款；情节较重的，处十日以上十五日以下拘留，可以并处一千元以下罚款。（三）开展募捐活动，妨碍公共秩序、企业生产经营和居民生活。《中华人民共和国治安管理处罚法》设有"扰乱公共秩序的行为和处罚"专节，对扰乱公共场所秩序，致使生产、生活等不能正常进行的，视情节严重程度，分别规定处以警告、罚款、行政拘留等治安管理处罚。

二、构成犯罪行为的刑事责任

刑事责任是指犯罪行为人实施《中华人民共和国刑法》所禁止的行为应承担的法律后果。通常来说，构成犯罪的违法行为社会危害性更高，因此对应的刑罚种类也较《中华人民共和国治安管理处罚法》处罚更为严重。根据《中华人民共和国刑法》规定，刑罚主刑的种类有管制、拘役、有期徒刑、无期徒刑、死刑。附加刑的种类有罚金、剥夺政治权利、没收财产。

附加刑也可以独立适用。

结合本法有关规定，可能构成犯罪的行为包括但不限于以下情形：（一）违反本法规定私分、挪用、截留或者侵占慈善财产，情节严重的。根据犯罪行为人的身份、涉及财产金额以及具体违法情节等，可能构成《中华人民共和国刑法》规定的侵占罪（第二百七十条）、职务侵占罪（第二百七十一条）、挪用资金罪（第二百七十二条）、挪用特定款物罪（第二百七十三条）等，可处罚款、拘役、有期徒刑等，最高可判处无期徒刑。（二）违反本法规定泄露国家秘密、商业秘密。根据泄露秘密的数量、性质和密级等，可能构成《中华人民共和国刑法》规定的侵犯商业秘密罪（第二百一十九条）、泄露国家秘密罪（第三百九十八条）等，可处罚款、拘役、有期徒刑等。（三）假借慈善名义或者假冒慈善组织骗取财产，情节严重的。《刑法》第二百六十六条对诈骗公私财物规定了诈骗罪，根据涉案金额和具体情节，可处管制、拘役、有期徒刑、无期徒刑，并处罚金或者没收财产。其中，《中华人民共和国刑法》规定的"诈骗"，主要是指以非法占有为目的，用虚构事实或者隐瞒真相的方法，骗取公私财物的行为。

上述情形仅是常见的可能违反《中华人民共和国刑法》的犯罪情形。此外，开展募捐活动，妨碍公共秩序、企业生产经营和居民生活，情节严重的，可能构成聚众扰乱社会秩序罪；慈善组织弄虚作假骗取税收优惠的，可能构成逃税罪；慈善组织从事、资助危害国家安全或者社会公共利益活动的，可能构成背叛国家罪等，在此不一一列举。但需要说明的是，刑法遵循罪刑法定原则，即"法无明文规定不为罪"、"法无明文规定不处罚"。对于慈善组织和慈善活动中的违法行为，情节显著轻微危害不大的，参照本法及《中华人民共和国治安管理处罚法》有关规定给予处罚即可。对于情节严重可能追究刑事责任的，应当严格遵照《中华人民共和国刑法》的规定，对不符合犯罪构成要件的，不得随意定罪量刑。

◆ **相关规定**

《中华人民共和国治安管理处罚法》第 26 条、第 49 条；《中华人民共和国刑法》第 219 条、第 266 条、第 270—273 条、第 398 条

第十三章 附 则

第一百二十二条 城乡社区组织、单位可以在本社区、单位内部开展群众性互助互济活动。

◆ **条文主旨**

本条是关于社区和单位内部互助互济的规定。

◆ **修改提示**

本条是原法第一百一十条，未作修改。

◆ **条文释义**

城乡社区组织，是指由城乡社区及其居民组建并吸纳社区成员参与的以满足居民社会性需要和社区公共利益为目标的各种社会组织。城乡社区组织的概念的要义在于：一是强调建立这些组织的主体是社区及其居民；二是强调其组织目标是满足本社区居民的社会性需要和社区公共利益；三是为了保证上述目标的实现，强调这些组织要吸纳社区居民或驻社区的企事业单位以及其他组织以社区成员的身份参与；四是强调其组织的性质为社会组织，而非政府组织或企业组织。

常见的城乡社区组织主要包括：（1）自治性的社区居民（村民）组织。在我国有居民委员会、村民委员会、商品房住宅小区业主组织等，在国外有如美国的邻里委员会、日本的町自治会、加拿大的社区董事会等。（2）由社区或居民组建的社区服务机构、社区志愿者组织和其他社区民间组织。例如，近年来我国城乡社区设置的社区服务站、社区志愿者组织、社区老年协会等正式组织，各类兴趣团队、健身团队、邻里互助网络等，在西方和我国港台地区有如社区义工组织、"社区小组"、"居民组织"、"邻舍组织"等。在上述的城乡社区组织中开展互相帮助、互相援助的活动，与《中华人民共和国慈善法》提倡、支持和鼓励助人为乐、团结友爱、无私奉献的友善精神的宗旨是相符的。

在单位内部开展的职工互助互济活动，是我国社会特有的一种社会保障方式。它是由工会组织和倡导，通过宣传发动和组织动员广大职工自愿参加、自筹资金和自我完善的组织形式；是职工为防范风险，提高自身抵御风险和保障能力的自觉行动；是对我国目前社会保障体系的补充和完善。它具有广泛的参与性、会员的互助性和管理的民主性，体现自愿、民主、平等、互助、互济等特征。

《国务院关于促进慈善事业健康发展的指导意见》提出，提倡在单位内部、城乡社区开展群众性互助互济活动。《中华人民共和国慈善法》在附则中对城乡社区组织、单位互助互济活动作了规定，是因为慈善事业的发展需要广泛动员社会各方面的力量，形成全社会支持慈善、参与慈善的浓厚氛围。慈善和抱团取暖等社会互助活动都是建立在爱心、自愿、奉献等基础之上，捐出款物或劳务帮扶他人的行为。区别在于，社会互助活动的受益群体仅限于社区、单位及相关群体内部，是一种面向特定对象的成员之间的互益行为；而慈善的受益群体则超越了社区、单位或特定群体的界限，以不特定社会公众为最终受益对象。

◆ **相关规定**

《国务院关于促进慈善事业健康发展的指导意见》

第一百二十三条　慈善组织以外的其他组织可以开展力所能及的慈善活动。

◆ **条文主旨**

本条是关于慈善组织以外的其他组织开展慈善活动的规定。

◆ **修改提示**

本条是原法第一百一十一条，未作修改。

◆ **条文释义**

慈善不是慈善组织的特权，慈善事业的发展需要广泛动员社会各方面的力量，形成全社会支持慈善、参与慈善的浓厚氛围。本法对于慈善组织以外的其他组织从事慈善活动的途径予以了肯定。

一、关于慈善组织以外的"其他组织"

我国法律中常见"公民、法人和其他组织"的概念，最早见于1989年的《中华人民共和国行政诉讼法》第一条的规定："为保证人民法院正确、及时审理行政案件，保护公民、法人和其他组织的合法权益，维护和监督行政机关依法行使行政职权，根据宪法制定本法。"2022年修改的《最高人民法院关于适用〈中华人民共和国民事诉讼法〉的解释》第五十二条对民事诉讼法中的"其他组织"作了解释。其规定，"其他组织是指合法成立、有一定的组织机构和财产，但又不具备法人资格的组织，包括：（一）依法登记领取营业执照的个人独资企业；（二）依法登记领取营业执照的合伙企业；（三）依法登记领取我国营业执照的中外合作经营企业、外资企业；（四）依法成立的社会团体的分支机构、代表机构；（五）依法设立并领取营业执照的法人的分支机构；（六）依法设立并领取营业执照的商业银行、政策性银行和非银行金融机构的分支机构；（七）经依法登记领取营业执照的乡镇企业、街道企业；（八）其他符合本条规定条件的组织"。

由此可见，"公民、法人和其他组织"中的"其他组织"是指介于自然人和法人之间的组织。而本条中的"其他组织"指的是慈善组织以外的其他所有组织：（一）法人组织，即具有民事权利能力和民事行为能力，依法独立享有民事权利能力和民事行为能力的组织，包括有限责任公司、股份有限公司等营利法人，事业单位、社会团体、基金会、社会服务机构等非营利法人，以及机关法人、农村集体经济组织法人、基层群众性自治组织法人等特别法人；（二）非法人组织，即不具有法人资格，但是能够依法以自己的名义从事民事活动的组织，包括个人独资企业、合伙企业、不具有法人资格的专业服务机构等；（三）其他未登记的组织。包括社区老年人协会、各类兴趣团队、健身团队、社区小组等未登记的组织。

二、关于"力所能及"的慈善活动

本法第三条对慈善活动作了定义，既包括传统的扶贫、济困、救灾活动，也包括促进教育、科学、文化、卫生、体育事业的发展以及环境保护等，属于"大慈善"的概念，只要有利于社会公共利益的活动都可以属于慈善活动。同时，本法第三章对慈善募捐专门作了规定，只有依法登记的慈善组织才可以开展慈善募捐，开展公开募捐还需要取得公开募捐资格。因此，慈善组织以外的其他组织开展慈善活动可以通过捐赠财产或者提供服务的方式进行；如果要开展公开慈善募捐，可以与有公开募捐资格的慈善组织合作进行，由慈善组织开展募捐，合作方不得以任何形式自行开展公开募捐。具有公开募捐资格的慈善组织负责对合作募得的款物进行管理和会计核算，将全部收支纳入其账户。

慈善组织以外的其他组织开展力所能及的慈善活动时，也应当遵循合法、自愿、诚信、非营利的原则，不得违背社会公德，不得危害国家安全、损害社会公共利益和他人合法权益。"其他组织"进行捐赠和提供服务时，也必须符合有关慈善捐赠和慈善服务的规定。例如，本法第三十六条对捐赠财产实物作出了规定，捐赠人捐赠的实物应当具有使用价值，符合安全、卫生、环保等标准。捐赠人捐赠本企业产品的，应当依法承担产品质量责任和义务。第四十条对禁止违法宣传作出了规定，任何组织和个人不得利用慈善捐赠违反法律规定宣传烟草制品，不得利用慈善捐赠以任何方式宣传法律禁止宣传的产品和事项。第四十一条对履行捐赠义务的规定，第六十三条、第六十四条等对慈善捐赠和慈善服务普遍适用的规定等。

◆ **相关规定**

《中华人民共和国民法典》第 57 条、第 76 条、第 87 条、第 96 条、第 102 条；《中华人民共和国行政诉讼法》第 1 条；《最高人民法院关于适用〈中华人民共和国民事诉讼法〉的解释》第 52 条

第一百二十四条　个人因疾病等原因导致家庭经济困难，向社会发布求助信息的，求助人和信息发布人应当对信息真实性负责，不得通过虚构、隐瞒事实等方式骗取救助。

从事个人求助网络服务的平台应当经国务院民政部门指定，对通过其发布的求助信息真实性进行查验，并及时、全面向社会公开相关信息。具体管理办法由国务院民政部门会同网信、工业和信息化等部门另行制定。

◆ **条文主旨**

本条是关于个人求助问题的规定。

◆ **修改提示**

本条是新增规定，主要是对个人因家庭经济困难发布求助信息以及从事个人求助网络服务平台的管理进行规定。

◆ **条文释义**

随着互联网技术的发展，个人网络求助现象不断增多，相关网络服务平台呈现规模化发展，在帮助大病患者筹集医疗费用等方面发挥了积极作用，但也存在一些乱象，对整个行业的公信力甚至慈善事业发展产生消极影响，各方面普遍认为亟须在法律中作出进一步规范。本法此次修改，回应社会关切，在附则中专门增加一条，一方面对个人因疾病等原因导致家庭经济困难向社会求助的行为作出规定，要求求助人和信息发布人对信息真实性负责；另一方面明确从事个人求助网络服务的平台应当经国务院民政部门指定，对通过其发布的求助信息真实性进行查验并及时全面公开相关信息。同时，考虑到有关网络服务平台的具体规范难以在附则中作出全面细致的规定，授权国务院民政部门会同网信、工业和信息化等部门制定具体管理办法。

一、关于求助人和信息发布人的义务

（一）个人因家庭经济困难向社会发布求助信息

根据本条第一款规定，适用本条的个人求助原因是"因疾病等原因导致的家庭经济困难"。因自身困难向社会寻求帮助是求助人的权利，我国宪法也规定了公民在年老、疾病或者丧失劳动能力的情形下，有从国家和社会获得物质帮助的权利。随着经济社会的发展，个人为追求自身发展的需求已不只局限于解决经济困难，为理想、个人发展、创业等原因向社会公众求助筹资的现象屡见不鲜。因为这些原因向社会公众求助和筹措资金，是公民的自由，为其提供资金支持也是公民的权利，但是这种行为属于平等民事主体之间的赠与行为，不适用本条规定。同时，家庭生活方面的其他困难，如养育困难、家庭矛盾等，也不属于适用本条规定的个人求助行为。之所以做出限制，主要考虑是根据我国的经济社会发展水平，经济困难依然是制约个人和家庭发展的主要因素，其中因疾病导致经济困难甚至返贫致贫是最常见的原因，也是实践中个人求助的最主要类型。

个人可以采取多种方式向社会寻求帮助，本法第一百二十二条规定的"城乡社区组织、单位可以在本社区、单位内部开展群众性互助互济活动"，也是为了便于公民在城乡社区组织、单位范围内获取帮助。近年来，随着网络信息技术的发展，信息的传播速度和范围大幅度扩张，个人网络求助现象不断增多，超出了社区、单位等特定范围。无论采取何种求助方式，求助人的行为及其责任没有实质性区别，都是通过描述个人或者家庭情况、面临的困难、需要何种帮助等，寻求一定范围内或者不特定的社会公众的帮助，因此，无论通过何种方式发布求助信息，其在发布信息时需要承担的义务也没有实质性差别，如对信息的真实性负责等。

（二）求助人和信息发布人应当对信息真实性负责

是否帮助求助人以及如何帮助求助人，是被求助人的权利。如实、充分获取求助人的相关信息，是其决定是否帮助求助人的前提条件。实践中，为了最大限度地获取更多的帮助，一些求助人选择夸大、虚构所遇到的困难问题，隐瞒其真实收入或者家庭财产情况。这种行为，一方面，侵犯了帮助人的知情权，诱导其作出了可能违背自身意愿的赠与行为；另一方面，也影响了个人求助行为整体的公信力，不利于有真正需求的个人获取帮助。因此，本条明确要求求助人和信息发布人应当对信息真实性负责，不得通过虚构、隐瞒事实等方式骗取救助。"虚构、隐瞒事实"包括故意夸大或者虚构疾病的严重程度、后续治疗需求、医疗费用等情况，虚构家庭及其成员状况，隐瞒家庭的实际收入、房屋车辆等财产信息等。"骗取救助"包括骗取本不需要的救助，或者超出需要救助的范围骗取过多救助。

根据本条规定，对信息真实性负责的主体不只局限于求助人，还包括信息发布人。在实践中，很多求助人并不知晓可以通过网络向社会求助，也不清楚如何具体操作。在常见的由亲朋好友代为发布求助信息外，还出现了专门帮助求助人代为发布求助信息的人员和组织。无论信息发布人出于何种目的代求助人发布求助信息，求助信息是经由信息发布人发出的，其应当承担信息发布及传播可能产生的各种责任。同时，信息发布人相较于社会公众而言，是最有条件核实信息真实性的，要求其对信息真实性负责，有利于确保其利用便利条件充分核实求助人所提供信息的真实性，防止虚构、隐瞒事实骗取救助。

二、关于从事个人求助网络服务的平台的管理

（一）从事个人求助网络服务的平台应当经国务院民政部门指定

网络个人求助近年来的大幅度增加，其中一个重要原因就是专门从事个人求助网络服务的平台呈现规模化发展。从事个人求助网络服务的平台应社会需求自发出现，在数年时间内快速发展壮大，具有了较大的社会影响力。但在自媒体时代，这同时也意味着一旦发生负面事件，社会舆论对行业公信力甚至慈善事业的消极影响更大。目前，从事个人求助网络服务的平台一般都是登记为公司，没有相应的准入及监管机制，不同平台的内容审核、资金监管等方面存在较大差异，有的平台存在收取高额费用、引导患者夸大病情甚至造假等行为，甚至还有以从事个人求助为名，暗箱操作、挪用求助资金的"黑平台"。针对这种情况，本条明确由国务院民政部门指定能够从事个人求助网络服务的平台，同时，会同网信、工业和信息化等部门制定对平台的具体管理办法。有关部门应当按照《中华人民共和国立法法》规定及各自职责制定具体规则，对求助信息发布和查验、平台服务、监督管理等作出规定，促进个人求助网络服务平台健康规范发展。

（二）个人求助网络服务平台应当对求助信息真实性进行查验

求助信息是否真实是引发多次个人网络求助相关热点事件的关键，本条在明确求助人和信息发布人应当对信息真实性负责的同时，进一步规定个人求助网络服务平台应当对求助信息真实性进行查验。之所以明确平台义务，是因为个人求助平台是个人求助信息在互联网大范围传播的媒介，其当然负有对所发布信息的监管责任；且其直接与求助人或者信息发布人接触，具有要求提供证明材料、审核信息真实性的便利条件，因此，本条要求个人求助网络服务平台查验求助信息的真实性。平台应当要求求助人或者信息发布人提供能够证明其所描述病情、后续治疗、费用需求、家庭经济状况等相关信息的证明材料，并对材料的真实性进行查验。能够核实其真实性的，才能将其求助信息予以发布，否则，不得在平台上发布求助信息。经核实的信息应当及时、全面向社会公开，不得拖延公开或者部分公开，以便于社会公众知晓并进行监督。

在本法此次修改中，个人求助问题如何规范是社会各界关注的热点。有的意见提出，个人求助行为不宜在慈善法中进行规范；也有很多意见建议，对个人求助行为进行更加详细的制度设计和规范。个人求助是个人出于私人利益向国家、社会或者他人寻求帮助的行为，不具有公益性，不属于慈善法中规定的慈善活动。然而，从朴素的价值观来看，当组织或者个人为帮助陷入困难中的个人伸出援手、给予物质帮助时，施助者帮助求助人的行为也会被认为是在做慈善、做善事，且随着互联网技术的引入和发展，个人通过互联网进行求助的行为影响十分广泛，滋生出的平台乱象、隐瞒欺诈等问题将严重影响慈善事业的发展。经综合考虑各方面意见，在附则中对个人求助行为进行规定，既不损害慈善法的立法逻辑，又及时回应现实关切，对个人求助现已暴露出的突出问题进行原则性规定，为执法部门留出实践空间。

第一百二十五条　本法自 2016 年 9 月 1 日起施行。

◆ **条文主旨**

本条是关于本法施行日期的规定。

◆ **修改提示**

本条是原法第一百一十二条，未作修改。

◆ **条文释义**

一、关于法律的施行日期

法律的施行日期，也就是法律的生效日期，是指法律开始施行并发生法律效力的日期，是任何一部法律都要涉及的问题。2023 年修改的《中华人民共和国立法法》第六十一条规定："法律应当明确规定施行日期。"关于施行日期的规定是任何一部法律不可缺少的基本要素，一般都在法律的最后一条加以规定。法律施行的起始日期，通常根据该部法律在施行前是否需要做必要的准备工作而确定。

一部法律通过以后就面临着从什么时候起开始生效、在什么地域范围内生效、对什么人有效的问题，这就是法律的效力范围，它包括时间效力、空间效力、对人的效力三个方面。法律的时间效力又包括法律从何时起开始生效、到何时终止生效和法律生效后有无溯及力三个问题。本条是《中华人民共和国慈善法》生效日期的规定，是解决法律的时间效力问题，它关系到公民、法人和社会组织从何时起开始依法享有权利，并履行法律规定的义务。

从我国已制定的法律来看，关于生效日期的规定，大体上可以分为三种情况：一是在法律条文中直接规定该法的生效日期。如《中华人民共和国科学技术进步法》第一百一十七条规定："本法自 2022 年 1 月 1 日起施行。"二是在法律条文中没有直接规定具体的生效日期，而是规定"本法自公布之日起施行"。根据《中华人民共和国宪法》第八十条规定，国家主席根据全国人民代表大会的决定和全国人民代表大会常务委员会的决定来公布法律。目前，国家主席一般都是于全国人大或者全国人大常委会通过法律的当天发布命令公布法律。例如，2021 年 4 月 29 日第十三届全国人民代表大会常务委员会第二十八次会议通过《中华人民共和国反食品浪费法》，该法第三十二条规定："本法自公布之日起施行。"在该法通过当日，国家主席习近平发布第七十八号主席令，予以公布，自公布之日起施行。三是规定一个法律的生效日期取决于另一个法律的制定和实施时间。例如，1986 年 12 月 2 日第六届全国人民代表大会常务委员会第十八次会议通过的《中华人民共和国企业破产法（试行）》（已废止）第四十三条规定，"本法自全民所有制工业企业法实施满三个月之日起试行"。当时，全民所有制工业企业法尚未制定出来，所以企业破产法（试行）最终生效的时间是全民所有制工业企业法 1988 年 8 月 1 日生效后 3 个月的 1988 年 11 月 1 日。目前的法律的生效日期，第三种情况已经比较少见。因此，《中华人民共和国慈善法》的生效时间属于第一种情况，即单独对生效时间进行规定。

二、关于法律修改后的施行日期

法律的修改主要有修改决定、修正案和修订三种形式：

（一）修改决定是全国人大或者全国人大常务委员会单独通过一个决定指明对一部或者几部法律的部分条文作出修改的一种法律修改形式。这种法律修改形式使用范围较广，通常适用于对法律部分内容修改。

（二）修正案是全国人大或者全国人大常务委员会通过一个修正案对法

律条文作出修改的一种法律修改形式。修正案适用范围比较小，一般情况下是在对宪法或者刑法的部分条文作出修改时使用，主要用于法典化程度高、稳定性强的宪法和基本法律的修改，如宪法修正案和刑法修正案。

（三）修订是全国人大或者全国人大常务委员会对某个法律进行修改后重新公布法律文本以代替原法律文本的一种法律修改形式。修订通常是对法律进行全面的修改，对法律修改的内容较多，所以会重新公布修改后的法律文本。

因此，法律修改后的生效日期也面临三种情形。一是通过修改决定进行修改的，一般不修改法律的生效日期，只是规定修改决定的实施日期，对原法修改的部分执行修改决定的生效日期，未修改的部分执行原来法律规定的生效日期。二是通过修正案进行修改的，修正案独立于原法律而生效，一般直接规定生效日期，不改变原法的施行日期；原法律的生效时间不变，即未修正条款的生效时间仍为原法律的生效时间。三是通过修订的形式进行修改的，因为修改的内容较多，实际上相当于制定了一部新的法律，一般重新公布法律的生效日期，无论是修改的内容还是没有修改的内容，均按照新的生效日期开始施行。

三、关于本法的施行日期

本法此次修改采用的是修改决定的方式，因而其施行日期采用上述第一种方式，即只是规定修改决定的实施日期，对原法修改的部分执行修改决定的生效日期，未修改的部分执行原来法律规定的生效日期。《全国人民代表大会常务委员会关于修改〈中华人民共和国慈善法〉的决定》于 2023 年 12 月 29 日由中华人民共和国第十四届全国人民代表大会常务委员会第七次会议通过，并自 2024 年 9 月 5 日起施行。《中华人民共和国慈善法》第七条规定，每年 9 月 5 日为"中华慈善日"。《全国人民代表大会常务委员会关于修改〈中华人民共和国慈善法〉的决定》选择 2024 年 9 月 5 日作为施行日期，一方面是为相关单位制定配套法规规章等留出充足时间，另一方面将施行日期确定为中华慈善日，体现了对中华慈善日的重视，也有利于修改决定的宣传贯彻。

徒法不足以自行，《全国人民代表大会常务委员会关于修改〈中华人民共和国慈善法〉的决定》的全面有效实施，需要配套法规规章等加以细化、具体化。例如，修改决定降低慈善组织申请公开募捐资格的年限要求，对慈善组织募捐成本、信息公开等提出新的要求，有关部门需要根据修改内容对相关法规规章进行修改，确保与《中华人民共和国慈善法》规定一致；修改决定授权国务院财政、税务部门会同民政部门依照税收法律、行政法规的规定制定税收优惠的具体办法，授权国务院民政部门会同网信、工业和信息化等部门制定个人求助网络服务平台的具体管理办法等，有关部门需要依据授权，加快制定配套性规定。有关方面要认真做好《中华人民共和国慈善法》修改的实施准备工作，严格按照立法法等有关规定，加强调研、论证、评估等，抓紧制定出台配套性法律法规，确保法律的贯彻执行。

◆ **相关规定**

《中华人民共和国立法法》第 61 条

附　录

中华人民共和国主席令

第十六号

　　《全国人民代表大会常务委员会关于修改〈中华人民共和国慈善法〉的决定》已由中华人民共和国第十四届全国人民代表大会常务委员会第七次会议于 2023 年 12 月 29 日通过，现予公布，自 2024 年 9 月 5 日起施行。

中华人民共和国主席　习近平

2023 年 12 月 29 日

全国人民代表大会常务委员会关于修改
《中华人民共和国慈善法》的决定

（2023 年 12 月 29 日第十四届全国人民代表大会常务委员会第七次会议通过）

第十四届全国人民代表大会常务委员会第七次会议决定对《中华人民共和国慈善法》作如下修改：

一、第四条增加一款，作为第一款："慈善工作坚持中国共产党的领导。"

二、将第六条修改为："县级以上人民政府应当统筹、协调、督促和指导有关部门在各自职责范围内做好慈善事业的扶持发展和规范管理工作。

"国务院民政部门主管全国慈善工作，县级以上地方各级人民政府民政部门主管本行政区域内的慈善工作；县级以上人民政府有关部门依照本法和其他有关法律法规，在各自的职责范围内做好相关工作，加强对慈善活动的监督、管理和服务；慈善组织有业务主管单位的，业务主管单位应当对其进行指导、监督。"

三、将第十条第二款修改为："已经设立的基金会、社会团体、社会服务机构等非营利性组织，可以向办理其登记的民政部门申请认定为慈善组织，民政部门应当自受理申请之日起二十日内作出决定。符合慈善组织条件的，予以认定并向社会公告；不符合慈善组织条件的，不予认定并书面说明理由。"

四、将第十三条修改为："慈善组织应当每年向办理其登记的民政部门报送年度工作报告和财务会计报告。报告应当包括年度开展募捐和接受捐赠、慈善财产的管理使用、慈善项目实施、募捐成本、慈善组织工作人员工资福利以及与境外组织或者个人开展合作等情况。"

五、将第二十二条修改为："慈善组织开展公开募捐，应当取得公开募捐资格。依法登记满一年的慈善组织，可以向办理其登记的民政部门申请公开募捐资格。民政部门应当自受理申请之日起二十日内作出决定。慈善组织符合内部治理结构健全、运作规范的条件的，发给公开募捐资格证书；不符合条件的，不发给公开募捐资格证书并书面说明理由。

"其他法律、行政法规规定可以公开募捐的非营利性组织，由县级以上人民政府民政部门直接发给公开募捐资格证书。"

六、将第二十六条修改为："不具有公开募捐资格的组织或者个人基于慈善目的，可以与具有公开募捐资格的慈善组织合作，由该慈善组织开展公开募捐，合作方不得以任何形式自行开展公开募捐。具有公开募捐资格的慈善组织应当对合作方进行评估，依法签订书面协议，在募捐方案中载明合作方的相关信息，并对合作方的相关行为进行指导和监督。

"具有公开募捐资格的慈善组织负责对合作募得的款物进行管理和会计核算，将全部收支纳入其账户。"

七、将第二十三条第三款改为第二十七条，修改为："慈善组织通过互联网开展公开募捐的，应当在国务院民政部门指定的互联网公开募捐服务平台进行，并可以同时在其网站进行。

"国务院民政部门指定的互联网公开募捐服务平台，提供公开募捐信息展示、捐赠支付、捐赠财产使用情况查询等服务；无正当理由不得拒绝为具有公开募捐资格的慈善组织提供服务，不得向其收费，不得在公开募捐信息页面插入商业广告和商业活动链接。"

八、增加一条，作为第四十六条："慈善信托的委托人不得指定或者变相指定其利害关系人作为受益人。

"慈善信托的受托人确定受益人，应当坚持公开、公平、公正的原则，不得指定或者变相指定受托人及其工作人员的利害关系人作为受益人。"

九、将第六十条改为第六十一条，修改为："慈善组织应当积极开展慈善活动，遵循管理费用、募捐成本等最必要原则，厉行节约，减少不必要的开支，充分、高效运用慈善财产。具有公开募捐资格的基金会开展慈善活动的年度支出，不得低于上一年总收入的百分之七十或者前三年收入平均数额的百分之七十；年度管理费用不得超过当年总支出的百分之十；特殊情况下，年度支出和管理费用难以符合前述规定的，应当报告办理其登记的民政部门并向社会公开说明情况。

"慈善组织开展慈善活动的年度支出、管理费用和募捐成本的标准由国务院民政部门会同财政、税务等部门制定。

"捐赠协议对单项捐赠财产的慈善活动支出和管理费用有约定的，按照其约定。

"慈善信托的年度支出和管理费用标准，由国务院民政部门会同财政、税务和金融监督管理等部门制定。"

十、在第七章后增加一章，作为第八章"应急慈善"；对第三十条进行修改，作为第七十条；增加四条，分别作为第七十一条至第七十四条。内容如下：

"第八章　应急慈善

"第七十条　发生重大突发事件需要迅速开展救助时，履行统一领导职责或者组织处置突发事件的人民政府应当依法建立协调机制，明确专门机构、人员，提供需求信息，及时有序引导慈善组织、志愿者等社会力量开展募捐和救助活动。

"第七十一条　国家鼓励慈善组织、慈善行业组织建立应急机制，加强信息共享、协商合作，提高慈善组织运行和慈善资源使用的效率。

"在发生重大突发事件时，鼓励慈善组织、志愿者等在有关人民政府的协调引导下依法开展或者参与慈善活动。

"第七十二条　为应对重大突发事件开展公开募捐的，应当及时分配或者使用募得款物，在应急处置与救援阶段至少每五日公开一次募得款物的接收情况，及时公开分配、使用情况。

"第七十三条　为应对重大突发事件开展公开募捐，无法在募捐活动前办理募捐方案备案的，应当在活动开始后十日内补办备案手续。

"第七十四条　县级以上人民政府及其有关部门应当为捐赠款物分配送达提供便利条件。乡级人民政府、街道办事处和村民委员会、居民委员会，应当为捐赠款物分配送达、信息统计等提供力所能及的帮助。"

十一、将第六十九条改为第七十五条，修改为："国家建立健全慈善信息统计和发布制度。

"国务院民政部门建立健全统一的慈善信息平台，免费提供慈善信息发布服务。

"县级以上人民政府民政部门应当在前款规定的平台及时向社会公开慈善信息。

"慈善组织和慈善信托的受托人应当在本条第二款规定的平台发布慈善信息，并对信息的真实性负责。"

十二、将第七十三条改为第七十九条，修改为："具有公开募捐资格的慈善组织应当定期向社会公开其募捐情况和慈善项目实施情况。

"公开募捐周期超过六个月的，至少每三个月公开一次募捐情况，公开募捐活动结束后三个月内应当全面、详细公开募捐情况。

"慈善项目实施周期超过六个月的，至少每三个月公开一次项目实施情况，项目结束后三个月内应当全面、详细公开项目实施情况和募得款物使用情况。"

十三、将第七十七条改为第八十三条，第一款修改为："县级以上人民政府应当将慈善事业纳入国民经济和社会发展规划，制定促进慈善事业发展的政策和措施。"

十四、增加一条，作为第八十五条："国家鼓励、引导、支持有意愿有能力的自然人、法人和非法人组织积极参与慈善事业。

"国家对慈善事业实施税收优惠政策，具体办法由国务院财政、税务部门会同民政部门依照税收法律、行政法规的规定制定。"

十五、增加一条，作为第八十八条："自然人、法人和非法人组织设立慈善信托开展慈善活动的，依法享受税收优惠。"

十六、将第八十四条改为第九十二条，修改为："国家对开展扶贫济困、参与重大突发事件应对、参与重大国家战略的慈善活动，实行特殊的优惠政策。"

十七、将第八十七条改为第九十五条，增加一款，作为第二款："国家鼓励在慈善领域应用现代信息技术；鼓励社会力量通过公益创投、孵化培育、人员培训、项目指导等方式，为慈善组织提供资金支持和能力建设服务。"

十八、增加一条，作为第九十六条："国家鼓励有条件的地方设立社区慈善组织，加强社区志愿者队伍建设，发展社区慈善事业。"

十九、增加一条，作为第一百零一条："县级以上人民政府民政等有关部门将慈善捐赠、志愿服务记录等信息纳入相关主体信用记录，健全信用激励制度。"

二十、增加一条，作为第一百零二条："国家鼓励开展慈善国际交流与合作。

"慈善组织接受境外慈善捐赠、与境外组织或者个人合作开展慈善活动的，根据国家有关规定履行批准、备案程序。"

二十一、将第九十三条改为第一百零四条，修改为："县级以上人民政府民政部门对涉嫌违反本法规定的慈善组织、慈善信托的受托人，有权采取下列措施：

"（一）对慈善组织、慈善信托的受托人的住所和慈善活动发生地进行现场检查；

"（二）要求慈善组织、慈善信托的受托人作出说明，查阅、复制有关资料；

"（三）向与慈善活动有关的单位和个人调查与监督管理有关的情况；

"（四）经本级人民政府批准，可以查询慈善组织的金融账户；

"（五）法律、行政法规规定的其他措施。

"慈善组织、慈善信托的受托人涉嫌违反本法规定的，县级以上人民政府民政部门可以对有关负责人进行约谈，要求其说明情况、提出改进措施。

"其他慈善活动参与者涉嫌违反本法规定的，县级以上人民政府民政部门可以会同有关部门调查和处理。"

二十二、将第九十五条改为第一百零六条，修改为："县级以上人民政府民政部门应当建立慈善组织及其负责人、慈善信托的受托人信用记录制度，并向社会公布。

"县级以上人民政府民政部门应当建立慈善组织评估制度，鼓励和支持第三方机构对慈善组织的内部治理、财务状况、项目开展情况以及信息公开等进行评估，并向社会公布评估结果。"

二十三、将第九十八条改为第一百零九条，修改为："慈善组织有下列情形之一的，由县级以上人民政府民政部门责令限期改正，予以警告或者责令限期停止活动，并没收违法所得；情节严重的，吊销登记证书并予以公告：

"（一）未按照慈善宗旨开展活动的；

"（二）私分、挪用、截留或者侵占慈善财产的；

"（三）接受附加违反法律法规或者违背社会公德条件的捐赠，或者对受益人附加违反法律法规或者违背社会公德的条件的。"

二十四、将第九十九条改为第一百一十条，修改为："慈善组织有下列情形之一的，由县级以上人民政府民政部门责令限期改正，予以警告，并没收违法所得；逾期不改正的，责令限期停止活动并进行整改：

"（一）违反本法第十四条规定造成慈善财产损失的；

"（二）指定或者变相指定捐赠人、慈善组织管理人员的利害关系人作为受益人的；

"（三）将不得用于投资的财产用于投资的；

"（四）擅自改变捐赠财产用途的；

"（五）因管理不善造成慈善财产重大损失的；

"（六）开展慈善活动的年度支出、管理费用或者募捐成本违反规定的；

"（七）未依法履行信息公开义务的；

"（八）未依法报送年度工作报告、财务会计报告或者报备募捐方案的；

"（九）泄露捐赠人、志愿者、受益人个人隐私以及捐赠人、慈善信托的委托人不同意公开的姓名、名称、住所、通讯方式等信息的。

"慈善组织违反本法规定泄露国家秘密、商业秘密的，依照有关法律的规定予以处罚。

"慈善组织有前两款规定的情形，经依法处理后一年内再出现前款规定的情形，或者有其他情节严重情形的，由县级以上人民政府民政部门吊销登记证书并予以公告。"

二十五、将第一百零一条第一款改为第一百一十一条，修改为："慈善组织开展募捐活动有下列情形之一的，由县级以上人民政府民政部门予以警告，责令停止募捐活动；责令退还违法募集的财产，无法退还的，由民政部门予以收缴，转给其他慈善组织用于慈善目的；情节严重的，吊销公开募捐资格证书或者登记证书并予以公告，公开募捐资格证书被吊销的，五年内不得再次申请：

"（一）通过虚构事实等方式欺骗、诱导募捐对象实施捐赠的；

"（二）向单位或者个人摊派或者变相摊派的；

"（三）妨碍公共秩序、企业生产经营或者居民生活的；

"（四）与不具有公开募捐资格的组织或者个人合作，违反本法第二十六条规定的；

"（五）通过互联网开展公开募捐，违反本法第二十七条规定的；

"（六）为应对重大突发事件开展公开募捐，不及时分配、使用募得款物的。"

二十六、将第一百条改为第一百一十二条，修改为："慈善组织有本法第一百零九条、第一百一十条、第一百一十一条规定情形的，由县级以上人民政府民政部门对直接负责的主管人员和其他直接责任人员处二万元以上二十万元以下罚款，并没收违法所得；情节严重的，禁止其一年至五年内担任慈善组织的管理人员。"

二十七、将第一百零七条改为第一百一十三条，修改为："不具有公开募捐资格的组织或者个人擅自开展公开募捐的，由县级以上人民政府民政部门予以警告，责令停止募捐活动；责令退还违法募集的财产，无法退还的，由民政部门予以收缴，转给慈善组织用于慈善目的；情节严重的，对有关组织或者个人处二万元以上二十万元以下罚款。

"自然人、法人或者非法人组织假借慈善名义或者假冒慈善组织骗取财产的，由公安机关依法查处。"

二十八、将第一百零一条第二款改为第一百一十四条，修改为："互联网公开募捐服务平台违反本法第二十七条规定的，由省级以上人民政府民政部门责令限期改正；逾期不改正的，由国务院民政部门取消指定。

"未经指定的互联网信息服务提供者擅自提供互联网公开募捐服务的，由县级以上人民政府民政部门责令限期改正；逾期不改正的，由县级以上人民政府民政部门会同网信、工业和信息化部门依法进行处理。

"广播、电视、报刊以及网络服务提供者、电信运营商未依法履行验证义务的，由其主管部门责令限期改正，予以警告；逾期不改正的，予以通报批评。"

二十九、将第一百零五条改为第一百一十八条，修改为："慈善信托的委托人、受托人有下列情形之一的，由县级以上人民政府民政部门责令限期改正，予以警告，并没收违法所得；对直接负责的主管人员和其他直接责任人员处二万元以上二十万元以下罚款：

"（一）将信托财产及其收益用于非慈善目的的；

"（二）指定或者变相指定委托人、受托人及其工作人员的利害关系人作为受益人的；

"（三）未按照规定将信托事务处理情况及财务状况向民政部门报告的；

"（四）违反慈善信托的年度支出或者管理费用标准的；

"（五）未依法履行信息公开义务的。"

三十、增加一条，作为第一百二十四条："个人因疾病等原因导致家庭经济困难，向社会发布求助信息的，求助人和信息发布人应当对信息真实性负责，不得通过虚构、隐瞒事实等方式骗取救助。

"从事个人求助网络服务的平台应当经国务院民政部门指定，对通过其发布的求助信息真实性进行查验，并及时、全面向社会公开相关信息。具体管理办法由国务院民政部门会同网信、工业和信息化等部门另行制定。"

三十一、对部分条文中的有关表述作以下修改：

（一）将第二条、第三条、第五条、第三十四条、第三十七条、第八十条第一款、第九十一条中的"其他组织"修改为"非法人组织"。

（二）在第十八条第二款、第三款中的"民政部门"前增加"办理其登记的"；在第十八条第四款、第二十三条第二款中的"其登记的民政部门"前增加"办理"；在第四十一条第二款、第四十二条第二款、第九十七条第一款第一句、第一百零二条、第一百零三条、第一百零四条中的"民政部门"前增加"县级以上人民政府"；在第四十八条第二款中的"其备案的民政部门"前增加"办理"；在第五十五条中的"民政部门"前增加"原备案的"。

（三）在第四十条第一款、第五十八条中的"指定"后增加"或者变相指定"。

本决定自 2024 年 9 月 5 日起施行。

《中华人民共和国慈善法》根据本决定作相应修改并对条文顺序作相应调整，重新公布。

中华人民共和国慈善法

(2016 年 3 月 16 日第十二届全国人民代表大会第四次会议通过 根据 2023 年 12 月 29 日第十四届全国人民代表大会常务委员会第七次会议《关于修改〈中华人民共和国慈善法〉的决定》修正)

目 录

第一章 总 则

第一条 为了发展慈善事业，弘扬慈善文化，规范慈善活动，保护慈善组织、捐赠人、志愿者、受益人等慈善活动参与者的合法权益，促进社会进步，共享发展成果，制定本法。

第二条　自然人、法人和非法人组织开展慈善活动以及与慈善有关的活动，适用本法。其他法律有特别规定的，依照其规定。

第三条　本法所称慈善活动，是指自然人、法人和非法人组织以捐赠财产或者提供服务等方式，自愿开展的下列公益活动：

（一）扶贫、济困；

（二）扶老、救孤、恤病、助残、优抚；

（三）救助自然灾害、事故灾难和公共卫生事件等突发事件造成的损害；

（四）促进教育、科学、文化、卫生、体育等事业的发展；

（五）防治污染和其他公害，保护和改善生态环境；

（六）符合本法规定的其他公益活动。

第四条　慈善工作坚持中国共产党的领导。

开展慈善活动，应当遵循合法、自愿、诚信、非营利的原则，不得违背社会公德，不得危害国家安全、损害社会公共利益和他人合法权益。

第五条　国家鼓励和支持自然人、法人和非法人组织践行社会主义核心价值观，弘扬中华民族传统美德，依法开展慈善活动。

第六条　县级以上人民政府应当统筹、协调、督促和指导有关部门在各自职责范围内做好慈善事业的扶持发展和规范管理工作。

国务院民政部门主管全国慈善工作，县级以上地方各级人民政府民政部门主管本行政区域内的慈善工作；县级以上人民政府有关部门依照本法和其他有关法律法规，在各自的职责范围内做好相关工作，加强对慈善活动的监督、管理和服务；慈善组织有业务主管单位的，业务主管单位应当对其进行指导、监督。

第七条　每年9月5日为"中华慈善日"。

第二章　慈善组织

第八条　本法所称慈善组织，是指依法成立、符合本法规定，以面向社会开展慈善活动为宗旨的非营利性组织。

慈善组织可以采取基金会、社会团体、社会服务机构等组织形式。

第九条　慈善组织应当符合下列条件：

（一）以开展慈善活动为宗旨；

（二）不以营利为目的；

（三）有自己的名称和住所；

（四）有组织章程；

（五）有必要的财产；

（六）有符合条件的组织机构和负责人；

（七）法律、行政法规规定的其他条件。

第十条　设立慈善组织，应当向县级以上人民政府民政部门申请登记，民政部门应当自受理申请之日起三十日内作出决定。符合本法规定条件的，准予登记并向社会公告；不符合本法规定条件的，不予登记并书面说明理由。

已经设立的基金会、社会团体、社会服务机构等非营利性组织，可以向办理其登记的民政部门申请认定为慈善组织，民政部门应当自受理申请之日起二十日内作出决定。符合慈善组织条件的，予以认定并向社会公告；不符合慈善组织条件的，不予认定并书面说明理由。

有特殊情况需要延长登记或者认定期限的，报经国务院民政部门批准，可以适当延长，但延长的期限不得超过六十日。

第十一条　慈善组织的章程，应当符合法律法规的规定，并载明下列事项：

（一）名称和住所；

（二）组织形式；

（三）宗旨和活动范围；

（四）财产来源及构成；

（五）决策、执行机构的组成及职责；

（六）内部监督机制；

（七）财产管理使用制度；

（八）项目管理制度；

（九）终止情形及终止后的清算办法；

（十）其他重要事项。

第十二条　慈善组织应当根据法律法规以及章程的规定，建立健全内部治理结构，明确决策、执行、监督等方面的职责权限，开展慈善活动。

慈善组织应当执行国家统一的会计制度，依法进行会计核算，建立健全会计监督制度，并接受政府有关部门的监督管理。

第十三条　慈善组织应当每年向办理其登记的民政部门报送年度工作报告和财务会计报告。报告应当包括年度开展募捐和接受捐赠、慈善财产的管理使用、慈善项目实施、募捐成本、慈善组织工作人员工资福利以及与境外组织或者个人开展合作等情况。

第十四条　慈善组织的发起人、主要捐赠人以及管理人员，不得利用其关联关系损害慈善组织、受益人的利益和社会公共利益。

慈善组织的发起人、主要捐赠人以及管理人员与慈善组织发生交易行为的，不得参与慈善组织有关该交易行为的决策，有关交易情况应当向社会公开。

第十五条　慈善组织不得从事、资助危害国家安全和社会公共利益的活动，不得接受附加违反法律法规和违背社会公德条件的捐赠，不得对受益人附加违反法律法规和违背社会公德的条件。

第十六条　有下列情形之一的，不得担任慈善组织的负责人：

（一）无民事行为能力或者限制民事行为能力的；

（二）因故意犯罪被判处刑罚，自刑罚执行完毕之日起未逾五年的；

（三）在被吊销登记证书或者被取缔的组织担任负责人，自该组织被吊销登记证书或者被取缔之日起未逾五年的；

（四）法律、行政法规规定的其他情形。

第十七条　慈善组织有下列情形之一的，应当终止：

（一）出现章程规定的终止情形的；

（二）因分立、合并需要终止的；

（三）连续二年未从事慈善活动的；

（四）依法被撤销登记或者吊销登记证书的；

（五）法律、行政法规规定应当终止的其他情形。

第十八条　慈善组织终止，应当进行清算。

慈善组织的决策机构应当在本法第十七条规定的终止情形出现之日起

三十日内成立清算组进行清算，并向社会公告。不成立清算组或者清算组不履行职责的，办理其登记的民政部门可以申请人民法院指定有关人员组成清算组进行清算。

慈善组织清算后的剩余财产，应当按照慈善组织章程的规定转给宗旨相同或者相近的慈善组织；章程未规定的，由办理其登记的民政部门主持转给宗旨相同或者相近的慈善组织，并向社会公告。

慈善组织清算结束后，应当向办理其登记的民政部门办理注销登记，并由民政部门向社会公告。

第十九条　慈善组织依法成立行业组织。

慈善行业组织应当反映行业诉求，推动行业交流，提高慈善行业公信力，促进慈善事业发展。

第二十条　慈善组织的组织形式、登记管理的具体办法由国务院制定。

第三章　慈 善 募 捐

第二十一条　本法所称慈善募捐，是指慈善组织基于慈善宗旨募集财产的活动。

慈善募捐，包括面向社会公众的公开募捐和面向特定对象的定向募捐。

第二十二条　慈善组织开展公开募捐，应当取得公开募捐资格。依法登记满一年的慈善组织，可以向办理其登记的民政部门申请公开募捐资格。民政部门应当自受理申请之日起二十日内作出决定。慈善组织符合内部治理结构健全、运作规范的条件的，发给公开募捐资格证书；不符合条件的，不发给公开募捐资格证书并书面说明理由。

其他法律、行政法规规定可以公开募捐的非营利性组织，由县级以上人民政府民政部门直接发给公开募捐资格证书。

第二十三条　开展公开募捐，可以采取下列方式：

（一）在公共场所设置募捐箱；

（二）举办面向社会公众的义演、义赛、义卖、义展、义拍、慈善晚会等；

（三）通过广播、电视、报刊、互联网等媒体发布募捐信息；

（四）其他公开募捐方式。

慈善组织采取前款第一项、第二项规定的方式开展公开募捐的，应当在办理其登记的民政部门管辖区域内进行，确有必要在办理其登记的民政部门管辖区域外进行的，应当报其开展募捐活动所在地的县级以上人民政府民政部门备案。捐赠人的捐赠行为不受地域限制。

第二十四条 开展公开募捐，应当制定募捐方案。募捐方案包括募捐目的、起止时间和地域、活动负责人姓名和办公地址、接受捐赠方式、银行账户、受益人、募得款物用途、募捐成本、剩余财产的处理等。

募捐方案应当在开展募捐活动前报慈善组织登记的民政部门备案。

第二十五条 开展公开募捐，应当在募捐活动现场或者募捐活动载体的显著位置，公布募捐组织名称、公开募捐资格证书、募捐方案、联系方式、募捐信息查询方法等。

第二十六条 不具有公开募捐资格的组织或者个人基于慈善目的，可以与具有公开募捐资格的慈善组织合作，由该慈善组织开展公开募捐，合作方不得以任何形式自行开展公开募捐。具有公开募捐资格的慈善组织应当对合作方进行评估，依法签订书面协议，在募捐方案中载明合作方的相关信息，并对合作方的相关行为进行指导和监督。

具有公开募捐资格的慈善组织负责对合作募得的款物进行管理和会计核算，将全部收支纳入其账户。

第二十七条 慈善组织通过互联网开展公开募捐的，应当在国务院民政部门指定的互联网公开募捐服务平台进行，并可以同时在其网站进行。

国务院民政部门指定的互联网公开募捐服务平台，提供公开募捐信息展示、捐赠支付、捐赠财产使用情况查询等服务；无正当理由不得拒绝为具有公开募捐资格的慈善组织提供服务，不得向其收费，不得在公开募捐信息页面插入商业广告和商业活动链接。

第二十八条 广播、电视、报刊以及网络服务提供者、电信运营商，应当对利用其平台开展公开募捐的慈善组织的登记证书、公开募捐资格证书进行验证。

第二十九条 慈善组织自登记之日起可以开展定向募捐。

慈善组织开展定向募捐，应当在发起人、理事会成员和会员等特定对象的范围内进行，并向募捐对象说明募捐目的、募得款物用途等事项。

第三十条 开展定向募捐，不得采取或者变相采取本法第二十三条规定的方式。

第三十一条 开展募捐活动，应当尊重和维护募捐对象的合法权益，保障募捐对象的知情权，不得通过虚构事实等方式欺骗、诱导募捐对象实施捐赠。

第三十二条 开展募捐活动，不得摊派或者变相摊派，不得妨碍公共秩序、企业生产经营和居民生活。

第三十三条 禁止任何组织或者个人假借慈善名义或者假冒慈善组织开展募捐活动，骗取财产。

第四章 慈 善 捐 赠

第三十四条 本法所称慈善捐赠，是指自然人、法人和非法人组织基于慈善目的，自愿、无偿赠与财产的活动。

第三十五条 捐赠人可以通过慈善组织捐赠，也可以直接向受益人捐赠。

第三十六条 捐赠人捐赠的财产应当是其有权处分的合法财产。捐赠财产包括货币、实物、房屋、有价证券、股权、知识产权等有形和无形财产。

捐赠人捐赠的实物应当具有使用价值，符合安全、卫生、环保等标准。

捐赠人捐赠本企业产品的，应当依法承担产品质量责任和义务。

第三十七条 自然人、法人和非法人组织开展演出、比赛、销售、拍卖等经营性活动，承诺将全部或者部分所得用于慈善目的的，应当在举办活动前与慈善组织或者其他接受捐赠的人签订捐赠协议，活动结束后按照捐赠协议履行捐赠义务，并将捐赠情况向社会公开。

第三十八条 慈善组织接受捐赠，应当向捐赠人开具由财政部门统一监（印）制的捐赠票据。捐赠票据应当载明捐赠人、捐赠财产的种类及数量、慈善组织名称和经办人姓名、票据日期等。捐赠人匿名或者放弃接受捐赠票据的，慈善组织应当做好相关记录。

第三十九条　慈善组织接受捐赠，捐赠人要求签订书面捐赠协议的，慈善组织应当与捐赠人签订书面捐赠协议。

书面捐赠协议包括捐赠人和慈善组织名称，捐赠财产的种类、数量、质量、用途、交付时间等内容。

第四十条　捐赠人与慈善组织约定捐赠财产的用途和受益人时，不得指定或者变相指定捐赠人的利害关系人作为受益人。

任何组织和个人不得利用慈善捐赠违反法律规定宣传烟草制品，不得利用慈善捐赠以任何方式宣传法律禁止宣传的产品和事项。

第四十一条　捐赠人应当按照捐赠协议履行捐赠义务。捐赠人违反捐赠协议逾期未交付捐赠财产，有下列情形之一的，慈善组织或者其他接受捐赠的人可以要求交付；捐赠人拒不交付的，慈善组织和其他接受捐赠的人可以依法向人民法院申请支付令或者提起诉讼：

（一）捐赠人通过广播、电视、报刊、互联网等媒体公开承诺捐赠的；

（二）捐赠财产用于本法第三条第一项至第三项规定的慈善活动，并签订书面捐赠协议的。

捐赠人公开承诺捐赠或者签订书面捐赠协议后经济状况显著恶化，严重影响其生产经营或者家庭生活的，经向公开承诺捐赠地或者书面捐赠协议签订地的县级以上人民政府民政部门报告并向社会公开说明情况后，可以不再履行捐赠义务。

第四十二条　捐赠人有权查询、复制其捐赠财产管理使用的有关资料，慈善组织应当及时主动向捐赠人反馈有关情况。

慈善组织违反捐赠协议约定的用途，滥用捐赠财产的，捐赠人有权要求其改正；拒不改正的，捐赠人可以向县级以上人民政府民政部门投诉、举报或者向人民法院提起诉讼。

第四十三条　国有企业实施慈善捐赠应当遵守有关国有资产管理的规定，履行批准和备案程序。

第五章　慈 善 信 托

第四十四条　本法所称慈善信托属于公益信托，是指委托人基于慈善目的，依法将其财产委托给受托人，由受托人按照委托人意愿以受托人名义进行管理和处分，开展慈善活动的行为。

第四十五条　设立慈善信托、确定受托人和监察人，应当采取书面形式。受托人应当在慈善信托文件签订之日起七日内，将相关文件向受托人所在地县级以上人民政府民政部门备案。

未按照前款规定将相关文件报民政部门备案的，不享受税收优惠。

第四十六条　慈善信托的委托人不得指定或者变相指定其利害关系人作为受益人。

慈善信托的受托人确定受益人，应当坚持公开、公平、公正的原则，不得指定或者变相指定受托人及其工作人员的利害关系人作为受益人。

第四十七条　慈善信托的受托人，可以由委托人确定其信赖的慈善组织或者信托公司担任。

第四十八条　慈善信托的受托人违反信托义务或者难以履行职责的，委托人可以变更受托人。变更后的受托人应当自变更之日起七日内，将变更情况报原备案的民政部门重新备案。

第四十九条　慈善信托的受托人管理和处分信托财产，应当按照信托目的，恪尽职守，履行诚信、谨慎管理的义务。

慈善信托的受托人应当根据信托文件和委托人的要求，及时向委托人报告信托事务处理情况、信托财产管理使用情况。慈善信托的受托人应当每年至少一次将信托事务处理情况及财务状况向办理其备案的民政部门报告，并向社会公开。

第五十条　慈善信托的委托人根据需要，可以确定信托监察人。

信托监察人对受托人的行为进行监督，依法维护委托人和受益人的权益。信托监察人发现受托人违反信托义务或者难以履行职责的，应当向委托人报告，并有权以自己的名义向人民法院提起诉讼。

第五十一条　慈善信托的设立、信托财产的管理、信托当事人、信托的终止和清算等事项，本章未规定的，适用本法其他有关规定；本法未规定的，适用《中华人民共和国信托法》的有关规定。

第六章 慈善财产

第五十二条 慈善组织的财产包括：

（一）发起人捐赠、资助的创始财产；

（二）募集的财产；

（三）其他合法财产。

第五十三条 慈善组织的财产应当根据章程和捐赠协议的规定全部用于慈善目的，不得在发起人、捐赠人以及慈善组织成员中分配。

任何组织和个人不得私分、挪用、截留或者侵占慈善财产。

第五十四条 慈善组织对募集的财产，应当登记造册，严格管理，专款专用。

捐赠人捐赠的实物不易储存、运输或者难以直接用于慈善目的的，慈善组织可以依法拍卖或者变卖，所得收入扣除必要费用后，应当全部用于慈善目的。

第五十五条 慈善组织为实现财产保值、增值进行投资的，应当遵循合法、安全、有效的原则，投资取得的收益应当全部用于慈善目的。慈善组织的重大投资方案应当经决策机构组成人员三分之二以上同意。政府资助的财产和捐赠协议约定不得投资的财产，不得用于投资。慈善组织的负责人和工作人员不得在慈善组织投资的企业兼职或者领取报酬。

前款规定事项的具体办法，由国务院民政部门制定。

第五十六条 慈善组织开展慈善活动，应当依照法律法规和章程的规定，按照募捐方案或者捐赠协议使用捐赠财产。慈善组织确需变更募捐方案规定的捐赠财产用途的，应当报原备案的民政部门备案；确需变更捐赠协议约定的捐赠财产用途的，应当征得捐赠人同意。

第五十七条 慈善组织应当合理设计慈善项目，优化实施流程，降低运行成本，提高慈善财产使用效益。

慈善组织应当建立项目管理制度，对项目实施情况进行跟踪监督。

第五十八条 慈善项目终止后捐赠财产有剩余的，按照募捐方案或者捐赠协议处理；募捐方案未规定或者捐赠协议未约定的，慈善组织应当将剩余财产用于目的相同或者相近的其他慈善项目，并向社会公开。

第五十九条　慈善组织确定慈善受益人，应当坚持公开、公平、公正的原则，不得指定或者变相指定慈善组织管理人员的利害关系人作为受益人。

第六十条　慈善组织根据需要可以与受益人签订协议，明确双方权利义务，约定慈善财产的用途、数额和使用方式等内容。

受益人应当珍惜慈善资助，按照协议使用慈善财产。受益人未按照协议使用慈善财产或者有其他严重违反协议情形的，慈善组织有权要求其改正；受益人拒不改正的，慈善组织有权解除协议并要求受益人返还财产。

第六十一条　慈善组织应当积极开展慈善活动，遵循管理费用、募捐成本等最必要原则，厉行节约，减少不必要的开支，充分、高效运用慈善财产。具有公开募捐资格的基金会开展慈善活动的年度支出，不得低于上一年总收入的百分之七十或者前三年收入平均数额的百分之七十；年度管理费用不得超过当年总支出的百分之十；特殊情况下，年度支出和管理费用难以符合前述规定的，应当报告办理其登记的民政部门并向社会公开说明情况。

慈善组织开展慈善活动的年度支出、管理费用和募捐成本的标准由国务院民政部门会同财政、税务等部门制定。

捐赠协议对单项捐赠财产的慈善活动支出和管理费用有约定的，按照其约定。

慈善信托的年度支出和管理费用标准，由国务院民政部门会同财政、税务和金融监督管理等部门制定。

第七章　慈　善　服　务

第六十二条　本法所称慈善服务，是指慈善组织和其他组织以及个人基于慈善目的，向社会或者他人提供的志愿无偿服务以及其他非营利服务。

慈善组织开展慈善服务，可以自己提供或者招募志愿者提供，也可以委托有服务专长的其他组织提供。

第六十三条　开展慈善服务，应当尊重受益人、志愿者的人格尊严，不得侵害受益人、志愿者的隐私。

第六十四条 开展医疗康复、教育培训等慈善服务，需要专门技能的，应当执行国家或者行业组织制定的标准和规程。

慈善组织招募志愿者参与慈善服务，需要专门技能的，应当对志愿者开展相关培训。

第六十五条 慈善组织招募志愿者参与慈善服务，应当公示与慈善服务有关的全部信息，告知服务过程中可能发生的风险。

慈善组织根据需要可以与志愿者签订协议，明确双方权利义务，约定服务的内容、方式和时间等。

第六十六条 慈善组织应当对志愿者实名登记，记录志愿者的服务时间、内容、评价等信息。根据志愿者的要求，慈善组织应当无偿、如实出具志愿服务记录证明。

第六十七条 慈善组织安排志愿者参与慈善服务，应当与志愿者的年龄、文化程度、技能和身体状况相适应。

第六十八条 志愿者接受慈善组织安排参与慈善服务的，应当服从管理，接受必要的培训。

第六十九条 慈善组织应当为志愿者参与慈善服务提供必要条件，保障志愿者的合法权益。

慈善组织安排志愿者参与可能发生人身危险的慈善服务前，应当为志愿者购买相应的人身意外伤害保险。

第八章 应急慈善

第七十条 发生重大突发事件需要迅速开展救助时，履行统一领导职责或者组织处置突发事件的人民政府应当依法建立协调机制，明确专门机构、人员，提供需求信息，及时有序引导慈善组织、志愿者等社会力量开展募捐和救助活动。

第七十一条 国家鼓励慈善组织、慈善行业组织建立应急机制，加强信息共享、协商合作，提高慈善组织运行和慈善资源使用的效率。

在发生重大突发事件时，鼓励慈善组织、志愿者等在有关人民政府的协调引导下依法开展或者参与慈善活动。

第七十二条 为应对重大突发事件开展公开募捐的，应当及时分配或者使用募得款物，在应急处置与救援阶段至少每五日公开一次募得款物的接收情况，及时公开分配、使用情况。

第七十三条 为应对重大突发事件开展公开募捐，无法在募捐活动前办理募捐方案备案的，应当在活动开始后十日内补办备案手续。

第七十四条 县级以上人民政府及其有关部门应当为捐赠款物分配送达提供便利条件。乡级人民政府、街道办事处和村民委员会、居民委员会，应当为捐赠款物分配送达、信息统计等提供力所能及的帮助。

第九章 信 息 公 开

第七十五条 国家建立健全慈善信息统计和发布制度。

国务院民政部门建立健全统一的慈善信息平台，免费提供慈善信息发布服务。

县级以上人民政府民政部门应当在前款规定的平台及时向社会公开慈善信息。

慈善组织和慈善信托的受托人应当在本条第二款规定的平台发布慈善信息，并对信息的真实性负责。

第七十六条 县级以上人民政府民政部门和其他有关部门应当及时向社会公开下列慈善信息：

（一）慈善组织登记事项；

（二）慈善信托备案事项；

（三）具有公开募捐资格的慈善组织名单；

（四）具有出具公益性捐赠税前扣除票据资格的慈善组织名单；

（五）对慈善活动的税收优惠、资助补贴等促进措施；

（六）向慈善组织购买服务的信息；

（七）对慈善组织、慈善信托开展检查、评估的结果；

（八）对慈善组织和其他组织以及个人的表彰、处罚结果；

（九）法律法规规定应当公开的其他信息。

第七十七条　慈善组织、慈善信托的受托人应当依法履行信息公开义务。信息公开应当真实、完整、及时。

第七十八条　慈善组织应当向社会公开组织章程和决策、执行、监督机构成员信息以及国务院民政部门要求公开的其他信息。上述信息有重大变更的，慈善组织应当及时向社会公开。

慈善组织应当每年向社会公开其年度工作报告和财务会计报告。具有公开募捐资格的慈善组织的财务会计报告须经审计。

第七十九条　具有公开募捐资格的慈善组织应当定期向社会公开其募捐情况和慈善项目实施情况。

公开募捐周期超过六个月的，至少每三个月公开一次募捐情况，公开募捐活动结束后三个月内应当全面、详细公开募捐情况。

慈善项目实施周期超过六个月的，至少每三个月公开一次项目实施情况，项目结束后三个月内应当全面、详细公开项目实施情况和募得款物使用情况。

第八十条　慈善组织开展定向募捐的，应当及时向捐赠人告知募捐情况、募得款物的管理使用情况。

第八十一条　慈善组织、慈善信托的受托人应当向受益人告知其资助标准、工作流程和工作规范等信息。

第八十二条　涉及国家秘密、商业秘密、个人隐私的信息以及捐赠人、慈善信托的委托人不同意公开的姓名、名称、住所、通讯方式等信息，不得公开。

第十章　促进措施

第八十三条　县级以上人民政府应当将慈善事业纳入国民经济和社会发展规划，制定促进慈善事业发展的政策和措施。

县级以上人民政府有关部门应当在各自职责范围内，向慈善组织、慈善信托受托人等提供慈善需求信息，为慈善活动提供指导和帮助。

第八十四条　县级以上人民政府民政部门应当建立与其他部门之间的慈善信息共享机制。

第八十五条 国家鼓励、引导、支持有意愿有能力的自然人、法人和非法人组织积极参与慈善事业。

国家对慈善事业实施税收优惠政策，具体办法由国务院财政、税务部门会同民政部门依照税收法律、行政法规的规定制定。

第八十六条 慈善组织及其取得的收入依法享受税收优惠。

第八十七条 自然人、法人和非法人组织捐赠财产用于慈善活动的，依法享受税收优惠。企业慈善捐赠支出超过法律规定的准予在计算企业所得税应纳税所得额时当年扣除的部分，允许结转以后三年内在计算应纳税所得额时扣除。

境外捐赠用于慈善活动的物资，依法减征或者免征进口关税和进口环节增值税。

第八十八条 自然人、法人和非法人组织设立慈善信托开展慈善活动的，依法享受税收优惠。

第八十九条 受益人接受慈善捐赠，依法享受税收优惠。

第九十条 慈善组织、捐赠人、受益人依法享受税收优惠的，有关部门应当及时办理相关手续。

第九十一条 捐赠人向慈善组织捐赠实物、有价证券、股权和知识产权的，依法免征权利转让的相关行政事业性费用。

第九十二条 国家对开展扶贫济困、参与重大突发事件应对、参与重大国家战略的慈善活动，实行特殊的优惠政策。

第九十三条 慈善组织开展本法第三条第一项、第二项规定的慈善活动需要慈善服务设施用地的，可以依法申请使用国有划拨土地或者农村集体建设用地。慈善服务设施用地非经法定程序不得改变用途。

第九十四条 国家为慈善事业提供金融政策支持，鼓励金融机构为慈善组织、慈善信托提供融资和结算等金融服务。

第九十五条 各级人民政府及其有关部门可以依法通过购买服务等方式，支持符合条件的慈善组织向社会提供服务，并依照有关政府采购的法律法规向社会公开相关情况。

国家鼓励在慈善领域应用现代信息技术；鼓励社会力量通过公益创投、孵化培育、人员培训、项目指导等方式，为慈善组织提供资金支持和能力建设服务。

第九十六条 国家鼓励有条件的地方设立社区慈善组织，加强社区志愿者队伍建设，发展社区慈善事业。

第九十七条 国家采取措施弘扬慈善文化，培育公民慈善意识。

学校等教育机构应当将慈善文化纳入教育教学内容。国家鼓励高等学校培养慈善专业人才，支持高等学校和科研机构开展慈善理论研究。

广播、电视、报刊、互联网等媒体应当积极开展慈善公益宣传活动，普及慈善知识，传播慈善文化。

第九十八条 国家鼓励企业事业单位和其他组织为开展慈善活动提供场所和其他便利条件。

第九十九条 经受益人同意，捐赠人对其捐赠的慈善项目可以冠名纪念，法律法规规定需要批准的，从其规定。

第一百条 国家建立慈善表彰制度，对在慈善事业发展中做出突出贡献的自然人、法人和非法人组织，由县级以上人民政府或者有关部门予以表彰。

第一百零一条 县级以上人民政府民政等有关部门将慈善捐赠、志愿服务记录等信息纳入相关主体信用记录，健全信用激励制度。

第一百零二条 国家鼓励开展慈善国际交流与合作。

慈善组织接受境外慈善捐赠、与境外组织或者个人合作开展慈善活动的，根据国家有关规定履行批准、备案程序。

第十一章 监督管理

第一百零三条 县级以上人民政府民政部门应当依法履行职责，对慈善活动进行监督检查，对慈善行业组织进行指导。

第一百零四条 县级以上人民政府民政部门对涉嫌违反本法规定的慈善组织、慈善信托的受托人，有权采取下列措施：

（一）对慈善组织、慈善信托的受托人的住所和慈善活动发生地进行现场检查；

（二）要求慈善组织、慈善信托的受托人作出说明，查阅、复制有关资料；

（三）向与慈善活动有关的单位和个人调查与监督管理有关的情况；

（四）经本级人民政府批准，可以查询慈善组织的金融账户；

（五）法律、行政法规规定的其他措施。

慈善组织、慈善信托的受托人涉嫌违反本法规定的，县级以上人民政府民政部门可以对有关负责人进行约谈，要求其说明情况、提出改进措施。

其他慈善活动参与者涉嫌违反本法规定的，县级以上人民政府民政部门可以会同有关部门调查和处理。

第一百零五条　县级以上人民政府民政部门对慈善组织、有关单位和个人进行检查或者调查时，检查人员或者调查人员不得少于二人，并应当出示合法证件和检查、调查通知书。

第一百零六条　县级以上人民政府民政部门应当建立慈善组织及其负责人、慈善信托的受托人信用记录制度，并向社会公布。

县级以上人民政府民政部门应当建立慈善组织评估制度，鼓励和支持第三方机构对慈善组织的内部治理、财务状况、项目开展情况以及信息公开等进行评估，并向社会公布评估结果。

第一百零七条　慈善行业组织应当建立健全行业规范，加强行业自律。

第一百零八条　任何单位和个人发现慈善组织、慈善信托有违法行为的，可以向县级以上人民政府民政部门、其他有关部门或者慈善行业组织投诉、举报。民政部门、其他有关部门或者慈善行业组织接到投诉、举报后，应当及时调查处理。

国家鼓励公众、媒体对慈善活动进行监督，对假借慈善名义或者假冒慈善组织骗取财产以及慈善组织、慈善信托的违法违规行为予以曝光，发挥舆论和社会监督作用。

第十二章　法律责任

第一百零九条　慈善组织有下列情形之一的，由县级以上人民政府民政部门责令限期改正，予以警告或者责令限期停止活动，并没收违法所得；情节严重的，吊销登记证书并予以公告：

（一）未按照慈善宗旨开展活动的；

（二）私分、挪用、截留或者侵占慈善财产的；

（三）接受附加违反法律法规或者违背社会公德条件的捐赠，或者对受益人附加违反法律法规或者违背社会公德的条件的。

第一百一十条　慈善组织有下列情形之一的，由县级以上人民政府民政部门责令限期改正，予以警告，并没收违法所得；逾期不改正的，责令限期停止活动并进行整改：

（一）违反本法第十四条规定造成慈善财产损失的；

（二）指定或者变相指定捐赠人、慈善组织管理人员的利害关系人作为受益人的；

（三）将不得用于投资的财产用于投资的；

（四）擅自改变捐赠财产用途的；

（五）因管理不善造成慈善财产重大损失的；

（六）开展慈善活动的年度支出、管理费用或者募捐成本违反规定的；

（七）未依法履行信息公开义务的；

（八）未依法报送年度工作报告、财务会计报告或者报备募捐方案的；

（九）泄露捐赠人、志愿者、受益人个人隐私以及捐赠人、慈善信托的委托人不同意公开的姓名、名称、住所、通讯方式等信息的。

慈善组织违反本法规定泄露国家秘密、商业秘密的，依照有关法律的规定予以处罚。

慈善组织有前两款规定的情形，经依法处理后一年内再出现前款规定的情形，或者有其他情节严重情形的，由县级以上人民政府民政部门吊销登记证书并予以公告。

第一百一十一条　慈善组织开展募捐活动有下列情形之一的，由县级以上人民政府民政部门予以警告，责令停止募捐活动；责令退还违法募集的财产，无法退还的，由民政部门予以收缴，转给其他慈善组织用于慈善目的；情节严重的，吊销公开募捐资格证书或者登记证书并予以公告，公开募捐资格证书被吊销的，五年内不得再次申请：

（一）通过虚构事实等方式欺骗、诱导募捐对象实施捐赠的；

（二）向单位或者个人摊派或者变相摊派的；

（三）妨碍公共秩序、企业生产经营或者居民生活的；

（四）与不具有公开募捐资格的组织或者个人合作，违反本法第二十六条规定的；

（五）通过互联网开展公开募捐，违反本法第二十七条规定的；

（六）为应对重大突发事件开展公开募捐，不及时分配、使用募得款物的。

第一百一十二条 慈善组织有本法第一百零九条、第一百一十条、第一百一十一条规定情形的，由县级以上人民政府民政部门对直接负责的主管人员和其他直接责任人员处二万元以上二十万元以下罚款，并没收违法所得；情节严重的，禁止其一年至五年内担任慈善组织的管理人员。

第一百一十三条 不具有公开募捐资格的组织或者个人擅自开展公开募捐的，由县级以上人民政府民政部门予以警告，责令停止募捐活动；责令退还违法募集的财产，无法退还的，由民政部门予以收缴，转给慈善组织用于慈善目的；情节严重的，对有关组织或者个人处二万元以上二十万元以下罚款。

自然人、法人或者非法人组织假借慈善名义或者假冒慈善组织骗取财产的，由公安机关依法查处。

第一百一十四条 互联网公开募捐服务平台违反本法第二十七条规定的，由省级以上人民政府民政部门责令限期改正；逾期不改正的，由国务院民政部门取消指定。

未经指定的互联网信息服务提供者擅自提供互联网公开募捐服务的，由县级以上人民政府民政部门责令限期改正；逾期不改正的，由县级以上人民政府民政部门会同网信、工业和信息化部门依法进行处理。

广播、电视、报刊以及网络服务提供者、电信运营商未依法履行验证义务的，由其主管部门责令限期改正，予以警告；逾期不改正的，予以通报批评。

第一百一十五条 慈善组织不依法向捐赠人开具捐赠票据、不依法向志愿者出具志愿服务记录证明或者不及时主动向捐赠人反馈有关情况的，由县级以上人民政府民政部门予以警告，责令限期改正；逾期不改正的，责令限期停止活动。

第一百一十六条　慈善组织弄虚作假骗取税收优惠的，由税务机关依法查处；情节严重的，由县级以上人民政府民政部门吊销登记证书并予以公告。

第一百一十七条　慈善组织从事、资助危害国家安全或者社会公共利益活动的，由有关机关依法查处，由县级以上人民政府民政部门吊销登记证书并予以公告。

第一百一十八条　慈善信托的委托人、受托人有下列情形之一的，由县级以上人民政府民政部门责令限期改正，予以警告，并没收违法所得；对直接负责的主管人员和其他直接责任人员处二万元以上二十万元以下罚款：

（一）将信托财产及其收益用于非慈善目的的；

（二）指定或者变相指定委托人、受托人及其工作人员的利害关系人作为受益人的；

（三）未按照规定将信托事务处理情况及财务状况向民政部门报告的；

（四）违反慈善信托的年度支出或者管理费用标准的；

（五）未依法履行信息公开义务的。

第一百一十九条　慈善服务过程中，因慈善组织或者志愿者过错造成受益人、第三人损害的，慈善组织依法承担赔偿责任；损害是由志愿者故意或者重大过失造成的，慈善组织可以向其追偿。

志愿者在参与慈善服务过程中，因慈善组织过错受到损害的，慈善组织依法承担赔偿责任；损害是由不可抗力造成的，慈善组织应当给予适当补偿。

第一百二十条　县级以上人民政府民政部门和其他有关部门及其工作人员有下列情形之一的，由上级机关或者监察机关责令改正；依法应当给予处分的，由任免机关或者监察机关对直接负责的主管人员和其他直接责任人员给予处分：

（一）未依法履行信息公开义务的；

（二）摊派或者变相摊派捐赠任务，强行指定志愿者、慈善组织提供服务的；

（三）未依法履行监督管理职责的；

（四）违法实施行政强制措施和行政处罚的；

（五）私分、挪用、截留或者侵占慈善财产的；

（六）其他滥用职权、玩忽职守、徇私舞弊的行为。

第一百二十一条　违反本法规定，构成违反治安管理行为的，由公安机关依法给予治安管理处罚；构成犯罪的，依法追究刑事责任。

第十三章　附　　则

第一百二十二条　城乡社区组织、单位可以在本社区、单位内部开展群众性互助互济活动。

第一百二十三条　慈善组织以外的其他组织可以开展力所能及的慈善活动。

第一百二十四条　个人因疾病等原因导致家庭经济困难，向社会发布求助信息的，求助人和信息发布人应当对信息真实性负责，不得通过虚构、隐瞒事实等方式骗取救助。

从事个人求助网络服务的平台应当经国务院民政部门指定，对通过其发布的求助信息真实性进行查验，并及时、全面向社会公开相关信息。具体管理办法由国务院民政部门会同网信、工业和信息化等部门另行制定。

第一百二十五条　本法自 2016 年 9 月 1 日起施行。

关于《中华人民共和国慈善法（修订草案）》的说明

——2022 年 12 月 27 日在第十三届全国人民代表大会
常务委员会第三十八次会议上

全国人大社会建设委员会主任委员　何毅亭

全国人民代表大会常务委员会：

我受全国人大社会建设委员会委托，作关于《中华人民共和国慈善法（修订草案）》的说明。

一、修改慈善法的必要性和修法过程

慈善是社会文明的重要标志，是一种具有广泛群众性的道德实践。党的十八大以来，习近平总书记多次就发展慈善事业、发挥慈善作用作出重要论述。党的十九大强调"完善社会救助、社会福利、慈善事业、优抚安置等制度"，明确把慈善作为我国多层次社会保障体系的重要组成部分。党的十九届四中全会提出，"重视发挥第三次分配作用，发展慈善等社会公益事业"，将慈善事业上升到坚持和完善社会主义基本经济制度、推动国家治理体系和治理能力现代化的高度。党的十九届五中全会要求，"发挥第三次分配作用，发展慈善事业，改善收入和财富分配格局"，把慈善事业作为推动共同富裕的重要途径。党的二十大进一步指出"构建初次分配、再分配、第三次分配协调配套的制度体系"，要求"引导、支持有意愿有能力的企业、社会组织和个人积极参与公益慈善事业"，将发展慈善事业作为完善分配制度的重要举措并做出明确安排。习近平总书记的重要论述和党中央一系列重要决策部署，明确了慈善的新定位新作用，提出了发展慈善的新目标新要求，为做好新时代慈善工作、发展慈善事业指明了方向、提供了遵循。

现行慈善法是 2016 年由十二届全国人大四次会议通过的。自施行以来，慈善法在保护慈善参与者权益、规范慈善活动、促进慈善事业发展、发挥慈善功能作用等方面发挥了重要作用。与此同时，慈善领域也出现了一些新情况新问题。主要表现在：慈善事业发展缓慢，同经济社会发展水平不适应；慈善捐赠规模偏低，同我国社会财富积累程度不匹配；慈善组织发展不平衡不充分，治理能力和治理水平有待提高；慈善信托发展面临障碍，作用尚未得到有效发挥；监管制度机制还不完善，监管不足与监管过度并存；支持促进措施较为原则，落实不到位不彻底；应急慈善制度尚未建立，慈善在应对突发事件中存在不规范不充分的情况；一些慈善创新形式还缺乏有效规范，带来不良社会影响。这些都对加强慈善法治建设提出了新要求。近年来，人大代表、社会各界也多次呼吁修改完善慈善法。十三届全国人大一次会议以来，全国人大代表共提出 57 件关于修改慈善法的议案建议，要求将党中央关于慈善事业的决策部署落实为法律规定，进一步优化慈善领域制度设计，为慈善事业全面、快速、有序发展营造良好法治环境。

全国人大常委会贯彻落实党中央关于发展慈善事业的决策部署，积极回应社会关切，把修改慈善法列入 2022 年度立法工作计划，明确由社会建设委员会牵头负责。2021 年 3 月，社会建设委员会启动修法工作。12 月，贯彻落实栗战书委员长、张春贤副委员长关于加快慈善法修法进程的指示精神，牵头成立慈善法（修改）工作专班，由主任委员何毅亭担任组长。一年多来，主要做了以下 4 方面工作：一是深入学习领会习近平总书记关于慈善事业的重要论述，全面梳理党中央关于发展慈善事业的重大决策部署和工作要求。二是深入开展调查研究，5 次赴地方、部委和慈善行业组织调研座谈，充分了解慈善领域的实际情况和突出问题。三是广泛征求意见，2 次召开协调会，5 轮书面征求意见，认真听取"一府两院"、20 多家中央单位、31 个省（区、市）人大社会委、地方民政部门、中国慈善联合会及慈善组织、提议案的代表意见。四是充分发挥专家学者作用，委托中国社会保障学会、清华大学、北京师范大学起草修法建议稿，通过座谈或书面形式征求 21 人次专家学者意见。经过反复研究修改，形成了《慈善法（修订草案）》（以下简称修订草案）。

二、修改慈善法的指导思想和总体思路

修改慈善法，必须坚持以习近平新时代中国特色社会主义思想为指导，全面贯彻习近平总书记关于发展慈善事业、发挥慈善作用的重要论述精神和党中央决策部署，践行全过程人民民主，完善相关制度机制，优化慈善事业发展环境，规范慈善活动，推动慈善高质量发展，为发挥慈善在第三次分配中的作用、推动共同富裕提供坚实的法治保障。

修法工作始终遵循和贯彻以下总体思路：

一是坚持支持鼓励慈善发展总方向，进一步细化明确扶持慈善事业发展制度措施。慈善事业是中国特色社会主义事业的重要组成，在消除贫困、实现共同富裕、促进社会和谐方面具有特殊作用，是国家治理体系与治理能力现代化的重要力量。我国慈善文化源远流长，但现代慈善起步晚、发展慢。实践中，还存在对慈善的性质定位、功能作用认识不足，支持保障慈善发展的力度不够大、措施不够实等问题。修订草案坚持推动慈善事业高质量发展的总原则，回应各方面诉求，健全完善国家支持鼓励开展慈善活动、扶持促进慈善事业发展的制度措施，进一步激发慈善热情，形成全社会参与慈善、支持慈善的良好氛围。

二是坚持从国情实际出发，健全完善与我国发展阶段相适应的慈善法律制度。慈善法实施以来，党中央、国务院及其有关部门、最高人民法院、最高人民检察院出台了多个旨在发展慈善事业的规范性文件，各地在慈善领域进行了积极探索，积累了丰富的实践经验。修订草案坚持推动慈善事业与经济社会同步协调发展的原则，积极稳妥地将适应慈善发展现实需要、实践证明行之有效、各方面认识比较一致的措施，转化为法律规范，确保慈善事业健康有序发展。坚持走中国特色社会主义慈善之路，继承发扬优秀传统慈善文化的精神内涵，融合现代慈善体系特征，借鉴国外慈善事业经验，对于争议较大或目前修改时机和条件尚不成熟的内容，暂不做修改。

三是坚持问题导向，努力推动解决慈善领域现实问题。当前慈善领域还存在不少困难和问题，出现一些新趋势新情况，甚至引发负面舆情，不利于慈善事业发展。特别是应急慈善制度不完善，慈善信托发展不力，慈善组织治理能力和治理水平不高，网络慈善等新形式缺乏有效规范，慈善参与主体适应规则不统一，监管机制不健全等问题，社会反映比较大。修

订草案针对这些突出问题，坚持规范与发展并重，进一步健全完善相关规定，对慈善各方面参与者、慈善活动各环节作出更加明确具体的规范，保障慈善活动正常有序开展。

四是坚持系统观念，处理好与相关法律、法规和政策的衔接配合。慈善涉及民法典、刑法以及信托法、公益事业捐赠法、红十字会法等法律法规。修订草案坚持慈善法作为慈善领域专门法的定位，注意处理好与其他法律法规的关系。对其他法律没有规定或者规定不够完善的，尽可能在本法中作出明确具体的规定；其他法律已有明确规定的，本法只做原则性、衔接性的规定；对适宜通过制定行政法规或政策细化和解决的问题，在本法中只作原则性、授权性规定，为有关部门和地方结合实际实施法律、开展创新预留空间。

三、修改的主要内容

现行慈善法共 12 章 112 条。修订草案新增 1 章 21 条、修改 47 条，共 13 章 133 条。主要在以下方面作了修改：

（一）体现慈善功能新定位（涉及 2 个章节的 4 个条款）

一是完善立法指导思想。贯彻落实党的二十大精神和党中央新部署新要求，把"充分发挥慈善在第三次分配中的作用，推动共同富裕"写入本法指导思想，明确慈善的新定位新作用，提高全社会对慈善的认识。二是明确党对慈善事业的领导。根据《中共中央关于加强党的政治建设的意见》要求，增加坚持党对慈善事业领导的规定，确保慈善事业正确政治方向。三是加强慈善工作组织协调。吸收国务院《关于促进慈善事业健康发展的指导意见》关于"建立健全慈善工作组织协调机制"的精神，总结地方经验做法，新增县级以上人民政府建立慈善工作协调机制的规定，强化慈善事业领导力量，推动及时解决慈善事业发展中遇到的突出困难和问题。四是健全慈善信息统计。针对慈善相关数据较为分散、反映慈善事业发展情况不全面的问题，明确国家建立健全慈善信息统计和发布制度，为充分发挥慈善新功能新作用提供重要的决策依据。

（二）回应慈善发展新问题（涉及 3 个章节的 11 个条款）

一是新设应急慈善专章。总结近年来慈善参与重大突发事件应对中正反两方面经验，特别是在新冠肺炎疫情防控中发挥的重要作用和出现的突出问题，吸收地方立法中的好做法，与正在审议的《突发事件应对管理法（草案）》协调衔接，系统规范重大突发事件中的慈善活动。规定建立应急慈善协调机制，强化政府领导、指导应急慈善活动的责任，发挥慈善在应急救灾中的作用。明确慈善组织、志愿者等慈善力量开展应急慈善活动的原则，严格对应急状态下募得款物的管理，明确要求及时拨付使用，及时公开接收、分配和使用情况，确保应急慈善活动有序有效、公开透明。根据突发事件突然性、紧急性的特点，适当放宽募捐方案事前备案的要求，规定基层政府、基层组织便利和帮助应急慈善款物的分配送达。二是完善网络慈善有关规定。适应互联网募捐蓬勃发展的实际，总结吸收近年来指定慈善信息平台和互联网公开募捐服务平台的好做法，明确指定部门，区分不同平台的功能和责任，规范网络慈善秩序，保障网络慈善各方参与主体的权益。三是填补网络个人求助法治空白。针对近年来个人求助活动平台规模化发展、纠纷时有发生、负面舆情涌现的新情况，回应社会各界加强网络个人求助治理的呼声，在附则中新增关于个人求助和个人求助网络服务提供者的规定。明确求助人和信息发布人的诚信义务，授权国务院有关部门制定个人求助网络服务提供者管理规则，促进个人求助平台健康发展，维护公众的爱心善心。

（三）优化慈善促进新措施（涉及4个章节的19个条款）

一是优化慈善组织制度。衔接民法典规定，明确慈善组织属于非营利法人。改革慈善组织认定机制，为社会组织转型为慈善组织提供制度安排。完善慈善组织终止清算程序和剩余财产处理程序，保障当事人权益。充实行业组织职责，推进慈善行业自治。二是优化慈善募捐制度。降低申请公开募捐资格的年限，鼓励慈善组织开展公开募捐。增设公开募捐资格退出机制，实现具有公开募捐资格慈善组织的优胜劣汰。三是全面优化慈善事业扶持政策。将慈善事业纳入国民经济和社会发展规划，推动与经济社会同步发展。明确国家建立健全慈善事业税收优惠制度，激发全社会关心慈善、参与慈善的热情。加强对慈善组织布局的引导，支持慈善组织做大做强，培育发展社区慈善，推动形成层次合理、特色鲜明、合作顺畅的慈善格局。支持鼓励运用新技术开展慈善活动，推动慈善创新。建立慈善领域信用记录和激励制度，推动慈善活动主体守法合规开展活动。鼓励开展慈善国际交流，发挥慈善在响应"一带一路"倡议、参与构建人类命运共同体中的积极作用。

（四）健全慈善监管新机制（涉及 6 个章节的 16 个条款）

一是推动慈善监管全覆盖。新增接受境外捐赠、与境外组织或个人开展合作依法履行相关程序，维护国家安全和利益。要求具有公开募捐资格的慈善组织加强对合作募捐方的审核评估，公开合作方信息，维护募捐秩序。明晰慈善财产范围，明确慈善信托财产和用于慈善活动的其他财产属于慈善财产，加大保护力度。做好与红十字会法、公益事业捐赠法等的衔接，明确红十字会、公益性非营利的事业单位等开展募捐或者接受捐赠，其他法律有规定的从其规定，没有规定的参照适用本法的规定，全面统一慈善活动规则。二是加强综合监管和行业指导。明确县级以上人民政府加强慈善活动综合监管。在明确民政部门的全面监管职责基础上，新增工信、公安、财税、审计、网信、银保监等政府其他相关部门在各自职责范围内履行监管职责。针对慈善活动面广线长的特点，增加教科文卫体、应急、生态环境、医疗保障等行业管理部门指导、管理和服务本行业慈善活动的职责。新增约谈负责人、工作人员等手段，丰富监管措施。明确对其他慈善活动参与者的会同调查机制，确保有效监管。三是细化强化法律责任。全面梳理本法涉及有关主体的法律义务，调整明确违法行为对应的法律责任，增强法律的刚性、可操作性。重点完善募捐活动违法的法律责任，增加吊销公开募捐资格证书等处罚方式，提高法律的约束力和威慑力。

（五）充实慈善信托新制度（涉及 6 个章节的 18 个条款）

一是系统完善慈善信托制度。衔接民法典规定，扩展遗嘱信托等设立方式，便利慈善信托设立。明确委托人不得指定其利害关系人为受益人，确保慈善信托的慈善性质。明确除信托文件规定外，受托人不得自行辞任，稳定慈善信托运行。将设立监察人作为法定要求，健全慈善信托内部治理。增加信托终止和剩余财产处理的程序和要求，确保慈善信托全周期的慈善性。二是全面规范慈善信托运作。明确慈善信托财产属于慈善财产，全面适用慈善财产管理规则。强化信托财产高效利用要求，授权有关部门制定慈善信托年度支出和管理费用标准。增加慈善信托信息公开专门规定，提升透明度。明确民政等有关部门对受托人的监管职责，加强监管力度。完善委托人、受托人违法行为的法律责任。三是强化对慈善信托的优惠扶持。增加设立慈善信托依法享受税收优惠的专门规定，推动慈善信托发展。

此外，还根据需要作了部分文字修改。

《慈善法（修订草案）》及以上说明是否妥当，请审议。

全国人民代表大会宪法和法律委员会关于《中华人民共和国慈善法（修订草案）》修改情况的汇报

——2023 年 10 月 20 日在第十四届全国人民代表大会
常务委员会第六次会议上

全国人大宪法和法律委员会副主任委员　徐　辉

全国人民代表大会常务委员会：

慈善法由十二届全国人大四次会议于 2016 年 3 月通过。法律施行以来，在保护慈善参与者合法权益、规范慈善活动、促进慈善事业发展等方面发挥了重要作用。同时，慈善领域也出现了一些新情况新问题，需要总结实践经验，修改完善相关法律制度。慈善法修订草案由十三届全国人大社会建设委员会牵头组织起草。2022 年 12 月，十三届全国人大常委会第三十八次会议对修订草案进行了初次审议。会后，法制工作委员会将修订草案印发部分全国人大代表、中央有关部门和单位、地方人大和基层立法联系点等征求意见；在中国人大网公布修订草案全文，征求社会公众意见；到北京、浙江、江苏、广东、宁夏等地实地调研，听取全国人大代表、地方有关部门、慈善行业协会、慈善组织、信托公司、互联网公开募捐服务平台、个人求助网络服务平台等方面的意见；就征求意见和调研中反映比较集中的问题召开座谈会；就修订草案主要问题与有关方面交换意见，共同研究。宪法和法律委员会于 10 月 8 日召开会议，根据常委会组成人员审议意见和各方面的意见，对修订草案进行了逐条审议。社会建设委员会、民政部有关负责同志列席了会议。10 月 13 日，宪法和法律委员会召开会议，再次进行了审议。现将慈善法修订草案主要问题修改情况汇报如下：

有些常委委员、地方和社会公众提出，慈善法施行七年来，党和国家在慈善领域的方针政策没有重大调整，没有出台新的专门文件，没有机构改革重大举措，全面修法的必要性不足。有的常委委员提出，慈善法由全国人民代表大会制定，是慈善领域的基本法，施行时间不太长。对于大会通过的法律，常委会进行修改是可以的，但须遵循宪法的有关规定。从多年来的实践看，对大会通过的法律进行修改，多数情况下以采取修正方式为宜，没有在法律通过后较短时间内由常委会进行全面修订的先例，常委会采用修订方式修改慈善法应当慎重。有的常委委员提出，实践中出现的具体问题需要具体分析，有些是法律宣传不到位、配套规定不健全、执法不统一不规范等原因导致的，可通过进一步加强法律实施来解决；有些是国情不同、环境条件不同，不宜简单同国外慈善情况类比。同时，有些常委会组成人员、部门、地方和社会公众提出，针对近年来慈善领域的一些新情况新问题，对相关法律制度作进一步修改完善，回应社会关切，是必要的，建议进一步明确信息公开要求，完善有关互联网公开募捐和个人求助行为的规定，加大对公开募捐违法行为的处罚力度等。宪法和法律委员会经研究，建议采纳上述意见，不采用修订方式对现行慈善法作全面修改，采用修正方式对现行法的部分内容进行修改完善，在保持现行法基本制度总体稳定的前提下，总结实践经验，对较为成熟或者有基本共识的内容作出必要修改；对尚有争议、尚未形成基本共识或者较为生疏的问题，以及一些可改可不改的文字表述问题，暂不作修改。据此，宪法和法律委员会在保留修订草案主要内容的基础上提出修正草案，共 28 条，对现行慈善法的主要修改内容如下：

一、规范慈善组织和慈善信托运行。一是，明确已经设立的非营利性组织，可以向其登记的民政部门申请认定为慈善组织；二是，要求慈善组织年度工作报告和财务会计报告内容增加"与境外组织或者个人开展合作"情况；三是，规定慈善组织与不具有公开募捐资格的组织或者个人合作募捐的，应当对合作方进行评估；四是，明确慈善信托受益人的确定原则；五是，特殊情况下慈善组织年度支出难以符合规定的，应当报告并公开说明情况；六是，授权国务院有关部门制定慈善信托年度支出和管理费用标准。

二、完善公开募捐制度。一是，降低慈善组织申请公开募捐资格的年限要求；二是，规定国务院民政部门指定互联网公开募捐服务平台，为慈善组织通过互联网开展公开募捐提供服务；三是，要求募捐活动或者慈善项目结束三个月内全面、详细公开募捐、项目实施和募得款物使用情况；四是，开展募捐活动有违法情形且情节严重的，吊销公开募捐资格证书或者登记证书，并处以罚款。

三、增设应急慈善相关制度。一是，要求履行统一领导职责或者组织处置突发事件的人民政府，依法建立协调机制，明确专门机构、人员，提供需求信息，及时有序引导开展募捐和救助活动；二是，鼓励慈善组织、慈善行业组织建立应急机制，鼓励慈善组织、志愿者等在政府协调引导下依法开展或者参与慈善活动；三是，要求及时拨付或者使用募得款物，并按要求公开接收、分配、使用情况；四是，允许应急公开募捐方案在事后备案；五是，要求基层政府、基层组织为应急慈善款物分配送达等提供便利、帮助。

四、强化慈善促进措施。一是，将慈善事业纳入国民经济和社会发展规划；二是，增加慈善信托依法享受税收优惠的规定；三是，明确由国务院民政、财政、税务等有关部门制定税收优惠具体办法；四是，明确国家对参与重大突发事件应对、参与重大国家战略的慈善活动，实行特殊的优惠政策；五是，支持鼓励运用新技术开展慈善活动；六是，鼓励发展社区慈善事业；七是，建立健全慈善领域捐赠人、志愿者等信用记录和激励制度；八是，鼓励开展慈善国际交流。

五、加强领导和监督管理。一是，明确慈善工作坚持中国共产党的领导；二是，要求有关部门加强慈善活动监管；三是，明确接受境外慈善捐赠、与境外组织或者个人合作开展慈善活动应当依法履行程序；四是，对涉嫌违法的慈善组织、慈善信托受托人的有关人员进行责任约谈；五是，规定国务院民政部门建立健全统一的慈善信息平台，免费提供慈善信息发布服务；六是，建立慈善组织及其负责人、慈善信托受托人信用记录制度；七是，强化慈善组织、慈善信托受托人等慈善活动参与者的法律责任。

六、规范个人求助行为。明确个人因疾病或者其他原因导致家庭经济困难，向社会发布求助信息的，求助人和信息发布人应当对信息真实性负责，个人求助网络服务平台应当承担信息查验义务，具体管理办法由国务院民政部门会同有关部门另行制定。

宪法和法律委员会已按上述意见提出了《中华人民共和国慈善法（修正草案）》，建议提请本次常委会会议进行审议。

修正草案和以上汇报是否妥当，请审议。

全国人民代表大会宪法和法律委员会关于
《中华人民共和国慈善法（修正草案）》
审议结果的报告

——2023 年 12 月 25 日在第十四届全国人民代表大会
常务委员会第七次会议上

全国人大宪法和法律委员会副主任委员　徐　辉

全国人民代表大会常务委员会：

　　常委会第六次会议对慈善法修正草案进行了二次审议。会后，法制工作委员会征求了中央社会工作部、民政部等部门的意见；在中国人大网公布修正草案全文，征求社会公众意见；到上海等地进行实地调研，进一步听取全国人大代表、地方有关部门、慈善组织等方面的意见；还就修正草案有关问题与中央网信办、财政部、民政部、工业和信息化部等有关单位交换意见，共同研究。宪法和法律委员会于 12 月 6 日召开会议，根据常委会组成人员审议意见和各方面的意见，对修正草案进行了逐条审议。社会建设委员会、财政部、民政部有关负责同志列席了会议。12 月 18 日，宪法和法律委员会召开会议，再次进行了审议。宪法和法律委员会认为，为做好新时代慈善工作，深入推进慈善事业高质量发展，修改慈善法是必要的，草案经过两次审议修改，已经比较成熟。同时，提出以下主要修改意见：

　　一、有的常委委员、部门和社会公众提出，慈善工作涉及领域多、范围广，需要充分发挥各级政府的统筹协调作用，督促指导有关部门积极履职、相互协作，共同促进慈善事业健康有序发展。宪法和法律委员会经研究，建议增加规定：县级以上人民政府应当统筹、协调、督促和指导有关部门在各自职责范围内做好慈善事业的扶持发展和规范管理工作。

　　二、有的常委委员、部门和社会公众提出，鉴于近年来合作募捐领域出现的一些问题，应进一步强化具有公开募捐资格的慈善组织在合作募捐中的责任，明确其未履行责任的法律后果，确保合作募捐活动合法规范。宪法和法律委员会经研究，建议增加规定：不具有公开募捐资格的组织或者个人不得以自己的名义开展公开募捐；具有公开募捐资格的慈善组织应当与合作方依法签订书面协议，并对合作方的相关行为进行指导和监督；具有公开募捐资格的慈善组织负责对合作募得的款物进行财务核算和管理，将全部收支纳入其账户。同时，完善相应法律责任。

三、有的常委委员、部门和地方提出，现行慈善法对慈善募捐成本未作明确要求，实践中有的慈善组织募捐成本过高，造成慈善财产浪费，不符合慈善活动厉行节约的要求，建议对募捐成本作出规范。宪法和法律委员会经研究，建议增加规定：慈善组织应当遵循募捐成本最必要原则，充分、高效运用慈善财产；募捐成本标准由国务院民政部门会同财政、税务等部门制定。

四、有的常委委员和部门提出，慈善组织存在私分、挪用、截留或者侵占慈善财产等违法行为的，除对该慈善组织进行处罚外，还应当加大对相关责任人员的处罚力度。宪法和法律委员会经研究，建议增加规定：情节严重的，禁止直接负责的主管人员和其他直接责任人员一年至五年内担任慈善组织的管理人员。

五、有的常委委员、全国人大代表、部门和社会公众提出，个人求助网络服务平台在帮助大病患者筹集医疗费用等方面发挥了积极作用，但实践中也存在一些乱象，影响了平台公信力甚至慈善事业发展，建议建立健全平台监管制度，促使其规范有序发展。宪法和法律委员会经研究，建议明确规定：从事个人求助网络服务的平台应当经国务院民政部门指定，对通过其发布的求助信息真实性进行查验，具体管理办法由国务院民政部门会同网信、工业和信息化等部门另行制定。

此外，还对修正草案作了一些文字修改。

12月8日，法制工作委员会召开会议，邀请部分全国人大代表、基层民政部门、慈善组织、信托公司、互联网公开募捐服务平台、个人求助网络服务平台、专家学者等，就修正草案主要制度规范的可行性、出台时机、实施的社会效果和可能出现的问题等进行评估。与会人员普遍认为，修正草案贯彻落实党中央关于慈善事业发展的决策部署，坚持问题导向，积极回应社会关切，对健全应急慈善制度、完善促进措施、规范慈善活动、加强监督管理等作了规定，内容严谨、措施可行，将为慈善事业健康有序发展提供更加有力的法治保障。修正草案经过修改完善，充分吸收了各方面意见，已经比较成熟，建议尽快审议通过。与会人员还对修正草案提出了一些具体修改意见，宪法和法律委员会进行了认真研究，对有的意见予以采纳。

宪法和法律委员会已按上述意见提出了全国人民代表大会常务委员会关于修改《中华人民共和国慈善法》的决定（草案），建议提请本次常委会会议审议通过。

修改决定草案和以上报告是否妥当，请审议。

全国人民代表大会宪法和法律委员会关于《全国人民代表大会常务委员会关于修改〈中华人民共和国慈善法〉的决定（草案）》修改意见的报告

——2023 年 12 月 29 日在第十四届全国人民代表大会
常务委员会第七次会议上

全国人民代表大会常务委员会：

本次常委会会议于 12 月 25 日下午对关于修改慈善法的决定草案进行了分组审议。普遍认为，修改决定草案已经比较成熟，建议进一步修改后，提请本次常委会会议表决通过。同时，有些常委会组成人员和列席人员还提出了一些修改意见和建议。宪法和法律委员会于 12 月 25 日晚召开会议，逐条研究了常委会组成人员和列席人员的审议意见，对修改决定草案进行了审议。社会建设委员会、民政部有关负责同志列席了会议。宪法和法律委员会认为，修改决定草案是可行的，同时，提出以下修改意见：

一、有些常委委员建议，进一步严格规范合作开展公开募捐行为，明确不具有公开募捐资格的组织或者个人"不得以任何形式自行开展公开募捐"。宪法和法律委员会经研究，建议采纳这一意见。

二、有的常委委员提出，互联网公开募捐服务平台由国务院民政部门指定，数量较少，建议由"省级以上人民政府民政部门"集中规范管理，保障平台正常运行。宪法和法律委员会经研究，建议将修改决定草案第二十八条第一款中的执法主体由"县级以上人民政府民政部门"修改为"省级以上人民政府民政部门"。

三、有的常委委员建议，强化个人求助网络服务平台的信息公开力度，营造诚实守信、公开透明的个人求助网络环境。宪法和法律委员会经研究，建议增加规定：从事个人求助网络服务的平台应当及时、全面向社会公开相关信息。

常委会组成人员、有关部门和社会公众还就完善税收优惠措施、健全慈善表彰机制等提出了一些具体意见。宪法和法律委员会经研究认为，上述意见涉及的问题，有的可在配套法规规章中作出规定，有的可通过加强法律实施予以解决，建议有关方面加快完善配套规定，扎实做好法律宣传和实施工作，确保法律规定的各项制度落到实处。

经与有关部门研究，建议将本决定的施行时间确定为 2024 年 9 月 5 日。

此外，根据常委会组成人员的审议意见，还对修改决定草案作了一些文字修改。

修改决定草案修改稿已按上述意见作了修改，宪法和法律委员会建议本次常委会会议审议通过。

修改决定草案修改稿和以上报告是否妥当，请审议。

《中华人民共和国慈善法》
新旧对照表

（左栏阴影部分为删除的内容，波浪线部分为移动的内容；
右栏黑体字部分为增加或修改的内容）

修改前	修改后
目　　录	目　　录
第一章　总　　则	第一章　总　　则
第二章　慈善组织	第二章　慈善组织
第三章　慈善募捐	第三章　慈善募捐
第四章　慈善捐赠	第四章　慈善捐赠
第五章　慈善信托	第五章　慈善信托
第六章　慈善财产	第六章　慈善财产
第七章　慈善服务	第七章　慈善服务
第八章　信息公开	**第八章　应急慈善**
第九章　促进措施	第九章　信息公开
第十章　监督管理	第十章　促进措施
第十一章　法律责任	第十一章　监督管理
第十二章　附　　则	第十二章　法律责任
	第十三章　附　　则
第一章　总　　则	第一章　总　　则
第一条　为了发展慈善事业，弘扬慈善文化，规范慈善活动，保护慈善组织、捐赠人、志愿者、受益人等慈善活动参与者的合法权益，促进社会进步，共享发展成果，制定本法。	**第一条**　为了发展慈善事业，弘扬慈善文化，规范慈善活动，保护慈善组织、捐赠人、志愿者、受益人等慈善活动参与者的合法权益，促进社会进步，共享发展成果，制定本法。
第二条　自然人、法人和其他组织开展慈善活动以及与慈善有关的活动，适用本法。其他法律有特别规定的，依照其规定。	**第二条**　自然人、法人和**非法人**组织开展慈善活动以及与慈善有关的活动，适用本法。其他法律有特别规定的，依照其规定。

修改前	修改后
第三条　本法所称慈善活动，是指自然人、法人和**其他**组织以捐赠财产或者提供服务等方式，自愿开展的下列公益活动： 　　（一）扶贫、济困； 　　（二）扶老、救孤、恤病、助残、优抚； 　　（三）救助自然灾害、事故灾难和公共卫生事件等突发事件造成的损害； 　　（四）促进教育、科学、文化、卫生、体育等事业的发展； 　　（五）防治污染和其他公害，保护和改善生态环境； 　　（六）符合本法规定的其他公益活动。	第三条　本法所称慈善活动，是指自然人、法人和**非法人**组织以捐赠财产或者提供服务等方式，自愿开展的下列公益活动： 　　（一）扶贫、济困； 　　（二）扶老、救孤、恤病、助残、优抚； 　　（三）救助自然灾害、事故灾难和公共卫生事件等突发事件造成的损害； 　　（四）促进教育、科学、文化、卫生、体育等事业的发展； 　　（五）防治污染和其他公害，保护和改善生态环境； 　　（六）符合本法规定的其他公益活动。
第四条　开展慈善活动，应当遵循合法、自愿、诚信、非营利的原则，不得违背社会公德，不得危害国家安全、损害社会公共利益和他人合法权益。	**第四条　慈善工作坚持中国共产党的领导。** 　　开展慈善活动，应当遵循合法、自愿、诚信、非营利的原则，不得违背社会公德，不得危害国家安全、损害社会公共利益和他人合法权益。
第五条　国家鼓励和支持自然人、法人和**其他**组织践行社会主义核心价值观，弘扬中华民族传统美德，依法开展慈善活动。	第五条　国家鼓励和支持自然人、法人和**非法人**组织践行社会主义核心价值观，弘扬中华民族传统美德，依法开展慈善活动。
第六条　国务院民政部门主管全国慈善工作，县级以上地方各级人民政府民政部门主管本行政区域内的慈善工作；县级以上人民政府有关部门依照本法和其他有关法律法规，在各自的职责范围内做好相关工作。	**第六条　县级以上人民政府应当统筹、协调、督促和指导有关部门在各自职责范围内做好慈善事业的扶持发展和规范管理工作。** 　　国务院民政部门主管全国慈善工作，县级以上地方各级人民政府民政部门主管本行政区域内的慈善工作；县级以上人民政府有关部门依照本法和其他有关法律法规，在各自的职责范围内做

修改前	修改后
	好相关工作，加强对慈善活动的监督、管理和服务；慈善组织有业务主管单位的，业务主管单位应当对其进行指导、监督。
第七条　每年9月5日为"中华慈善日"。	**第七条**　每年9月5日为"中华慈善日"。
第二章　慈善组织	第二章　慈善组织
第八条　本法所称慈善组织，是指依法成立、符合本法规定，以面向社会开展慈善活动为宗旨的非营利性组织。 　　慈善组织可以采取基金会、社会团体、社会服务机构等组织形式。	**第八条**　本法所称慈善组织，是指依法成立、符合本法规定，以面向社会开展慈善活动为宗旨的非营利性组织。 　　慈善组织可以采取基金会、社会团体、社会服务机构等组织形式。
第九条　慈善组织应当符合下列条件： 　　（一）以开展慈善活动为宗旨； 　　（二）不以营利为目的； 　　（三）有自己的名称和住所； 　　（四）有组织章程； 　　（五）有必要的财产； 　　（六）有符合条件的组织机构和负责人； 　　（七）法律、行政法规规定的其他条件。	**第九条**　慈善组织应当符合下列条件： 　　（一）以开展慈善活动为宗旨； 　　（二）不以营利为目的； 　　（三）有自己的名称和住所； 　　（四）有组织章程； 　　（五）有必要的财产； 　　（六）有符合条件的组织机构和负责人； 　　（七）法律、行政法规规定的其他条件。
第十条　设立慈善组织，应当向县级以上人民政府民政部门申请登记，民政部门应当自受理申请之日起三十日内作出决定。符合本法规定条件的，准予登记并向社会公告；不符合本法规定条件的，不予登记并书面说明理由。 　　**本法公布前**已经设立的基金会、社会团体、社会服务机构等非营利性组织，可以向其登记的民政部门申请认定为慈善组织，民政部门应当自受理申请	**第十条**　设立慈善组织，应当向县级以上人民政府民政部门申请登记，民政部门应当自受理申请之日起三十日内作出决定。符合本法规定条件的，准予登记并向社会公告；不符合本法规定条件的，不予登记并书面说明理由。 　　已经设立的基金会、社会团体、社会服务机构等非营利性组织，可以向**办理**其登记的民政部门申请认定为慈善组织，民政部门应当自受理申请之日起二

修改前	修改后
之日起二十日内作出决定。符合慈善组织条件的，予以认定并向社会公告；不符合慈善组织条件的，不予认定并书面说明理由。 　　有特殊情况需要延长登记或者认定期限的，报经国务院民政部门批准，可以适当延长，但延长的期限不得超过六十日。	十日内作出决定。符合慈善组织条件的，予以认定并向社会公告；不符合慈善组织条件的，不予认定并书面说明理由。 　　有特殊情况需要延长登记或者认定期限的，报经国务院民政部门批准，可以适当延长，但延长的期限不得超过六十日。
第十一条　慈善组织的章程，应当符合法律法规的规定，并载明下列事项： 　　（一）名称和住所； 　　（二）组织形式； 　　（三）宗旨和活动范围； 　　（四）财产来源及构成； 　　（五）决策、执行机构的组成及职责； 　　（六）内部监督机制； 　　（七）财产管理使用制度； 　　（八）项目管理制度； 　　（九）终止情形及终止后的清算办法； 　　（十）其他重要事项。	**第十一条**　慈善组织的章程，应当符合法律法规的规定，并载明下列事项： 　　（一）名称和住所； 　　（二）组织形式； 　　（三）宗旨和活动范围； 　　（四）财产来源及构成； 　　（五）决策、执行机构的组成及职责； 　　（六）内部监督机制； 　　（七）财产管理使用制度； 　　（八）项目管理制度； 　　（九）终止情形及终止后的清算办法； 　　（十）其他重要事项。
第十二条　慈善组织应当根据法律法规以及章程的规定，建立健全内部治理结构，明确决策、执行、监督等方面的职责权限，开展慈善活动。 　　慈善组织应当执行国家统一的会计制度，依法进行会计核算，建立健全会计监督制度，并接受政府有关部门的监督管理。	**第十二条**　慈善组织应当根据法律法规以及章程的规定，建立健全内部治理结构，明确决策、执行、监督等方面的职责权限，开展慈善活动。 　　慈善组织应当执行国家统一的会计制度，依法进行会计核算，建立健全会计监督制度，并接受政府有关部门的监督管理。
第十三条　慈善组织应当每年向其登记的民政部门报送年度工作报告和财务会计报告。报告应当包括年度开展募捐和接受捐赠情况、慈善财产的管理使用情况、慈善项目实施情况以及慈善组织工作人员的工资福利情况。	**第十三条**　慈善组织应当每年向**办理**其登记的民政部门报送年度工作报告和财务会计报告。报告应当包括年度开展募捐和接受捐赠、慈善财产的管理使用、慈善项目实施、**募捐成本**、慈善组织工作人员工资福利**以及与境外组织或者个人开展合作等**情况。

修改前	修改后
第十四条　慈善组织的发起人、主要捐赠人以及管理人员，不得利用其关联关系损害慈善组织、受益人的利益和社会公共利益。 　　慈善组织的发起人、主要捐赠人以及管理人员与慈善组织发生交易行为的，不得参与慈善组织有关该交易行为的决策，有关交易情况应当向社会公开。	**第十四条**　慈善组织的发起人、主要捐赠人以及管理人员，不得利用其关联关系损害慈善组织、受益人的利益和社会公共利益。 　　慈善组织的发起人、主要捐赠人以及管理人员与慈善组织发生交易行为的，不得参与慈善组织有关该交易行为的决策，有关交易情况应当向社会公开。
第十五条　慈善组织不得从事、资助危害国家安全和社会公共利益的活动，不得接受附加违反法律法规和违背社会公德条件的捐赠，不得对受益人附加违反法律法规和违背社会公德的条件。	**第十五条**　慈善组织不得从事、资助危害国家安全和社会公共利益的活动，不得接受附加违反法律法规和违背社会公德条件的捐赠，不得对受益人附加违反法律法规和违背社会公德的条件。
第十六条　有下列情形之一的，不得担任慈善组织的负责人： 　　（一）无民事行为能力或者限制民事行为能力的； 　　（二）因故意犯罪被判处刑罚，自刑罚执行完毕之日起未逾五年的； 　　（三）在被吊销登记证书或者被取缔的组织担任负责人，自该组织被吊销登记证书或者被取缔之日起未逾五年的； 　　（四）法律、行政法规规定的其他情形。	**第十六条**　有下列情形之一的，不得担任慈善组织的负责人： 　　（一）无民事行为能力或者限制民事行为能力的； 　　（二）因故意犯罪被判处刑罚，自刑罚执行完毕之日起未逾五年的； 　　（三）在被吊销登记证书或者被取缔的组织担任负责人，自该组织被吊销登记证书或者被取缔之日起未逾五年的； 　　（四）法律、行政法规规定的其他情形。
第十七条　慈善组织有下列情形之一的，应当终止： 　　（一）出现章程规定的终止情形的； 　　（二）因分立、合并需要终止的； 　　（三）连续二年未从事慈善活动的； 　　（四）依法被撤销登记或者吊销登记证书的； 　　（五）法律、行政法规规定应当终止的其他情形。	**第十七条**　慈善组织有下列情形之一的，应当终止： 　　（一）出现章程规定的终止情形的； 　　（二）因分立、合并需要终止的； 　　（三）连续二年未从事慈善活动的； 　　（四）依法被撤销登记或者吊销登记证书的； 　　（五）法律、行政法规规定应当终止的其他情形。

修改前	修改后
第十八条　慈善组织终止，应当进行清算。 　　慈善组织的决策机构应当在本法第十七条规定的终止情形出现之日起三十日内成立清算组进行清算，并向社会公告。不成立清算组或者清算组不履行职责的，民政部门可以申请人民法院指定有关人员组成清算组进行清算。 　　慈善组织清算后的剩余财产，应当按照慈善组织章程的规定转给宗旨相同或者相近的慈善组织；章程未规定的，由民政部门主持转给宗旨相同或者相近的慈善组织，并向社会公告。 　　慈善组织清算结束后，应当向其登记的民政部门办理注销登记，并由民政部门向社会公告。	**第十八条**　慈善组织终止，应当进行清算。 　　慈善组织的决策机构应当在本法第十七条规定的终止情形出现之日起三十日内成立清算组进行清算，并向社会公告。不成立清算组或者清算组不履行职责的，**办理其登记的**民政部门可以申请人民法院指定有关人员组成清算组进行清算。 　　慈善组织清算后的剩余财产，应当按照慈善组织章程的规定转给宗旨相同或者相近的慈善组织；章程未规定的，**由办理其登记的**民政部门主持转给宗旨相同或者相近的慈善组织，并向社会公告。 　　慈善组织清算结束后，应当向**办理其登记的**民政部门办理注销登记，并由民政部门向社会公告。
第十九条　慈善组织依法成立行业组织。 　　慈善行业组织应当反映行业诉求，推动行业交流，提高慈善行业公信力，促进慈善事业发展。	**第十九条**　慈善组织依法成立行业组织。 　　慈善行业组织应当反映行业诉求，推动行业交流，提高慈善行业公信力，促进慈善事业发展。
第二十条　慈善组织的组织形式、登记管理的具体办法由国务院制定。	**第二十条**　慈善组织的组织形式、登记管理的具体办法由国务院制定。
第三章　慈善募捐	第三章　慈善募捐
第二十一条　本法所称慈善募捐，是指慈善组织基于慈善宗旨募集财产的活动。 　　慈善募捐，包括面向社会公众的公开募捐和面向特定对象的定向募捐。	**第二十一条**　本法所称慈善募捐，是指慈善组织基于慈善宗旨募集财产的活动。 　　慈善募捐，包括面向社会公众的公开募捐和面向特定对象的定向募捐。
第二十二条　慈善组织开展公开募捐，应当取得公开募捐资格。依法登记	**第二十二条**　慈善组织开展公开募捐，应当取得公开募捐资格。依法登记

修改前	修改后
满二年的慈善组织，可以向其登记的民政部门申请公开募捐资格。民政部门应当自受理申请之日起二十日内作出决定。慈善组织符合内部治理结构健全、运作规范的条件的，发给公开募捐资格证书；不符合条件的，不发给公开募捐资格证书并书面说明理由。 法律、行政法规规定自登记之日起可以公开募捐的基金会和社会团体，由民政部门直接发给公开募捐资格证书。	满一年的慈善组织，可以向办理其登记的民政部门申请公开募捐资格。民政部门应当自受理申请之日起二十日内作出决定。慈善组织符合内部治理结构健全、运作规范的条件的，发给公开募捐资格证书；不符合条件的，不发给公开募捐资格证书并书面说明理由。 其他法律、行政法规规定可以公开募捐的非营利性组织，由县级以上人民政府民政部门直接发给公开募捐资格证书。
第二十三条 开展公开募捐，可以采取下列方式： （一）在公共场所设置募捐箱； （二）举办面向社会公众的义演、义赛、义卖、义展、义拍、慈善晚会等； （三）通过广播、电视、报刊、互联网等媒体发布募捐信息； （四）其他公开募捐方式。 慈善组织采取前款第一项、第二项规定的方式开展公开募捐的，应当在其登记的民政部门管辖区域内进行，确有必要在其登记的民政部门管辖区域外进行的，应当报其开展募捐活动所在地的县级以上人民政府民政部门备案。捐赠人的捐赠行为不受地域限制。 慈善组织通过互联网开展公开募捐的，应当在国务院民政部门统一或者指定的慈善信息平台发布募捐信息，并可以同时在其网站发布募捐信息。	第二十三条 开展公开募捐，可以采取下列方式： （一）在公共场所设置募捐箱； （二）举办面向社会公众的义演、义赛、义卖、义展、义拍、慈善晚会等； （三）通过广播、电视、报刊、互联网等媒体发布募捐信息； （四）其他公开募捐方式。 慈善组织采取前款第一项、第二项规定的方式开展公开募捐的，应当在办理其登记的民政部门管辖区域内进行，确有必要在办理其登记的民政部门管辖区域外进行的，应当报其开展募捐活动所在地的县级以上人民政府民政部门备案。捐赠人的捐赠行为不受地域限制。
第二十四条 开展公开募捐，应当制定募捐方案。募捐方案包括募捐目的、起止时间和地域、活动负责人姓名和办公地址、接受捐赠方式、银行账户、	第二十四条 开展公开募捐，应当制定募捐方案。募捐方案包括募捐目的、起止时间和地域、活动负责人姓名和办公地址、接受捐赠方式、银行账户、

修改前	修改后
受益人、募得款物用途、募捐成本、剩余财产的处理等。 　　募捐方案应当在开展募捐活动前报慈善组织登记的民政部门备案。	受益人、募得款物用途、募捐成本、剩余财产的处理等。 　　募捐方案应当在开展募捐活动前报慈善组织登记的民政部门备案。
第二十五条　开展公开募捐，应当在募捐活动现场或者募捐活动载体的显著位置，公布募捐组织名称、公开募捐资格证书、募捐方案、联系方式、募捐信息查询方法等。	**第二十五条**　开展公开募捐，应当在募捐活动现场或者募捐活动载体的显著位置，公布募捐组织名称、公开募捐资格证书、募捐方案、联系方式、募捐信息查询方法等。
第二十六条　不具有公开募捐资格的组织或者个人基于慈善目的，可以与具有公开募捐资格的慈善组织合作，由该慈善组织开展公开募捐并管理募得款物。	**第二十六条**　不具有公开募捐资格的组织或者个人基于慈善目的，可以与具有公开募捐资格的慈善组织合作，由该慈善组织开展公开募捐，合作方不得以任何形式自行开展公开募捐。具有公开募捐资格的慈善组织应当对合作方进行评估，依法签订书面协议，在募捐方案中载明合作方的相关信息，并对合作方的相关行为进行指导和监督。 　　具有公开募捐资格的慈善组织负责对合作募得的款物进行管理和会计核算，将全部收支纳入其账户。
第二十三条第三款　慈善组织通过互联网开展公开募捐的，应当在国务院民政部门统一或者指定的慈善信息平台发布募捐信息，并可以同时在其网站发布募捐信息。	**第二十七条**　慈善组织通过互联网开展公开募捐的，应当在国务院民政部门指定的互联网公开募捐服务平台进行，并可以同时在其网站进行。 　　国务院民政部门指定的互联网公开募捐服务平台，提供公开募捐信息展示、捐赠支付、捐赠财产使用情况查询等服务；无正当理由不得拒绝为具有公开募捐资格的慈善组织提供服务，不得向其收费，不得在公开募捐信息页面插入商业广告和商业活动链接。

修改前	修改后
第二十七条　广播、电视、报刊以及网络服务提供者、电信运营商，应当对利用其平台开展公开募捐的慈善组织的登记证书、公开募捐资格证书进行验证。	**第二十八条**　广播、电视、报刊以及网络服务提供者、电信运营商，应当对利用其平台开展公开募捐的慈善组织的登记证书、公开募捐资格证书进行验证。
第二十八条　慈善组织自登记之日起可以开展定向募捐。 　　慈善组织开展定向募捐，应当在发起人、理事会成员和会员等特定对象的范围内进行，并向募捐对象说明募捐目的、募得款物用途等事项。	**第二十九条**　慈善组织自登记之日起可以开展定向募捐。 　　慈善组织开展定向募捐，应当在发起人、理事会成员和会员等特定对象的范围内进行，并向募捐对象说明募捐目的、募得款物用途等事项。
第二十九条　开展定向募捐，不得采取或者变相采取本法第二十三条规定的方式。	**第三十条**　开展定向募捐，不得采取或者变相采取本法第二十三条规定的方式。
第三十条　发生重大自然灾害、事故灾难和公共卫生事件等突发事件，需要迅速开展救助时，有关人民政府应当建立协调机制，提供需求信息，及时有序引导开展募捐和救助活动。	
第三十一条　开展募捐活动，应当尊重和维护募捐对象的合法权益，保障募捐对象的知情权，不得通过虚构事实等方式欺骗、诱导募捐对象实施捐赠。	**第三十一条**　开展募捐活动，应当尊重和维护募捐对象的合法权益，保障募捐对象的知情权，不得通过虚构事实等方式欺骗、诱导募捐对象实施捐赠。
第三十二条　开展募捐活动，不得摊派或者变相摊派，不得妨碍公共秩序、企业生产经营和居民生活。	**第三十二条**　开展募捐活动，不得摊派或者变相摊派，不得妨碍公共秩序、企业生产经营和居民生活。
第三十三条　禁止任何组织或者个人假借慈善名义或者假冒慈善组织开展募捐活动，骗取财产。	**第三十三条**　禁止任何组织或者个人假借慈善名义或者假冒慈善组织开展募捐活动，骗取财产。
第四章　慈善捐赠	第四章　慈善捐赠
第三十四条　本法所称慈善捐赠，是指自然人、法人和**其他**组织基于慈善目的，自愿、无偿赠与财产的活动。	**第三十四条**　本法所称慈善捐赠，是指自然人、法人和**非法人**组织基于慈善目的，自愿、无偿赠与财产的活动。

修改前	修改后
第三十五条　捐赠人可以通过慈善组织捐赠，也可以直接向受益人捐赠。	**第三十五条**　捐赠人可以通过慈善组织捐赠，也可以直接向受益人捐赠。
第三十六条　捐赠人捐赠的财产应当是其有权处分的合法财产。捐赠财产包括货币、实物、房屋、有价证券、股权、知识产权等有形和无形财产。 　　捐赠人捐赠的实物应当具有使用价值，符合安全、卫生、环保等标准。 　　捐赠人捐赠本企业产品的，应当依法承担产品质量责任和义务。	**第三十六条**　捐赠人捐赠的财产应当是其有权处分的合法财产。捐赠财产包括货币、实物、房屋、有价证券、股权、知识产权等有形和无形财产。 　　捐赠人捐赠的实物应当具有使用价值，符合安全、卫生、环保等标准。 　　捐赠人捐赠本企业产品的，应当依法承担产品质量责任和义务。
第三十七条　自然人、法人和**其他**组织开展演出、比赛、销售、拍卖等经营性活动，承诺将全部或者部分所得用于慈善目的的，应当在举办活动前与慈善组织或者其他接受捐赠的人签订捐赠协议，活动结束后按照捐赠协议履行捐赠义务，并将捐赠情况向社会公开。	**第三十七条**　自然人、法人和**非法人**组织开展演出、比赛、销售、拍卖等经营性活动，承诺将全部或者部分所得用于慈善目的的，应当在举办活动前与慈善组织或者其他接受捐赠的人签订捐赠协议，活动结束后按照捐赠协议履行捐赠义务，并将捐赠情况向社会公开。
第三十八条　慈善组织接受捐赠，应当向捐赠人开具由财政部门统一监（印）制的捐赠票据。捐赠票据应当载明捐赠人、捐赠财产的种类及数量、慈善组织名称和经办人姓名、票据日期等。捐赠人匿名或者放弃接受捐赠票据的，慈善组织应当做好相关记录。	**第三十八条**　慈善组织接受捐赠，应当向捐赠人开具由财政部门统一监（印）制的捐赠票据。捐赠票据应当载明捐赠人、捐赠财产的种类及数量、慈善组织名称和经办人姓名、票据日期等。捐赠人匿名或者放弃接受捐赠票据的，慈善组织应当做好相关记录。
第三十九条　慈善组织接受捐赠，捐赠人要求签订书面捐赠协议的，慈善组织应当与捐赠人签订书面捐赠协议。 　　书面捐赠协议包括捐赠人和慈善组织名称，捐赠财产的种类、数量、质量、用途、交付时间等内容。	**第三十九条**　慈善组织接受捐赠，捐赠人要求签订书面捐赠协议的，慈善组织应当与捐赠人签订书面捐赠协议。 　　书面捐赠协议包括捐赠人和慈善组织名称，捐赠财产的种类、数量、质量、用途、交付时间等内容。
第四十条　捐赠人与慈善组织约定捐赠财产的用途和受益人时，不得指定捐赠人的利害关系人作为受益人。	**第四十条**　捐赠人与慈善组织约定捐赠财产的用途和受益人时，不得指定**或者变相指定**捐赠人的利害关系人作为

修改前	修改后
任何组织和个人不得利用慈善捐赠违反法律规定宣传烟草制品，不得利用慈善捐赠以任何方式宣传法律禁止宣传的产品和事项。	受益人。 　　任何组织和个人不得利用慈善捐赠违反法律规定宣传烟草制品，不得利用慈善捐赠以任何方式宣传法律禁止宣传的产品和事项。
第四十一条　捐赠人应当按照捐赠协议履行捐赠义务。捐赠人违反捐赠协议逾期未交付捐赠财产，有下列情形之一的，慈善组织或者其他接受捐赠的人可以要求交付；捐赠人拒不交付的，慈善组织和其他接受捐赠的人可以依法向人民法院申请支付令或者提起诉讼： 　　（一）捐赠人通过广播、电视、报刊、互联网等媒体公开承诺捐赠的； 　　（二）捐赠财产用于本法第三条第一项至第三项规定的慈善活动，并签订书面捐赠协议的。 　　捐赠人公开承诺捐赠或者签订书面捐赠协议后经济状况显著恶化，严重影响其生产经营或者家庭生活的，经向公开承诺捐赠地或者书面捐赠协议签订地的民政部门报告并向社会公开说明情况后，可以不再履行捐赠义务。	**第四十一条**　捐赠人应当按照捐赠协议履行捐赠义务。捐赠人违反捐赠协议逾期未交付捐赠财产，有下列情形之一的，慈善组织或者其他接受捐赠的人可以要求交付；捐赠人拒不交付的，慈善组织和其他接受捐赠的人可以依法向人民法院申请支付令或者提起诉讼： 　　（一）捐赠人通过广播、电视、报刊、互联网等媒体公开承诺捐赠的； 　　（二）捐赠财产用于本法第三条第一项至第三项规定的慈善活动，并签订书面捐赠协议的。 　　捐赠人公开承诺捐赠或者签订书面捐赠协议后经济状况显著恶化，严重影响其生产经营或者家庭生活的，经向公开承诺捐赠地或者书面捐赠协议签订地的**县级以上人民政府**民政部门报告并向社会公开说明情况后，可以不再履行捐赠义务。
第四十二条　捐赠人有权查询、复制其捐赠财产管理使用的有关资料，慈善组织应当及时主动向捐赠人反馈有关情况。 　　慈善组织违反捐赠协议约定的用途，滥用捐赠财产的，捐赠人有权要求其改正；拒不改正的，捐赠人可以向民政部门投诉、举报或者向人民法院提起诉讼。	**第四十二条**　捐赠人有权查询、复制其捐赠财产管理使用的有关资料，慈善组织应当及时主动向捐赠人反馈有关情况。 　　慈善组织违反捐赠协议约定的用途，滥用捐赠财产的，捐赠人有权要求其改正；拒不改正的，捐赠人可以向**县级以上人民政府**民政部门投诉、举报或者向人民法院提起诉讼。

修改前	修改后
第四十三条　国有企业实施慈善捐赠应当遵守有关国有资产管理的规定，履行批准和备案程序。	**第四十三条**　国有企业实施慈善捐赠应当遵守有关国有资产管理的规定，履行批准和备案程序。
第五章　慈善信托	第五章　慈善信托
第四十四条　本法所称慈善信托属于公益信托，是指委托人基于慈善目的，依法将其财产委托给受托人，由受托人按照委托人意愿以受托人名义进行管理和处分，开展慈善活动的行为。	**第四十四条**　本法所称慈善信托属于公益信托，是指委托人基于慈善目的，依法将其财产委托给受托人，由受托人按照委托人意愿以受托人名义进行管理和处分，开展慈善活动的行为。
第四十五条　设立慈善信托、确定受托人和监察人，应当采取书面形式。受托人应当在慈善信托文件签订之日起七日内，将相关文件向受托人所在地县级以上人民政府民政部门备案。 　　未按照前款规定将相关文件报民政部门备案的，不享受税收优惠。	**第四十五条**　设立慈善信托、确定受托人和监察人，应当采取书面形式。受托人应当在慈善信托文件签订之日起七日内，将相关文件向受托人所在地县级以上人民政府民政部门备案。 　　未按照前款规定将相关文件报民政部门备案的，不享受税收优惠。
	第四十六条　慈善信托的委托人不得指定或者变相指定其利害关系人作为受益人。 　　慈善信托的受托人确定受益人，应当坚持公开、公平、公正的原则，不得指定或者变相指定受托人及其工作人员的利害关系人作为受益人。
第四十六条　慈善信托的受托人，可以由委托人确定其信赖的慈善组织或者信托公司担任。	**第四十七条**　慈善信托的受托人，可以由委托人确定其信赖的慈善组织或者信托公司担任。
第四十七条　慈善信托的受托人违反信托义务或者难以履行职责的，委托人可以变更受托人。变更后的受托人应当自变更之日起七日内，将变更情况报原备案的民政部门重新备案。	**第四十八条**　慈善信托的受托人违反信托义务或者难以履行职责的，委托人可以变更受托人。变更后的受托人应当自变更之日起七日内，将变更情况报原备案的民政部门重新备案。

修改前	修改后
第四十八条 慈善信托的受托人管理和处分信托财产，应当按照信托目的，恪尽职守，履行诚信、谨慎管理的义务。 慈善信托的受托人应当根据信托文件和委托人的要求，及时向委托人报告信托事务处理情况、信托财产管理使用情况。慈善信托的受托人应当每年至少一次将信托事务处理情况及财务状况向其备案的民政部门报告，并向社会公开。	**第四十九条** 慈善信托的受托人管理和处分信托财产，应当按照信托目的，恪尽职守，履行诚信、谨慎管理的义务。 慈善信托的受托人应当根据信托文件和委托人的要求，及时向委托人报告信托事务处理情况、信托财产管理使用情况。慈善信托的受托人应当每年至少一次将信托事务处理情况及财务状况向**办理**其备案的民政部门报告，并向社会公开。
第四十九条 慈善信托的委托人根据需要，可以确定信托监察人。 信托监察人对受托人的行为进行监督，依法维护委托人和受益人的权益。信托监察人发现受托人违反信托义务或者难以履行职责的，应当向委托人报告，并有权以自己的名义向人民法院提起诉讼。	**第五十条** 慈善信托的委托人根据需要，可以确定信托监察人。 信托监察人对受托人的行为进行监督，依法维护委托人和受益人的权益。信托监察人发现受托人违反信托义务或者难以履行职责的，应当向委托人报告，并有权以自己的名义向人民法院提起诉讼。
第五十条 慈善信托的设立、信托财产的管理、信托当事人、信托的终止和清算等事项，本章未规定的，适用本法其他有关规定；本法未规定的，适用《中华人民共和国信托法》的有关规定。	**第五十一条** 慈善信托的设立、信托财产的管理、信托当事人、信托的终止和清算等事项，本章未规定的，适用本法其他有关规定；本法未规定的，适用《中华人民共和国信托法》的有关规定。
第六章　慈善财产	第六章　慈善财产
第五十一条 慈善组织的财产包括： （一）发起人捐赠、资助的创始财产； （二）募集的财产； （三）其他合法财产。	**第五十二条** 慈善组织的财产包括： （一）发起人捐赠、资助的创始财产； （二）募集的财产； （三）其他合法财产。
第五十二条 慈善组织的财产应当根据章程和捐赠协议的规定全部用于慈善目的，不得在发起人、捐赠人以及慈善组织成员中分配。	**第五十三条** 慈善组织的财产应当根据章程和捐赠协议的规定全部用于慈善目的，不得在发起人、捐赠人以及慈善组织成员中分配。

修改前	修改后
任何组织和个人不得私分、挪用、截留或者侵占慈善财产。	任何组织和个人不得私分、挪用、截留或者侵占慈善财产。
第五十三条　慈善组织对募集的财产，应当登记造册，严格管理，专款专用。 　捐赠人捐赠的实物不易储存、运输或者难以直接用于慈善目的的，慈善组织可以依法拍卖或者变卖，所得收入扣除必要费用后，应当全部用于慈善目的。	**第五十四条**　慈善组织对募集的财产，应当登记造册，严格管理，专款专用。 　捐赠人捐赠的实物不易储存、运输或者难以直接用于慈善目的的，慈善组织可以依法拍卖或者变卖，所得收入扣除必要费用后，应当全部用于慈善目的。
第五十四条　慈善组织为实现财产保值、增值进行投资的，应当遵循合法、安全、有效的原则，投资取得的收益应当全部用于慈善目的。慈善组织的重大投资方案应当经决策机构组成人员三分之二以上同意。政府资助的财产和捐赠协议约定不得投资的财产，不得用于投资。慈善组织的负责人和工作人员不得在慈善组织投资的企业兼职或者领取报酬。 　前款规定事项的具体办法，由国务院民政部门制定。	**第五十五条**　慈善组织为实现财产保值、增值进行投资的，应当遵循合法、安全、有效的原则，投资取得的收益应当全部用于慈善目的。慈善组织的重大投资方案应当经决策机构组成人员三分之二以上同意。政府资助的财产和捐赠协议约定不得投资的财产，不得用于投资。慈善组织的负责人和工作人员不得在慈善组织投资的企业兼职或者领取报酬。 　前款规定事项的具体办法，由国务院民政部门制定。
第五十五条　慈善组织开展慈善活动，应当依照法律法规和章程的规定，按照募捐方案或者捐赠协议使用捐赠财产。慈善组织确需变更募捐方案规定的捐赠财产用途的，应当报民政部门备案；确需变更捐赠协议约定的捐赠财产用途的，应当征得捐赠人同意。	**第五十六条**　慈善组织开展慈善活动，应当依照法律法规和章程的规定，按照募捐方案或者捐赠协议使用捐赠财产。慈善组织确需变更募捐方案规定的捐赠财产用途的，应当报**原备案的**民政部门备案；确需变更捐赠协议约定的捐赠财产用途的，应当征得捐赠人同意。
第五十六条　慈善组织应当合理设计慈善项目，优化实施流程，降低运行成本，提高慈善财产使用效益。 　慈善组织应当建立项目管理制度，对项目实施情况进行跟踪监督。	**第五十七条**　慈善组织应当合理设计慈善项目，优化实施流程，降低运行成本，提高慈善财产使用效益。 　慈善组织应当建立项目管理制度，对项目实施情况进行跟踪监督。

修改前	修改后
第五十七条　慈善项目终止后捐赠财产有剩余的，按照募捐方案或者捐赠协议处理；募捐方案未规定或者捐赠协议未约定的，慈善组织应当将剩余财产用于目的相同或者相近的其他慈善项目，并向社会公开。	第五十八条　慈善项目终止后捐赠财产有剩余的，按照募捐方案或者捐赠协议处理；募捐方案未规定或者捐赠协议未约定的，慈善组织应当将剩余财产用于目的相同或者相近的其他慈善项目，并向社会公开。
第五十八条　慈善组织确定慈善受益人，应当坚持公开、公平、公正的原则，不得指定慈善组织管理人员的利害关系人作为受益人。	第五十九条　慈善组织确定慈善受益人，应当坚持公开、公平、公正的原则，不得指定**或者变相指定**慈善组织管理人员的利害关系人作为受益人。
第五十九条　慈善组织根据需要可以与受益人签订协议，明确双方权利义务，约定慈善财产的用途、数额和使用方式等内容。 　　受益人应当珍惜慈善资助，按照协议使用慈善财产。受益人未按照协议使用慈善财产或者有其他严重违反协议情形的，慈善组织有权要求其改正；受益人拒不改正的，慈善组织有权解除协议并要求受益人返还财产。	第六十条　慈善组织根据需要可以与受益人签订协议，明确双方权利义务，约定慈善财产的用途、数额和使用方式等内容。 　　受益人应当珍惜慈善资助，按照协议使用慈善财产。受益人未按照协议使用慈善财产或者有其他严重违反协议情形的，慈善组织有权要求其改正；受益人拒不改正的，慈善组织有权解除协议并要求受益人返还财产。
第六十条　慈善组织应当积极开展慈善活动，**充分、高效运用慈善财产，**并遵循管理费用最必要原则，厉行节约，减少不必要的开支。慈善组织中具有公开募捐资格的基金会开展慈善活动的年度支出，不得低于上一年总收入的百分之七十或者前三年收入平均数额的百分之七十；年度管理费用不得超过当年总支出的百分之十，特殊情况下，年度管理费用难以符合前述规定的，应当报告其登记的民政部门并向社会公开说明情况。 　　**具有公开募捐资格的基金会以外的**慈善组织开展慈善活动的年度支出和管	第六十一条　慈善组织应当积极开展慈善活动，遵循管理费用、**募捐成本等**最必要原则，厉行节约，减少不必要的开支，**充分、高效运用慈善财产**。具有公开募捐资格的基金会开展慈善活动的年度支出，不得低于上一年总收入的百分之七十或者前三年收入平均数额的百分之七十；年度管理费用不得超过当年总支出的百分之十；特殊情况下，年度**支出和**管理费用难以符合前述规定的，应当报告**办理**其登记的民政部门并向社会公开说明情况。 　　慈善组织开展慈善活动的年度支出、管理费用**和募捐成本**的标准由国务

修改前	修改后
理费用的标准，由国务院民政部门会同国务院财政、税务等部门依照前款规定的原则制定。 　　捐赠协议对单项捐赠财产的慈善活动支出和管理费用有约定的，按照其约定。	院民政部门会同财政、税务等部门制定。 　　捐赠协议对单项捐赠财产的慈善活动支出和管理费用有约定的，按照其约定。 　　**慈善信托的年度支出和管理费用标准，由国务院民政部门会同财政、税务和金融监督管理等部门制定。**
第七章　慈善服务	第七章　慈善服务
第六十一条　本法所称慈善服务，是指慈善组织和其他组织以及个人基于慈善目的，向社会或者他人提供的志愿无偿服务以及其他非营利服务。 　　慈善组织开展慈善服务，可以自己提供或者招募志愿者提供，也可以委托有服务专长的其他组织提供。	**第六十二条**　本法所称慈善服务，是指慈善组织和其他组织以及个人基于慈善目的，向社会或者他人提供的志愿无偿服务以及其他非营利服务。 　　慈善组织开展慈善服务，可以自己提供或者招募志愿者提供，也可以委托有服务专长的其他组织提供。
第六十二条　开展慈善服务，应当尊重受益人、志愿者的人格尊严，不得侵害受益人、志愿者的隐私。	**第六十三条**　开展慈善服务，应当尊重受益人、志愿者的人格尊严，不得侵害受益人、志愿者的隐私。
第六十三条　开展医疗康复、教育培训等慈善服务，需要专门技能的，应当执行国家或者行业组织制定的标准和规程。 　　慈善组织招募志愿者参与慈善服务，需要专门技能的，应当对志愿者开展相关培训。	**第六十四条**　开展医疗康复、教育培训等慈善服务，需要专门技能的，应当执行国家或者行业组织制定的标准和规程。 　　慈善组织招募志愿者参与慈善服务，需要专门技能的，应当对志愿者开展相关培训。
第六十四条　慈善组织招募志愿者参与慈善服务，应当公示与慈善服务有关的全部信息，告知服务过程中可能发生的风险。 　　慈善组织根据需要可以与志愿者签订协议，明确双方权利义务，约定服务的内容、方式和时间等。	**第六十五条**　慈善组织招募志愿者参与慈善服务，应当公示与慈善服务有关的全部信息，告知服务过程中可能发生的风险。 　　慈善组织根据需要可以与志愿者签订协议，明确双方权利义务，约定服务的内容、方式和时间等。

修改前	修改后
第六十五条　慈善组织应当对志愿者实名登记，记录志愿者的服务时间、内容、评价等信息。根据志愿者的要求，慈善组织应当无偿、如实出具志愿服务记录证明。	**第六十六条**　慈善组织应当对志愿者实名登记，记录志愿者的服务时间、内容、评价等信息。根据志愿者的要求，慈善组织应当无偿、如实出具志愿服务记录证明。
第六十六条　慈善组织安排志愿者参与慈善服务，应当与志愿者的年龄、文化程度、技能和身体状况相适应。	**第六十七条**　慈善组织安排志愿者参与慈善服务，应当与志愿者的年龄、文化程度、技能和身体状况相适应。
第六十七条　志愿者接受慈善组织安排参与慈善服务的，应当服从管理，接受必要的培训。	**第六十八条**　志愿者接受慈善组织安排参与慈善服务的，应当服从管理，接受必要的培训。
第六十八条　慈善组织应当为志愿者参与慈善服务提供必要条件，保障志愿者的合法权益。 慈善组织安排志愿者参与可能发生人身危险的慈善服务前，应当为志愿者购买相应的人身意外伤害保险。	**第六十九条**　慈善组织应当为志愿者参与慈善服务提供必要条件，保障志愿者的合法权益。 慈善组织安排志愿者参与可能发生人身危险的慈善服务前，应当为志愿者购买相应的人身意外伤害保险。
	第八章　应急慈善
第三十条　发生重大自然灾害、事故灾难和公共卫生事件等突发事件，需要迅速开展救助时，有关人民政府应当建立协调机制，提供需求信息，及时有序引导开展募捐和救助活动。	**第七十条**　发生重大突发事件需要迅速开展救助时，履行统一领导职责或者组织处置突发事件的人民政府应当依法建立协调机制，明确专门机构、人员，提供需求信息，及时有序引导慈善组织、志愿者等社会力量开展募捐和救助活动。
	第七十一条　国家鼓励慈善组织、慈善行业组织建立应急机制，加强信息共享、协商合作，提高慈善组织运行和慈善资源使用的效率。 在发生重大突发事件时，鼓励慈善组织、志愿者等在有关人民政府的协调引导下依法开展或者参与慈善活动。

修改前	修改后
	第七十二条　为应对重大突发事件开展公开募捐的，应当及时分配或者使用募得款物，在应急处置与救援阶段至少每五日公开一次募得款物的接收情况，及时公开分配、使用情况。
	第七十三条　为应对重大突发事件开展公开募捐，无法在募捐活动前办理募捐方案备案的，应当在活动开始后十日内补办备案手续。
	第七十四条　县级以上人民政府及其有关部门应当为捐赠款物分配送达提供便利条件。乡级人民政府、街道办事处和村民委员会、居民委员会，应当为捐赠款物分配送达、信息统计等提供力所能及的帮助。
第八章　信息公开	第九章　信息公开
第六十九条　县级以上人民政府建立健全慈善信息统计和发布制度。 县级以上人民政府民政部门应当在统一的信息平台，及时向社会公开慈善信息，并免费提供慈善信息发布服务。 慈善组织和慈善信托的受托人应当在前款规定的平台发布慈善信息，并对信息的真实性负责。	第七十五条　国家建立健全慈善信息统计和发布制度。 国务院民政部门建立健全统一的慈善信息平台，免费提供慈善信息发布服务。 县级以上人民政府民政部门应当在前款规定的平台及时向社会公开慈善信息。 慈善组织和慈善信托的受托人应当在本条第二款规定的平台发布慈善信息，并对信息的真实性负责。
第七十条　县级以上人民政府民政部门和其他有关部门应当及时向社会公开下列慈善信息： （一）慈善组织登记事项； （二）慈善信托备案事项； （三）具有公开募捐资格的慈善组织名单；	第七十六条　县级以上人民政府民政部门和其他有关部门应当及时向社会公开下列慈善信息： （一）慈善组织登记事项； （二）慈善信托备案事项； （三）具有公开募捐资格的慈善组织名单；

修改前	修改后
（四）具有出具公益性捐赠税前扣除票据资格的慈善组织名单； （五）对慈善活动的税收优惠、资助补贴等促进措施； （六）向慈善组织购买服务的信息； （七）对慈善组织、慈善信托开展检查、评估的结果； （八）对慈善组织和其他组织以及个人的表彰、处罚结果； （九）法律法规规定应当公开的其他信息。	（四）具有出具公益性捐赠税前扣除票据资格的慈善组织名单； （五）对慈善活动的税收优惠、资助补贴等促进措施； （六）向慈善组织购买服务的信息； （七）对慈善组织、慈善信托开展检查、评估的结果； （八）对慈善组织和其他组织以及个人的表彰、处罚结果； （九）法律法规规定应当公开的其他信息。
第七十一条 慈善组织、慈善信托的受托人应当依法履行信息公开义务。信息公开应当真实、完整、及时。	**第七十七条** 慈善组织、慈善信托的受托人应当依法履行信息公开义务。信息公开应当真实、完整、及时。
第七十二条 慈善组织应当向社会公开组织章程和决策、执行、监督机构成员信息以及国务院民政部门要求公开的其他信息。上述信息有重大变更的，慈善组织应当及时向社会公开。 慈善组织应当每年向社会公开其年度工作报告和财务会计报告。具有公开募捐资格的慈善组织的财务会计报告须经审计。	**第七十八条** 慈善组织应当向社会公开组织章程和决策、执行、监督机构成员信息以及国务院民政部门要求公开的其他信息。上述信息有重大变更的，慈善组织应当及时向社会公开。 慈善组织应当每年向社会公开其年度工作报告和财务会计报告。具有公开募捐资格的慈善组织的财务会计报告须经审计。
第七十三条 具有公开募捐资格的慈善组织应当定期向社会公开其募捐情况和慈善项目实施情况。 公开募捐周期超过六个月的，至少每三个月公开一次募捐情况，公开募捐活动结束后三个月内应当全面公开募捐情况。 慈善项目实施周期超过六个月的，至少每三个月公开一次项目实施情况，项目结束后三个月内应当全面公开项目实施情况和募得款物使用情况。	**第七十九条** 具有公开募捐资格的慈善组织应当定期向社会公开其募捐情况和慈善项目实施情况。 公开募捐周期超过六个月的，至少每三个月公开一次募捐情况，公开募捐活动结束后三个月内应当全面、**详细**公开募捐情况。 慈善项目实施周期超过六个月的，至少每三个月公开一次项目实施情况，项目结束后三个月内应当全面、**详细**公开项目实施情况和募得款物使用情况。

修改前	修改后
第七十四条　慈善组织开展定向募捐的，应当及时向捐赠人告知募捐情况、募得款物的管理使用情况。	**第八十条**　慈善组织开展定向募捐的，应当及时向捐赠人告知募捐情况、募得款物的管理使用情况。
第七十五条　慈善组织、慈善信托的受托人应当向受益人告知其资助标准、工作流程和工作规范等信息。	**第八十一条**　慈善组织、慈善信托的受托人应当向受益人告知其资助标准、工作流程和工作规范等信息。
第七十六条　涉及国家秘密、商业秘密、个人隐私的信息以及捐赠人、慈善信托的委托人不同意公开的姓名、名称、住所、通讯方式等信息，不得公开。	**第八十二条**　涉及国家秘密、商业秘密、个人隐私的信息以及捐赠人、慈善信托的委托人不同意公开的姓名、名称、住所、通讯方式等信息，不得公开。
第九章　促进措施	**第十章　促进措施**
第七十七条　县级以上人民政府应当根据经济社会发展情况，制定促进慈善事业发展的政策和措施。 县级以上人民政府有关部门应当在各自职责范围内，向慈善组织、慈善信托受托人等提供慈善需求信息，为慈善活动提供指导和帮助。	**第八十三条**　县级以上人民政府应当将慈善事业纳入国民经济和社会发展规划，制定促进慈善事业发展的政策和措施。 县级以上人民政府有关部门应当在各自职责范围内，向慈善组织、慈善信托受托人等提供慈善需求信息，为慈善活动提供指导和帮助。
第七十八条　县级以上人民政府民政部门应当建立与其他部门之间的慈善信息共享机制。	**第八十四条**　县级以上人民政府民政部门应当建立与其他部门之间的慈善信息共享机制。
	第八十五条　国家鼓励、引导、支持有意愿有能力的自然人、法人和非法人组织积极参与慈善事业。 国家对慈善事业实施税收优惠政策，具体办法由国务院财政、税务部门会同民政部门依照税收法律、行政法规的规定制定。
第七十九条　慈善组织及其取得的收入依法享受税收优惠。	**第八十六条**　慈善组织及其取得的收入依法享受税收优惠。

修改前	修改后
第八十条　自然人、法人和**其他**组织捐赠财产用于慈善活动的，依法享受税收优惠。企业慈善捐赠支出超过法律规定的准予在计算企业所得税应纳税所得额时当年扣除的部分，允许结转以后三年内在计算应纳税所得额时扣除。 境外捐赠用于慈善活动的物资，依法减征或者免征进口关税和进口环节增值税。	**第八十七条**　自然人、法人和**非法人组织**捐赠财产用于慈善活动的，依法享受税收优惠。企业慈善捐赠支出超过法律规定的准予在计算企业所得税应纳税所得额时当年扣除的部分，允许结转以后三年内在计算应纳税所得额时扣除。 境外捐赠用于慈善活动的物资，依法减征或者免征进口关税和进口环节增值税。
	第八十八条　自然人、法人和非法人组织设立慈善信托开展慈善活动的，依法享受税收优惠。
第八十一条　受益人接受慈善捐赠，依法享受税收优惠。	**第八十九条**　受益人接受慈善捐赠，依法享受税收优惠。
第八十二条　慈善组织、捐赠人、受益人依法享受税收优惠的，有关部门应当及时办理相关手续。	**第九十条**　慈善组织、捐赠人、受益人依法享受税收优惠的，有关部门应当及时办理相关手续。
第八十三条　捐赠人向慈善组织捐赠实物、有价证券、股权和知识产权的，依法免征权利转让的相关行政事业性费用。	**第九十一条**　捐赠人向慈善组织捐赠实物、有价证券、股权和知识产权的，依法免征权利转让的相关行政事业性费用。
第八十四条　国家对开展扶贫济困的慈善活动，实行特殊的优惠政策。	**第九十二条**　国家对开展扶贫济困、**参与重大突发事件应对、参与重大国家战略**的慈善活动，实行特殊的优惠政策。
第八十五条　慈善组织开展本法第三条第一项、第二项规定的慈善活动需要慈善服务设施用地的，可以依法申请使用国有划拨土地或者农村集体建设用地。慈善服务设施用地非经法定程序不得改变用途。	**第九十三条**　慈善组织开展本法第三条第一项、第二项规定的慈善活动需要慈善服务设施用地的，可以依法申请使用国有划拨土地或者农村集体建设用地。慈善服务设施用地非经法定程序不得改变用途。

修改前	修改后
第八十六条　国家为慈善事业提供金融政策支持，鼓励金融机构为慈善组织、慈善信托提供融资和结算等金融服务。	**第九十四条**　国家为慈善事业提供金融政策支持，鼓励金融机构为慈善组织、慈善信托提供融资和结算等金融服务。
第八十七条　各级人民政府及其有关部门可以依法通过购买服务等方式，支持符合条件的慈善组织向社会提供服务，并依照有关政府采购的法律法规向社会公开相关情况。	**第九十五条**　各级人民政府及其有关部门可以依法通过购买服务等方式，支持符合条件的慈善组织向社会提供服务，并依照有关政府采购的法律法规向社会公开相关情况。 **国家鼓励在慈善领域应用现代信息技术；鼓励社会力量通过公益创投、孵化培育、人员培训、项目指导等方式，为慈善组织提供资金支持和能力建设服务。**
	第九十六条　国家鼓励有条件的地方设立社区慈善组织，加强社区志愿者队伍建设，发展社区慈善事业。
第八十八条　国家采取措施弘扬慈善文化，培育公民慈善意识。 学校等教育机构应当将慈善文化纳入教育教学内容。国家鼓励高等学校培养慈善专业人才，支持高等学校和科研机构开展慈善理论研究。 广播、电视、报刊、互联网等媒体应当积极开展慈善公益宣传活动，普及慈善知识，传播慈善文化。	**第九十七条**　国家采取措施弘扬慈善文化，培育公民慈善意识。 学校等教育机构应当将慈善文化纳入教育教学内容。国家鼓励高等学校培养慈善专业人才，支持高等学校和科研机构开展慈善理论研究。 广播、电视、报刊、互联网等媒体应当积极开展慈善公益宣传活动，普及慈善知识，传播慈善文化。
第八十九条　国家鼓励企业事业单位和其他组织为开展慈善活动提供场所和其他便利条件。	**第九十八条**　国家鼓励企业事业单位和其他组织为开展慈善活动提供场所和其他便利条件。
第九十条　经受益人同意，捐赠人对其捐赠的慈善项目可以冠名纪念，法律法规规定需要批准的，从其规定。	**第九十九条**　经受益人同意，捐赠人对其捐赠的慈善项目可以冠名纪念，法律法规规定需要批准的，从其规定。

修改前	修改后
第九十一条　国家建立慈善表彰制度，对在慈善事业发展中做出突出贡献的自然人、法人和**其他**组织，由县级以上人民政府或者有关部门予以表彰。	**第一百条**　国家建立慈善表彰制度，对在慈善事业发展中做出突出贡献的自然人、法人和**非法人**组织，由县级以上人民政府或者有关部门予以表彰。
	第一百零一条　县级以上人民政府民政等有关部门将慈善捐赠、志愿服务记录等信息纳入相关主体信用记录，健全信用激励制度。
	第一百零二条　国家鼓励开展慈善国际交流与合作。 慈善组织接受境外慈善捐赠、与境外组织或者个人合作开展慈善活动的，根据国家有关规定履行批准、备案程序。
第十章　监督管理	第十一章　监督管理
第九十二条　县级以上人民政府民政部门应当依法履行职责，对慈善活动进行监督检查，对慈善行业组织进行指导。	**第一百零三条**　县级以上人民政府民政部门应当依法履行职责，对慈善活动进行监督检查，对慈善行业组织进行指导。
第九十三条　县级以上人民政府民政部门对涉嫌违反本法规定的慈善组织，有权采取下列措施： （一）对慈善组织的住所和慈善活动发生地进行现场检查； （二）要求慈善组织作出说明，查阅、复制有关资料； （三）向与慈善活动有关的单位和个人调查与监督管理有关的情况； （四）经本级人民政府批准，可以查询慈善组织的金融账户； （五）法律、行政法规规定的其他措施。	**第一百零四条**　县级以上人民政府民政部门对涉嫌违反本法规定的慈善组织、**慈善信托的受托人**，有权采取下列措施： （一）对慈善组织、**慈善信托的受托人**的住所和慈善活动发生地进行现场检查； （二）要求慈善组织、**慈善信托的受托人**作出说明，查阅、复制有关资料； （三）向与慈善活动有关的单位和个人调查与监督管理有关的情况； （四）经本级人民政府批准，可以查询慈善组织的金融账户； （五）法律、行政法规规定的其他措施。

修改前	修改后
	慈善组织、慈善信托的受托人涉嫌违反本法规定的，县级以上人民政府民政部门可以对有关负责人进行约谈，要求其说明情况、提出改进措施。 其他慈善活动参与者涉嫌违反本法规定的，县级以上人民政府民政部门可以会同有关部门调查和处理。
第九十四条 县级以上人民政府民政部门对慈善组织、有关单位和个人进行检查或者调查时，检查人员或者调查人员不得少于二人，并应当出示合法证件和检查、调查通知书。	**第一百零五条** 县级以上人民政府民政部门对慈善组织、有关单位和个人进行检查或者调查时，检查人员或者调查人员不得少于二人，并应当出示合法证件和检查、调查通知书。
第九十五条 县级以上人民政府民政部门应当建立慈善组织及其负责人信用记录制度，并向社会公布。 民政部门应当建立慈善组织评估制度，鼓励和支持第三方机构对慈善组织进行评估，并向社会公布评估结果。	**第一百零六条** 县级以上人民政府民政部门应当建立慈善组织及其负责人、**慈善信托的受托人**信用记录制度，并向社会公布。 **县级以上人民政府**民政部门应当建立慈善组织评估制度，鼓励和支持第三方机构对慈善组织**的内部治理、财务状况、项目开展情况以及信息公开等**进行评估，并向社会公布评估结果。
第九十六条 慈善行业组织应当建立健全行业规范，加强行业自律。	**第一百零七条** 慈善行业组织应当建立健全行业规范，加强行业自律。
第九十七条 任何单位和个人发现慈善组织、慈善信托有违法行为的，可以向民政部门、其他有关部门或者慈善行业组织投诉、举报。民政部门、其他有关部门或者慈善行业组织接到投诉、举报后，应当及时调查处理。 国家鼓励公众、媒体对慈善活动进行监督，对假借慈善名义或者假冒慈善组织骗取财产以及慈善组织、慈善信托的违法违规行为予以曝光，发挥舆论和社会监督作用。	**第一百零八条** 任何单位和个人发现慈善组织、慈善信托有违法行为的，可以向**县级以上人民政府**民政部门、其他有关部门或者慈善行业组织投诉、举报。民政部门、其他有关部门或者慈善行业组织接到投诉、举报后，应当及时调查处理。 国家鼓励公众、媒体对慈善活动进行监督，对假借慈善名义或者假冒慈善组织骗取财产以及慈善组织、慈善信托的违法违规行为予以曝光，发挥舆论和社会监督作用。

修改前	修改后
第十一章　法律责任	**第十二章　法律责任**
第九十八条　慈善组织有下列情形之一的，由民政部门责令限期改正；逾期不改正的，吊销登记证书并予以公告： 　　（一）未按照慈善宗旨开展活动的； 　　（二）私分、挪用、截留或者侵占慈善财产的； 　　（三）接受附加违反法律法规或者违背社会公德条件的捐赠，或者对受益人附加违反法律法规或者违背社会公德的条件的。	**第一百零九条**　慈善组织有下列情形之一的，由**县级以上人民政府**民政部门责令限期改正，**予以警告或者责令限期停止活动，并没收违法所得；情节严重的，**吊销登记证书并予以公告： 　　（一）未按照慈善宗旨开展活动的； 　　（二）私分、挪用、截留或者侵占慈善财产的； 　　（三）接受附加违反法律法规或者违背社会公德条件的捐赠，或者对受益人附加违反法律法规或者违背社会公德的条件的。
第九十九条　慈善组织有下列情形之一的，由民政部门予以警告、责令限期改正；逾期不改正的，责令限期停止活动并进行整改： 　　（一）违反本法第十四条规定造成慈善财产损失的； 　　（二）将不得用于投资的财产用于投资的； 　　（三）擅自改变捐赠财产用途的； 　　（四）开展慈善活动的年度支出或者管理费用的标准违反本法第六十条规定的； 　　（五）未依法履行信息公开义务的； 　　（六）未依法报送年度工作报告、财务会计报告或者报备募捐方案的； 　　（七）泄露捐赠人、志愿者、受益人个人隐私以及捐赠人、慈善信托的委托人不同意公开的姓名、名称、住所、通讯方式等信息的。 　　慈善组织违反本法规定泄露国家秘密、商业秘密的，依照有关法律的规定	**第一百一十条**　慈善组织有下列情形之一的，由**县级以上人民政府**民政部门责令限期改正，**予以警告，并没收违法所得；**逾期不改正的，责令限期停止活动并进行整改： 　　（一）违反本法第十四条规定造成慈善财产损失的； 　　（二）**指定或者变相指定捐赠人、慈善组织管理人员的利害关系人作为受益人的；** 　　（三）将不得用于投资的财产用于投资的； 　　（四）擅自改变捐赠财产用途的； 　　（五）**因管理不善造成慈善财产重大损失的；** 　　（六）开展慈善活动的年度支出、管理费用**或者募捐成本**违反规定的； 　　（七）未依法履行信息公开义务的； 　　（八）未依法报送年度工作报告、财务会计报告或者报备募捐方案的； 　　（九）泄露捐赠人、志愿者、受益

修改前	修改后
予以处罚。 　　慈善组织有前两款规定的情形，经依法处理后一年内再出现前款规定的情形，或者有其他情节严重情形的，由民政部门吊销登记证书并予以公告。	人个人隐私以及捐赠人、慈善信托的委托人不同意公开的姓名、名称、住所、通讯方式等信息的。 　　慈善组织违反本法规定泄露国家秘密、商业秘密的，依照有关法律的规定予以处罚。 　　慈善组织有前两款规定的情形，经依法处理后一年内再出现前款规定的情形，或者有其他情节严重情形的，由**县级以上人民政府**民政部门吊销登记证书并予以公告。
第一百条　慈善组织有本法第九十八条、第九十九条规定的情形，有违法所得的，由民政部门予以没收；对直接负责的主管人员和其他直接责任人员处二万元以上二十万元以下罚款。	
第一百零一条　开展募捐活动有下列情形之一的，由民政部门予以警告、责令停止募捐活动；**对违法募集的财产，责令退还捐赠人；**难以退还的，由民政部门予以收缴，转给其他慈善组织用于慈善目的；**对有关组织或者个人处二万元以上二十万元以下罚款：** 　　（一）**不具有公开募捐资格的组织或者个人开展公开募捐的；** 　　（二）通过虚构事实等方式欺骗、诱导募捐对象实施捐赠的； 　　（三）向单位或者个人摊派或者变相摊派的； 　　（四）妨碍公共秩序、企业生产经营或者居民生活的。 　　广播、电视、报刊以及网络服务提供者、电信运营商未履行本法第二十七条规定的验证义务的，由其主管部门予	**第一百一十一条**　慈善组织开展募捐活动有下列情形之一的，由**县级以上人民政府**民政部门予以警告，责令停止募捐活动；**责令退还违法募集的财产，无法退还的，**由民政部门予以收缴，转给其他慈善组织用于慈善目的；**情节严重的，吊销公开募捐资格证书或者登记证书并予以公告，公开募捐资格证书被吊销的，五年内不得再次申请：** 　　（一）通过虚构事实等方式欺骗、诱导募捐对象实施捐赠的； 　　（二）向单位或者个人摊派或者变相摊派的； 　　（三）妨碍公共秩序、企业生产经营或者居民生活的； 　　（四）**与不具有公开募捐资格的组织或者个人合作，违反本法第二十六条规定的；**

修改前	修改后
以警告，责令限期改正；逾期不改正的，予以通报批评。	（五）通过互联网开展公开募捐，违反本法第二十七条规定的； （六）为应对重大突发事件开展公开募捐，不及时分配、使用募得款物的。
第一百条　慈善组织有本法第九十八条、第九十九条规定的情形，有违法所得的，由民政部门予以没收；对直接负责的主管人员和其他直接责任人员处二万元以上二十万元以下罚款。	第一百一十二条　慈善组织有本法第一百零九条、第一百一十条、第一百一十一条规定情形的，由县级以上人民政府民政部门对直接负责的主管人员和其他直接责任人员处二万元以上二十万元以下罚款，并没收违法所得；情节严重的，禁止其一年至五年内担任慈善组织的管理人员。
第一百零七条　自然人、法人或者其他组织假借慈善名义或者假冒慈善组织骗取财产的，由公安机关依法查处。	第一百一十三条　不具有公开募捐资格的组织或者个人擅自开展公开募捐的，由县级以上人民政府民政部门予以警告，责令停止募捐活动；责令退还违法募集的财产，无法退还的，由民政部门予以收缴，转给慈善组织用于慈善目的；情节严重的，对有关组织或者个人处二万元以上二十万元以下罚款。 　　自然人、法人或者非法人组织假借慈善名义或者假冒慈善组织骗取财产的，由公安机关依法查处。
第一百零一条第二款　广播、电视、报刊以及网络服务提供者、电信运营商未履行本法第二十七条规定的验证义务的，由其主管部门予以警告，责令限期改正；逾期不改正的，予以通报批评。	第一百一十四条　互联网公开募捐服务平台违反本法第二十七条规定的，由省级以上人民政府民政部门责令限期改正；逾期不改正的，由国务院民政部门取消指定。 　　未经指定的互联网信息服务提供者擅自提供互联网公开募捐服务的，由县级以上人民政府民政部门责令限期改正；逾期不改正的，由县级以上人民政府民政部门会同网信、工业和信息化部门依法进行处理。

修改前	修改后
	广播、电视、报刊以及网络服务提供者、电信运营商未**依法**履行验证义务的，由其主管部门责令限期改正，予以警告；逾期不改正的，予以通报批评。
第一百零二条 慈善组织不依法向捐赠人开具捐赠票据、不依法向志愿者出具志愿服务记录证明或者不及时主动向捐赠人反馈有关情况的，由民政部门予以警告，责令限期改正；逾期不改正的，责令限期停止活动。	**第一百一十五条** 慈善组织不依法向捐赠人开具捐赠票据、不依法向志愿者出具志愿服务记录证明或者不及时主动向捐赠人反馈有关情况的，**由县级以上人民政府**民政部门予以警告，责令限期改正；逾期不改正的，责令限期停止活动。
第一百零三条 慈善组织弄虚作假骗取税收优惠的，由税务机关依法查处；情节严重的，由民政部门吊销登记证书并予以公告。	**第一百一十六条** 慈善组织弄虚作假骗取税收优惠的，由税务机关依法查处；情节严重的，由**县级以上人民政府**民政部门吊销登记证书并予以公告。
第一百零四条 慈善组织从事、资助危害国家安全或者社会公共利益活动的，由有关机关依法查处，由民政部门吊销登记证书并予以公告。	**第一百一十七条** 慈善组织从事、资助危害国家安全或者社会公共利益活动的，由有关机关依法查处，由**县级以上人民政府**民政部门吊销登记证书并予以公告。
第一百零五条 慈善信托的受托人有下列情形之一的，由民政部门予以警告，责令限期改正；有违法所得的，由民政部门予以没收；对直接负责的主管人员和其他直接责任人员处二万元以上二十万元以下罚款： （一）将信托财产及其收益用于非慈善目的的； （二）未按照规定将信托事务处理情况及财务状况向民政部门报告或者向社会公开的。	**第一百一十八条** 慈善信托的**委托人、**受托人有下列情形之一的，由**县级以上人民政府**民政部门责令限期改正，予以警告，**并没收违法所得**；对直接负责的主管人员和其他直接责任人员处二万元以上二十万元以下罚款： （一）将信托财产及其收益用于非慈善目的的； （二）**指定或者变相指定委托人、受托人及其工作人员的利害关系人作为受益人的；** （三）未按照规定将信托事务处理情况及财务状况向民政部门报告的；

修改前	修改后
	（四）违反慈善信托的年度支出或者管理费用标准的； （五）未依法履行信息公开义务的。
第一百零六条 慈善服务过程中，因慈善组织或者志愿者过错造成受益人、第三人损害的，慈善组织依法承担赔偿责任；损害是由志愿者故意或者重大过失造成的，慈善组织可以向其追偿。 志愿者在参与慈善服务过程中，因慈善组织过错受到损害的，慈善组织依法承担赔偿责任；损害是由不可抗力造成的，慈善组织应当给予适当补偿。	**第一百一十九条** 慈善服务过程中，因慈善组织或者志愿者过错造成受益人、第三人损害的，慈善组织依法承担赔偿责任；损害是由志愿者故意或者重大过失造成的，慈善组织可以向其追偿。 志愿者在参与慈善服务过程中，因慈善组织过错受到损害的，慈善组织依法承担赔偿责任；损害是由不可抗力造成的，慈善组织应当给予适当补偿。
第一百零七条 自然人、法人或者其他组织假借慈善名义或者假冒慈善组织骗取财产的，由公安机关依法查处。	
第一百零八条 县级以上人民政府民政部门和其他有关部门及其工作人员有下列情形之一的，由上级机关或者监察机关责令改正；依法应当给予处分的，由任免机关或者监察机关对直接负责的主管人员和其他直接责任人员给予处分： （一）未依法履行信息公开义务的； （二）摊派或者变相摊派捐赠任务，强行指定志愿者、慈善组织提供服务的； （三）未依法履行监督管理职责的； （四）违法实施行政强制措施和行政处罚的； （五）私分、挪用、截留或者侵占慈善财产的； （六）其他滥用职权、玩忽职守、徇私舞弊的行为。	**第一百二十条** 县级以上人民政府民政部门和其他有关部门及其工作人员有下列情形之一的，由上级机关或者监察机关责令改正；依法应当给予处分的，由任免机关或者监察机关对直接负责的主管人员和其他直接责任人员给予处分： （一）未依法履行信息公开义务的； （二）摊派或者变相摊派捐赠任务，强行指定志愿者、慈善组织提供服务的； （三）未依法履行监督管理职责的； （四）违法实施行政强制措施和行政处罚的； （五）私分、挪用、截留或者侵占慈善财产的； （六）其他滥用职权、玩忽职守、徇私舞弊的行为。

修改前	修改后
第一百零九条　违反本法规定，构成违反治安管理行为的，由公安机关依法给予治安管理处罚；构成犯罪的，依法追究刑事责任。	**第一百二十一条**　违反本法规定，构成违反治安管理行为的，由公安机关依法给予治安管理处罚；构成犯罪的，依法追究刑事责任。
第十二章　附　　则	第十三章　附　　则
第一百一十条　城乡社区组织、单位可以在本社区、单位内部开展群众性互助互济活动。	**第一百二十二条**　城乡社区组织、单位可以在本社区、单位内部开展群众性互助互济活动。
第一百一十一条　慈善组织以外的其他组织可以开展力所能及的慈善活动。	**第一百二十三条**　慈善组织以外的其他组织可以开展力所能及的慈善活动。
	第一百二十四条　个人因疾病等原因导致家庭经济困难，向社会发布求助信息的，求助人和信息发布人应当对信息真实性负责，不得通过虚构、隐瞒事实等方式骗取救助。 　　从事个人求助网络服务的平台应当经国务院民政部门指定，对通过其发布的求助信息真实性进行查验，并及时、全面向社会公开相关信息。具体管理办法由国务院民政部门会同网信、工业和信息化等部门另行制定。
第一百一十二条　本法自 2016 年 9 月 1 日起施行。	**第一百二十五条**　本法自 2016 年 9 月 1 日起施行。

图书在版编目（CIP）数据

中华人民共和国慈善法释义／张勇，张春生主编.
北京：中国法制出版社，2024. 7. -- ISBN 978-7-5216-
4621-4

Ⅰ. D922. 182. 35

中国国家版本馆 CIP 数据核字第 2024ZA0392 号

责任编辑：李槟红 　　　　　　　　　　　　　　　封面设计：蒋怡

中华人民共和国慈善法释义

ZHONGHUA RENMIN GONGHEGUO CISHANFA SHIYI

主编/张勇，张春生
经销/新华书店
印刷/三河市国英印务有限公司
开本/710 毫米×1000 毫米　16 开　　　　　　印张/ 25. 25　字数/ 352 千
版次/2024 年 7 月第 1 版　　　　　　　　　　2024 年 7 月第 1 次印刷

中国法制出版社出版
书号 ISBN 978-7-5216-4621-4 　　　　　　　　　　　　　　定价：98. 00 元

北京市西城区西便门西里甲 16 号西便门办公区
邮政编码：100053 　　　　　　　　　　　　　　传真：010-63141600
网址：http：//www. zgfzs. com 　　　　　　　　编辑部电话：010-63141671
市场营销部电话：010-63141612 　　　　　　　印务部电话：010-63141606

（如有印装质量问题，请与本社印务部联系。）